Metauro
Sansepolcro
Tiber
Citta di Castello
DIE MARKEN
Gubbio
Chienti
Perugia
Assisi
Monte Subasio
Portiuncula
Spello
Foligno
UMBRIEN
Tronto
Orvieto
Todi
Spoleto
Lago di Piediluco
Narni
Poggio Bustone
Viterbo
Greccio
Rieti
Fonte Colombo
Aterno
Tiber
LATIUM
Rom

DER LETZTE CHRIST

Adolf Holl

DER LETZTE CHRIST

Deutsche
Verlags-Anstalt

Herrn Leonard von Matt wird für die freundliche Erlaubnis, zwei seiner Fotografien in diesem Buch zu verwenden, hiermit Dank gesagt. Es handelt sich um einen Segensspruch, den Franz von Assisi eigenhändig für Bruder Leo geschrieben hat (hinteres Vorsatzblatt, links) und um einen ebenfalls eigenhändigen Brief von Franz an Leo (hinteres Vorsatzblatt, rechts). (Für nähere Hinweise auf die beiden Texte vgl. Seite 20 und 296.)
Das Porträt auf dem Schutzumschlag ist ein Detail des Freskos »Thronende Madonna mit Kind, vier Engeln und dem heiligen Franz«, das sich in der Unterkirche von San Francesco in Assisi befindet und dem Cimabue zugeschrieben wird.

CIP-Kurztitelaufnahme der Deutschen Bibliothek

Holl, Adolf:
Der letzte Christ – Franz von Assisi / Adolf Holl. –
Stuttgart: Deutsche Verlags-Anstalt, 1979.
ISBN 3-421-01924-X

Verantwortliche Lektorin: Ursula Locke
Typographische Gestaltung: Brigitte Müller
Karte auf dem Vorsatzblatt: Franz Gregor Vogt
Umschlaggestaltung: Jürgen Reichert, Stuttgart
Satz: Verlagsdruckerei Carle, Vaihingen/Enz
Druck und Bindearbeit: Richterdruck Würzburg
Printed in Germany

Inhalt

1. KAPITEL

Ich euer kleiner Bruder Franz

Vor achthundert Jahren begannen die Menschen in einigen europäischen Städten einen eigenartigen und bislang unerhörten Wunsch zu verspüren. Sie wollten wissen, wie spät es ist. 1
Gewiß, es gab die Kirchenglocken. Sie riefen die Gläubigen zum Gottesdienst, kündigten Todesfälle an, warnten vor Feinden und Feuern. Mit ihrem Geläut teilten sie den Tag in Morgen, Mittag und Abend. Niemand hatte eine Uhr.
Im Jahre 1188 erhielten die Bürger von Tournai (Belgien) vom König die Erlaubnis, »zu ihrem Vergnügen und im Hinblick auf die Angelegenheiten der Stadt« eine Glocke an geeigneter Stelle zu installieren, damit sie den Stadtleuten die Stunden schlage. Die erste mechanische Uhr wurde im Jahr 1309 in Mailand montiert, und darnach dauerte es nicht mehr sehr lange, bis jede größere Stadt einen öffentlichen Zeitmesser hatte. So begannen die Menschen in einer neuen Zeit zu leben. Man nannte sie »Neuzeit«.
Heute, nach achthundert Jahren Neuzeit und mit Atombomben lebend, ist unsere Begeisterung für die neue Zeit gedämpfter geworden. Wir fragen: Was ist falsch gelaufen, seit die Menschen wissen wollten, wie spät es ist?

Als die Menschen erstmals den Wunsch verspürten, ihre Tage in kürzere Intervalle einzuteilen, wegen gewisser geschäftlicher Verpflichtungen und Termine, da wurde dem Tuchhändler Pietro Bernardone in Assisi ein Sohn geboren. 2

Mit diesem Sohn, dem Franz von Assisi, beschäftigt sich unser Buch, unter dem Titel: Der letzte Christ.
Damit soll ausgedrückt werden, daß in Franz die alte Zeit sich sozusagen zusammennimmt, bevor sie zu Ende geht. Ein letztes Mal, bevor der Wagen des Fortschritts endgültig losdonnerte, hat einer die Antriebskräfte für die gewaltige Bewegung geprüft und verworfen: Franz, der letzte Christ. Wie kein anderer nach ihm hat er sich körperlich, durch seine Lebensführung, gegen die Kräfte der neuen Zeit abgearbeitet. Was er den Menschen vermitteln wollte, war keine neue Theorie, sondern eine alte Praxis – die des Jesus Christus.
Damit haben wir den entscheidenden Unterschied zwischen Franz und den späteren herausragenden Gestalten der europäischen Kirchengeschichte. Sie alle haben, bereits in der neuen Zeit wirkend und ihr verpflichtet, Theorien gehabt und verbreitet, in schriftlicher und später in gedruckter Form. An Martin Luther zeigt sich das am deutlichsten. Franz war den Büchern gegenüber mißtrauisch, er wollte keine haben. Was er an Schriftlichem hinterlassen hat, liest man in zehn Minuten.
Hingegen hat kein anderer nach ihm, mit irgend vergleichbarer Wirkung, Jesus Christus so hartnäckig wörtlich genommen wie Franz. Absolut nichts anderes wollte Franz besitzen als eine Unterhose, eine Kutte und einen Strick um den Bauch. Eine derartige Lebensweise war nur für wenige Menschen nachahmbar – ähnlich wie im Fall des Christus. Trotzdem blieb Franz, auch hierin nur mit Jesus vergleichbar, eine Sehnsuchtsgestalt, nicht nur für die Katholiken. Franz erweckt in uns, man weiß nicht wie, eine Art ziehenden Schmerzes, ein Heimwehgefühl. Man wird sehen, warum.

3 Die Avantgarde der unternehmenden Leute, die das Antlitz der Erde verändert haben, tauchte nicht erst, wie oft angenommen, irgendwann nach dem Dreißigjährigen Krieg auf. Sie war vielmehr, in voller Lebensgröße, allbereits vor achthundert Jahren schon da, beispielsweise in der Gestalt des Pietro Bernardone aus Assisi. Der Vater des Franz war einer von denen, die an der Wiege der Neuzeit standen.

Franz hat mit seinem Vater gebrochen.

Das war kein trivialer Generationenkonflikt, sondern der sehr prinzipielle Entschluß eines Sohnes, eine beispielhafte Desertion am Beginn der Schlacht.

Heute wissen wir, daß Franzens Vater zur Siegerpartei gehörte. Franz hingegen zählt zu den weltgeschichtlichen Verlierern, seine Genossenschaft blieb eine Minderheit. Der Name, den Franz ihr gab, war gut gewählt: Minderbrüder.

Trotzdem ist Franz nicht in Vergessenheit geraten. Er sprach, unausdrücklich und dunkel, zu den ungezählten kleinen Leuten, die im Lauf der Jahrhunderte vor seinen Bildern und Statuen ihre Kerzen anzündeten. Er wirkte unter Ketzern, Freigeistern und Schwärmern fort, und sogar in den kirchlich beruhigten und sanktionierten Franz-Bruderschaften (es gibt sie bis heute) brach Franzens Unverbindlichkeit immer wieder hervor.

Der gemeinsame Nenner der Franz-Wirkung: Der Wunsch nach einer mit sich selbst und mit der Natur versöhnten Menschheit. Das ist ein durchaus christlicher Wunsch. Er hat, trotz einer runden Milliarde immer noch vorhandener Christen, weder Auschwitz noch Hiroschima verhindert.

Sollen wir ihn endgültig begraben?

Die Frage nach der Brauchbarkeit christlichen Wünschens 4
führt uns zurück zum Schnittpunkt der alten und neuen Zeit, nach Assisi. Wir werden dort sicherlich nicht »Das Wesen des Christentums« oder ähnliche theoretische Konstruktionen finden.

Wir werden dort einen seltsamen Mann antreffen: einen fügsamen Rebellen, einen ernsthaften Schalk, einen engagierten Weltfremden, einen fastenden Lebenskünstler, einen ruhelosen Weisen, einen geselligen Bußbruder, eine demütige Autoritätsperson.

Hinter der Widersprüchlichkeit des Franz wird man eine unerbittliche Entschiedenheit entdecken, die versteht keinen Spaß und läßt sich nicht beirren. Franz unternimmt etwas, was man bei den Pfadfindern oder Sozialdemokraten, in staatlichen

Schulen oder christlichen Elternhäusern ganz sicher nicht lernt: den sozialen Abstieg.
Wenn er, selten genug, von sich selber spricht, dann wählt er die zärtliche und herrschaftsmüde Verkleinerungsform.
Io picciolino vostro fra francesco.
Ich euer kleiner Bruder Franz.
Die Gesellschaft, zu der er sich hingezogen fühlt, ist die der Aussätzigen. Wenn er einmal bei einem Kardinal übernachtet, bekommt er schwere Angstzustände.
Er wünscht sich ein kaiserliches Edikt gegen das Einfangen und Töten von Singvögeln. Nicht einmal dieser Wunsch ist ihm erfüllt worden.

Ein dringlicher Fall

5 So wurde es erzählt:
Es war zu der Zeit, als Franz bereits begonnen hatte, seine früheren Lebensgewohnheiten aufzugeben und deshalb allerlei Spott von seinen Verwandten und Freunden erntete. Die Geduld, mit der Franz solche Belästigung ertrug, gefiel dem Bernhard von Quintavalle, einem der vornehmsten und reichsten Bürger von Assisi, und er nahm sich vor, den Charakter des Franz zu prüfen. Er lud Franz zum Abendessen ein, und anschließend begab man sich gemeinsam zur Ruhe.
Franz stellte sich alsbald schlafend, und auch Herr Bernhard begann zum Schein laut zu schnarchen. Als Franz sich sicher fühlte, stand er auf, um zu beten. Er hob seine Augen und Hände zum Himmel und wiederholte, unter Tränen, ohne Pause bis zum Morgengrauen:
Iddio mio.
Mein Gott.
Im Schlafzimmer brannte eine Lampe.
Bernhard wurde der erste Genosse des Franz.

Bekanntlich wird Franz in der katholischen Kirche als Heiliger verehrt. Das ist, auch wenn viele Menschen heute wenig Verständnis dafür aufbringen, die älteste Kategorie zur öffentlichen Kennzeichnung Franzens. Ihre Herkunft ist älter als die katholische Kirche und das römische Imperium, sie weist in vorschriftliche Perioden zurück und ist gewissermaßen international; in den verschiedensten Sprachen drückt sie verwandte Gefühle aus, andächtig fromme. Für das, was wir heute Religion nennen, ist sie zentral. 6

Trotzdem wird Franz in unserem Buch nicht als Heiliger vorgestellt. Die Mehrzahl der Industriemenschen verbindet mit dieser Bezeichnung nur noch vage und blasse Gefühle, sie ist anachronistisch geworden und stimuliert keine allgemein üblichen Verrichtungen mehr.

Gleichzeitig wäre es falsch, die Religiosität Franzens sozusagen taktvoll zu übergehen und aus ihm lediglich eine Art humanitäre Gestalt zu machen. Die besondere Erregung, die den Mann aus dem Bett treibt und ihn eine Nacht lang zu Gott beten läßt, gehört zu Franz wie seine Kutte, ohne sie wird er verwechselbar.

Wir fragen daher: Was hat Franz vom Schlaf abgehalten?

Die knappste und treffendste Formulierung für den Gott der Kreuzfahrer, der Mystiker und der Armen, also für Franzens mittelalterlichen Gott, habe ich bei Sartre gefunden. Sie lautet: »Ein Gemurmel von oben: Du bist nicht umsonst geboren. Man erwartet dich.« 7

Die damaligen Menschen verfügten über ein Mandat, das ihre Existenz rechtfertigte. Sie lebten nicht umsonst, selbst wenn sie in der Hölle landeten. Noch gab es für sie einen umgreifenden Zusammenhang. Der Prozeß der Zivilisation war noch nicht, wie in unseren Zeiten, mit dem Verlust des Ganzen und seines Sinns bezahlt worden.

Romantische Gemüter wünschen sich die Wiederkehr dieser Art Geborgenheit – ohne allerdings auf den bezahlten Urlaub, das Automobil und die Zahnbehandlung verzichten zu wollen. Das alles gab es im Mittelalter nicht. Es gab auch keine Tierschutzvereine, kein Rotes Kreuz und keine Pensionsversicherung. Dafür gab es öffentliche Hinrichtungen, Epidemien und Hungersnöte. Und es gab die Gottesgewißheit.

Die unbestimmte Sehnsucht nach ihr, der Wunsch nach schlichter Gläubigkeit und trostspendendem Gebet, alle derartigen Anwandlungen muten an wie eine Suche nach der verlorenen Zeit.

Trotzdem gibt es die Hemmung, die gottsucherischen Reste in den Industriebevölkerungen einfach zum alten Eisen zu werfen.

Wir befinden uns damit in einem eigenartigen Schwebezustand. Wir wissen, daß der Kinderglaube unwiederbringlich dahin ist, und wollen doch nicht endgültig auf Gott verzichten. Sehr befriedigend ist dieser Zustand nicht, und man fragt sich, warum wir in ihm verharren.

Samuel Beckett, in seinem Stück »Warten auf Godot«, will uns darauf aufmerksam machen, daß wir zu schlaff sind, um »ihn« wirklich zu brauchen, daß wir nicht genug auf ihn warten und daß uns – wie Sartre es ausdrückt – jener buchstäblich verrückte Starrsinn fehlt, der allein in der Lage wäre, aus uns einen dringlichen Fall zu machen. Godot sagt sich: Es hat keine Eile, ich werde vorbeikommen, wenn ich meine Angelegenheiten erledigt habe. Oder aber unsere Rufe sind so schwach, daß er sie ganz einfach nicht gehört hat.

Becketts unübertreffliche Beschreibung der Lage ist zwar schonungslos pessimistisch, aber dennoch nicht ohne Perspektive. Trotz der behaupteten Vergeblichkeit des Wartens findet keine Fahnenflucht statt. Zuletzt fällt ein sehr messianisches Wort:

Wladimir: Morgen hängen wir uns auf. *Pause.*
Es sei denn, daß Godot käme.
Estragon: Und wenn er kommt?
Wladimir: Sind wir gerettet.

8 Franz hatte jenen verrückten Starrsinn, der uns abgeht. Nicht weil er zu seinem mittelalterlichen Gott betet, erregt er unsere Aufmerksamkeit. Das taten damals viele, gleichsam gewohn-

heitsmäßig, und manche tun es noch heute, beispielsweise Präsident Carter.

Franz betet heimlich, er tut etwas auch für die damaligen Verhältnisse eher Ungewöhnliches. Was ihn vom Schlaf abhält, fällt aus der üblichen religiösen Routine. Bernhard, sein heimlicher Zeuge, ist davon so beeindruckt, daß er daraufhin sein Leben radikal verändert.

Am einfachsten wäre es natürlich zu sagen: Franz war eben ein besonders religiöser Mensch.

Erklärt wird damit allerdings überhaupt nichts.

Hingegen wird die nächtliche Veranstaltung Franzens sofort verständlich, wenn wir sie als Ringen mit einem Problem auffassen, das auch uns vertraut ist: dem der bürgerlichen Einsamkeit.

Franz ist, nach Herkunft und Mentalität, ein Bürger. Er ist einer von uns. Er hat das, was uns konstituiert und woran wir gleichzeitig leiden: individuelles Identitätsbewußtsein. Er fühlt, daß er allein ist, und er sucht »den Anderen« – Gott.

Sind es die Tränen des Glücks, die er während seiner Seufzer vergießt? Befindet er sich, während Bernhard ihn verstohlen beobachtet, im Zustand der »Vereinigung«, der glückseligen Verschmelzung zwischen Ich und Nicht-Ich?

Nein, noch tappt er im Dunkel.

Aber er ist hartnäckig. Die Stunden vergehen, Franz läßt nicht locker. Er will sich von etwas Hemmendem befreien, das hält ihn zurück. Was ist es nur?

Franz kämpft mit seinem bürgerlichen Ich, er ahnt bereits den Gegner, der ihm in Fleisch und Blut sitzt, als dem Sohn eines reichen Händlers.

Godot, in der Ferne, beginnt aufmerksam zu werden.

Franzens Kampf währt zwanzig Jahre, bis zu seinem Tod. Franz 9
erlebt dabei plötzliche Erleuchtungen, überwältigende Gewißheiten. Aber den Frieden findet Franz erst ganz zuletzt, da hat er bereits die Wundmale des Christus an seinem Körper ausgebildet, als endgültiges Kontra gegen seine Konstitution.

Wir werden Franz bei seinem Unternehmen beobachten, so wie

jener Bernhard in der Schlafkammer es tat. Wir werden allerdings nicht, so wie Bernhard, unser Hab und Gut den Armen schenken und mittellos in die Welt hineinwandern. Der nächste Polizist würde uns festnehmen, wegen Vagabondage und Herumtreiberei.
Was damals einem entschlossenen Menschen noch möglich war, ist heute anachronistisch.
Deshalb tun wir uns auch mit Gott so schwer. Unsere diesbezüglichen Probleme sind das Resultat der letzten achthundert Jahre Europa, die liefen in eine Richtung, die Franz nicht wollte. Daß wir Gott dennoch nicht ganz vergessen können, spricht für die Unverwüstlichkeit der Antriebe, denen Franz gefolgt ist.

Ein ganz neues Licht

10 Die vierundvierzig Lebensjahre des Franz – von 1181 oder 1182 bis 1226 – sind arm an äußeren Ereignissen. Im Vergleich zu den Biographien seiner kaiserlichen und päpstlichen Zeitgenossen, unter ihnen so bekannte wie Innozenz III. und Friedrich II., verläuft Franzens Leben sozusagen heimlich, eher provinziell und fast ohne jenen Nachrichtenwert, der Schlagzeilen macht. Es läßt sich, so gesehen, in wenige Sätze fassen.
Man erfährt, daß Franz mit zwanzig Jahren an einem Waffengang Assisis mit der Nachbarstadt Perugia teilnimmt und in Gefangenschaft kommt. Nach seiner Befreiung ist er längere Zeit krank, bleibt nach seiner Genesung eher in sich gekehrt, sucht die Einsamkeit und unternimmt auch eine Wallfahrt nach Rom. Dann redet ein Kruzifix zu ihm, und er beschließt, ein verfallendes Kirchlein in der Nähe von Assisi zu restaurieren. Zu diesem Zweck verkauft er einen Ballen Tuch aus dem Geschäft seines Vaters, wird von diesem zur Rede gestellt und muß das Geld zurückgeben. In einer Art Verhandlung vor dem Bischof von Assisi sagt Franz sich von seinem Vater los, bleibt jedoch in der Umgebung seiner Heimatstadt, lebt von Almosen und arbeitet an der Renovierung verlassener Kapellen. Mit sechsundzwanzig Jahren weiß er, was er will. Er beginnt, öffentlich vom

erforderten Sinneswandel und der Friedfertigkeit zu sprechen, er lebt als Asket. Bald hat er mehrere Genossen. Im Jahr 1209 gelingt es ihm, eine Audienz beim Papst zu bekommen, der seine Absichten billigt und ihm das Predigen erlaubt. Während der nächsten zehn Jahre führt Franz ein Wanderleben, er kommt bis Dalmatien und Spanien, schließlich nach Palästina, ins Heilige Land. Von dort ruft man ihn dringend zurück. Unter seinen Genossen, sie zählen bereits nach Tausenden, ist es zu Auseinandersetzungen gekommen, es gibt Fraktionen. Franz ernennt einen Stellvertreter und verzichtet damit auf die Führung. Seine letzten Jahre verbringt er, durch Krankheiten geschwächt, häufig an abgelegenen Orten. Er gibt die Zustimmung zu einer schriftlichen »Regel«, als Norm für das Leben seiner »Minderbrüder«. Während eines Aufenthaltes auf einem einsamen Berg brechen an seinen Händen und Füßen die Wunden des gekreuzigten Christus auf. Er stirbt, nahezu blind und völlig entkräftet, in seiner Heimat, als weitum verehrter Heiliger.
Drei Jahre nach seinem Tod erschien bereits die erste Franz-Biographie, verfaßt in päpstlichem Auftrag. Ihr Autor, ein gewisser Thomas von Celano, war Franziskaner. Franzens Gegenwart, so Celano, habe auf die Menschen seiner Zeit wie »ein ganz neues Licht vom Himmel« gewirkt, das alle Finsternis und Ausweglosigkeit besiegt habe.
Das klingt ziemlich exaltiert, im damals üblichen blumigen Stil. Wahr bleibt dennoch der eigenartige Kontrast zwischen dem vergleichsweise ereignislosen Leben Franzens und seiner nachhaltigen Wirkung. Knapp hundert Jahre später wird Franz von Dante bereits als »Sonne« apostrophiert, die in Assisi aufgegangen sei. Zur gleichen Zeit hatte Franz in der Kirche eine heftige ideologische Krise ausgelöst. Der Streit ging um das Vermächtnis Franzens, um die lautere Armut und ihre allgemeine Anwendung auf eine korrupte Gesellschaft. Im Jahr 1318, drei Jahre vor Dantes Tod, brannten die ersten radikalen Minderbrüder auf dem Scheiterhaufen in Marseille.

11 Franz war nicht der erste freiwillige Bettelbruder. Die lautere Armut Christi und seiner Apostel war lange vor Franz zum Lebensinhalt vieler Männer und Frauen geworden, katholischer und ketzerischer. Diese »guten Menschen«, wie man sie gelegentlich nannte, führten ein vorbildlich uneigennütziges Leben, lehnten den Gebrauch von Geld ab, predigten auf Plätzen und Märkten, studierten die Bibel und übten Kritik an den lasterhaften und habgierigen Mönchen und Pfaffen. Ihre stärkste Verbreitung hatten sie in den sozial und wirtschaftlich lebhaftesten Gegenden des zwölften Jahrhunderts, in Belgien und Holland, Südfrankreich, Ober- und Mittelitalien. Die Kirchenbehörden beobachteten derlei Aktivitäten mit entschiedenem Mißtrauen, und in einzelnen Fällen machte man mit besonders radikalen Bettelpredigern kurzen Prozeß. Gleichzeitig zu Franz und unabhängig von ihm formierten sich dann mehrere organisierte Bettelorden, mit kirchlicher Billigung: Dominikaner, Augustiner, Karmeliter.

Für Dante, und nicht nur für ihn, steht dennoch Franz als der wahre Gespons der seit dem Tod Christi verwitweten Frau Armut da. Seit tausendundeinhundert Jahren hat sich kein Freier für sie gefunden. Jetzt hat einer um sie geworben, ihre Verlassenheit hat ein Ende. So Dante, in kaum mehr verhüllter Sprache Franz als den zweiten Christus preisend.

Nicht weil Franz originell war im Erfinden einer neuen Lebensform, ist er zum neuen Christus geworden, sondern wegen einer Kombination von Persönlichkeitsmerkmalen, die alle tausend Jahre nur einmal vorkommt.

12 So wurde es erzählt:

Als sich die Minderbrüder zu Pfingsten bei Assisi versammelten, da war auch Herr Kardinal Hugolin unter ihnen, der später Papst werden sollte. Ihn baten einige gelehrte und gebildete Brüder, er möge Franz überreden, ihrem Rat zu folgen und eine Regel nach dem Vorbild des heiligen Augustinus, des heiligen Benedikt und des heiligen Bernhard aufstellen zu lassen, damit die Lebensführung der Brüder methodisch geordnet werde.

Als Franz vom Kardinal derlei Ermahnung gehört hatte, nahm

er ihn beim Arm, führte ihn vor die versammelte Schar der Brüder und sprach zu ihnen: Meine Brüder! Meine Brüder! Gott hat mir den Weg der Schlichtheit gewiesen. Ich mag nicht leiden, daß man mir eine Regel aufdrängt, weder die vom heiligen Augustinus, noch die vom heiligen Benedikt, noch die vom heiligen Bernhard. Der Herr wollte mich als Einfaltspinsel haben, und darin liegt unsere gesamte Wissenschaft. Gott wird euch durch eure Gelehrsamkeit und Bildung vernichten, ob ihr wollt oder nicht.
Der Kardinal erstarrte und sagte kein Wort, und alle Brüder fürchteten sich sehr.

Der Mann, mit dem Franz so umspringt, wird als Papst Gre- 13
gor IX. zwei Dinge tun. Er wird Franz schleunigst heiligsprechen (1228) und das Inquisitionsverfahren gegen Ketzer kodifizieren (1233). Diese bürokratische Doppelbewegung wirkt erstaunlich modern.
Dem Volk wird Franz als begnadeter Wundertäter gelassen, es soll ihn ruhig verehren. Die Auslegung seines Willens aber soll Angelegenheit der zuständigen Behörde sein. Wer anderer Meinung ist, muß mit unangenehmen Konsequenzen rechnen. So wird, von seiten der Obrigkeit, das für sie Gefährliche an Franzens Persönlichkeit neutralisiert.
Wir werden nicht in den Fehler verfallen, Franz mit den Augen der Funktionäre und Beamten zu sehen, indem wir uns der von ihnen benutzten Formeln bedienen. Wir werden Franz weder als Heiligen noch als Ketzer betrachten.
Wir werden Franz als den Narren erkennen, als den er sich selber bezeichnet hat; als einen, der die Mächtigen beim Arm nimmt, um ihnen wie ein Kind die Wahrheit zu sagen, mit einer Kraft, die sie zum Schweigen bringt.
Sie singen uns ohnehin tagtäglich die Ohren voll.

2. KAPITEL

Gefährliche Geschichten

14 Im großen Kloster von Assisi hüten die Nachlaßverwalter unseres Franz ein zerknittertes Stück Pergament, zwischen Glas und umrahmt von artigem Zierat, in der Art eines barocken Altärleins, mit Puttenköpfchen drumherum. Es handelt sich um einen Zettel, auf den Franz persönlich einen kräftigen Segen geschrieben hat, mit der Beifügung:
Möge der Herr dich segnen, Bruder Leo.
Im Archiv der Kathedrale von Spoleto wird ein kurzer Brief aufbewahrt, ebenfalls von Franz selber geschrieben, der so anfängt:
Bruder Leo, Gruß und Frieden von deinem Bruder Franz.
Der Brief enthält grammatikalische Fehler.
Der Zettel in Assisi und das Briefchen in Spoleto sind die beiden einzigen handschriftlichen Erinnerungen an Franz. Beide sind an Bruder Leo adressiert. Leo war kein leiblicher Bruder Franzens. Er war sein vertrautester Genosse. Er war, als Priester, auch der Beichtvater des Franz. Leo konnte geläufig und schön schreiben, er verfaßte Briefe im Auftrag Franzens, wie ein Sekretär. Wann genau Leo zu Franz gestoßen ist, weiß man nicht. Daß er die letzten drei Jahre ständig um ihn war, ist sicher. Er war dabei, als Franz mit der Abfassung der Regel für das Leben der Minderbrüder beschäftigt war, und schrieb sie nieder. Er wechselte die Verbände um die Hände und Füße Franzens, nach dem Aufbrechen der Wundmale in der Ekstase auf dem Berg La Verna. Als Franz tot war, durfte Leo dessen Gebetbuch behalten. Leo überlebte seinen Freund um fünf-

undvierzig Jahre, und nicht alles, was sich im Lauf dieser Zeit unter den Minderbrüdern ereignete, fand seine Zustimmung. Als er im Jahr 1271 starb, begrub man ihn neben Franz, in der prächtigen neuen Basilika der Minderbrüder zu Assisi.

Leos Franz-Geschichten, von denen es viele gab, in schriftlicher Form, waren damals bereits von seiten des Ordens offiziell aus dem Verkehr gezogen. Erst sechshundert Jahre später entdeckte man einen vergilbten Folianten mit Leo-Erzählungen. Inzwischen sind in alten Bibliotheken (die wichtigsten: Perugia, Upsala, Rom) eine Reihe weiterer Abschriften gefunden worden. Man fragt sich, warum sie so lang unterdrückt wurden.

Bereits zwei Jahre nach Franzens Tod wurde der Minderbruder 15
Thomas von Celano vom Papst persönlich beauftragt, das Leben des Franz von Assisi zu schreiben. Nach einem halben Jahr war das Buch fertig und wurde der päpstlichen Kanzlei vorgelegt. Wer sich die Mühe nimmt, nach Paris zu fahren, kann in der dortigen Nationalbibliothek den Codex Nr. 3817 einsehen. Darin findet sich, von der Hand eines päpstlichen Schreibers, diese Notiz:

Der glückselige Herr Papst Gregor IX. nahm zu Perugia im zweiten Jahr seines glorreichen Pontifikats am 25. Februar diese Legende entgegen, bestätigte sie und bestimmte, daß sie behalten werden solle. Dank sei dem allmächtigen Gott und unserem Erlöser für alle seine Gaben jetzt und in Ewigkeit. Amen.

Das Jahr: 1229. Der Papst residierte von 1228–1230 in Perugia.

Legende bedeutet wörtlich übersetzt: Das, was man laut vorlesen soll. Heute könnte man sagen: ein Lesestoff.

Die Minderbrüder lasen das Buch des Celano mit großem Interesse, man wird viele Abschriften gemacht haben. Aber das Bedürfnis nach weiteren Franz-Geschichten war groß, und so erhielt Celano im Jahr 1244 den Auftrag, diesmal von den Ordensoberen, ein zweites Franz-Leben zu verfassen. Gleichzeitig erging der Aufruf an die Minderbrüder, alle bisher nur mündlich überlieferten Franz-Geschichten zu sammeln, nie-

derzuschreiben und dem Celano zur Verfügung zu stellen. Bruder Leo (oben Nr. 14) gehorchte dem Aufruf. Mit zwei weiteren Franz-Genossen, Rufino und Angelo, verfaßte er eine Geschichtensammlung von mehr als hundert Erzählungen aus dem Leben des Franz. Celano machte von dieser Sammlung ausgiebig Gebrauch, vieles davon übernahm er fast wörtlich. Im Jahr 1247 war Celano mit der Niederschrift fertig, das Buch wurde von den Ordensoberen geprüft und approbiert. Die Minderbrüder hatten weiteren Lesestoff – allerdings nur für kurze Zeit.
Nach knapp zwanzig Jahren nämlich, im Jahr 1266, wurden die beiden Franz-Biographien des Celano zusammen mit den Leo-Geschichten vom Generalkapitel der Minderbrüder in Paris zur verbotenen Lektüre erklärt. Man verfügte inzwischen über eine stark geglättete Standard-Biographie aus der Feder eines gewissen Giovanni da Fidanza, Doktor und Professor der Theologie, genannt Bonaventura. Er leitete die Minderbrüder von 1257 bis 1274 und wurde schließlich Kardinal der römischen Kirche. Als sein Franz-Leben fertig war, beschloß die Ordensführung die Vernichtung der früher erschienenen Franz-Biographien. Es wurde befohlen, alle Kopien dieser Bücher zu vernichten.
Glücklicherweise waren nicht alle Minderbrüder so dumm, diesem Befehl Folge zu leisten. Einige Abschriften der Bücher des Celano blieben erhalten. Im Druck erschien die erste Franz-Biographie des Celano allerdings erst im Jahr 1768, die zweite im Jahr 1880. Wiederum die Frage: Was war an diesen Geschichten so gefährlich, daß sie fünfhundert Jahre lang verboten waren?

16 Bonaventura, ziemlich pathetisch:
Ich möchte mich zu Staub zerreiben lassen, um den Orden zur Reinheit des seligen Franz und seiner Gefährten und zu ihren ersten Zielen zurückzuführen.
Aber er fügt hinzu:
Ihr Geist möge die durch die veränderten Verhältnisse geforderten neueren Einrichtungen beleben.

Die »neueren Einrichtungen« sind die Studienhäuser der Minderbrüder in allen europäischen Universitätsstädten. In Wirklichkeit gab es kein Zurück zu Franz, die Minderbrüder bastelten an ihren Doktoraten, in Bologna, Paris und Oxford. Einer von ihnen, Roger Bacon (gestorben 1294), betrieb neben der Theologie auch Mathematik und Naturwissenschaften; er skizzierte in seinen Schriften eine künftige Gesellschaft, in welcher gar wundersame Maschinen den Menschen das Leben erleichtern würden: ständig brennende Lampen, motorbetriebene Wagen und Schiffe, Flugmaschinen und Unterwasserfahrzeuge.

Bonaventura regierte etwa 17 500 Minderbrüder in 1500 Konventen, verbreitet über ganz Europa. Er war, wie man heute sagen würde, ein guter Manager. Er wurde heilig gesprochen. Franz würde ihn vielleicht verflucht haben.

Hier ist eine der unterdrückten Geschichten: 17

Als Franz von Verona kommend nach Bologna wanderte, berichtete man ihm von einem kürzlich fertiggestellten »Haus der Brüder« in Bologna. Als er das hörte, verlangte er sofort, daß alle Brüder, auch die Kranken unter ihnen, schleunigst das Haus verlassen sollten. Was auch geschah.

Die Brüder nahmen demütig die strengen Bußübungen auf sich, die Franz ihnen zur Strafe auferlegte. Nur einer, der Obere der Provinz von Bologna, mit Namen Pietro Stacia, ein gelehrter Mann, wollte nicht einsehen, daß man das neue Haus preisgeben sollte.

Franz verfluchte ihn.

Bruder Pietro war vor seinem Beitritt zu den Minderbrüdern berühmt gewesen, und auch unter den Oberen der Brüder wurde er wegen seines Wissens und seiner Gelehrsamkeit hoch geschätzt. Deshalb traten später einige Brüder an Franz mit der Bitte heran, dem Pietro wiederum seine Huld zuzuwenden und ihn zu segnen. Es war dies zu der Zeit, als Franz dem Tod schon nahe war. Da sprach Franz:

Ich kann den nicht segnen, den Gott verflucht hat, und so bleibt er verflucht.

18 Bologna war eine Universitätsstadt. Pietro Stacia hatte vor seinem Eintritt in den Franz-Orden die Stelle eines Professors der Jurisprudenz innegehabt. Die Geschichte spielt im Herbst des Jahres 1220, kurz nach der Rückkehr Franzens aus dem Heiligen Land. Das »Haus der Brüder« war ein Studienhaus, errichtet zum Zweck der wissenschaftlichen Schulung des Ordensnachwuchses und zur Förderung der Gelehrsamkeit.
Derlei Studienhäuser wurden nach dem Tod Franzens in allen wissenschaftlichen Zentren errichtet, und bald zählten die Minderbrüder zur Elite der europäischen Gelehrsamkeit, gemeinsam und in Konkurrenz mit den Dominikanern. Man kann sich gut vorstellen, daß zu Bonaventuras Zeiten von seiten der Manager der Minderbrüder kein Interesse bestand, die alte Geschichte des Zwischenfalls von Bologna in alle Welt hinauszuposaunen. Die »veränderten Verhältnisse« waren stärker als der Wille des Franz, bis heute.
Aus diesem Grund wurden die alten Geschichten des Bruder Leo und die beiden Biographien des Celano verboten.
Unser Buch wird den Fluch Franzens über den Pietro Stacia nicht erneuern. Warum sollten wir uns zum Schiedsrichter über die Geschichte machen? Franz hat bezüglich gewisser neuzeitlicher Entwicklungen ohnehin eine bemerkenswerte Entschiedenheit gezeigt. Sie wird auch ohne unseren erhobenen Zeigefinger ihre Wirkung auf den Leser haben.

Wir haben die schönsten Blumen gepflückt

19 Die Leo-Geschichten und die beiden Celano-Biographien sind unsere wichtigsten Quellen für die Beschäftigung mit der Franz-Gestalt. Ferner gibt es, von Franz selbst, sein Testament, einige Gebete (darunter der berühmte »Sonnengesang«), Briefe, und zwei Fassungen von Lebensregeln für die Minderbrüder.
Dazu kommt die sogenannte »Drei-Gefährten-Legende«, sowie eine anonyme Geschichtensammlung aus Perugia.
Die Bonaventura-Biographie, jahrhundertelang die einzige offiziell zugelassene, ist historisch wertlos. Sie bringt gegenüber

den älteren Quellen wenig neues Material und unterschlägt so ziemlich alles, was Franz interessant macht.
Bleibt noch die heute populärste Sammlung von Franz-Geschichten, die »Fioretti« (das bedeutet soviel wie »Blümlein«). Ihre erste Niederschrift fällt in eine verhältnismäßig späte Zeit, rund hundert Jahre nach dem Tod Franzens. Die Geschichten der »Blümlein« wurden in den Einsiedeleien der Minderbrüder erzählt, die sich in der weiteren Umgebung der Stadt Ancona niedergelassen hatten, in genügender Entfernung vom geschäftig gewordenen Assisi, aber auch noch nahe genug der Heimat ihres verehrten Franz, um die Erinnerung an ihn lebendig zu halten.
Diese Brüder wollten den ursprünglichen Willen Franzens erfüllen, in aller Stille und Zurückgezogenheit, und so wurden sie auch in Ruhe gelassen. In einem derartigen Klima hat das Franz-Bild der »Blümlein« dann jene poetische Verklärung erhalten, die bereits belletristisch ist. Auch die Enttäuschung der Einsiedler-Brüder über die Entwicklung des Franz-Ordens ist in den »Blümlein« zu bemerken, und selbstverständlich gibt es viele Wundergeschichten in dieser liebenswürdigen Sammlung. Zwischendurch findet man alte und authentische Überlieferungsstücke, und man muß von Fall zu Fall überlegen, ob man es mit Dichtung oder historischen Tatsachen zu tun hat.
Alles in allem: Über keinen anderen mittelalterlichen Menschen sind wir so gut unterrichtet wie über Franz von Assisi. Seine Aktionen wirken spontan, seine Aussprüche sind unverwechselbar. Man kann sich vorstellen, ihm auch heute noch irgendwo zu begegnen.

In der Einleitung zu ihrer Geschichtensammlung (oben Nr. 15) 20
schrieben Leo, Rufino und Angelo, daß sie nicht die Absicht hätten, eine Biographie zu verfassen. Sie verglichen sich mit Menschen, die über eine Wiese voller Blumen wandern und einen schönen Strauß pflücken. Damit meinten sie die »auffallenden Beispiele der Lebensführung« (conversationis insignia) Franzens, die sie für mitteilenswert hielten.
Es ist ihnen tatsächlich gelungen, eben jene Details alltäglicher

Art aus dem Franz-Leben zu schildern, die dem Mann eine Aura sinnlicher Anwesenheit geben. Zum Beispiel:
Es war Franzens Wille, die Lehren des Herrn Jesus wortwörtlich zu verstehen und peinlich genau zu praktizieren. Aus diesem Grund ordnete er an, daß der Bruder Koch das Gemüse für den nächsten Tag keinesfalls am Abend vorher in heißem Wasser einweichen durfte, so wie man das üblicherweise machte. Damit wollte er eine Weisung der Bergpredigt befolgen, die da lautet: Sorget euch nicht um den morgigen Tag. So tat denn der Koch die getrockneten Erbsen oder Bohnen immer erst zeitig am Morgen ins Wasser, nach den Frühgebeten vor Sonnenaufgang.
So etwas läßt sich nicht erfinden.
Vielleicht versteht man jetzt besser, warum wir Franz den letzten Christen genannt haben.

21 Hier ist noch eine Leo-Geschichte:
Einmal tat der Herr Jesus Christus zu Bruder Leo den folgenden Ausspruch: Ich jammere um die Brüder! Leo fragte: Aus welchem Grund denn, lieber Herr? Jesus antwortete: Weil sie die Fürsorge nicht begreifen, die ich ihnen tagtäglich erweise, ohne daß sie säen und ernten müssen. Weil sie geschwätzig und faul sind, untereinander streiten und erlittenes Unrecht nicht verzeihen wollen.
Das starke und dunkle Bild vom hilflosen Gott, der sich über die unbelehrbaren Menschen beklagt, hat eine klare Tendenz. Wiederum, wie in der Gemüse-Geschichte, wird der Jesus der Bergpredigt zur absoluten Instanz für die richtige Lebensführung gegen die Tatsachen menschlichen Zusammenlebens.
Die Leo-Geschichten verraten uns einen Konflikt, den wir entschlüsseln möchten. Daß Franz mit seinem »buchstäblich verrückten Starrsinn« auf die Dauer nichts gegen die Bonaventuras mit ihrem Wirklichkeitssinn ausrichten konnte, versteht man ohne weiteres. Man bedarf dazu nicht der Rederei von der Tragik des Scheiterns, wie es in heutigen Franz-Büchern üblich ist. Ohne Vorsorge für den morgigen Tag leben allenfalls die Buschmänner, zu denen möchten wir nicht gerne zurück.

Sondern: Wir werden zu erklären haben, warum Franz so hartnäckig einen Zustand angestrebt hat, in dem man keine Angst vor der Zukunft zu haben braucht und in dem destruktive Energien überflüssig sind.
Die diesbezügliche Unbeirrbarkeit Franzens enthält den Stoff für den Konflikt, der vierzig Jahre nach seinem Tod zum Verbot der Leo-Geschichten unter Bonaventura führen wird, bereits voll in sich. Die Unterdrückung der authentischen Berichte über Franz enthüllt uns deren Brisanz, man darf sich vom freundlichen Bild des Blütenstraußes, wie es von Leo in artiger Manier in der Einleitung zu seiner Sammlung verwendet wurde, nicht täuschen lassen.
In Wirklichkeit wurden die Leo-Geschichten zur bevorzugten Lektüre der franziskanischen Opposition gegen die Parteilinie Bonaventuras.

Was ein Mensch ist

Hier ist ein Zitat aus der Einleitung, die der deutsche Schrift- 22
steller Rudolf G. Binding im Jahr 1911 seiner Übersetzung der »Fioretti« vorangestellt hat:
»Dort, wo die Luft rein weht von den weithin leuchtenden Kämmen des Apennin und sich den Winden der Tiberebene vermählt, die da süß sind von Blumen- und Kräutergeruch und warm von dem Atem reifenden Korns; dort, wo die Sonne ein Gott ist, der lacht; wo die Bienen summen den lieben langen Sommer und die Lerchen schmettern, daß du ein wenig schläfrig wirst und ein Träumer am hellen Tag; dort, wo das ganze Land weiter nichts ist als ein unschuldiger Jubel für einen geahnten Schöpfer: dort sind sie erwachsen, die Blümlein des heiligen Franziskus.«
Der Text verbindet ein Minimum an sachlichem Gehalt mit einem Maximum an »Stimmung«, wobei letztere mit Hilfe einer Häufung der Effekte hergestellt wird. (Der Sommer ist nicht einfach lang, er soll auch »lieb« sein; die Sonne ist nicht nur ein Gott, der Gott muß auch noch lachen.)
Hier haben wir, aus der Feder eines Meisters dieser Gattung,

den literarischen Kitsch in seiner voll ausgebildeten Gestalt. Er hat im zwanzigsten Jahrhundert aus Franz eine Figur gemacht, deren Hauptbeschäftigung der Umgang mit Vögeln ist. Zum Kitsch-Franz gehört auch die Aura Italiens, mit malerischer Armut und verträumten alten Kirchlein zwischen Olivenbäumen, dem milden Licht Umbriens und den dunklen Zypressen im Abendrot.

Die kleinbürgerliche Verkitschung Franzens ist kein Zufall. Bevor Franz zum Naturliebhaber und Tierfreund gemacht wurde, hatte die christlich-soziale Bewegung zwischen 1848 und 1914 in ihm einen kräftigen Schutzpatron entdeckt. So erschien im Jahr 1857 ein italienisches Franz-Buch, das bis zum Ausbruch des Ersten Weltkriegs vierzehn Auflagen erlebte und Franzens Bezüge zum Klassenkampf und zur Arbeiterfrage untersuchte. (Es wurde auch ins Deutsche und Französische übersetzt.) Dutzende solcher Bücher sind damals gedruckt und gelesen worden, von Katholiken und Protestanten, denen die »soziale Frage« keine bloße Caritas-Angelegenheit war. In diesen Schriften war, für die damalige Zeit keineswegs selbstverständlich, von »christlicher Demokratie« (democrazia christiana) und von sozialen Reformen die Rede, immer mit Berufung auf Franz. Zwar nicht geradewegs marxistisch wie bei Karl Kautsky (gestorben 1938), der den frühkommunistischen Bewegungen im Mittelalter eine ausführliche Studie widmete, immerhin aber mit einem frischen Blick auf den politischen Gehalt der Franz-Predigt. Die guten Franziskaner-Patres hatten vor dem Ersten Weltkrieg alle Hände voll zu tun, ihren im sogenannten »Dritten Orden« organisierten Laienkatholiken den sozialistischen Stachel zu nehmen und ihren Blick auf die Friedfertigkeit und Herzensgüte Franzens zu lenken. Ein Protestant, der dänische Schriftsteller Johannes Jörgensen, kam ihnen dabei zu Hilfe. Dessen 1907 erschienenes Franz-Buch wurde in vielen Auflagen und Übersetzungen verbreitet und signalisiert die definitive Wende zum Kitsch-Franz unserer Zeit. Daß Jörgensen später zum Katholizismus konvertierte, hat die Franziskaner so gefreut, daß sie eine Straße in Assisi auf seinen Namen umtaufen ließen.

Aus der Einleitung zum »Leben des heiligen Franz von Assisi« 23
von Paul Sabatier, aus dem Jahr 1894:
»Franz von Assisi entstammte dem Volke; das Volk erkannte sich in ihm wieder. Das Dichten und Trachten der Herzen war ihm vertraut; ihre Forderungen wurden die seinigen, und selbst der Name seiner Gründung hatte ursprünglich einen politischen Sinn. Wie in den meisten italienischen Städten gab es auch in Assisi Vornehme und Geringe, das ›popolo grasso‹ und das ›popolo minuto‹. Franziskus gesellte sich mit voller Entschiedenheit zu den letzteren. Diese politische Seite seines Apostolates muß wohl im Auge behalten werden, um den überraschenden Erfolg und die ganze Eigentümlichkeit der franziskanischen Bewegung bei ihrem ersten Auftreten zu verstehen.«
Sabatier war derjenige, der die erste alte Handschrift mit Leo-Geschichten gefunden hat (oben Nr. 14). Er hatte in Paris reformierte Theologie und Geschichte studiert. Von seinem Lehrer, dem berühmten Ernest Renan, dessen Jesus-Roman ein Jahrhundertbuch war, wurde er auf die wissenschaftliche Erforschung des Franz-Lebens gebracht. Sein Buch über Franz erlebte an die fünfzig Auflagen. Es ist flüssig geschrieben, mit solider Kenntnis der mittelalterlichen Verhältnisse und gründlicher Verarbeitung der damals bekannten Quellen für das Leben des Franz.
Sabatier hat die moderne Franz-Forschung in Gang gebracht. Als erster hat er die politische Dimension Franzens erkannt und herausgearbeitet, was ein langes Gezeter von seiten gelehrter Franziskaner in Fachzeitschriften zur Folge hatte.
Sabatier gehörte zu jenen Protestanten, die politisch auf seiten der Liberalen standen, auch in der Öffentlichkeit.
Seither sind viele Bücher über Franz von Assisi erschienen, gelehrte (mit zahlreichen Fußnoten) und lesbare. Sabatiers Buch ist trotzdem unübertroffen geblieben.

Weil ich, aus Anlaß meiner früher erschienenen Bücher, oft ge- 24
fragt worden bin, welchen Zweck ich beim Schreiben verfolge, gebe ich diesmal eine Absichtserklärung.
Als historische Untersuchung soll dieses Buch nicht irgendei-

ner abstrakten Erkenntnis dienen, sondern dem besseren Begreifen der gegenwärtigen Gesellschaftsverhältnisse als gar nicht so zufällig gewordener.
Als Lebensbeschreibung will es zeigen, was ein Mensch ist.
Außerdem möchte ich unser ermattetes Christentum an jener Stelle seines langen Weges antreffen, wo es unter die Räuber gefallen und liegengeblieben ist.
Vielleicht läßt es sich wiederum auf die Beine bringen.

3. Kapitel

Ein bürgerlicher Mensch

Das Franz-Jahrhundert (1180–1280) war eine Zeit wirtschaft- 25
licher Blüte, mit expandierendem Handel und kräftigem Wachstum der Bevölkerung Europas. Während dieser Zeit, dies unsere These, ist unwiderruflich und von einer ganzen Gesellschaftsklasse jener Weg eingeschlagen worden, auf dem wir als bürgerliche Menschen bis heute marschieren. Daß Franz diesen Weg so nicht gehen wollte, ist das Thema unseres Buches.

Damit haben wir die abgeschmackte Frage nach der Beziehung zwischen Individuum und Gesellschaft auf dem Hals, als Frage nach der »Stellung« des Franz »in seiner Zeit« und was dergleichen Redewendungen mehr sind.

Wir werden anders fragen. Wir werden fragen, was Franz in seinem Kopf vorfand, bevor er sich anschickte, im Alter von fünfundzwanzig Jahren seinem Leben eine neue Richtung zu geben.

Es handelt sich hierbei, wie sich zeigen soll, um die Frage nach dem, was ihn als bürgerlichen Menschen konstituierte.

Bekanntlich nennt man die Zeit, in der Franz gelebt hat, das 26
»Mittelalter«. Es ist das die Periode zwischen 500 und 1500 nach Christus, nach der gängigen Einteilung der Zeiten.

Bei dem Gedanken ans Mittelalter erinnern wir uns an gotische Kirchen und stolze Burgen, an edle Ritter also und an ein ungebrochenes Christentum.

In Wirklichkeit lief natürlich im Mittelalter kein einziger Lohengrin herum. Die Ritter waren mordlustige Raufbolde, die aus dem nichtigsten Anlaß Händel suchten, während des Essens auf den Tisch spuckten und mit dem Waschwasser nur selten in Berührung kamen. Wie barbarisch sie waren, ist in den vielen Büchern über die Kreuzzüge zur Genüge dargestellt worden. Und das Christentum?

Die schönen gotischen Kirchen verleiten uns dazu, die mittelalterliche Gesellschaft Europas als eine vom Christentum geprägte anzuschauen. Das stimmt insofern, als es damals die Gottesgewißheit gab (oben Nr. 7). Auch gingen die Menschen damals eifriger in die Kirche als heute; auf tausend Stadtbewohner kam ein Gotteshaus, während in unseren Großstädten eine Kirche für 10000 Menschen genügt.

Bei genauerer Inspektion der mittelalterlichen Frömmigkeit fragt man sich jedoch, was im Alltagsverhalten der damaligen Menschen denn so besonders christlich war. Die Liebe zum Nächsten, wie sie von Jesus Christus gepredigt wurde, prägte die mittelalterliche Gesellschaft mitnichten. Das idealisierende Gerede unserer wackeren Geschichtsprofessoren über den wunderbaren »Kosmos des Mittelalters« unterschlägt jene Brutalität und Grobheit, die den damaligen Menschen selbstverständlich war – von den recht handgreiflichen Praktiken der Kindererziehung über die herkömmliche Prügelung des Eheweibes bis zum Handel mit christlichen Sklaven und der Ausrottung ganzer Landstriche im Namen des Herrn.

Es ist nützlicher, sich anstelle der seit den Tagen der deutschen Romantik üblich gewordenen Klischees über das Mittelalter eine realistischere Betrachtungsweise anzugewöhnen und die gotischen Zeiten als das anzuschauen, was sie in Wirklichkeit waren: die Wiege des modernen Kapitalismus.

27 Zwischen dem letzten Imperium der Antike (dem römischen) und dem ersten der Neuzeit (dem Karls V.) liegen rund tausend Jahre: imperialistisch gesehen stellt sich das Mittelalter in Europa als eher kleinkarierte Epoche dar, in der die verschiedenen Krautjunker um die besseren Äcker stritten. Im Vergleich

zum Weltreich des Islam, das von Spanien bis Indien reichte, ist Karl der Große eine ziemlich nebensächliche Figur, sein Reich provinziell und hinterwäldlerisch. Man kann sich gut vorstellen, wie an den Höfen der damaligen zivilisierten Welt, in Bagdad oder Byzanz, über die Krönung Karls zum römischen Kaiser gelächelt wurde, anno 800.
Das Lachen ist den Griechen und Arabern im Lauf der Zeit dann vergangen.
In den Tiefen der Wälder dieses zurückgebliebenen Winkels der Erde, den man später Europa nennen sollte, sammelten sich Kräfte, die tausend Jahre nach Karl die Weltherrschaft antraten, unter Verwendung jenes Steines der Weisen, der aus menschlichem Schweiß und mit flinken Maschinen eine vorher nicht dagewesene Fülle an Reichtum erzeugte – des industriellen Kapitals.
Die Voraussetzungen für diese Entwicklung wurden im Franz-Jahrhundert geschaffen.

Von der Erfindung der mechanischen Uhr, dem Urbild aller Automaten und Roboter, war bereits (oben Nr. 1) die Rede. 28
Sie fällt ins Franz-Jahrhundert. »Die ganze Theorie über Produktion gleichmäßiger Bewegung wurde an ihr entwickelt« – so Karl Marx in einem Brief an Friedrich Engels aus dem Jahr 1863. Aber nicht nur für die Organisierung der modernen Fabrik war die Uhr eine notwendige Bedingung; sie war auch der entscheidende Durchbruch zu dem, was Naturwissenschaften und Technik bis heute kennzeichnet: zur Präzision.
Mit den Uhren kam der Wunsch nach einem einheitlichen Kalender, als unentbehrlichem Hilfsmittel für internationale Termingeschäfte. Die Forderung nach einer Kalender-Reform wurde zuerst im Franz-Jahrhundert erhoben. Sie war damals geradezu revolutionär, sie stand im Gegensatz zur gewohnten Ordnung der heiligen Zeiten des Kirchenjahres.
Uhr und Kalender, diese hoffnungsvollen Kinder des Franz-Jahrhunderts, hätten ohne die Kunst des Zählens und Rechnens gar nicht erst das Licht der Welt erblickt. Im Jahr 1212 erschien, aus der Feder eines gewissen Leonardo Pisano, der »Li-

ber Abaci« – die erste gemeinverständliche Abhandlung über Arithmetik. Es hat vieler Generationen unermüdlicher Lehrer bedurft, bis die Verwendung abstrakter mathematischer Quantitäten den Alltag der Bevölkerung bestimmen konnte. Ganze Wälder sind im Lauf der Zeit abgeholzt worden, zum Zweck der Herstellung jener kräftigen Stäbe, mit deren Hilfe den Kindern die Kenntnis der Zahlen eingebleut wurde.
Mit erstaunlichem Erfolg, wie man heute sieht. Unsere Augen gleiten ganz selbstverständlich über die Preisschilder der Waren in den Auslagen der Geschäfte, und wir denken uns gar nichts Besonderes dabei.
Das ist ein Fehler.
Gedankenlosigkeit ist eine schlechte Voraussetzung für die Beschäftigung mit Franz von Assisi.

29 Mit Franz haben wir etwas gemeinsam, auf das wir deshalb so selten achten, weil es für uns das Selbstverständlichste der Welt ist: ein bürgerliches Ich.
Dessen Archäologie, wenn der Ausdruck gestattet ist, soll uns in der Folge beschäftigen. In dem griechischen Wort, von dem die Archäologen ihren Namen herschreiben, wirkt ein Gedenken an »Anfänge« und »Ursprünge«.
Drei solcher Ursprünge der bürgerlichen Konstitution des Franz (und damit unserer eigenen) möchten wir namhaft machen, sozusagen der Reihe nach, in der Folge ihres Auftretens.
Der erste Ursprung führt uns ins alte Hellas, in die Zeit um 650 vor Christi Geburt.
Der zweite Ursprung liegt in den christlichen Klöstern, am Beginn des Mittelalters.
Den dritten Ursprung werden wir in den hochmittelalterlichen Städten suchen.
Am Ende dieser Betrachtungen werden wir wissen, was Franz ganz allgemein im Kopf gehabt hat, als er mit der Bürgerwehr von Assisi in den Kampf gegen die Nachbarstadt Perugia ritt.

Professor Rudolf Wolfgang Müller (Hannover), dem dieser 30
Abschnitt sozusagen alles verdankt, hat in einer 1977 erschienenen Arbeit eine frappierende These aufgestellt und mit dem erforderlichen wissenschaftlichen Aufwand untermauert. Sie lautet: Die Geburtsstunde des bürgerlichen Ich fällt mit der des Münzgeldes zusammen; beide treten gemeinsam auf, und zwar in der zweiten Hälfte des siebten vorchristlichen Jahrhunderts, im griechischen Kulturraum.

Der Übergang von der Barrenform zur Münzform geschah zwischen 620 und 600 im lydischen Königreich (die westliche Hälfte der heutigen Türkei). Als Metall wurde Elektron verwendet, eine Mischung aus Gold und Silber.

Der Übergang vom Nicht-Ich zum Ichbewußtsein geschah in den Gedichten eines gewissen Archilochos, des ersten griechischen Lyrikers. Er stammte von der Kykladeninsel Paros und lebte (ungefähr) von 685 bis 640 vor Christus, als Söldner.

Professor Müller: »Von vornherein fällt bei Archilochos das bisher Unerhörte auf, daß er von sich selbst redet, ja daß er sich selbst als einzelnen vorstellt.«

Archilochos selbst:

»Ich verstehe die Kunst, welche die Musen verleihn.«

Mit diesem Satz betritt, erstmals, ein Künstler mit Ichbewußtsein die Bühne der Geschichte.

Und vorher? Gab es in den Zeiten vor Archilochos keine Ich- 31
form im heute üblichen Sinn?

Nein.

Um diese verblüffende Feststellung zu begründen, analysiert Professor Müller den Inhalt jener beiden berühmten Epen, die unter dem Namen des Homer zu unserem Bildungsschatz gehören, die »Ilias« und die »Odyssee«. Deren schriftliche Fixierung fällt in das achte vorchristliche Jahrhundert. Zwischen den homerischen Epen und den Gedichten des Archilochos liegen kaum hundert Jahre, und trotzdem ist der Unterschied zwischen ihnen fundamental.

Im Denken der homerischen Helden gibt es kein Wort für »entscheiden«, keine Zukunft in unserem Verständnis, keine Vokabeln für »Geist« bzw. »Seele« im Sinn eines personhaften Ichbewußtseins. Was es gibt, sind Ausdrücke wie »mein Herz«, in denen sich ein dunkles Gefühl der Ichkräfte ankündigt, ohne aber zur Reflexion seiner selbst, zum Selbstbewußtsein vorgedrungen zu sein. Das Ich der homerischen Helden ist eher das Ergebnis verschiedener Kräfte, unter ihnen vornehmlich die Sippen-Konventionen der Oberschicht.
Die für uns selbstverständliche Trennung zwischen Subjekt und Objekt, also zwischen ichhafter Innenwelt und davon unterschiedener Außenwelt, sucht man in den homerischen Epen vergebens.
Man weiß heute, daß diese uns völlig fremd gewordene Denkform früher einmal die generelle Regel war, nicht nur unter den homerischen Griechen. In manchen Sprachen, so beispielsweise im Vietnamesischen, gibt es bis heute kein Wort für »Ich« in unserem Sinn.

32 Der Zusammenhang zwischen Ichbewußtsein und Münzgeld ist kein zufälliger. Archilochos hat zwar nie eine Münze in der Hand gehabt, er starb rund zwanzig Jahre vor dem Erscheinen der ersten Geldstücke.
Aber: Archilochos war ein Lohnsoldat, und als solcher wurde er mit Edelmetall in der Form kleiner Barren entlohnt. Letztere waren die unmittelbaren Vorläufer des eigentlichen Geldes. Archilochos gehörte jener Schicht freier und zugleich mittelloser Griechen an, die seit dem siebten vorchristlichen Jahrhundert als Söldner, Handwerker, Gelegenheitsarbeiter, Händler und Wucherer, Matrosen und Seeräuber die frühesten bürgerlichen Menschen sind, die wir kennen. Nicht vom bebauten Boden leben sie; sie haben nämlich keinen, sie müssen sich anderswo umsehen. Im Auf und Ab einer unsicheren und stets gefährdeten Existenz benötigen sie ein stabiles Ich, auf das sie sich zurückziehen können.
Archilochos: »Herz, mein Herz, von ausweglosen Kümmernissen wirr und wüst, raff dich auf, laß die Hasser gegen dich an-

laufen, steh fest und breit! Wenn du siegst, prahle nicht vor allem Volk! Wenn du besiegt bist, jammere nicht zu Haus! Über Frohes freue und im Unglück kränke dich nicht zu sehr.«
Für Archilochos gibt es nur zwei Dinge, auf die er sich verlassen kann: sich selbst und die Edelmetallbarren in seinem Sack.
Er und seinesgleichen, als Vortrupp einer neuen Mentalität, modellieren einen Geist, der verfügt über ein Set von untereinander verknüpften Fähigkeiten. Als da sind:
Ichbewußtsein, rationales (planendes, logisches) Denken und Kalkulieren mit Abstraktionsfähigkeit, zielgerichtetes Zeitgefühl, sachliche Distanz zu den Dingen – im Gegensatz zur alten Magie. Im Vordergrund dieses Denkens steht die persönliche (!) Aneignung von Reichtum in Geldform.
Geld und Geist sind die beiden Gesichter jenes janusköpfigen Gottes, den wir bis heute verehren, ohne ihm je einen Namen gegeben zu haben. Das ist auch nicht nötig. Wir sind nämlich mit ihm, schlichtweg gesagt, identisch.

Weitere Zusammenhänge zwischen Geld und Geist werden die 33
Gelehrten schon noch aufhellen. Etwa den Umstand, daß die früheste griechische Philosophie, die sogenannte ionische Naturphilosophie, geographisch und zeitlich mit dem Auftreten des Münzgeldes exakt zusammenfällt. (Thales von Milet, der erste in dieser Reihe, lebte zwischen 624 und 545 vor Christus, in eben jener Gegend, in der die ersten Münzen in Umlauf kamen.)
In Athen wurden, ab 550 vor Christus, Silbermünzen geprägt, die wenig später das erste international angenommene Zahlungsmittel wurden. In Athen wurden auch, im Verlauf einer beispiellosen Entwicklung von dreihundert Jahren, jene bürgerlichen Bewußtseinsformen geprägt, auf die sich unsere Gesellschaft bis in die Gegenwart stützt, ohne prinzipielle Veränderungen.
Es ist kein Zufall, daß sich die bürgerlichen Revolutionäre vor zweihundert Jahren so entschieden auf griechische und römische Redner und Philosophen beriefen, ja sich als solche geradezu kostümierten. Für sie stellte das »dunkle« Mittelalter mit

seinem Feudalismus und seiner Bigotterie eine Unterbrechung jenes Lichts der Vernunft dar, das zuerst im alten Hellas geleuchtet hatte. Ähnlich dachten, nochmals dreihundert Jahre früher, die Humanisten der Renaissance.
Heute sehen wir klarer. Die mittelalterliche Unterbrechung des bürgerlichen Zeitalters, wie es in der Antike begonnen hatte, war nur oberflächlich ein Rückfall in barbarische und vorlogische Formen. Unter der Decke der damaligen bäuerlichen Stockung sammelte das bürgerliche Ich eine neue Kraft, die es ins industrielle Alter hineinwachsen ließ.

34 Wir sind nunmehr in der Lage, die Tiefe des Protests abzuschätzen, der aus dem schatzbildenden bürgerlichen Ich unseres Franz ein geldverachtendes gemacht hat. Franz kämpfte gegen eine Entwicklung, die geschichtslogisch von Archilochos bis zu Rockefeller führt. Vielen Menschen, besonders den minderbemittelten, kommt diese Logik ziemlich fragwürdig vor, bis heute.

Beten und Arbeiten

35 Üblicherweise wird neben den alten Griechen auch das Christentum für das Zustandekommen der europäischen Kultur verantwortlich gemacht. Das klingt zwar ganz schön, aber wirklich vorstellen kann man sich nicht viel dabei.
Sehr viel konkreter wird der christliche Anteil an der Entstehung des bürgerlichen Ichs faßbar, wenn man an die emsigen Mönche denkt. Unter all den Institutionen, die im Lauf der vielen Jahrhunderte seit dem Niedergang des römischen Imperiums an der Disziplinierung der Menschen geduldig gearbeitet haben, sind die mittelalterlichen Klöster die ersten gewesen, und ihre Wirkung war nachhaltig genug.

Hier ist eine kleine Geschichte aus dem heutigen Italien: 36
Mit den Arbeitern der neuen Alfa-Sud-Fabrik im Süden der Halbinsel, so erzählte mir ein Manager der Alfa-Romeo Werke in Mailand, hätte es anfänglich ziemliche Schwierigkeiten gegeben; sie hätten nicht eingesehen, warum sie auf ihre Siesta verzichten sollten.
Die Arbeiter hatten die Gewohnheit, nach dem Mittagessen ein kleines Nickerchen zu machen – was in heißen Gegenden recht sinnvoll ist. Die modernen Fließbänder blieben dieses alten Brauches wegen nicht stehen. Sie liefen weiter, und die Arbeiter mußten lernen, was »Produktion gleichmäßiger Bewegung« (Marx, oben Nr. 29) ist, unter Verzicht auf die Siesta.
Zu dem, was die Alfa-Sud-Arbeiter in relativ kurzer Zeit lernen mußten, brauchten die europäischen Völker mehrere hundert Jahre. Bei diesem gewaltigen Disziplinierungsprozeß, in dessen Verlauf mittelalterliche Hirten zu neuzeitlichen Industriearbeitern und Kuhdirnen zu Büromädchen wurden, ging es um mehr als die Siesta. Es ging um die Einhämmerung gewisser Grundtugenden, ohne deren beharrliche Übung keine Züge verkehren und keine Briefe zugestellt würden. Das pünktliche Erscheinen am Arbeitsplatz gehört ebenso zu diesem Tugendschatz wie die Bereitschaft, ohne Murren in einer bestimmten Zeit eine bestimmte Leistung zu erbringen, ohne nennenswerte Pausen und ohne Wechsel der Tätigkeit. Dies tun wir, in den sozial fortgeschrittenen Industrieländern, rund 210 Tage im Jahr.
Im Mittelalter arbeitete man nur 180 Tage im Jahr. Damals war nämlich im Jahresdurchschnitt jeder zweite Tag ein Feiertag.

Daß die mittelalterlichen Klöster zur Kultivierung Europas 37
maßgeblich beigetragen haben, weiß heute jedermann. Weniger bekannt ist, daß in eben diesen Klöstern die Grundsätze des modernen kapitalistischen Wirtschaftens entwickelt worden sind, mit Zweckrationalität, Disziplin, Entsagung, Unternehmergeist und Erfindungsreichtum.
Klöster gab es im Fernen Osten bereits zu Abrahams Zeiten, lange vor dem Christentum. Trotzdem ist der neuzeitliche Ka-

pitalismus bekanntlich nicht in Indien entstanden, sondern in Europa.

Über die Frage nach dem Grund dieser Entwicklung haben sich viele Gelehrte den Kopf zerbrochen. Einer von ihnen, Max Weber (gestorben 1920), Soziologe, Ökonom und Historiker, ist der Frage nach den Ursachen unserer gegenwärtigen Weltwirtschaft mit besonderer Ausführlichkeit, Gründlichkeit und Hartnäckigkeit nachgegangen, und die Ergebnisse seiner Forschung werden bis heute diskutiert. In seiner bekanntesten Arbeit (»Die protestantische Ethik und der Geist des Kapitalismus«), konzipiert während einer Amerikareise, kam Weber einer seltsamen »Wahlverwandtschaft« auf die Spur: der zwischen Puritanismus und Kapitalismus, zwischen Religion und Geschäft.

Weber hat seine Aufmerksamkeit auf die Zeit zwischen Johannes Calvin (gestorben 1564) und Benjamin Franklin (gestorben 1790) gerichtet. Was in diesen zweihundertfünfzig Jahren zwischen Genf, Birmingham und Philadelphia geschah, hat zu seiner Zeit der englische Prediger John Wesley (gestorben 1791), der Gründer der Methodisten, so ausgedrückt:

»Religion muß notwendig sowohl Arbeitsamkeit (industry) als Sparsamkeit (frugality) erzeugen, und diese können nichts anderes als Reichtum hervorbringen. Aber wenn Reichtum zunimmt, so nimmt Stolz, Leidenschaft und Weltliebe in all ihren Formen zu. So bleibt zwar die Form der Religion, ihr Geist aber schwindet allmählich.«

Weber zitiert diesen Befund des alten Wesley als gute Zusammenfassung seiner eigenen Überlegungen, und er fügt hinzu:

»Der Puritaner wollte Berufsmensch sein, wir müssen es sein. Denn indem die Askese aus den Mönchszellen heraus in das Berufsleben übertragen wurde, half sie an ihrem Teile daran, jenen mächtigen Kosmos der modernen Wirtschaftsordnung zu erbauen, der heute den Lebensstil aller einzelnen Erwerbstätigen mit überwältigendem Zwange bestimmt und vielleicht bestimmen wird, bis der letzte Zentner fossilen Brennstoffs verglüht ist.«

Die Erwähnung der Mönchszellen zeigt Webers Scharfblick. Er 38
nennt auch den Unterschied zwischen dem europäischen und dem orientalischen Mönchtum, indem er auf den »rationalen Charakter« der monastischen Lebensführung im Abendland hinweist, von den Benediktinern über die Clunyazenser zu den Zisterziensern.

In dieser Feststellung liegt die Antwort Webers auf die Frage nach dem Grund für die Tatsache der Entstehung des modernen Kapitalismus ausgerechnet in Europa. Mit dem Beginn des Mittelalters, ab dem sechsten nachchristlichen Jahrhundert, lebten die Klosterbrüder und Nonnen unter dem Motto, das gegenüber allen früheren mönchischen Programmen eine bedeutende Neuerung darstellte; es lautete:

Ora et labora. Bete und arbeite!

Früher hatten sich die Mönche aufs Beten und Meditieren beschränkt, als angestrebter Lebensform, und die Handarbeit, die sie zum Zweck ihres Lebensunterhaltes verrichteten, stellte kein Programm, sondern eine schlichte Notwendigkeit dar. Seit Benedikt von Nursia (gestorben 547) wurde die tägliche Arbeit zur frommen Pflicht, gleichgestellt dem Gebet.

Achtmal in vierundzwanzig Stunden läutete in den mittelalterlichen Klöstern die Glocke zum Gebet in der Klosterkirche. Rund fünf Stunden täglich verbrachten die Mönche beim Psalmodieren, fünf Stunden bei der Arbeit auf den Feldern und in den Werkstätten. Ihr Alltag war, nach einer detaillierten Methodik, reglementiert und diszipliniert. Das ist es, was Weber den »rationalen Charakter« des abendländischen Mönchtums genannt hat. Die Methodik der monastischen Lebensführung ist bereits in der von Benedikt selbst verfaßten »Regel« erkennbar. Von den 73 Artikeln dieser mittelalterlichen Betriebsordnung handeln mehr als die Hälfte von Disziplin und Verwaltungsangelegenheiten. Man ahnt die moderne Fabrik (und erinnert sich an die antiken Sklavenplantagen), wenn man liest, daß je zehn Mönche eine Arbeitsgruppe unter der Aufsicht eines »Dechanten« bildeten.

Erstaunlicher noch: Die mittelalterlichen Klöster waren, etwa ab dem Jahr 1000, das wichtigste Experimentierfeld für die damaligen Maschinen.

Die Wassermühle gab es ab dem ersten vorchristlichen Jahrhundert, und zwar ungefähr gleichzeitig in China, Dänemark und im nördlichen Anatolien. In Massen trat sie dann in Europa auf, im frühen Mittelalter. Bereits im neunten Jahrhundert hat ein erfinderischer Mönch in der Picardie die klappernde Mühle erheblich verbessert. Offenbar war dieser Mann es müde, in der Bierbrauerei seines Klosters mit der Hand die Maische zu stampfen. Er brachte an der Achse des Wasserrades Nocken an, und die wiederum aktivierten eine Reihe von vertikal arbeitenden Stampfern.

Diese Erfindung verbreitete sich rasch, und ab dem zwölften Jahrhundert verwendete man sie auch zum Walken der Wolle, zum Hämmern des Eisens und zum Sägen des Holzes.

Die Begeisterung der mittelalterlichen Mönche für die Mechanisierung geht aus einem alten Text hervor, der die Tätigkeit der Maschinen in einem Zisterzienserkloster im zwölften Jahrhundert beschreibt:

»Der Fluß ergießt sich in die Abtei, soweit die Mauer, die als Wehr wirkt, es ihm erlaubt. Er strömt zunächst in die Getreidemühle, wo er dazu dient, das Getreide unter dem Gewicht der Räder zu zermahlen und unter das feine Sieb zu schütteln, welches das Mehl von der Kleie trennt. Hernach strömt er in das nächste Gebäude und füllt den Kessel, in dem das Wasser erhitzt wird, um das Bier für die Mönche zu bereiten. Dann wird der Fluß in die Walkmühle gelenkt; seine Pflicht ist es nun, bei der Herstellung der Kleider für die Brüder zu dienen. Abwechselnd hebt und senkt er gehorsam die schweren Schlegel, um alsbald in die Gerberei zu strömen, wo er viel Mühe und Arbeit der Bereitung des Materials für das Schuhwerk der Mönche widmet. Noch immer nicht müde, teilt er sich nun in viele kleine Arme, strömt in emsigem Lauf durch verschiedene Abteilungen und hält überall Ausschau nach jenen, die zu irgendwelchen Zwecken seine Dienste fordern, zum Kochen, Drehen, Zermahlen, Bewässern, Waschen, Schleifen. Niemals verweigert er eine Aufgabe, die man von ihm verlangt, stets bietet er seine Hilfe an, bescheiden und unbedankt. Zuletzt, um nichts ungetan zu lassen, trägt er den Abfall fort und läßt alles sauber zurück.«

Das artige Loblied auf das mechanisierte Kloster gewinnt an Bedeutung, wenn man daran denkt, daß die meisten Abteien der damaligen Zeit über ein maschinelles System der geschilderten Art verfügten. Eine solche Fabrik, einen großen Bau mit vier Abteilungen, kann man bis heute in der Abtei Fontenay im Burgundischen bewundern. Er stammt aus dem zwölften Jahrhundert.

Die Zusammenfassung von Arbeitseinheiten zum effizienten maschinellen Ensemble geht übrigens aus den erhalten gebliebenen alten Bauplänen für das Kloster in Sankt Gallen (Schweiz) hervor. Der »rationale Charakter« der monastischen Arbeitsorganisation wirkt, wenn man sich in die Details versenkt, erstaunlich modern; der Versuchung, geradezu von »Rationalisierung« zu sprechen, ist schwer zu widerstehen.

Die Beweggründe der frommen Brüder für die Installierung all 39
der Räder und Kurbeln waren, jedenfalls am Beginn dieser Entwicklung, edel genug. Sie wollten sich monotone Arbeiten ersparen, um für jene Arbeiten frei zu sein, die den Kopf in Anspruch nehmen – das Kopieren und Illuminieren von Büchern zum Beispiel.

Es wirkt wie eine Ironie der Geschichte, daß die »alten Orden« (so nennt man sie heute noch) mit ihrem Fortschrittsgeist einen Prozeß einleiteten, mit dessen Ergebnissen sie kaum zufrieden sein werden. Heute, 1500 Jahre nach Benedikt, ist unser Leben in Arbeit und Freizeit gespalten, und in letzterer wird nur noch selten gebetet – am wenigsten von den modernen Eliten des technischen Fortschritts, den Wissenschaftlern und Managern. Gelegentlich mag es vorkommen, daß sich ein Programmierer als Tourist in eine alte Abtei verirrt, während des Urlaubs, und von einem liebenswürdigen Mönch durch Kirche und Kreuzgang geführt wird. Die beiden Herren werden einander vermutlich wenig zu sagen haben, bei dieser Begegnung von Mittelalter und Moderne. Sie wären sehr überrascht, wenn man sie darüber aufklären würde, daß sie Kinder desselben Geistes sind.

40 Franz hat die Mentalität der Mönche aus nächster Nähe kennengelernt. Ein paar Kilometer von Assisi entfernt befand sich, auf dem Monte Subasio gelegen, eine stattliche Benediktiner-Abtei. Die dortigen Mönche besaßen viel Land in der Gegend und hatten, als Zugeständnis an die neuen Zeitläufte, auch ein Haus in Assisi gebaut, sozusagen als Geschäftsfiliale. Der Gedanke, ein Mönch zu werden, ist Franz nie gekommen. Im Gegenteil. Wie bereits erwähnt, wehrte er sich hartnäckig, eine der alten Mönchsregeln zum Vorbild für seine eigene Genossenschaft zu wählen (oben Nr. 12).
Offenbar hat Franz den fatalen Zusammenhang zwischen Religion und Reichtum in den Mönchsklöstern gewittert, und wollte mit dieser Art Frömmigkeit nichts zu tun haben.

Stadtluft macht frei

41 Es gibt ein Klischee, das der Erkenntnis unserer kollektiven Vergangenheit hinderlich ist: das vom »tieffrommen Bauern«. Als Ausdruck nostalgischer Gefühle unserer Großeltern geriet diese Vorstellung vor hundert Jahren in die Kolportage-Romane und auf die billigen Öldrucke. Seither assoziieren wir mit Religiosität jene als Tiroler oder Bretonen kostümierten Gestalten, die auf ihren Feldern stehen und entblößten Hauptes ihr Mittagsgebet verrichten oder durch tiefen Schnee zur Christmette wallen. Daß auf dem Land die Menschen bis heute über eine ungebrochene Gläubigkeit verfügen, wird gerne behauptet, und während des Urlaubs mischen sich die Städter unter die andächtigen Dorfbewohner, beim sonntäglichen Gottesdienst.
Seltener wird die Frage gestellt, ob das Festhalten an alten Gewohnheiten dasselbe wie Frömmigkeit sei.
Hier sind, zur Korrektur dieser romantischen Anmutungen, ein paar Tatsachen:
Das Judentum, wie wir es kennen, fand seine bleibende Gestalt auf dem Boden der Stadt Jerusalem, verbreitete sich in Städten und betrachtete die als Bauern lebenden Glaubensgenossen als Juden zweiter Klasse, wenn nicht gar als im Grund gottlose

Menschen. Ebenso im frühen Christentum, dem die Vokabel »Bauer« (paganus) dasselbe wie »Heide« bedeutete. Auch die mittelalterlichen Theologen, unter ihnen Thomas von Aquin, behandelten die Bauern als Christen minderen Ranges, mit klarer Geringschätzung. Ausgebreitet hat sich das Christentum, von allem Anfang an, zuerst in den Städten des Mittelmeerraumes, und auch in der Folgezeit gehen die innerchristlichen Veränderungsschübe, kirchentreue wie ketzerische, von den Städten aufs Land und nicht umgekehrt.
In diesen Zusammenhang gehört auch Franz, als städtisch modellierter Mensch. Der Wille zur Emanzipation von Adel und Klerus wurde ihm gewissermaßen in die Wiege gelegt.

Als die europäischen Städte noch klein waren und eben erst im 42
Aufblühen begriffen, hundertfünfzig Jahre vor Franz, standen sie unter dem Regiment der Kirche. Die hatte, mit Äbten, Bischöfen und Domkapiteln, ihre Hand nicht nur auf den Seelen, sondern auch auf zwei Dritteln von Grund und Boden Europas. Die geistliche Hand hieß damals die »tote Hand« (manus mortua). Was an sie fiel, durch Stiftung oder Verkauf, war »admortisiert«, das heißt dem weiteren Wechsel von Hand zu Hand entzogen. Kirchengut war unveräußerlich; es gehörte beispielsweise den heiligen Aposteln Petrus und Paulus (wie im Fall des Kirchenstaats), und Tote geben bekanntlich nichts her. Auch in den Städten regierte zunächst, neben den Baronen, die tote Hand, nichts ging ohne sie.
Als Handwerk und Handel allmählich kräftiger wurden und die Städte sich zu beleben begannen, nach der langen Stockung in den Jahrhunderten vor und nach Karl dem Großen, da begannen die Bürger sich gegen die tote Hand zu wehren – zunächst mit dem Mittel des Schwächeren, der List.
So beispielsweise in Florenz. Ganz treuherzig sprach man dort, im elften Jahrhundert, von der Nützlichkeit der Gespräche unter den Männern vor dem Gotteshaus, nach der Messe. Aus den Gesprächen werden später »Zusammenkünfte« (conventus), und es lag dabei nahe, einige vertrauenswürdige Bürger zu Sprechern der Männerversammlung zu wählen, für den Fall ei-

ner vielleicht erforderlichen Vorsprache beim hochwürdigen Herrn im Bischofspalast.
Hundert Jahre später wurde Florenz bereits von gewählten »Konsuln« regiert, und die geistlichen Herren hatten das Nachsehen.
In sechzig italienischen Städten läßt sich dieser Vorgang beobachten. Allemal kam es dabei zu einem Schwurbund der Bürger gegen den örtlichen Bischof, und nicht immer blieben dabei die Messer im Sack. Auch in anderen europäischen Städten wurden ab dem elften Jahrhundert Revolten gegen die Geistlichkeit mit Erfolg durchgeführt, und das Stadtregiment ging von der toten Hand in eine lebendige über.
»Stadtluft macht frei« – dieser mittelalterliche Spruch signalisiert, sechshundert Jahre vor der Französischen Revolution, die ersten Errungenschaften eines neuen Standes, dessen Heimat die Stadt war.
Der bürgerliche Stand, zusammengesetzt aus Kaufleuten, Bankiers und Handwerkern, ist der des Franz. Man hat in diesem Zusammenhang von einem neuen Menschentyp gesprochen und ihn den »ökonomischen Menschen« genannt. Man könnte ihn genausogut den ketzerischen Menschen nennen.
Denn gleichzeitig mit der Formierung des städtischen Bürgertums beginnt sich, ab dem Jahr 1000 nach Christi Geburt, die Ketzerei zu regen, als Ausdruck des erwachenden Selbstbewußtseins frühbürgerlicher Schichten.

43 Um das Jahr 1000 nach Christi Geburt, so erzählt eine alte Chronik, sei ein Mensch mit Namen Leuthard im Gebiet Châlons sur Marne (Frankreich) während der Arbeit auf dem Feld müde geworden und habe sich ein wenig ausruhen wollen. Er schlief ein, und es träumte ihm, ein großer Bienenschwarm sei auf rätselhafte Weise in das Innere seines Leibes gelangt, um später mit gewaltigem Brausen aus seinem Mund zu entweichen. Mit ihren Stichen, so empfand es der Mann, flößten die Bienen ihm gar Unerhörtes ein. Er lief nach Hause, zu seiner Frau, und in hoher Erregung trennte er sich von ihr. Eilte dann alsbald in die nächste Kirche, riß ein Kruzifix aus seiner Veran-

kerung und trat es mit Füßen. Die Bauern liefen herbei, und ihnen predigte er, Gott habe ihm wundersame Dinge geoffenbart. Es sei überflüssig, den Pfaffen den Zehnten zu geben. In der Bibel stünden keineswegs nur heilige und nützliche Dinge, auch allerlei Unsinn werde in ihr verbreitet.

Derlei Reden hörten die Menschen gern, und eine immer größer werdende Menge sammelte sich um Leuthard und lauschte seinen Verlautbarungen. Bis schließlich der Bischof, ein gewisser Gebuin, ein Verhör mit ihm veranstaltete. Dem Gebuin – so der Bericht – sei es dann gelungen, mit klugen Worten den Mann in die Enge zu treiben, das Volk von der Verwirrtheit seiner Botschaft zu überzeugen und auf diese Weise die Gefahr abzuwenden. Leuthard hätte sich schließlich, vom Volk verlassen, verzweifelt in einen Brunnen gestürzt und sei darin ertrunken.

Aus dem Material dieser seltsamen Geschichte ließe sich ein Roman machen. Leuthard, der Kreuztreter. Woher hat er seine Kenntnis der Bibel? Sie war nur in lateinischen Fassungen vorhanden, in der damaligen Zeit, und überdies waren Bücher sehr teuer. (Für ein Buch gab man eine ganze Meierei, mit Gebäuden, Vieh und Weideland, in Zahlung.) Dann der Traum mit den Bienen, diesen Tieren der Beredsamkeit und Unterrichtung. Ihr Brausen und Schwärmen, aber auch ihre Umsicht und fleißig sparsame Haushaltung galten den Menschen seit altersher als Darstellung inspirierter und dennoch zielstrebiger Geistesgewalt. Sie überkommen den Leuthard auf freiem Feld, in der Mittagsstille eines heißen Sommertages, und plötzlich weiß er, was er zu tun hat. Die Dinge in seinem Kopf, Erlerntes und persönlich Gedachtes, dies übliche Durcheinander, fallen zu einem erkennbaren Muster zusammen, in begeisterter Klarheit verläßt er die Frau und die Hütte, und tut das Entsetzliche. Er tritt den gekreuzigten Gott unter die Füße.

Das ist der Kern der Geschichte. Er enthält, rätselhaft und 44
dunkel, die Essenz der Anziehung und des Schreckens, wie sie im Denken verpönter Gedanken sich findet: das Wesen der Ketzerei.

Vierzig Jahre nach Leuthards Tod, zwischen 1043 und 1048, schreibt ein gewisser Roger, Bischof in derselben Gegend, in der Leuthard gepredigt hatte, seinem bischöflichen Kollegen Wazo nach Lüttich einen besorgten Brief. Er spricht von Menschen, die die Ehe als Unsinn verwerfen, sich aller fleischlicher Speise enthalten und sich weigern, auch nur das geringste Lebewesen zu töten. Und sie übten – Höhepunkt gotteslästerlicher Anmaßung – untereinander die Auflegung der Hände, wie sie nach geheiligter Sitte nur den Bischöfen zukommt, zur Spendung der Kraft heiligen Geistes. Auch teilten sie sich in Meister und Schüler (perfecti et auditores), und mit großer Beredsamkeit vergifteten sie die Herzen der frommgläubigen Menschen, derart, daß selbst einfältige Seelen sich sehr schnell den gelehrtesten katholischen Unterweisungen überlegen fühlten.

Hier haben wir, noch ohne Namen, jene Männer und Frauen, die zur Zeit des Franz eine über Südfrankreich und Oberitalien verbreitete Gegenkirche ausbilden sollten: – die Katharer, wovon abgeleitet der Name der Ketzer stammt, als Inbegriff abscheulichsten Frevelmuts.

Gegen sie wurde das Instrument der heiligen Inquisition geschmiedet. Gegen sie führte man, zwischen 1209 und 1229 (mitten im Franz–Jahrhundert) in Südfrankreich einen heiligen Krieg, mit Ausrottung ganzer Städte im Namen Gottes.

45 Was machte die neue Lehre so gefährlich?

Sie war, wie man heute meint, aus dem Balkan importiert worden, von reisenden Händlern. Die glaubten an einen anderen Gott als die päpstlichen und byzantinischen Christen, an einen zweifaltigen sozusagen – gut der eine, böse der andere. Die Welt war für diese Ketzer ein Kampfplatz, eine Stätte des Ringens um Reinheit, mit streng vegetarischer Diät und Enthaltung vom Beischlaf auch für die Beweibten. Der innere Kreis der seltsamen Bewegung, die »Vollkommenen«, hielt sich genau an diese Maximen. Die Sympathisanten hingegen, das Gros der Anhängerschaft, waren nicht verpflichtet, ein derart rigoroses Leben zu führen.

Zuerst waren es Stadtbewohner, die zu Anhängern der Katharer wurden: Weber, Schneider, Schmiede, Gerber, Kürschner, Sattler, Seiler, Müller, Wirte, Wagner, Kaufleute, Geldwechsler. Bürgerliche Menschen also, die in ihren Werkstätten und Läden saßen, in bescheidenem Wohlstand. Der neue Glaube befreite sie von ihrem katholischen Schuldbewußtsein hinsichtlich Zins und Profit.
Denn: Da letzterer ohnehin ein Werk des bösen Gottes war und somit zur Weltordnung gehörte von Ewigkeit her, durfte man wohl einen heimlichen Sinn in der Reichtumsfreude und Schatzbildnerei entdecken. Erst beim Sterben riefen diese biederen Menschen einen der streng lebenden Glaubensbrüder und ließen sich von ihm in die Schar der »Reinen« definitiv aufnehmen, durch tröstliche Auflegung der Hände, und schieden im Frieden.
Was die Bürger veranlaßte, den asketischen Predigern der Katharer zu lauschen, war deren Fähigkeit, ihnen eine neue und zu ihrem Leben passende Weltanschauung zu geben – konträr zur altväterischen Religion. Als erste haben die Katharer das Vorhandensein des Klerus prinzipiell in Frage gestellt und eine Lebensweise propagiert, die den »Laien« ohne Dazwischenkunft und Mittlerschaft der geistlichen Herren den Weg zu Gott finden ließ. Bekanntlich hat Luther dreihundertfünfzig Jahre später diesen Anspruch definitiv angemeldet und damit das bürgerliche Selbstbewußtsein mächtig gestärkt. Wie man sieht, konnte man die Katharer zwar physisch ausrotten, ihre Ideen aber nicht.

So hat, zur Zeit des Franz, die Stadtluft neben den Keimen der 46
Freiheitsliebe auch die Samen der Ketzerei, also des selbständigen Denkens, herbeigeweht. Die mittelalterlichen Stadtbürger verkörpern nicht nur die Orientiertheit an Soll und Haben, sie haben auch das praktiziert, was der Philosoph Ernst Bloch (gestorben 1977) den »aufrechten Gang« genannt hat. Sie wollten ohne feudal gebeugtes Knie leben, was nicht ohne Auswirkung auf ihre Religiosität blieb.
Franz hat, bei all seiner lebenslangen Höflichkeit gegenüber

dem Klerus, nie ein Priester sein wollen. Seine Genossenschaft sollte eine von Laien sein, legitimiert durch ein christusförmiges Leben, nicht durch heilige Weihen und durch das Studium der Theologie.
Daß dieser sein Wille wirksam durchkreuzt worden ist, steht auf einem anderen Blatt.
Wahr bleibt, daß Franz als Laie selig werden wollte, und daß er sich in den entscheidenden Punkten der von ihm gewählten Lebensführung stets direkt auf Gott und die Bibel, nie auf irgendwelche kirchliche Überlieferungen und Vorschriften berufen hat. Diese im Grund ketzerische Haltung Franzens verrät uns den Kern seines Bürgersinns. Hierin, und in gar nicht verächtlicher Weise, blieb Franzens bürgerliche Konstitution wirksam, auch nach der für ihn entscheidenden Lebenswende.

47 Im übrigen bemerken wir an dem jungen Mann, der sich im Alter von zwanzig Jahren aufs Pferd schwingt, um mit seinen Mitbürgern gegen die Konkurrenz von Perugia zu kämpfen, nichts Eigenständiges. Was ihn, aus der Tiefe antiker und mittelalterlicher Vergangenheit sprechend, modelliert hat, kraft der angeführten drei Ursprünge, konstituiert eine anonyme und verwechselbare Figur, den Sohn eines reichen Tuchhändlers in einer Provinzstadt, bestimmt fürs Geschäft.
Wir werden ihn genau beobachten müssen, um das Problem zu erkennen, das ihn schließlich zur Revolte gegen seine Konstitution getrieben hat.

4. KAPITEL

Eine Schande für die Familie

Ein einziges Mal in seinem Leben hat Franz klar und öffentlich 48
revoltiert, im Alter von fünfundzwanzig Jahren. Die Revolte war gegen den Vater gerichtet, und sie war unwiderruflich. Die Geste, mit der Franz seinem Vater Kleider und Geld vor die Füße warf, hat ihn verwandelt. Bei dem vorangegangenen Streit (oben Nr. 10) war es um eine nicht unerhebliche Geldsumme gegangen, die Franz seinem Vater gestohlen hatte.

So wurde es erzählt: 49
Als der Vater erkannte, daß er bei den städtischen Behörden nichts ausrichten konnte, wandte er sich an den Bischof von Assisi, um die Klage gegen seinen Sohn bei ihm einzubringen. Der Bischof ließ daraufhin dem Franz bestellen, er habe vor seinem Tribunal zu erscheinen. Franz kam zum festgesetzten Termin, und der Bischof sprach also zu ihm: »Dein Vater ist aufs äußerste gegen dich aufgebracht. Willst du also gottesdienstlich handeln, so gib ihm das Geld, das du hast, unverzüglich heraus! Hat er einmal das Geld, dann wird sich sein Zorn schon besänftigen.« Da sprach Franz: »Herr, nicht nur das Geld, das ihm gehört, will ich ihm wiedergeben, sondern auch die Kleider.« Rasch ging er in eine Kammer des bischöflichen Hauses, entledigte sich all seiner Kleider, kehrte nackt zurück und warf Kleider und Geld dem Vater vor die Füße. Er sprach dazu: »Hört ihr alle, und versteht es wohl. Bis jetzt habe ich den Pietro Bernardone meinen Vater genannt. Jetzt gebe ich ihm das Geld zu-

rück, um das er sich aufgeregt hat, nebst aller Kleidung, die ich von ihm habe. Und von nun an will ich sagen: Vater unser im Himmel, und nicht mehr: Vater Pietro Bernardone.« Der Vater nahm wütend Geld und Kleider an sich, während der Bischof dem Franz seinen Mantel umhing. So war denn Franz von allem ledig und frei für den Dienst der Gerechtigkeit.

50 Diese Schlüsselszene hat eine Vorgeschichte, und wir werden uns mit ihr zu beschäftigen haben. Die Informationen über die Jugend Franzens sind zwar dürftig, aber sie lassen ein Muster erkennen, und einen roten Faden darin. Es ist wichtig, daß Franz vor dem bischöflichen Gericht die Gelegenheit zur Aussöhnung mit seinem Vater hatte. Aber Franz wollte den Bruch, er verleugnete seine Herkunft, seine Stellung in der Gesellschaft, seine Erziehung – mit einer einzigen brüsken Bewegung. Man hat den Eindruck, als wollte er nochmal von vorn anfangen, nackt wie ein neugeborenes Kind.

Spirale abwärts

51 Die ersten zwanzig Jahre im Leben des Franz von Assisi verliefen unauffällig und fröhlich. Er ging zur Schule, lernte lesen, schreiben und ein wenig Latein. Später hat er im Geschäft des Vaters mitgearbeitet und mit seinen Altersgenossen die Tavernen besucht. Da er die Taschen voll Geld hatte und freigiebig damit umging, wurde er zum König vieler Feste gewählt. Seine Kleidung war, wie es sich für den Sohn eines reichen Kaufmannes gehörte, nach der neuesten Mode. Daß Franz nicht nur wegen seines Geldes beliebt war, wird man annehmen dürfen. Er erweckt den Eindruck eines liebenswürdigen und heiteren jungen Mannes, der französische Lieder singen und eine Gesellschaft in Stimmung bringen konnte. Im Kopf unseres Franz befanden sich die damals üblichen Geschichten von König Artus und Ritter Roland, mit Minnedienst und Heldentum. Und, weitaus konkreter, das Feindschaftsgefühl gegen die Leute von Perugia, der Nachbarstadt und Rivalin von Assisi.

Das Jahr 1198 hatte der Stadt Assisi einen beachtlichen Zuwachs an bürgerlichen Freiheiten gebracht. Im September des Vorjahres war Heinrich VI., ein Staufer, König über Sizilien und gekrönter deutscher Kaiser im Alter von zweiunddreißig Jahren gestorben. Sein Sohn und Erbe, der zukünftige Friedrich II., war drei Jahre alt. In Italien und Deutschland entstand ein Machtvakuum. In der Neujahrswoche des Jahres 1198 starb auch der Papst, und die Kardinäle wählten bereits am 8. Januar einen Nachfolger, den jüngsten Papst seit langer Zeit, einen gewissen Lothar von Segni, der war siebenunddreißig Jahre alt, hatte in Paris und Bologna studiert und nannte sich Innozenz III. Im Frühjahr schon brach er von Rom auf, um die päpstlichen Gebiete zu bereisen, zum Zweck der Enteignung der deutschen Besatzer, die sich darin festgesetzt hatten. Auch das Herzogtum von Spoleto, und damit Assisi, seit zwanzig Jahren unter deutscher Herrschaft, wollte der junge Papst dem Stuhl Petri zurückgewinnen. 52

Die Reise wurde ein Triumphzug.

Viele italienische Städte hatten zu dieser Zeit genug von den Staufern. Französische Troubadoure zogen mit politischen Spottliedern gegen die ausländischen Grafen und Barone durch die Lombardei, und auch in Assisi lernten die jungen Leute schnell die giftigen Liedlein auf Provençalisch zu singen.

Im April war der Papst in Narni, dreißig Kilometer südlich von Assisi, und verhandelte mit dem alten Herrn Konrad von Lutzen über das Herzogtum von Spoleto. Konrad mußte nachgeben und seinen Abzug versprechen, und auch die Übergabe der drei größeren Festungen an den Papst wurde vereinbart. Eine dieser Festungen lag über der Stadt Assisi. Die Bürger von Assisi hörten diese Neuigkeiten mit Freude. Sie warteten gar nicht erst ab, wie der Papst über das künftige Geschick der Burg verfügen würde. Sie beschlossen deren Zerstörung in eigener Regie.

Man kann sich vorstellen, wie die ganze Stadt mit Brechstangen und Krampen wochenlang tätig war, unter fröhlichem Geschrei und bei kreisenden Weinbechern. Franz, damals sechzehn Jahre alt, erlebte den ersten Höhepunkt seines Lebens.

Dann kam der Papst in Person, gab der Stadt eine nie dagewe-

sene Fülle von Hoheitsrechten, mit freien Wahlen. Am Ende des Jahres hatte Assisi seine »Konsuln«, es verwaltete sich selbst und mußte lediglich dem Papst eine Steuer zahlen.
In der Stadt gaben die Zünfte den Ton an. Unter ihnen war die der »mercanti«, der Kaufleute, die reichste und mächtigste. Pietro Bernardone, der Vater des Franz, gehörte zu dieser, und er hat ohne Zweifel eifrig in der Stadtpolitik mitgemischt.
Der adelige Klassenfeind dieser aufsteigenden Bürgerschicht saß draußen auf dem Land in diversen Kastellen und beobachtete mit wachsender Unruhe die Zeichen der Zeit. Manche der Adligen hatten sich in der Stadt ein Haus gebaut, um ihren Einfluß möglichst direkt ausüben zu können, an Ort und Stelle.
Ein wichtiger Streitpunkt zwischen dem alten Adel und den neuen bürgerlichen Schichten war das Recht, Zoll zu erheben. Man hat ausgerechnet, daß ein Kaufmann zwischen der Po-Ebene und den Grenzen des Herzogtums von Spoleto nicht weniger als sechzehnmal Zoll zahlen mußte, wenn er mit seiner Ware unterwegs war. Aber auch nach Überschreitung der Grenzen des Herzogtums hielt der Adel immer wieder die Hand auf, und das ging den Kaufleuten von Assisi gar sehr gegen den Strich.
Nach dem Abzug der Deutschen wurden sie kühner als bisher. Assisi hatte eine Bürgermiliz, die war stärker als die paar Knechte des Landadels.
In dieser Lage tat der edle Herr von und zu Sassorosso, einer Burg in der Nähe von Assisi, der von jedem Reisenden einen Zoll zu verlangen pflegte, einen klugen Zug. Er schwor den Konsuln von Perugia Loyalität und bewarb sich um das Bürgerrecht dieser Stadt. Er tat dies am 17. Januar 1200, und eine Woche später war die gesamte Sippe der Sassorosso hinter den Mauern Perugias.
Die Miliz von Assisi rückte sofort aus und zerstörte die verlassene Burg.
Daraufhin schickte Perugia ein Ultimatum nach Assisi, mit der Forderung nach Wiederherstellung der Burg und Entschädigung ihrer Herren. Das Ultimatum wurde entrüstet abgewiesen, und von nun an befanden sich die beiden Städte im Krieg. Selbstverständlich hatten die Bürger von Perugia nicht aus

Edelmut ihre Hand über die Herren von Sassorosso gehalten. Sie lagen selbst mit dem Adel ihrer Umgebung in Streit, aus eben denselben Gründen wie in Assisi und anderswo. Das Bündnis mit einem Adelsgeschlecht von auswärts jedoch war etwas anderes; auf diese Weise ließ sich Einfluß gegen eine rivalisierende Stadt gewinnen. Wie man sieht, handelten die herrschenden Kaufleute in Assisi und Perugia nach der Logik der wirtschaftlichen Konkurrenz. Der Adel spielte das Zünglein an der Waage, und tatsächlich haben einige Edelleute von Perugia auf der Seite Assisis gekämpft.

Zwei Jahre hindurch begnügte man sich damit, einander kleine Scharmützel zu liefern und bei günstiger Gelegenheit die reife Ernte auf den Feldern des Gegners zu verbrennen. Bündnisse wurden geschlossen: Perugia mit Foligno, Assisi mit Spello und Nocera. Die meisten Adeligen aus der Umgebung von Assisi waren nach Perugia geflüchtet; ihre Häuser in Assisi wurden geplündert und angezündet.

Derlei Aktivitäten waren Sache des »popolo minuto«, der kleinen Leute also, der Minderen, an die der Name der Minderbrüder erinnert. Dabei handelte es sich nicht um die angesehenen Kaufleute und Handwerksmeister, sondern um die vom Land in die Stadt gedrifteten Taglöhner, Handlanger und sonstigen Eckensteher aller Art, Leichenwäscher und Totengräber, Lumpensammler und Hundefänger, Waschfrauen und Lohnarbeiterinnen; auch die besitzlosen Schichten des Kleingewerbes zählten zu dieser Unterklasse, die in drangvoller Enge lebte, ohne Kanalisation und mit zweitausend Kalorien pro Tag. Hierbei handelte es sich um die Mehrheit der Bevölkerung, in Assisi und anderswo.

Daß diese Menschen die Gelegenheit nutzten, sich aus den Häusern des geflüchteten Adels Töpfe und Pfannen, Truhen und Stoffe, Schinken und Würste zu holen, versteht sich von selbst. So wurden in Assisi allerlei Feste gefeiert, beim Feuerschein brennender Häuser. Wie man sieht, hatte Franz in den Jahren zwischen 1198 und 1202 keineswegs unter Langeweile zu leiden.

53 Im Herbst des Jahres 1202 läuteten eines Morgens alle Glokken von Assisi. Die Miliz der Stadt, an die zweitausend Mann, versammelte sich vor der Kathedrale. Die Vorbereitungen waren abgeschlossen, man zog in den Kampf gegen Perugia. Zuerst setzten sich die Fußtruppen der kleinen Leute in Bewegung, abteilungsweise nach ihrer Herkunft aus den verschiedenen Stadtvierteln geordnet, mit den dazugehörigen Fahnen. Dann kam die Mittelschicht, in die verschiedenen Handwerkerzünfte gegliedert, ebenfalls zu Fuß. Ein Trupp Bogenschützen folgte darnach, und zuletzt, hoch zu Pferde, die Söhne der Reichen und einige Adelige, die der Stadt gegenüber loyal geblieben waren.
Franz befand sich selbstverständlich bei der Kavallerie.
Zuletzt kam ein von weißen Ochsen gezogener Wagen mit einem Altar, darauf betende Priester und wundertätige Reliquien. Man marschierte zuerst den kurzen Weg in die Ebene hinunter, dann weitere fünfzehn Kilometer bis zum Tiberfluß, der Grenze zwischen Assisi und Perugia.
Am frühen Nachmittag erschien der Gegner.
Warum es zum Debakel für Assisi kam, ist nicht überliefert. Bald rannten die Männer von Assisi über die Ebene davon, verfolgt von den Feinden.
Eine Momentaufnahme aus der europäischen Wirtschaftsgeschichte kommt auf diese Weise zustande, am Beginn des »Jahrhunderts der Wolle«. Wenn ein Mann läuft, und sein Verfolger sitzt auf einem Pferd, dann erlebt er den Klassengegensatz sehr intensiv im Getrappel der Hufe hinter ihm. Vielleicht dreht er sich im letzten Moment noch um, sieht die ausholende Bewegung des Reiters über sich, hebt abwehrend die Arme.
Heute hat Perugia fünfmal soviel Einwohner wie Assisi.

54 Am Abend nach der Schlacht saß Franz, schmutzig und erschöpft, mit einigen Standesgenossen im Verlies unter der Burg des »Capitano del Popolo« von Perugia. Vielleicht hatte er noch etwas Blut an Kleidung und Händen.
Einen Reiter hat man im Mittelalter lieber gefangen als getötet, wegen der Aussicht auf Lösegeld.

Franz blieb ein Jahr lang in Haft, und er wurde in dieser Zeit schwer krank. (Um welche Krankheit es sich dabei handelte, ist nicht überliefert.) Daß Franz im Gefängnis tief nachgedacht hat, ist unwahrscheinlich, wie man bald sehen wird.
Im Winter 1203 gelang es dem Vater endlich, Franz loszukaufen. Franz kam heim und wurde gesundgepflegt. Bereits im Sommer 1204 ist Franz so munter, daß er mit einem befreundeten jungen Adeligen den Beschluß faßt, gemeinsam nach Apulien zu reiten, sich den Truppen eines gewissen Walter von Brienne anzuschließen und im Kampf für die päpstliche Sache Ehre und Ruhm, vielleicht sogar einen Adelstitel zu erstreiten.
Das Jahr im Gefängnis, Krankheit und Rekonvaleszenz inbegriffen, hat Franz keineswegs verändert. Sein bürgerliches Ich ist durchaus intakt, es will hoch hinaus, was kostet die Welt. Der Vater gibt Geld, staffiert seinen Sohn prächtig aus. Er tut dies überlegt, nicht aus Schwäche gegenüber einem verwöhnten Kind. Als Neureicher braucht er Prestige, insbesondere in einer glücklos gebliebenen Stadt.
Franz zieht los, komplett mit dienendem Gefolge, kostümiert als Junker, ein eleganter Genosse adeliger Herren.
Ein paar Tage später ist er wieder zurück, zur Verwunderung der Stadt und zum Ärger des Vaters.
Warum?
Franz hatte geträumt.

So wurde es erzählt: 55
Kurz vor dem Aufbruch hatte Franz seine ganze Ausrüstung, so üppig und kostbar sie für ihn hergerichtet war, einem bedürftigen Edelmann geschenkt. In der Nacht darauf hatte er einen Traum. Er wurde mit seinem Namen gerufen und in einen weitläufigen Palast geführt, der war voll von kostbaren Waffen, prächtigen Schilden und schimmernden Rüstungen aller Art. Als er sich fragte, wem der Glanz wohl gehöre, ward ihm bedeutet, all das sei für ihn und seine Edlen bestimmt. Franz nahm den Traum als günstiges Vorzeichen für sein Unternehmen. Als er aber bis Spoleto gekommen war, um von da weiter gen Apulien zu ziehen, überkam ihn ein tiefes Grübeln. Wohl hatte er

ganz und gar seine Vorsätze im Sinn. Aber dann, er hatte sich niedergelegt und befand sich im Halbschlaf, war ihm auf einmal, als fragte ihn einer, wohin er zu ziehen gedenke. Franz gab die erbetene Auskunft. Dann wurde er gefragt: »Wer kann dir besseres geben, der Herr oder der Knecht?« Franz: »Der Herr!« Da kam es zurück: »Warum verläßt du dann um eines Knechtes willen den Herrn, und wegen eines Armen den Reichen?« Das Rätselwort verwirrte den Franz, und er wollte wissen, wie er sich füglich zu verhalten habe. Nochmal die Stimme: »Kehr um!«

56 Die Geschichte (sie existiert in drei Varianten) ist mit Vorbehalt aufzunehmen. In den Originalfassungen stößt man auf konventionelle Wendungen der üblichen Bekehrungsgeschichten, mit allerlei Anspielung auf biblische Sätze. Stilisierung und Tendenz also, Franz soll mit Paulus von Damaskus verglichen werden, mit himmlischen Stimmen und urplötzlichem Wandel des Sinns, als Überwältigung von oben.
Der Kern der Geschichte ist trotzdem bemerkenswert, als gar nicht so dunkle Dialektik von Herr und Knecht.
Daß Franz einen verarmten Adeligen beschenkt, kann als Benehmen eines Neureichen gedeutet werden. (Der Vater wird eine neue Ausrüstung gekauft haben.) Der anschließende Traum vom Schloß (in einer anderen Variante sogar komplett mit schöner Prinzessin) ist reinste Aufstiegsdynamik in den Bildern der damaligen Zeit, also ebenfalls nicht weiter auffällig. Dann aber nimmt die Geschichte eine überraschende Wendung. Die Herren schlagen ins Knechtsein um, der konventionelle Reichtum wird Armut. Ein neuer Herr, ein anderer Reichtum reden zu Franz noch nicht identifizierbar, jedoch mit entschiedener Umkehrung der Werte, im tiefen Grübeln bei hellichtem Tag. Franz verfällt in einen Zustand, der nicht Schlaf und nicht Wachsein ist, so etwas kann schon vorkommen. Was die Stimme anlangt, so würde sie heutzutage in die Zuständigkeit des Psychiaters fallen. Damals hatte man andere Konventionen, wie noch bei Schiller zu lesen: Träume kommen von Gott.

Franz gehorcht seiner Stimme und macht zum ersten Mal in seinem Leben etwas Ungewöhnliches. Er pfeift auf die edlen Ritter in Apulien und kehrt nach Assisi zurück.

Bald darnach hatte Franz eine weitere Absenz. Die Kumpanei 57
einer »Brigata«, eines Geselligkeitsvereins, wählte ihn zum Tafelmajor. Franz ließ sich nicht lumpen und zahlte ein ausgiebiges Essen, wonach die jungen Herren singend durch die nächtliche Stadt marschierten, vorneweg Franz, mit dem Stab des Zeremonienmeisters in der Hand. Die Legende fährt fort:
Auf einmal blieb Franz hinter den anderen zurück. Er sang nicht mehr, er war in tiefes Sinnen versunken. Denn plötzlich hatte ihn Gott berührt, und eine solche Süße erfüllte sein Herz, daß er weder reden noch sich bewegen konnte. Nur jene Süße fühlte er und konnte nichts anderes wahrnehmen. So sehr war er der Empfindung der Sinne entrückt – er erzählte es später selbst –, daß er sich nicht von der Stelle hätte bewegen können, auch wenn man ihn in Stücke geschnitten hätte. Als nun die Gefährten merkten, daß er zurückgeblieben war, kehrten sie um und sahen Franz wie in einen anderen Menschen verwandelt.
»Du hast wohl eine Donna im Kopf, die du heimführen willst!«
»Ja wirklich! Und die Braut, die ich heimführen möchte, ist edler, reicher und schöner als ihr jemals eine gesehen habt.«
Die Freunde lachten. Franz aber hatte dies nicht aus sich selbst, sondern aus göttlicher Eingebung gesagt.

Thomas von Celano und die Legende der drei Gefährten (oben 58
Nr. 43) beeilen sich, den seltsamen Spruch Franzens von der unvergleichlichen Braut auszudeuten und zu versichern, damit sei selbstverständlich die wahre Gottesdienstlichkeit gemeint, welcher Franz sich zu weihen im Begriffe stand.
Wir werden da etwas zurückhaltender sein.
Die Replik Franzens auf die naheliegende Frage nach dem Grund seiner Geistesabwesenheit kommt, das sollten wir nicht vergessen, wie die ersten Worte eines jäh Geweckten, also teilweise unkontrolliert. Er bekommt die Donna von den Kumpa-

nen als Assoziationshappen signalisiert, und will eine scherzende Antwort geben, um die Peinlichkeit des Vorfalls zu verwischen. Das gelingt aber nur teilweise. Der noch nicht voll erwachte Teil seines Bewußtseins wirkt auf sein Sprechen, und was da heraus will, ist dies:
Nicht so wie ihr meint, Freunde. Ich bin hinter einer Unüblichkeit her, die entzieht sich den angelernten Kategorien, ist ihnen überlegen, eine Wahl bereitet sich vor.
Franz sagt, sozusagen noch nicht ganz bei Sinnen: Edler, reicher, schöner. Die Verwendung der Steigerungsstufe ist wie ein Versuch, durch Übertreibung die Leugnung der vertrauten Erfahrungswelt auszudrücken.
Ohne Zweifel, mit Franz ist etwas los. Aber er weiß noch nicht was.

59 In der Geschichte vom seelischen Ausnahmezustand Franzens nach dem fröhlichen Schmaus findet sich ein Hinweis, den man nicht überlesen sollte. Nämlich: »Eine solche Süße erfüllte sein Herz, daß er weder reden noch sich bewegen konnte.« Und: »Nur jene Süße fühlte er und konnte nichts anderes wahrnehmen.«
In unseren Ohren klingt das eher kitschig.
Mit diesem Vorurteil verstellen wir uns, so meine ich, einen wichtigen Zugang zum Verständnis Franzens. Der Topos der Süßigkeit taucht nämlich so oft und an den verschiedensten Stellen in den Franz-Geschichten auf, daß man aufmerksam wird.
Wir sollten davon ausgehen, daß Franz reale Empfindungen sehr intensiver Art gehabt hat und daß er seine Gefühle, als er von ihnen erzählte, »süß« genannt hat. Nun sind wir leider nicht in der Lage, Franz zu bitten, diesbezüglich etwas ausführlicher zu werden und uns weitere Erklärungen zu liefern.
Aber wir können etwas anderes tun. Wir können versuchen, den Sprachgebrauch der damaligen Zeit zu verstehen, in bezug auf die Verwendung des Wortes »Süßigkeit«. (Im Lateinischen »dulcedo«, im Italienischen »dolcezza«, im Französischen »douceur«.) Selbstverständlich haben die Menschen auch da-

mals einen Löffel Honig oder ein Stück Kuchen als süß bezeichnet. Aber wie steht es mit den übertragenen (metaphorischen) Bedeutungen?
Einen überraschenden Hinweis habe ich in der Biographie des Savonarola gefunden. Dieser bedankt sich, bereits im Kerker und nach damaligem Brauch auch der Folter unterworfen, ausdrücklich bei den Behörden für das Entgegenkommen, an ihm die mildeste Form der peinlichen Befragung zur Anwendung gebracht zu haben. Als Bezeichnung für die Mentalität, aus der heraus man ihn so nachsichtig behandelte, wählt er das Wort »dolcezza«. Es wäre sicher falsch, hier mit »Süßigkeit« zu übersetzen. Der Ausdruck war in Florenz damals allgemein üblich, in eben dieser übertragenen Bedeutung, und bezeichnete eine bestimmte Form der Urbanität, entgegengesetzt unbeherrschter Grausamkeit und groben Manieren. Die Florentiner waren auf ihre geschmeidige Liebenswürdigkeit stolz.
Nun dürfen wir sicherlich nicht vom Florenz des fünfzehnten Jahrhunderts auf das Assisi des dreizehnten Jahrhunderts schließen. Illustriert sollte lediglich werden, wie behutsam mit der Interpretation von Schlüsselwörtern umzugehen ist.
Trotzdem war der Umweg über Florenz kein bloßer Exkurs. Die dortige »dolcezza« gehört kulturgeschichtlich zur Höflichkeit, und die wurde an den großen »Höfen« des Mittelalters modelliert, zuerst in Südfrankreich, inklusive der dortselbst entsprungenen Bewegung der Troubadoure, die es zur Franz-Zeit noch gab, auch in Italien.
Daß Franz sein profundes Glücksgefühl als »Süßigkeit« bezeichnet, kann mit seiner Prägung durch die Troubadour-Mode zusammenhängen.
Hier haben wir einen jungen Mann, der zu seiner eigenen Verwunderung intensive und außeralltägliche Gefühlszustände entwickelt, vergleichbar denen der Dichter. Franz war, wir sollten schon jetzt darauf hinweisen, in der Tat ein Poet. Seine Hymne an die Sonne war eines der ersten umgangssprachlichen Gedichte in Italien.
Wir werden jetzt nicht in den Fehler verfallen, an die Stelle der abgedroschenen »Religiosität« Franzens das Etikett seiner »Genialität« zu kleben. Es wird vorerst genügen, Franz als ei-

nen ungewöhnlich gefühlsstarken Menschen zu begreifen. Was ihn damals stehenbleiben ließ, war mehr als das leicht berauschte Wohlbehagen nach einer üppigen Tafel. Es war ein Gefühl, das ein Franzose bis heute als »doux« bezeichnen würde. Das entsprechende Hauptwort »douceur« bedeutet: »Süßigkeit, Milde (siehe oben Florenz!), Sanftheit, Lieblichkeit«. Man versteht, warum dieser Ausdruck in den Troubadour-Liedern häufig verwendet wird, denn er synchronisiert drei Sinneswahrnehmungen – Gesicht (lieblich), Geschmack (süß), Berührung (sanft). Franz war von Zärtlichkeit für die Welt erfüllt, damals im nächtlichen Assisi, jetzt haben wir die richtige Übersetzung.

60 In der zweiten Biographie des Thomas von Celano findet sich eine wichtige Passage, unmittelbar anschließend an die Geschichte vom Zärtlichkeitsausbruch. Es handelt sich um zwei kurze Kapitel von bemerkenswert hohem psychologischen Niveau. Wir notieren gleich den für uns wichtigsten Satz: »Jene obsiegende Süße nämlich, die ihn von Anfang an in solcher Fülle überströmte, daß sie zeitlebens nirgends von ihm wich, zog und lockte ihn.«

Im Klartext: Unser Franz hatte ein für ihn unerklärliches Gefühlserlebnis außergewöhnlicher und höchst positiver Art – eben jene profunde Wohlmeinung und Zärtlichkeit ohne bestimmten Gegenstand. Nachdem er wieder zu sich, also ins Alltagsbewußtsein, zurückgekehrt ist, hat er nur den einen Wunsch: Dasselbe noch einmal, bitte.

Aber wie?

Jener Zärtlichkeitsausbruch war spontan und unwillkürlich über ihn gekommen, Franz konnte ihn nicht einfach herbeikommandieren. Trotzdem hat er es versucht. Celano: »Er suchte einsame Orte fern der Öffentlichkeit auf.«

Was ihm dabei durch den Kopf ging, schildert Celano so:

»Während er aber verborgene, zum Beten wie geschaffene Orte aufsuchte, strengte sich der Teufel an, ihn durch einen böswilligen Anschlag von solchem Tun gewaltsam abzubringen. Er spiegelte ihm ein scheußliches buckeliges Weib vor, das in seiner Heimatstadt wohnte und allen einen schauderhaften Anblick bot. Diesem Weib drohte er ihn ähnlich zu machen, falls er nicht wieder zu Verstand käme und von seinem Beginnen ablasse. Er aber wurde von Gott gestärkt und freute sich über die heilbringende Antwort, die ihm zuteil wurde: »Franz, tausche für das, was du fleischlich und eitel geliebt hast, Geistiges ein. Nimm Bitteres für Süßes. Verachte dich selbst, willst du mich erkennen. Dafür wirst du Geschmack haben an dem, was ich dir sage, wenn auch die Ordnung gegen früher umgekehrt ist.«

Im Gegensatz zu Celano können wir uns schwer vorstellen, daß Franz eine direkte Leitung zum obersten Chef hatte. Auch vom Teufel und seinen Einflüsterungen wollen wir nichts wissen. Trotzdem bleibt das, was von Celano berichtet wird, recht bemerkenswert.

Zunächst das alte Weib. Dessen unvermutetes Auftauchen in Franzens Gedanken wird verständlich, wenn wir uns einen Augenblick an die Tagträumerei vor Foligno (oben Nr. 55) erinnern, näherhin an die in ihr anklingende Möglichkeit des Umschlags von »reich« in »arm«. Wenn, so der naheliegende Gedanke, die reichen Leute in Wahrheit arm sind, dann sind die armen Teufel dieser Erde die wahrhaft Reichen. Franz schreckt vor dieser Konsequenz zunächst heftig zurück. Ihm fällt das stadtbekannte alte Bettelweib ein, als Inbegriff menschlicher Erniedrigung. Franz sagt sich: Wenn die rätselhafte Stimme, die ich vor Foligno gehört habe, recht hat, dann liegt mein Heil bei den Niedrigsten, beispielsweise bei jenem buckligen Bettelweib. Dann müßte ich so werden wie sie.

Das ist kein besonders angenehmer Gedanke für einen reichen jungen Mann. Franz läßt daher die Angelegenheit zunächst einmal auf sich beruhen und wendet sich erfreulicheren Dingen zu, nämlich seinem zweiten Ausnahmezustand, dem mit der Zärtlichkeitswelle verbundenen. Wie könnte er wiederum heraufbeschworen werden?

Franz ist in einer Sackgasse; seine einschlägigen Versuche an einsamen Orten bleiben ergebnislos, wie wir annehmen dürfen, da ist nichts zu machen.

Bis zu jenem Augenblick, in dem Franz ein wichtiger Einfall

kommt, nämlich der einer Verknüpfung von Ausnahmezustand Nummer eins mit Ausnahmezustand Nummer zwei. Vielleicht, dies die Verknüpfung, hat die Hinwendung zum Bettelweib etwas mit der ersehnten Woge der Zärtlichkeit zu tun:
Nimm Bitteres für Süßes!
Auch wenn die Ordnung gegen früher umgekehrt ist!
Franz beschließt, diesen absurden Einfall zu testen. Er wandert als Pilger nach Rom.

61 Celano: »Schon trat Franz als besonderer Liebhaber der Armen auf, schon ließen heilige Anfänge ahnen, was er in vollkommener Weise erst in der Zukunft werden sollte. Oft zog er darum seine Kleider aus und tauschte sie mit den Armen, denen er, wenn auch noch nicht in der Wirklichkeit, so doch schon im Herzen ähnlich zu werden sich bemühte. Als er einmal auf einer Wallfahrt nach Rom kam, legte er aus Liebe zur Armut seine feinen Kleider ab und ließ sich, mit den Fetzen irgendeines Bettlers bedeckt, in der Vorhalle vor der Kirche des heiligen Petrus frohgemut nieder – mitten unter den Armen, von denen es dort geradezu wimmelte. Auch aß er mit ihnen, mit derselben Gier wie sie, um es ihnen in allem gleichzutun.«
Ich bin ziemlich sicher, daß das Experiment in Rom gleich beim ersten Mal funktioniert hat, auch wenn darüber nichts in den Akten steht; daß Franz schon beim ersten Kleidertausch der beschriebenen Art die ersehnte Total-Zärtlichkeit empfand, hinter welcher er her war. Celano macht in diesem Zusammenhang eine aufschlußreiche Bemerkung: Franz hätte seinen Auftritt unter den Armen gerne wiederholt, »wenn ihn nicht die Scheu vor den Bekannten daran gehindert hätte«.
Franz ist einen wichtigen Schritt weitergekommen. Er weiß jetzt, was er tun muß, um in den tiefen Glückszustand zu gelangen, der ihn beim ersten Mal so köstlich entrückt hatte. Er braucht lediglich das zu tun, was ihm gegen den Strich geht.
Noch zögert er, aus sich vor den Augen der Menschen einen kompletten Narren zu machen. In Wirklichkeit aber ist er bereits in voller Bewegung »nach unten«, zu den »Geringsten der Brüder«, wie sie Jesus genannt hatte.

Die Bewegung verläuft wie eine Spirale, sie führt ihn immer wieder an armen Teufeln vorbei, und jedesmal wird es wie ein Schock für Franz sein, wenn er einem begegnet, der ärmer ist als er selbst.

So wurde es erzählt: 62
Einmal geschah es, daß Franz während einer Predigtreise einem völlig heruntergekommenen Menschen begegnete. Da sprach er zu seinem Begleiter: Die Armut dieses Mannes versetzt uns in große Beschämung und ist wie ein Vorwurf! Der andere fragte: In welcher Weise? Darauf Franz: Ich habe vor aller Welt die Armut gewählt, als Unterpfand meines wirklichen Wohlbefindens. Deshalb ist es schamvoll für mich, wenn ich einem begegne, der ärmer ist als ich.
Der entscheidende Satz ist so aufschlußreich, daß er nochmal wörtlich wiedergegeben werden darf:
»Ich habe die heilige Armut gewählt zu meiner Herrin, um meiner geistigen und leiblichen Wonnen und Reichtümer willen.« (Cum sanctam paupertatem elegerim pro mea domina et pro meis deliciis et diviciis spiritualibus et corporalibus.)
Wir kennen die Wonnen, von denen Franz spricht. Er will sie um keinen Preis der Welt missen, sobald er erkannt hat, auf welche Art und Weise er ihrer teilhaftig wird. Immer wieder wird Franz feststellen müssen, daß er noch immer nicht ganz unten angelangt ist, daß er Kompromisse geschlossen hat, nicht radikal genug war. So bewegt er sich abwärts, buchstäblich bis zu seinem Tod. Auf seinem Sterbelager wird er den Genossen befehlen, ihn sofort nach dem Eintritt des Todes nackt auf die Erde zu legen.

Es ist klar, daß alle weiteren Konflikte Franzens, insbesondere 63
der mit dem Vater, in jenem allerersten grüblerischen Zustand vor Foligno sozusagen vorprogrammiert sind, mit dem darin enthaltenen Tauschvorgang: Reichtum gegen Armut, Herrschaft gegen Knechtschaft, Bitteres gegen Süßes, Fleischlichkeit gegen Geistigkeit.

Franz wird die fleischlichen, sprich familiären Bande verleugnen, auf seiner Suche nach Zärtlichkeit. Daß damit die »frühere Ordnung« auf den Kopf gestellt wird, braucht ihn nicht weiter zu kümmern.
Die seelischen Energien, die während dieser Entbindung frei werden, sind von beachtlicher Stärke. Man fragt sich, woher Franz sie bezogen hat.

Die Ekelschwelle

64 Franz hatte von Kindheit an ein seelisches Problem. Wäre er ein ausgeglichener Mensch gewesen, dann hätte er sein Leben lang Stoffe verkauft.
Diesmal wollen wir ihn selber reden lassen.
Der Anfang des Testaments des Franz von Assisi, geschrieben 1226, dem Jahr seines Todes:
»Der Herr gab mir, Bruder Franz, diesen Anfang im Bußetun: Als ich in Sünden lebte, schien es mir gar bitter, die Aussätzigen zu sehen. Aber der Herr führte mich unter sie, und ich übte Barmherzigkeit an ihnen. Als ich von ihnen ging, verwandelte sich mir das Bittere in Süßigkeit der Seele und des Leibes. Hernach zögerte ich noch ein wenig, und ging dann aus der Welt davon.«

65 Hier haben wir, in der Sprache heutiger Seelenkunde, eine handfeste Phobie. Franzens ängstliche Scheu vor den Aussätzigen war so stark, daß er sich gezwungen sah, die Augen abzuwenden, wenn ihm ein Aussätziger über den Weg lief. Celano: »So entsetzlich kam ihm nämlich, wie er sagte, einst der Anblick von Aussätzigen vor, daß er sich mit der Hand die Nase zuhielt, wenn er zur Zeit seines Weltlebens aus einer Entfernung von etwa zwei Meilen ihre Häuser erblickte.«
Das Leprosenheim von Assisi befand sich unten in der Ebene, eben die erwähnten zwei Meilen entfernt. Es genügte, wenn Franz von Assisi aus das Leprosenheim im Tal erblickte, und schon mußte er sich die Nase zuhalten.

Der Aussatz war im Mittelalter eine verbreitete Krankheit. 66
Tausende von Leprosenheime gab es damals in Europa, man kannte die Gefahr der Ansteckung und isolierte daher die Befallenen. Sie durften keine öffentlichen Gebäude betreten, nicht mit Kindern sprechen, mußten Handschuhe tragen und mit einem Glöckchen läuten, wenn sie sich außerhalb ihres Heimes bewegten.
Der Aussatz beginnt am kleinen Finger, breitet sich dann über Hände und Füße aus. Finger und Zehen fallen ab. Später erscheinen nußgroße Knoten im Gesicht, führen zur Verdickung von Nase und Lippen. Bei fortschreitender Krankheit verbreitet der Aussätzige einen Gestank wie ein Ziegenbock. Zuletzt leidet er unter unstillbarem Durst und Bewegungsunfähigkeit. Nach durchschnittlich acht Jahren ist es dann mit ihm zu Ende.

So wurde es erzählt: 67
Franz begegnete während eines Spazierrittes in der Umgebung von Assisi einem Aussätzigen. Von fürchterlichem Ekel erfüllt, tat sich Franz Gewalt an, stieg vom Pferd, gab dem Mann ein Geldstück und küßte ihm die Hand. Auch jener gab ihm den Friedenskuß. Kurz danach nahm Franz eine größere Summe Geldes und begab sich in das Heim der Leprosen. Alle die Siechen liefen zusammen. Franz reichte jedem ein Geldstück und küßte ihm die Hand. Als er von dannen ging, war wirklich in Süße verwandelt, was vorher bitter gewesen war.

Den hier sich aufdrängenden Exkurs in die heutige Neurosen- 68
lehre werden wir uns ersparen, aus zwei Gründen.
Uns trennen achthundert Jahre von der Kindheit des Franz. Die Anwendung moderner, aus gegenwärtigen Seelen-Verhältnissen gewonnener psychologischer Kategorien auf andere Zeiten hat sich als wissenschaftlich fragwürdig herausgestellt. Man müßte eine Menge über die mittelalterlichen Praktiken der Kindererziehung wissen und außerdem noch detaillierte Auskünfte über die Beziehungen unseres Franz zu seinen Eltern haben, um eine fundierte Diagnose über die Herkunft der

zwanghaften Angst des jungen Franz vor den Aussätzigen stellen zu können. Beides ist nicht der Fall.
Der zweite Grund für unsere Zurückhaltung liegt in der Tatsache, daß den modernen Psychogrammen herausragender Persönlichkeiten die Vermittlung zwischen der Banalität psychologischer Allgemeinplätze und der Unverwechselbarkeit eines ganz bestimmten Menschen mit seiner Signalwirkung auf seine Umgebung nicht recht gelingen will. Um ein besonders peinliches Beispiel zu wählen: Die psychologische Herleitung des Menschen Adolf Hitler und seiner Wirkung auf die Massen ist, trotz prominenter Versuche, mißglückt.
Allenfalls im »Hin-und-Her« zwischen soziologischen (bzw. polit-ökonomischen) und psychologischen Bedeutungsreihen kann ein Mensch als »einzelnes Allgemeines« Profil gewinnen, wie Sartres Flaubert. Nur: Flaubert hat eine Menge geschrieben, von Kindheit an. Sartre verfügte über ein beachtliches Material für seine Analysen. Er benötigte weit über tausend Seiten, um mit seinem Flaubert fertigzuwerden, und in Wirklichkeit schrieb er ebenso sehr über seine eigene Neurose wie über Flaubert.

69 Nehmen wir an, Franz sei im Frühjahr 1205 in Rom gewesen, bei den Bettlern von San Pietro. (Die exakte Chronologie dieser entscheidenden Jahre ist unter den Franz-Gelehrten umstritten.) Das gibt ihm fast zwei Jahre Zeit bis zu seiner Revolte gegen den Vater. Celano erzählt, daß Franz mit seinem besten Freund wiederholt an abgelegene Orte spaziert sei, besonders zu einer Grotte in der Umgebung von Assisi. Franz habe beteuert, einen kostbaren Schatz gefunden zu haben, sei in der Grotte verschwunden und habe den Freund (er wird nicht beim Namen genannt) draußen warten lassen. Derart abgeschirmt habe Franz in der Einsamkeit viel gebetet, große Seelenqualen ausgestanden und sei jedesmal »von Anstrengung erschöpft« aus der Höhle wieder aufgetaucht. »Widersprechende Gedanken« seien während seiner Gebetsstunden in ihm aufgestiegen, »ihr Ungestüm brachte ihn arg in Verwirrung«.
Das sind deutliche Indizien für eine manifeste seelische Krise.

Offenbar hat Franz der Kleidertausch mit den Bettlern nur eine vorübergehende Erleichterung verschafft, er greift zu schärferen Mitteln, nähert sich dem Zentrum seiner heimlichen Angst, dem zwanghaften Ekel vor den Aussätzigen.
Nach dem großartigen Auftritt im Siechenheim fühlt er sofort eine gewaltige Süßigkeit (»dolcezza«, in der italienischen Fassung des Testaments), er fühlt sich in überwältigender Weise belohnt, weiß sich auf dem richtigen Weg.
Ebenso wie die Bettler werden die Aussätzigen Franz zeitlebens beschäftigen, sie sind seine unsichtbaren Begleiter, er orientiert sich an ihnen, fühlt den Vorwurf ihrer Existenz, will ihnen gleich sein.

So wurde es erzählt: 70
Eines Tages, als Franz von einer Wanderung zurückkehrte, traf er im Quartier den Bruder Jakob, einen Menschen von schlichter Gemütsart, in Begleitung eines Aussätzigen mit eiternden Wunden an. Obwohl Franz den Brüdern die Pflege der Aussätzigen immer wieder ans Herz gelegt hatte, tadelte er den Jakob, weil er den Kranken ins Quartier mitgenommen hatte. Kaum hatte Franz den Tadel ausgesprochen, machte er sich heftige Vorwürfe, weil er dadurch den Aussätzigen beschämt hatte. Er gestand seinen Fehler und beschloß, zur Strafe mit dem Kranken aus einer Schüssel zu essen, was auch geschah. Der Aussätzige hatte blutende Wunden an seinen Fingern, mit denen er aß, und jedesmal, wenn er sie in die Schüssel tat, floß Blut in das Essen. Als die Brüder das sahen, waren sie fassungslos, wagten aber aus Furcht vor Franz nichts zu sagen. Der das geschrieben hat, hat diesen Vorfall mit seinen eigenen Augen gesehen und kann ihn bezeugen.

Als Franz sein Testament schrieb, hat er im Rückblick auf sein 71
Leben ein einziges Ereignis aus seiner Jugendzeit für mitteilenswert gehalten – eben jenen Besuch im Leprosenheim, mit anschließendem Glücksgefühl. Das Überschreiten der Ekelschwelle war für Franz wie der Anfang eines neuen Lebenswe-

ges. Es hätte damals nahegelegen, sich den frommen Männern des Ordens vom heiligen Lazarus anzuschließen, die ihr Leben der Pflege der Aussätzigen widmeten. Damit wäre Franz in der Anonymität eines geregelten Lebens verschwunden, befreit von seiner neurotischen Angst, sozusagen mit Hilfe einer täglich geübten Verhaltenstherapie.
Aber so einfach aus der Welt zu verschwinden entsprach nicht der Art unseres Franz. Er brauchte Zuschauer.

Die Stimme des Gekreuzigten

72 So wurde es erzählt:
Eines Tages, als Franz an der Kirche San Damiano vorüberkam, fühlte er das Bedürfnis einzutreten und zu beten. Als er nun vor dem Bild des Gekreuzigten stand, kam vom Kreuz her eine milde, gütige Stimme: »Franz, siehst du denn nicht, wie mein Haus verfällt? Geh und stelle es wiederum her!« Vor Erregung zitternd antwortete Franz: »Gern will ich es tun, lieber Herr!« Er verließ die Kirche, trat auf den Priester zu, der sich in der Nähe aufhielt, und gab ihm Geld, damit vor dem Kreuzbild die Lampe angezündet werde. Dann nahm Franz, voll Freude über den Auftrag Christi, einen Ballen bunten Tuches aus dem Geschäft des Vaters, ließ ein Pferd satteln und ritt zum Markt in Foligno, verkaufte den Stoff und auch das Pferd und kehrte unverzüglich nach San Damiano zurück. Er küßte dem Priester die Hand und wollte ihm das Geld geben, zum Zweck der Renovierung der Kirche. Der Priester wollte aber das Geld nicht nehmen, weil er einen üblen Scherz witterte, und auch aus Furcht vor den Eltern des Franz. Franz warf den Beutel mit den Münzen auf das Fenstersims und bat den Priester inständig, bei ihm bleiben zu dürfen. Dies wurde ihm auch gewährt.

73 Die kleine Kirche San Damiano, einen Kilometer unterhalb von Assisi gelegen, steht noch heute. Das sprechende Kreuzbild kann ebenfalls besichtigt werden, in der Kirche Santa Chiara in Assisi. Seit damals hat es nicht wieder geredet.

Endlich wird Franz gebraucht, er hat einen Auftrag. 74
Die Stimme des Gekreuzigten bringt Leben in die Angelegenheiten des Franz. Er bestiehlt, als sei das die selbstverständlichste Sache, seinen Vater. Außerdem bezieht er Quartier in San Damiano, der Ablösungsprozeß vom Elternhaus nimmt konkrete Formen an. Wie wir sehen werden, reagiert Franzens Vater mit schwerer Gereiztheit auf diese Entwicklung der Dinge, und bis zum definitiven Bruch zwischen Vater und Sohn brauchen wir nicht mehr lange zu warten – in ein paar Wochen wird es so weit sein.
Folgende Chronik der Ereignisse ist denkbar:
Im Spätsommer 1204 erlebt Franz seine beiden seelischen Ausnahmezustände (oben Nr. 55 bis 59). Im Frühling 1205 pilgert er nach Rom und tauscht mit den Bettlern die Kleider (oben Nr. 61). Die Überwindung der Ekelschwelle könnte, wenn wir Franz ein Jahr für die weitere Entwicklung seiner Seelenkrise gönnen, in das Jahr 1206 fallen. Darnach redet der Gekreuzigte mit ihm, im Spätherbst desselben Jahres. Im Februar 1207 sagt sich Franz öffentlich von seinem Vater los, im Alter von fünfundzwanzig Jahren.
Zwischen Franzens Verbrüderung mit den Aussätzigen und seinem Erlebnis vor dem Kreuzbild klafft, unabhängig von der Länge der Zeit, die wir zwischen beiden Begebenheiten verstreichen lassen, ein tiefes psychologisches Loch.

Die Psychiater werden gerne bereit sein, uns über die verschiedenen Arten der Halluzinationen Auskunft zu geben, unter besonderer Berücksichtigung der trughaften Wahrnehmung von Stimmen. Derlei begegnet ihnen in ihrer klinischen Praxis gar nicht so selten, in Verbindung mit allen möglichen psychischen »Störungen«. 75
Daß Franz heutzutage Gefahr liefe, in eine Nervenheilanstalt zu kommen, um dortselbst »ruhig gestellt« zu werden, kann ohne weiteres angenommen werden.
Gottlob war im Mittelalter der Zwang zur Unauffälligkeit und sozialen Anpassung erst in den Anfängen, man verfügte noch nicht über die später zu diesem Zweck erfundenen staatlichen

Institutionen – Zuchthäuser, Kasernen, Irrenanstalten. (Auch das Schulwesen war noch recht unterentwickelt.) Wir brauchen unseren Franz daher nicht zu psychiatrieren.

76 Selbstverständlich bringt uns auch der Gedanke nicht weiter, jene milde Stimme von San Damiano wäre die des Heilands persönlich gewesen, aus irgendeinem Jenseits kommend.
Unser Buch handelt nicht vom Himmel, sondern von der Erde. Es handelt vom exemplarischen Zärtlichkeitsbedürfnis eines jungen Mannes, der sich Bettlern und Aussätzigen zuwendet, einem Abgrund von Hilfsbedürftigkeit.
Sie alle, die Erniedrigten und Beleidigten dieser Erde, sprechen zu Franz mit einer einzigen Stimme – der des Schmerzensmannes in San Damiano. Mit ihm wird sich Franz identifizieren (wie man heute sagen würde), bis zur Ausbildung der Nagelwunden an Franzens Leib.
So gesehen wirkt Franzens Hinwendung zum Gekreuzigten wie ein Ergebnis des Umgangs mit Bettlern und Aussätzigen, man könnte geradezu von einer Kondensation der Erfahrungen sprechen, die Franz in den letzten beiden Jahren gemacht hat. Man kann sich vorstellen, wie Franzens Christus-Minne zu einem nächstenliebenden Lebensprogramm führt, zur Gründung eines Spitalsordens zum Beispiel. In diesem Fall hätte die Stimme in San Damiano andere Aufträge für Franz gehabt, pflegerische und armendienstliche.
Tatsächlich aber soll Franz nichts anderes machen als ein altes Kirchlein renovieren.
Warum diese Wendung?

77 Von fachhistorischer Seite ist kürzlich, aufgrund plausibler Argumente, die Vermutung aufgestellt worden, daß Franzens Vater ein heimlicher Ketzer, ein Katharer gewesen sei. Dokumentarische Beweise für diese Annahme gibt es nicht, sie bleibt eine Hypothese. Als solche aber kann sie uns durchaus nützlich sein, bei der versuchsweisen Rekonstruktion der Seelenlage unseres Franz.

Als Tuchhändler war Pietro Bernardone viel auf Reisen, vornehmlich in Frankreich. Dort, in der Champagne, fanden das ganze Jahr hindurch die großen Messen statt, insgesamt sechs hintereinander, an verschiedenen Orten. Sie dauerten jeweils sechs Wochen und waren der hauptsächliche Umschlagsplatz für das wichtigste Wirtschaftsgut der damaligen Zeit, Tücher und Stoffe aus Wolle. Die Wolle kam aus England, wurde in Flandern (Gent, Ypern) verarbeitet und gelangte dann, auf den großen Handelsmessen der Champagne, auf den Markt. Kaufleute aus Deutschland, Schweden, Norwegen, Dänemark, England, Portugal, Spanien, Frankreich und vor allem Italien (Genua, Venedig, Pisa, Mailand, Florenz, Siena) kauften die Stoffe und beförderten sie zu den Kunden in ganz Europa, sogar bis Nordafrika und in die Levante.

Wie sehr Franzens Vater der französischen Art zugetan war, geht aus seinem Verhalten nach der Geburt seines Sohnes hervor. Die Mutter hatte das Kind, wie damals üblich, möglichst schnell taufen lassen, auf den Namen Giovanni (Johann), in Abwesenheit des auf Reisen befindlichen Vaters. Als Bernardone zurückkam, tat er etwas Ungewöhnliches: er gab seinem Sproß einen anderen Namen – Francesco, was soviel wie »Franzose« bedeutet. Daß er seinem kleinen Franzmann dann später auch allerlei Französisches beigebracht hat, sprachlich und inhaltlich, mit Liedern und Geschichten, wird man annehmen dürfen.

Vielleicht hat er ihm auch, in vorsichtigen Dosen, die Lehre der Katharer eingeimpft.

Die Katharer (oben Nr. 44, 45) haben eben dort geblüht, wo Pietro Bernardone sich so häufig aufgehalten hat, und ihre Gedanken fielen besonders unter den Kaufleuten auf fruchtbaren Boden. Mehr noch. Auch in Umbrien, der Heimat des Franz, gab es organisierte katharische Gemeinden, besonders in Viterbo und Orvieto. In Assisi selbst wurde, wenn auch nur für ein paar Monate, ein deklarierter Katharer zum Stadtoberhaupt bestellt, ein gewisser Gerardi di Gilberto, im Jahr 1204, als Franz eben aus der Gefangenschaft von Perugia nach Hause gekommen war.

Man hat angenommen, daß die vielen verfallenen Kirchen zur

Zeit des Franz auf die Verbreitung katharischer Lehren zurückzuführen sind. Sicher ist, daß die neue Ketzerei weder Kreuze noch Kirchen ausstehen konnte, Priestertum und Sakramente als Werk des bösen Gottes gründlich verachtete und insofern, sechshundert Jahre vor der Aufklärung, entschieden voltairisch war.

Deshalb wurde sie auch so unnachsichtig verfolgt. Es ist auffällig, mit welcher Milde der Bischof von Assisi während der entscheidenden Verhandlung (oben Nr. 49) mit Franz verfuhr. Immerhin hatte Franz ganz offensichtlich gegen das vierte Gebot Gottes (du sollst Vater und Mutter ehren) verstoßen. In seiner kleinen Ansprache überging der Bischof diesen Tatbestand geflissentlich.

Ein Zufall?

Oder hat der Bischof gewußt, daß Franzens Vater mit ketzerischen Gedanken sympathisierte, und daher keinen Anlaß gesehen, mit besonderer Strenge gegen den ungehorsamen Sohn vorzugehen?

Wir wissen es nicht, wie gesagt.

Eines aber können wir, unabhängig von der Frage nach den ketzerischen Neigungen des Bernardone, mit sehr hoher Wahrscheinlichkeit annehmen: Ein Freund der Kirche ist Franzens Vater kaum gewesen.

Er und seinesgleichen, die neuen Patrizier, befanden sich in einem epochalen Kampf mit der immer noch allgegenwärtigen ökonomischen und politischen Macht der Kirche. Daß dieser Kampf auch ideelle Konflikte mit sich brachte, steht außer Diskussion. Antiklerikale und laizistische Auffassungen, wie sie besonders in Italien bis heute da sind, haben eine lange Geschichte.

Spöttische Worte über den Kult mit irgendwelchen Knöchelchen längst verblichener Betbrüder, Seitenhiebe auf intrigante und habgierige Domherren – derlei wird Franz schon zu hören bekommen haben, während des Abendessens im Kreis der Familie, während die Mutter sich ängstlich bekreuzigte.

Hätte Franz jenen Tuchballen gestohlen, um Spielschulden zu begleichen: das väterliche Donnerwetter wäre bald vorübergegangen. Mit seiner Absicht aber, das Geld für die Wiederher-

stellung eines halb verfallenen Kirchleins zu verwenden, hat Franz seinen Vater im Kern getroffen.
So gesehen verrät der Auftrag des Gekreuzigten in San Damiano ein bemerkenswertes psychologisches Feingefühl.

Zum Narren gestempelt

In den Wochen nach der Übersiedlung des Franz nach San Da- 78
miano hatte Assisi genug Gesprächsstoff. Vater Bernardone trommelte Freunde und Nachbarn zusammen und lief mit ihnen nach San Damiano hinunter, um Franz zur Räson zu bringen. Der aber hatte durch Zufall in dem Haus neben der Kirche ein gutes Versteck gefunden, irgendein abgemauertes Gelaß mit verborgenem Zugang von außen, vielleicht halb unter der Erde.
Einen Monat lang blieb Franz unauffindbar.
Der Priester von San Damiano hat offenbar auf der Seite seines neuen Schützlings mitgespielt, Franz brauchte nicht zu hungern, er konnte sich in aller Ruhe die nächsten Schritte überlegen, wenn auch nicht gerade in besonders komfortabler Umgebung.
Franz mußte wissen, daß sein Verhalten nach damaligem Recht strafbar war, und zwar mit Verbannung aus Stadt und Bezirk. Der Tatbestand – kindlicher Ungehorsam und Mißbrauch väterlichen Vermögens – war klar.
Wie würde sich Bernardone verhalten?
Zum ersten Mal in seinem Leben lernte Franz die Gefühle eines Menschen kennen, der ein Gesetz übertreten hat.
Nichts spricht dafür, daß Franz sich mit voller Absicht in seine unangenehme Lage gebracht hatte. Er hatte, so empfand er es sicherlich bis zu seinem Tod, die Stimme Christi gehört und hatte daraufhin spontan das gemacht, was ihm als das Nächstliegende erschienen war: er hatte sich Geld verschafft, um einem göttlichen Auftrag zu gehorchen.
Jetzt war er in aller Augen ein Dieb.
Zu seinem Erstaunen stellte Franz fest, daß er sich trotzdem so fröhlich wie niemals zuvor fühlte. Celano: »Und obgleich er

sich in einem finsteren Versteck befand, überströmte ihn dennoch unaussprechliche, bisher nicht verkostete Freude.«
Wiederum machte Franz die Erfahrung, die ihm auch beim Kleidertausch mit den Bettlern und bei der Überwindung der Ekelschwelle zuteil geworden war: Immer dann, wenn er gegen den gesunden Menschenverstand gehandelt hatte, war er glücklich gewesen.
So auch jetzt.
Wie lautete die Maxime, der er seit zwei Jahren gefolgt war? Nimm Bitteres für Süßes!
Franz verließ sein Versteck, am hellichten Tag, und marschierte nach Assisi hinauf.

79 Sofort waren die Kinder der Stadt hinter ihm her, mit ihrem untrüglichen Sinn für die Wehrlosigkeit des Außenseiters, als fröhliche Exekutoren der herrschenden Sitten:
Pazzo! Pazzo!
Das Wort ist uns schon einmal begegnet, in der Geschichte von der Auseinandersetzung Franzens mit dem Kardinal Hugolin (oben Nr. 12). Dort haben wir die (schwer übersetzbare) Stelle so wiedergegeben: »Der Herr wollte mich als Einfaltspinsel haben.«
Im Originaltext sagt Franz: Et dixit Dominus mihi quod volebat quod ego essem unus novellus pazzus in mundo.
Der Herr sagte mir, er wolle, daß ich ein frischgebackener Narr in der Welt sei.
Nach fünfzehn Jahren hatte Franz noch immer das Geschrei der Kinder in den Ohren, die ihm auf sehr direkte Weise seinen neuen sozialen Ort mitteilten – den eines Narren.
Die göttliche Botschaft aus Kindermund wurde durch einen Regen von Steinen und Abfall unterstützt. Franz, dessen Äußeres durch den Aufenthalt im Versteck nicht gerade gewonnen hatte, bewahrte seine Würde und ging weiter, in Richtung des Zentrums der Stadt, des »mercato«, wo sein Elternhaus war.
Als er dort anlangte, war die Szene zum Tumult gediehen.
Schrille Frauenstimmen, Gelächter von seiten der Männer, brüllende Jugend.

Bernardone tritt gemessen aus seinem Gewölbe, um die Ursache des Lärms zu erkunden.
Celano: »Da er den Namen seines Sohnes vernimmt, eilt er hinzu. Wie der Wolf sich auf das Lamm stürzt, mit grimmigem Blick, packt er Franz und schleppt ihn nach Hause.«
Unter »Schmach und Schande«, wie Celano mit seinem sicheren Sinn für theatralische Wirkung hinzufügt.

Was sich hernach im trauten Kreis der Familie abgespielt hat, 80
erfahren wir nur andeutungsweise. Hausarrest, wütende Vorwürfe, die eine oder andere Ohrfeige. Ob Franz versucht hat, seine Beweggründe dem Vater verständlich zu machen, ob er überhaupt eine Gelegenheit dazu hatte, wird uns nicht mitgeteilt.
Auf jeden Fall, und das ist entscheidend, erwies sich die Kluft zwischen Vater und Sohn als unüberbrückbar.
Franz fühlte sich zweifellos unschuldig. Es war seine unerschütterliche Überzeugung, von Gott belehrt worden zu sein. Und er hatte die für ihn unwiderlegbare Bestätigung der Richtigkeit seines Verhaltens: Jene wiederholten Glückszustände zärtlicher und freudvoller Art waren ihm wichtiger als alles andere. Erst jetzt, in der peinvollen Konfrontation mit dem Vater, begreift Franz die Tiefe und Unlösbarkeit des Konflikts mit seinem Erzeuger.
Franz erkennt, daß er sich in den letzten zwei Jahren Schritt um Schritt von dem abgesetzt hat, was den Lebensinhalt seines Vaters ausmacht. Er sucht nach einem Ausdruck für das, was sich zwischen ihn und seinen Vater geschoben hat, als unübersteigbares Hindernis. Er denkt, allein gelassen, über den Inhalt der wütenden Reden des Bernardone nach, und stößt auf ein Wort, das leitmotivisch immer wieder in ihnen aufgetaucht war: Geld. Bis zu diesem Zeitpunkt hat Franz das Geld als allzeit bereiten Diener bei sich gehabt, den er in seiner freundlichen Unauffälligkeit nicht weiter beachtet hatte. So selbstverständlich war ihm der Geldgebrauch gewesen, daß ihm noch vor kurzer Zeit, bei Gelegenheit des Auftrags Christi zur Renovierung von San Damiano, zunächst einmal das liebe Geld eingefallen war, mit

dessen Hilfe der Auftrag rasch und bequem zu erledigen war. Auch mit den Aussätzigen hatte er sich mit Hilfe der dargebotenen Münzen verständigt.
Jetzt, da die Revolte gegen den Vater in das Bewußtsein Franzens zu treten beginnt, als die einzig mögliche Wahl für ein geglücktes Leben, sieht er das Geld mit anderen Augen. Es wird ihm zum Feind, den er sein Leben lang unerbittlich bekämpfen wird. Er wird das Geld geradezu hassen, als Inbegriff jener Unzärtlichkeit und Kälte, von der er sich in seinem Elternhaus nunmehr umgeben fühlt. Er wird seinen späteren Genossen mit größter Entschiedenheit verbieten, Geld auch nur anzufassen, geschweige denn auszugeben. Und obwohl er seiner Bruderschaft das Betteln nahelegen wird, als christförmige Lebensweise, kann Franz niemals zulassen, daß ein Minderbruder eine Münze als Almosen annimmt.
Hier haben wir ihn, jenen buchstäblich verrückten Starrsinn (oben Nr. 7), der aus Franz einen dringlichen Fall macht, für den gelangweilten und schwerhörig gewordenen Gott, und der die Wirkung Franzens auf die Menschen begründet.

81 Im übrigen hat Bernardone keine Zeit, sich ewig mit Franz auseinanderzusetzen, er muß sich ums Geschäft kümmern und reist ab, zu einer wichtigen Verabredung.
Zum ersten und einzigen Mal wird uns nunmehr die Mutter des Franz, Frau Pica, als selbständig handelnde Person vorgeführt: »Die Mutter, die mit dem Sohn allein zurückblieb und ohnehin mit dem Vorgehen des Mannes nicht einverstanden war, sprach ihrem Franz mit liebreichen Worten zu. Als sie erkannte, daß sie ihn nicht von seinem Entschluß abbringen konnte, fühlte ihr mütterliches Herz Erbarmen mit ihm. Sie löste ihm die Fesseln und ließ ihn frei.«
Franz verschwindet in Richtung San Damiano.
Nach der Rückkehr des Vaters bekommt Frau Pica heftige Schelte. Dann läuft Bernardone »tobend und schreiend« (Celano) nach San Damiano hinunter. Diesmal aber versteckt sich Franz nicht mehr, er stellt sich dem Vater und weigert sich, nach Hause zurückzukehren. Bernardone spürt, daß er auf Granit

beißt, und geht in den »Palazzo Communale«, um formell die Anklage gegen seinen Sohn zu erheben. Da er im Recht ist, wird ein Bote des Magistrats hinunter nach San Damiano geschickt. Der stellt sich auf und ruft:
Franz, Sohn des Pietro Bernardone. Du wirst hiermit verständigt, daß du vor den Konsuln angeklagt worden bist und vor ihnen zu erscheinen hast.
Franz aber zeigt sich der Situation gewachsen. Er beruft sich sofort, auf kirchlichem Territorium befindlich und dem dortigen Priester dienstbar, auf seine Immunität gegenüber den weltlichen Behörden. Was stimmte, nach damaligem Recht.
Offenbar hatte der Priester von San Damiano einige Kenntnis im Kirchenrecht, oder aber, noch wahrscheinlicher, der Bischof von Assisi – Guido mit Namen – war bereits mit im Spiel, auf der Seite des Franz.
Das Ende der Affäre kennen wir bereits (oben Nr. 49).
Bernardone erhebt Anklage vor dem Bischof, Franz erscheint zum festgesetzten Termin. Der Bischof sitzt, im violetten Vespermantel, mit der Mitra auf dem Kopf und dem Krummstab in der Hand, auf einem Stuhl vor dem Eingang seiner Kirche Santa Maria Maggiore. Ganz Assisi ist selbstverständlich anwesend. Trompetenstöße, Ansprache des Bischofs. Dann der Eklat, mit der kurzen Rede des splitternackten Franz.
Bernardone, rot vor Zorn und Scham, klaubt Geld und Kleidungsstücke zusammen und verschwindet nach Hause.
Nur ein einziges Mal noch taucht er in den Franz-Geschichten auf, als unversöhnlicher Wüterich.

So wurde es erzählt: 82
Sooft Bernardone dem Franz in Assisi begegnete, verfluchte er ihn. Da fand Franz einen armen alten Bettler mit Namen Alberto. Den bat er, ihn zu begleiten und versprach ihm einen Anteil der Almosen. Immer dann, wenn Vater Bernardone seinen Sohn verwünschte, machte der alte Alberto auftragsgemäß das Zeichen des Kreuzes über den Franz und segnete ihn auf diese Weise mit väterlichem Segen. Franz wurde damals von fast allen als Verrückter betrachtet.

83 Daß Franz einen (jüngeren) Bruder hatte, erfahren wir nur ganz nebenbei. Der hätte, als Franz einmal zitternd vor Kälte in Assisi herumbettelte, ihm spöttisch geraten, doch seinen Schweiß zu verkaufen. Wir dürfen annehmen, daß dieser Angelo später das Geschäft des Vaters weitergeführt hat.

5. KAPITEL

Restaurierungsarbeiten

Ein Jahr lang, vom Februar 1207 bis zum Februar 1208, ist 84
Franz hauptsächlich als Maurer tätig. Er renoviert drei baufällige kleine Kirchen in der Umgebung von Assisi. Zuerst die bereits erwähnte Kirche San Damiano, mit dem redenden Kreuzbild (oben Nr. 72). Dann die (heute verschwundene) Kapelle San Pietro della Spina. Zuletzt das unten im Tal gelegene Kirchlein Santa Maria degli Angeli, im Volksmund »Portiuncula« genannt.

Das bedeutet so viel wie »kleine Parzelle«.

Über der Portiuncula-Kapelle wurde später ein pompöser Dom errichtet. Inmitten der riesigen barocken Halle steht das primitive Gemäuer des alten Kirchleins wie ein Fremdkörper da, als klarer Anachronismus. Franz würde die »kleine Parzelle« kaum wiedererkennen, wenn er heute auf Besuch nach Assisi kommen würde.

Franz hat seinerseits niemals und nirgends ein neues Gebäude errichtet, er sträubte sich geradezu gegen feste Wohnsitze und blieb Zeit seines Lebens ein Vagabund. Die »ärmlichen und verlassenen Kirchen« aber, wie Franz sie in seinem Testament nennt, übten auf ihn eine starke Anziehungskraft aus, nachdem er sein Elternhaus für immer verlassen hatte. In einer von ihnen hatte der Gekreuzigte zu ihm gesprochen und ihm aufgetragen, das verfallende Gebäude wieder herzustellen. Diese Weisung hatte, wie berichtet, das Zerwürfnis Franzens mit seinem Vater zur Folge gehabt. Nach dem Bruch steht Franz allein da, als ein rechter Narr in den Augen der Menschen, und vollkommen

mittellos dazu. Aber er hat einen Freund, der seiner bedarf – den Herrn Jesus Christus persönlich.
Über die Formierung des für Franz zentralen Jesus-Komplexes geben uns die alten Quellen keinerlei Aufschluß; ihnen genügt der Hinweis auf die wundersame Stimme des Gekreuzigten von San Damiano, als himmlischer Intervention mit lebensverändernder Wirkung auf Franz.
Uns vermag diese Auskunft nicht zu befriedigen.
Wir möchten wissen, warum Franz mit solcher Leidenschaft die alten Kapellchen repariert. Wir stellen damit die Frage nach seiner Religiosität.

In all den Kirchen auf der ganzen Welt

85 Wenn man die alten Erzählungen von der Entwicklung Franzens bis zu seinem Bruch mit dem Vater atheistisch liest, also ohne religiöse Voraussetzungen, macht man eine überraschende Entdeckung. Man findet in ihnen auch nicht den geringsten Hinweis auf besondere Frömmigkeitsleistungen Franzens.
Erinnern wir uns.
Franz erlebt, sozusagen aus heiterem Himmel, zwei Ausnahmezustände. In der Folge entdeckt er, im Umgang mit Bettlern und Aussätzigen, das für sein Leben entscheidende Gesetz der Verwandlung des Bitteren in Süßigkeit. Daß er sich vom Gekreuzigten angesprochen fühlte, als dem Inbild aller Leidenden und Erniedrigten, kann man verstehen. Wichtig ist ferner, daß der Gekreuzigte von Franz nicht als Herrscher und Sieger erlebt wird, wie damals allgemein üblich, sondern als ein in Not und Verlassenheit geratener Gott, dem das Dach überm Kopf einzustürzen droht.
Jesus wird für Franz zur leibhaftigen Verkörperung menschlicher Erniedrigung. Indem er sie akzeptiert, gehorcht er jener Regel, an der er schon gar nicht mehr zweifeln kann:
Nimm Bitteres für Süßes!
Dies alles ist, auch ohne Rekurs auf eine Transzendenz, durchaus einfühlbar. Auffällig bleibt, daß Franz an diesem Punkt sei-

ner Entwicklung kein nächstenliebendes Lebensprogramm wählt, sondern Kirchen ausbessert.
Franz entdeckt, in dem Jahr nach dem Familienskandal, die Religion.

Vorher allerdings wird uns eine Räubergeschichte erzählt, von 86
Celano. Franz habe unmittelbar nach dem Eklat vor dem Bischof und eher notdürftig bekleidet, Assisi verlassen und sei nach Norden marschiert, auf der Straße nach dem dreißig Kilometer entfernten Gubbio, wo er einen Freund hatte. Französische Lieder singend wäre er durch einen Wald gekommen, woselbst eine Räuberbande über ihn hergefallen sei.
Celano: »Als die Räuber ihn mordgierig fragten, wer er sei, antwortete der Mann Gottes zuversichtlich und rief mit voller Stimme: ›Der Herold des großen Königs bin ich!‹ Doch diese schlugen ihn, warfen ihn dann in eine Grube voll tiefen Schnees, wobei sie riefen: ›Da liegst du gut, bäuerischer Herold Gottes!‹ Er aber wälzte sich hin und her, schüttelte den Schnee ab und sprang, als die Räuber verschwunden waren, aus der Grube heraus.«
Die Geschichte klingt authentisch, mit Ausnahme der großspurigen Äußerung Franzens. Am Abend nach diesem Zwischenfall, der in den damaligen Zeiten gar nicht so außergewöhnlich war, fand Franz in einem Kloster Unterschlupf, wo er in der Küche arbeitete. Nach einigen Tagen scheint man ihn hinausgeworfen zu haben, und Franz erreichte schließlich sein Ziel, die Stadt Gubbio, wo ihn sein Freund, ein gewisser Graf Spadalunga, aufnahm und mit Kleidung versorgte.
Eine Weile tat Franz in Gubbio genau das, was jeder Amateur-Psychologe von ihm erwarten würde: Er ging ins Leprosenheim und pflegte die Aussätzigen.
Wäre Franz ein Christ von der Art gewesen, wie sie bis heute anzutreffen ist, als dienstwilliger und selbstloser Menschenschlag, er hätte seine Tage im Asyl von Gubbio beschlossen und die Kranken betreut, im ruhigen Gleichmaß eines unbeachteten Lebens.
Franz denkt in Wirklichkeit nicht daran, eine solche Wahl zu

treffen. Er braucht, so sehr er sich bis zu seinem Tod dagegen wehren wird, die öffentliche Aufmerksamkeit. Franz ist, wir beginnen es zu ahnen, ein Darsteller. Die Rolle, in die er bis zur Identifikation hineinwachsen wird, ist schwierig, und niemand hat sie mit solcher Bravour verkörpert wie er: die des Jesus Christus.

87 Franz wandert, nachdem sich das Wetter gebessert hat, nach Assisi zurück, zum Gekreuzigten von San Damiano. Die Denkpause in Gubbio hat ihm eine wichtige Einsicht gebracht, eine keineswegs selbstverständliche: daß er mit seinen eigenen Händen das Restaurierungswerk in Angriff nehmen kann.
Keinem Angehörigen der mittelalterlichen Oberschicht wäre auch nur im Traum der Gedanke gekommen, in körperlicher Arbeit irgendeinen Wert zu erblicken. Die herrschende Meinung, als die Meinung der Herrschenden, teilte die Menschen in Beter, Krieger und Arbeiter – was dem Selbstbewußtsein der Kleriker und der Adeligen genau entsprach. Händefalten und Kriegführen waren mit sozialem Prestige verknüpft, nicht aber die schweißtreibende Tätigkeit der restlichen 95 Prozent der Bevölkerung. In dieser Philosophie des christlichen Abendlandes war Franz erzogen worden, als Sohn eines Neureichen, der als Wollkaufmann sozusagen an der Schwelle zum Adel stand. Franzens Blick, als der eines zum Herren bestimmten Menschen, war dazu ausgebildet worden, die auf den Äckern werkenden Bauern wie Naturdinge wahrzunehmen.
Vielleicht hat Franz, auf der Heimwanderung, nachdenklich seine Hände betrachtet. Sie waren von vornehmer Weichheit. Das Erstaunen des Priesters von San Damiano war sicherlich groß, als Franz wiederum bei ihm auftauchte.

88 So wurde es erzählt:
In heiliger Freude nach San Damiano zurückkehrend, fertigte sich Franz ein Einsiedlergewand. Dann fing er an, in den Straßen von Assisi um Steine für das Kirchlein zu bitten, indem er rief: »Wer einen Stein gibt, wird einfachen Lohn erhalten! Wer

zwei gibt, bekommt das Doppelte!« Viele lachten über ihn und dachten, er sei närrisch geworden; andere aber brachen vor Rührung in Tränen aus, weil sie die Aufrichtigkeit seines Vorhabens wahrnahmen. Er, der verwöhnte Sohn, schleppte nun auf seinen eigenen Schultern die Steine zum Bau. Den Vorbeikommenden rief er zu: »Kommt und helft bei dem Bau der Kirche von San Damiano!« Auch um Öl für die Lampen der Kirche bettelte Franz, und ertrug geduldig den Spott, der ihm reichlich zuteil wurde.

Kein Zweifel: Franz schickte sich an, ein religiöses Leben zu 89
führen, komplett mit Einsiedlergewand (Kutte mit Ledergürtel, Sandalen, Stab) und gottwohlgefälligem Tun.

Die Beweggründe dafür finden wir in Franzens Testament. Den Anfang dieses bemerkenswerten Dokumentes haben wir bereits zitiert (oben Nr. 64), mit der knappen Formel:

Ed uscii dal secolo.

Und ich ging aus der Welt davon.

Damit ist die Trennung von der Familie gemeint. Wer – im mittelalterlichen Sprachgebrauch – familiär lebte, eingebunden in die damals allgegenwärtigen und die gesellschaftlichen Verhältnisse steuernden Verwandtschaftsbeziehungen, galt als »weltlicher« Mensch. Wer diese Bindung verleugnete, als Mönch oder Einsiedler, im Nonnengewand oder Priesterkleid, gehörte zur Schar der »Religiösen«. Im Unterschied zur heute üblichen Bedeutung von »religiös« bezeichnete dieses Wort im Mittelalter nicht einfachhin eine frommgläubige Lebenspraxis, konträr zu einer ungläubigen oder den göttlichen Dingen gegenüber gleichgültigen Haltung. Einen religiösen Menschen erkannte man vielmehr in den Zeiten unseres Franz bereits an der äußeren Erscheinung – an der Tonsur der Kleriker, dem Stab der Einsiedler, den verschiedenen Trachten der männlichen und weiblichen Orden. Alle diese Menschen waren gewissermaßen markiert – negativ durch die Loslösung aus dem Verwandtschaftsgeflecht, positiv durch ihre Freistellung für den »Dienst Gottes«. Sie bildeten daher einen eigenen Stand. Dementsprechend sagte man im mittelalterlichen Deutschland

anstelle von Religiosität »Gottesdienstlichkeit«, und im Holländischen heißt der dem Wort »Religion« entsprechende Ausdruck bis heute »godsdienst«.
Seinen Entschluß zu einem gottesdienstlichen Leben hatte Franz bereits bei seinem denkwürdigen Auftritt vor dem Bischof von Assisi veröffentlicht, in theatralischer und auch für den damaligen Geschmack recht skurrilen Weise. Nach seiner Rückkehr aus Gubbio trat Franz dann von allem Anfang an als Religiöser auf, im Kostüm eines Einsiedlers, und tat gottesdienstliche Dinge, indem er eine Kirche reparierte.
Er sagt auch, warum er so handelte.
Unmittelbar nach der Feststellung, er habe die Welt verlassen, kommt in Franzens Testament diese Passage:
»Und der Herr verlieh mir einen solchen Glauben in seine Kirchen, daß ich ihn auf einfache Weise so anbetete und sprach: Wir beten dich an, heiligster Herr Jesus Christus, der du bist in allen Kirchen auf der ganzen Welt, und benedeien dich; denn durch dein heiliges Kreuz hast du die Welt erlöst.«
Der »Herr« in diesem Text ist nicht Gottvater (im Himmel), sondern Gottsohn (in allen Kirchen). Die Akzentverschiebung, die damit ausgesprochen wird, ist für Franz charakteristisch. Franz braucht einen leibhaftigen Gott, nicht einen entrückt unsichtbaren. Die Welle von Zärtlichkeit, die ihn im nächtlichen Assisi erstmals erfaßte und verwandelte (oben Nr. 57), sie verlangt nach einem absoluten, will heißen göttlichen Liebesobjekt. Alle die Bettler und Aussätzigen sollen in diesem Anderen versammelt sein, Franz will sie mit einer einzigen Bewegung umarmen.
Deshalb hört er die Stimme des Gekreuzigten in San Damiano.
Und weiter. Niemals hat Franz seine bürgerlich unterdrückte Sinnlichkeit so weit sublimiert, daß sie mit rein geistigen Inhalten zufrieden gewesen wäre. Das Schlüsselwort, mit dem Franz seine heimliche Sehnsucht nach beglückter Körperlichkeit verrät, steht ebenfalls im Testament. Es lautet:
Sensibilmente.
Mit den Sinnen.
Hier haben wir den Grund, warum Franz Steine nach San Damiano schleppt.

Das Testament: 90
»Weil ich nichts anderes mit meinen Sinnen vor diesem allerhöchsten Gottessöhnlein (figliuolo di Dio) auf dieser Welt zu erblicken vermag als dessen heiligsten Leib und sein Blut, von den Priestern konsekriert und den anderen Menschen dargereicht. Diese heiligsten Geheimnisse will ich mehr als alle anderen Dinge geschätzt und verehrt haben, an kostbaren Orten sollen sie aufbewahrt sein.«
Franzens Bekümmerung um den schlechten Zustand von San Damiano ist ein Reflex seiner Zärtlichkeit für den leibhaftigen Jesus, der unter den Gestalten von Brot und Wein unter die Menschen kommt, in allen Kirchen auf der ganzen Welt.

Ein Besen wäre notwendig

Knapp zwanzig Jahre liegen zwischen der Tätigkeit Franzens 91
als Kirchenverschönerer und der Abfassung seines letzten Willens. In dieser Zeit bekam Franz Umgang mit Päpsten, Kardinälen und Theologen, er wurde zur Hauptperson einer Genossenschaft, die sich rapide vermehrte und zu den wichtigsten Faktoren der Kirchenpolitik wurde, in ganz Europa. Die Erfahrungen, die Franz mit den kirchlichen Wirklichkeiten machen mußte, waren keineswegs nur erfreuliche, wie sein Zusammenstoß mit dem Kardinal Hugolin (oben Nr. 12) zur Genüge verdeutlicht. Am Ende seines Lebens mußte Franz zur Kenntnis nehmen, daß die bedächtige Kirche sehr viel Wasser in seinen Wein gegossen hatte. Ein letztes Mal, als er sein Testament diktierte, versuchte Franz seinen ursprünglichen Willen gegen die kirchlichen Kompromißhaftigkeiten festzuschreiben, mit einer ergreifenden Anstrengung.
Trotzdem entschlüpft ihm kein kirchenkritisches Wort.
Im Gegenteil. Sofort nach der Passage über seinen Glauben an den Christus in allen Kirchen dieser Welt (oben Nr. 89) beteuert Franz seine Loyalität gegenüber den Priestern:
»Der Herr verlieh mir auch einen solchen Glauben in die Priester, die nach der Form der Heiligen Römischen Kirche leben, und zwar im Hinblick auf ihre Weihe, daß ich mich an sie halten

will, selbst wenn sie mich verfolgen würden. Sogar wenn ich so weise wie Salomon wäre: Gegen den Willen irgendeines armen Dorfpfarrers würde ich nicht predigen. Die Priester will ich fürchten, lieben und ehren, als meine Herren. Sünden will ich an ihnen nicht wahrnehmen, weil ich an ihnen den Gottessohn erkenne, und weil ich sie als meine Herren betrachte.«

Zweimal, und kurz hintereinander, bezeichnet Franz die Priester als seine Herren. Den Grund für diese unerschütterliche Sanftmut, ja Unterwürfigkeit haben wir bereits kennengelernt (oben Nr. 89):

Weil allein die Priester die Gewalt über den Leib und das Blut Christi haben.

Das macht: Franz bezieht mit größter Entschiedenheit all das in sein Wohlwollen ein, was in direktem und sinnenfälligem Zusammenhang mit seinem Jesus-Komplex steht – den Leib und das Blut des Christus, die Priester als die Diener dieses Sakraments, die Kirchen als Aufbewahrungsorte desselben.

Wie man sieht, aus der Perspektive des zwanzig Jahre später verfaßten Testaments, ist die Restaurierungsarbeit des jungen Franz an den baufälligen Kirchlein keineswegs als Zeitvertreib eines Unentschlossenen aufzufassen. Franz folgt bereits mit erstaunlicher Konsequenz jener inneren Logik, die von der allerersten Betroffenheit durch den Gekreuzigten bis zur Stigmatisierung führen wird.

92 Eine wichtige Entscheidung ist damit gefallen.

Niemals wird Franz die (ketzerische) Unterscheidung zwischen dem »wahren« Jesus der Anfänge und dessen korrumpierter kirchlicher Gestalt vollziehen. Franzens Jesus ist und bleibt ein kirchlich vermittelter.

Daraus folgt, daß für Franz jede direkte Rebellion gegen die Kirche unmöglich ist.

Gleichzeitig wird er, unter den Augen der kirchlichen Autoritäten und mit deren Billigung, wie ein lebendiger Vorwurf für jede klerikale Macht agieren, durch die Art und Weise seiner Lebensführung.

Ein eigenartiger und nicht eben befriedigender Tatbestand.

Franz wird an ihm heftig leiden, in seinen letzten Lebensjahren, ohne eine Lösung zu finden.
Zuletzt, schon dem Tod nahe, läßt er sich aus dem bischöflichen Palast von Assisi, wo man ihn gepflegt hatte, hinunter zur »kleinen Parzelle« bringen, um dort zu sterben. In dieser wortlosen Weigerung, sein Leben im Haus eines Prälaten zu beenden, liegt etwas Endgültiges, eine nie ausgesprochene Wahrheit. Franz hat sich auf diese Weise von der amtlichen Kirche verabschiedet, für immer.

Selbstverständlich ist Franz von allem Anfang an als Reformer 93
der Kirche hingestellt worden. Bereits der erste Auftrag des Gekreuzigten, so werden wir belehrt, habe in Wirklichkeit nicht die Restaurierung der Kapelle von San Damiano bezweckt, sondern die Erneuerung der katholischen Kirche, ganz allgemein. Nur Franz in seiner Einfalt habe das zuerst nicht verstanden; erst später sei ihm die Größe des Auftrags voll bewußt geworden.
Solch fromme Tendenz schlägt dann voll in der artigen Geschichte vom Traum des Papstes durch, wie sie von Celano berichtet wird. Der Heilige Vater habe im Schlummer die damalige Hauptkirche der Christenheit, die Lateranbasilika in Rom, dem Einsturz nahe gesehen. Gleichzeitig sei ein unscheinbarer Mann erschienen, der habe das Gebäude mit seinem Rücken gestützt und so vor dem Zerfall bewahrt. Als dann kurz darnach der heilige Franz vor ihn getreten sei, mit der Bitte um Predigterlaubnis, da habe er in ihm jenen im Traum geschauten Retter erkannt und ausgerufen: »Wahrhaftig, das ist jener Mann, der durch Tat und Lehre die Kirche Christi stützen wird!«
Derlei Stilisierung wirkt insofern verständlich, als der Gedanke einer Kirchenreform im damaligen Europa durchaus verbreitet war, und das seit geraumer Zeit. Schon um das Jahr 1000, der Zeit des ersten Auftretens ketzerischer Aspirationen (oben Nr. 43), lebte zum Beispiel in Deutschland der Priester Heimrad in selbstgewählter Armut. Von den Mönchen, die zwar persönlich arm, aber im Kollektiv durchaus vermögend waren, wurde Heimrad einmal fürchterlich verprügelt; auch der Bischof von

Paderborn, dem sein zerlumptes Aussehen mißfiel, ließ ihn öffentlich auspeitschen. Wie Franz lehnte Heimrad jegliche Vorratsbildung ab, bettelte sich bis nach Jerusalem durch und starb schließlich als weitum verehrter Einsiedler.
Aus Heimrads Leben spricht der Wille zur Orientierung am ursprünglichen Herrn Jesus, unausdrücklich noch und vorläuferhaft, immerhin aber konträr zu den etablierten Mönchen und Pfaffen.
In einer anderen Ecke Europas, in Arras (Frankreich), formulierten im Jahr 1025 einige Handwerker bereits jene Maxime, die zum Motto für viele Neuerer wurde, jahrhundertelang: Man müsse wie Christus und seine Apostel leben. Diesen Spruch vom »apostolischen Leben« verbanden die Freunde von Arras mit einer Geringschätzung der kirchlichen Hierarchie insgemein, weshalb man sie auch einem strengen Verhör unterzog.
Solch erste Signale einer Unzufriedenheit mit dem Status quo hatten ihre Ursache in den ökonomischen und gesellschaftlichen Umwälzungen des elften Jahrhunderts, in den Städten (oben Nr. 42) und auf dem Land. Verarmte Bauern bildeten ein dankbares Publikum für predigende Asketen, die bald allenthalben auftauchten und gegen Geldwirtschaft und Wucher, Käuflichkeit der kirchlichen Ämter und klerikalen Luxus redeten. Es ist nachgewiesen worden, daß viele der damaligen Asketen aus dem niederen Adel kamen, der sich zunehmend wirtschaftlichen Problemen ausgesetzt sah.
Auch im Hochadel gab es Unzufriedenheit, genauer gesagt unter den jüngeren Söhnen der Nobilität. Die waren, wegen des Erbrechts, meist für den geistlichen Stand auserkoren und fanden auf den verschiedensten kirchlichen Pfründen ihr Auskommen – sehr wohl unter Bedachtnahme auf die materiellen Interessen der Familie, der sie ihre Abtei oder ihr Bistum verdankten. Unter diesen jungen adeligen Herrn im geistlichen Stand begann man in der zweiten Hälfte des elften Jahrhunderts von »Reform« und »Freiheit der Kirche« zu reden, unter Berufung auf jene längst vergangenen Zeiten, in denen die Kirche noch untadelig gewesen war.
Hinter diesen Aspirationen, die im sogenannten Investitur-

streit (siehe die Anmerkungen) ihren Höhepunkt erreichten, stand der Wille einer kirchlichen Machtelite, sich von den altväterlichen Bindungen ans feudale Wesen zu emanzipieren. Gregor VII. (1073–1085), berühmt durch seinen Streit mit Heinrich IV. (Canossagang!) und eine der Hauptfiguren dieser Reformbewegung, reorganisierte bereits als römischer Archidiakon die päpstlichen Finanzen, mit den damals modernsten geldwirtschaftlichen Maßnahmen. Er war es auch, der eine in Mailand entstandene Koalition aus niederem Adel, Kaufleuten und Zunfthandwerkern gegen den Hochadel und die reiche Klerisei unterstützte. Diese »Pataria«, wie sie genannt wurde (nach dem Namen des Mailänder Trödelmarktes), bediente sich des städtischen Proletariats zum Zweck der Einschüchterung der hohen Herren Capitani und Prälaten. Die begleitende Ideologie der Bewegung berief sich auf die Vollkommenheit der Urkirche und bestand auf der Armut Jesu und der Apostel als der einzig richtigen Lebensform für die Kleriker.

Fünfhundert Jahre lang, von Gregor VII. bis zu Martin Luther, redeten Päpste und Ketzer, Einsiedler und Theologen, arme Schlucker und adelige Herren, Nonnen und Zunftmeister von der »Reform« der Kirche (und damit der Gesellschaft). Hinter dieser Parole verbargen sich die verschiedensten Interessen, und die wirklich armen Teufel hatten außer einem schönen Schlagwort weiterhin ihre knapp zweitausend Kalorien pro Tag, bestehend aus Hirsebrei oder Bohnensuppe.

Auch Innozenz III. (1198–1216), zu dem Franz im Frühling 94
1209 pilgerte, galt als Reformpapst. Außerdem war er die mächtigste Figur auf dem Stuhl Petri überhaupt, nie wieder hat ein Heiliger Vater so schalten und walten können wie er. Als junger Kardinal hatte er einen Traktat über das Elend der Menschheit (De miseria humanae conditionis) geschrieben, in dem allerdings mehr von den Sünden der Menschen als von der dünnen Bohnensuppe der Bauern die Rede war. Als Innozenz starb, war das Gebiet des Kirchenstaates doppelt so groß als vorher.

Von der Audienz Franzens bei Innozenz existieren mehrere

Varianten, darunter die bereits berichtete vom wundersamen Traum des Papstes (oben Nr. 92). Der glaubwürdigste Bericht von der ersten Begegnung unseres Franz mit dem Pontifex läßt die beiden im Lateranpalast zu Rom, der damaligen Residenz des Papstes, zusammentreffen – in einer Wandelhalle, wo der Papst auf und ab ging. Der Zutritt zu den Mächtigen war im Mittelalter relativ leicht und unzeremoniös, und so kann man sich vorstellen, wie Franz seine Bitte um kirchliche Genehmigung für seine damals noch winzige Genossenschaft, inklusive Predigterlaubnis, dem Papst ohne viel Umschweife vortragen konnte. Der Papst hörte zu und betrachtete dabei den Bittsteller in aller Ruhe.

Franzens Kleidung war abgerissen und staubig, sein Haar lang und ungepflegt; buschige schwarze Augenbrauen und ein langer Bart verliehen dem seltsamen Bruder ein eher wildes Aussehen, und es ist nicht auszuschließen, daß dem Papst ein strenger Geruch in die Nase geriet.

Als Franz ausgeredet hatte, sagte der Papst: »Sicher findest du ein paar Schweine, Bruder, die dich in ihren Stall aufnehmen. Ihnen magst du predigen, und vielleicht nehmen sie deine Regel an. Einem Schwein gleichst du jedenfalls eher als einem menschlichen Wesen.«

Wie Franz es trotz dieser nicht eben erfolgreichen Vorsprache schließlich doch noch schaffte, seine Lizenz als Moralprediger zu bekommen, kann wie folgt rekonstruiert werden:

Guido, der Bischof von Assisi, weilte damals geschäftlich in Rom. Er brachte Franz mit dem Kardinal Giovanni Colonna zusammen. Der probierte es zunächst einmal mit der üblichen Routine und riet Franz zum Eintritt in einen der bereits vorhandenen Orden. Franz aber wollte keineswegs ins Kloster gehen. Er und seine Genossen wollten wie Christus leben, ohne festen Wohnsitz und von der Hand in den Mund.

Der Kardinal wußte, daß die Kirche noch nie einer derartigen Bruderschaft ihren Segen gegeben hatte. Im Gegenteil. Vagabundierende Mönche hatten sich längst als eine wahre Pest erwiesen, als diebisches und rohes Gesindel, jeder ordentlichen Arbeit abhold und allen möglichen Lastern frönend. Dazu kam, daß Typen wie Franz damals in Scharen umherzogen, mit

wirren Gedanken im Kopf. In der päpstlichen Kurie häuften sich die Klagen der Bischöfe aus ganz Europa über die Umtriebe von Laienpredigern, die den Gläubigen den Kopf verdrehten und mancherlei Unruhe stifteten, in diesen ohnehin aufgeregten Zeiten.
Außerdem gab es die Ketzer, dieses katharische Übel, wie Kardinal Colonna sehr genau wußte. Er war selber als päpstlicher Gesandter in Südfrankreich gewesen. Sein Nachfolger, Peter von Castelnau, war vor einem Jahr von den Ketzern ermordet worden, und nun gab es Krieg – den ersten Kreuzzug innerhalb des christlichen Abendlandes.
Trotz alledem hat sich der Colonna für Franz verwendet.
Den Ausschlag gab Franzens geradezu kindliche Haltung gegenüber den Priestern. Franz stellte eine Verbindung von zwei Elementen dar, die dem päpstlichen Diplomaten bisher noch nicht untergekommen war: unbedingte Treue gegenüber der römischen Kirche und radikalster Wille zur wörtlichen Befolgung des Evangeliums.
Kardinal Colonna ging zum Papst.
Es ist anzunehmen, daß er vorher dafür sorgte, daß Franz ein Bad nahm und sich die Haare schneiden ließ.
Aus den Erörterungen, die hinter verschlossenen Türen stattfanden, ist uns ein bemerkenswertes Argument erhalten geblieben, das der Colonna gegen die naheliegenden Einwände bezüglich der Verrücktheit des Konzeptes von Franz vorgebracht hat.
Also sprach Kardinal Giovanni Colonna:
»Die Bitte dieses Menschen ist es, ein Leben nach dem Evangelium führen zu dürfen. Weisen wir sie zurück, als ein allzu mühseliges und gänzlich unerprobtes Unterfangen, dann nehmen wir Anstoß am heiligen Evangelium. Sagt nämlich einer, daß die Befolgung des Evangeliums der Erfahrung und dem gesunden Verstand der Menschen entgegenlaufe, dann lästert er Christus den Herrn, als den Urheber des Evangeliums.«
Hier haben wir, jenseits von Taktik und kirchenpolitischem Kalkül, einen seltenen Augenblick der Wahrheit. Plötzlich steht hinter Franzens lächerlicher Gestalt der göttliche Mensch, als ewiger Vorwurf für den Wirklichkeitssinn.

Franz wird hereingeholt, mit seinen Genossen.
Der Papst: »Gehet mit dem Herrn, Brüder, und wie Er es euch einzugeben sich würdigt, so predigt allen die Bußfertigkeit. Dann, sobald der Allmächtige euch an Zahl und Gnade gemehrt hat, kehret freudig zu mir zurück, und manch weitere Gunst und größeren Auftrag werde ich sorgloser als jetzt euch zuteilen.«
Franz und seine Gefährten knien vor dem Stuhl des Papstes nieder, legen einzeln ihre gefalteten Hände in die des Papstes und versprechen ihm und seinen Nachfolgern Ehrfurcht und Gehorsam. Liturgische Umarmung, Franz befindet sich im Dienst des Vaters der Christenheit.
Später schneidet man ihm noch eine Tonsur, als Abzeichen seiner nunmehr, auf Betreiben des Kardinals Colonna, amtlich gewordenen Religiosität.

95 Der letztere starb im Jahr 1215, und Papst Innozenz folgte ihm ein Jahr später, in Perugia, am 11. Juli, im Alter von fünfundfünfzig Jahren.
Ein französischer Kleriker, Jacques de Vitry, der am Nachmittag dieses Tages in Perugia eintraf, hat seine Eindrücke in einem Brief festgehalten. Er schreibt:
»Zuversicht schöpfte ich aus der Tatsache, daß in dieser Gegend eine große Zahl von Männern und Frauen lebt, die all ihrem Besitztum entsagt haben, um der Liebe Christi willen, und aus der Welt davongegangen sind. Man nennt sie Minderbrüder und Minderschwestern, und beim Papst und den Kardinälen stehen sie in hohem Ansehen.«
In den sieben Jahren seit Franzens Romreise war die Genossenschaft tatsächlich gewachsen, auf die Zahl von etwa dreihundert Menschen.
Kardinal Colonna und Papst Innozenz hatten eine kluge Entscheidung getroffen, damals in Rom, als sie dem abgerissenen Exzentriker aus Assisi ihr Placet erteilten.

mächtiger Gehässigkeit und verstohlener Bewunderung gegenüber den Erfolgreichen, aus der unsere Ressentiments zusammengesetzt sind.
Außerdem hat Franz, sehr im Gegensatz zum bürgerlichen Ich, keine Angst vor dem Tod, diesem ungebetenen Gast unserer Einsamkeit. Er hat das erreicht, wovon wir alle träumen – eine Art Unsterblichkeit.
Unser Buch ist ein weiterer Beleg für die bemerkenswerte Überlebenskraft des Franz aus Assisi.

98 Was wir an Franz, innerhalb der uns vertrauten Begriffe, völlig vermissen, ist das politische Denken und Wollen.
Gegen diesen Befund läßt sich einwenden, daß Franzens unerschütterliche Treue zum Papst durchaus eine politische Option mit sich führt, im damaligen Kontext der sozusagen täglich wechselnden Koalitionen in Italien. Sie schwankten allemal zwischen den deutschen Kaisern und den römischen Päpsten, neigten sich einmal der einen, dann wiederum der anderen Kraft zu, je nach politischer Wetterlage. In Assisi zum Beispiel machten die Stadtväter allein in den Jahren zwischen 1198 und 1210 mindestens fünf politische Kehrtwendungen: anti-kaiserlich und pro-päpstlich war man 1198, anti-päpstlich 1204, pro-kaiserlich im Jahr 1205, pro-päpstlich 1207, pro-kaiserlich 1210.
Franz war keineswegs so weltentrückt, daß er diese politischen Spiele nicht durchschaut hätte; schließlich wurden sie von jenen Gesellschaftsklassen veranstaltet, in die er hineingeboren war und in deren Regeln er sich auskannte – den Kreisen der Oberschicht der sogenannten *maiores*.
Die *minores*, die kleinen Leute, die Minderen, an die der Name der Franz-Genossenschaft – »Minderbrüder«, *fratres minores* – erinnert, waren von Haus aus Franzens Klassenfeind.
Wie Franz seine eigene Klasse verraten hat, durch den Bruch mit der Familie und die Wahl einer abweichlerischen Lebensform, haben wir bereits gesehen. Hat Franz, dies die entscheidende politische Frage, darnach sein Geschick mit dem der Minderbemittelten verknüpft, sich aktiv auf ihre Seite geschla-

Die päpstliche Predigtlizenz hat aus Franz keineswegs einen Wichtigtuer und Weltverbesserer gemacht, dem das Geschick des christlichen Abendlandes auf den Schultern lastete. Franz hat sich nie den Kopf der Mächtigen zerbrochen, wie es die Intellektuellen aller Zeiten mit Vorliebe tun. Statt dessen besorgte er sich einen Besen, um die Kirchen in der Umgebung Assisis zu fegen.

So wurde es erzählt:

In der Zeit, als die Schar der Genossen des heiligen Franz noch klein war und er in den Dörfern der Umgebung von Assisi die Bußfertigkeit predigte, führte Franz einen Besen mit sich, um die Kirchen zu kehren. Es betrübte ihn nämlich sehr, wenn er beim Betreten so mancher Kirche sehen mußte, daß sie schon lange nicht mehr gereinigt worden war. Deshalb holte er in solchen Fällen gerne die verantwortlichen Priester an einen verschwiegenen Ort, wo die Laien nicht zuhören konnten, predigte ihnen das Seelenheil und legte ihnen insbesondere die Reinlichkeit ihrer Kirchen und Altäre ans Herz.

Franzens Vorgangsweise wirkt entschieden unmännlich. Im Gegensatz zu den großspurigen Plänemachern und Reformatoren greift er zu einem Haushaltsgerät.

Nicht einmal Jesus Christus wäre auf eine solche Idee gekommen.

6. KAPITEL

Das ist es was ich will

97 Zu Beginn des Jahres 1208, nach Beendigung seiner Tätigkeit als Kirchenverschönerer, steht Franz als entschiedener Mann da, mit einem klaren Willen. Er ist, im Alter von sechsundzwanzig Jahren, unverwechselbar geworden.
Kürzlich wurden seine Gebeine wissenschaftlich untersucht, im Zuge von Renovierungsarbeiten an seiner Gruft in der Basilika San Francesco in Assisi. Franz war, so das Ergebnis der Studien an seinem Skelett, ein kleiner Mann mit zartem Knochenbau. Ferner stellten die Experten fest, daß er an Unterernährung litt – offenbar eine Folge seiner frugalen Lebensweise.
Franzens erster Biograph, der schon öfter zitierte Thomas von Celano, schildert das Aussehen seines Helden auf die folgende Weise:
»Er war ein Mann mit fröhlichem Antlitz und gütigem Gesichtsausdruck; seine Gestalt war eher klein als groß, sein Kopf rund, sein Gesicht eher länglich, seine Stirn glatt und niedrig, seine Augen dunkel und klar, sein Haar schwarz, seine Augenbrauen gerade, seine Nase gleichmäßig, dünn und gerade; seine Ohren waren abstehend und klein, seine Schläfen flach, seine Zähne eng beieinander, gleichmäßig und weiß, seine Lippen schmal und zart. Er hatte einen schwarzen, nicht besonders dichten Bart, einen schlanken Hals, gerade Schultern, kurze Arme, schlanke Hände, lange Finger mit langen Nägeln, dünne Beine, sehr kleine Füße, eine zarte Haut. Er war sehr mager.«
Celano erzählt auch, welchen Eindruck der Papst von Franz hatte, gelegentlich des wunderbaren Traumes (oben Nr. 93):

»Ein unscheinbarer und unansehnlicher Mann.« U
liefert einen Ausspruch Franzens über sich selbst, i
Traum, in dem er eine kleine schwarze Henne gese
umgeben von vielen Küken: »Die Henne bin ich, klei
stalt und dunkel von Hause aus.«

Franz wußte, daß er weder schön noch ehrfurchter
war. Als ihn der Bischof der Stadt Terni vor versam
Volk, bei Gelegenheit einer Franz-Predigt, eine jämm
Figur nannte, bedankte sich Franz überschwenglich fü
zutreffende Bemerkung, nicht ohne eine gewisse Koke
Ein Zeitgenosse, der Weltpriester Thomas von Spalat
Franz beim Predigen in Bologna beobachtet. Er schreibt: »
Gewand war schmutzig, seine Erscheinung erbärmlich, s
Gesichtszüge unangenehm.«

Ein authentisches Porträt von Franz gibt es nicht, trotz der v
len Bilder, die nach seinem Tod von ihm gemalt worden si
Trotzdem kann man sich, aufgrund der überlieferten Pers
nenbeschreibungen, eine Vorstellung von ihm machen. W
haben einen kleinen, lebhaften, ungepflegten Mann vor uns
einen schmächtigen Nervösen mit viel Charme und abstehenden Ohren. Er trägt ein sackartiges Gewand aus grobem Stoff von schmutziggrauer Farbe, vielfach geflickt, das um die Mitte mit einem gewöhnlichen Strick zusammengehalten wird. Im Sommer wie im Winter geht er barfuß, lebt von zusammengebettelten Lebensmitteln, nächtigt in Scheunen und Höhlen und ist viel unterwegs. Seine Konstitution ist keineswegs robust, Krankheitsgeschichten durchziehen seine Biographie wie ein ständig wiederkehrendes Thema. Die Energie, die den Mann in Trab hält, sitzt mit Sicherheit nicht in seinen Muskeln.

Franzens Wille kommt, das werden wir konträr zur heute üblichen Leier vom positiven Denken sagen müssen, aus der Kraft einer radikalen Negation alles dessen, was uns bürgerliche Menschen funktionstüchtig macht. Er verleugnet hartnäckig die Schatzbildnerei, das Sparen und das Planen, die Klassenzugehörigkeit und das Prestigedenken, die hierarchischen Hackordnungen, den Hunger nach Macht und Einfluß, den instrumentellen Gebrauch der Geschlechtsorgane. Deshalb fehlt bei Franz jene erzbürgerliche Mischung aus Neidgefühlen, ohn-

gen, gegen die Herren, im Kampf gegen Unterdrückung und Ausbeutung?
Nein.
Die Freundschaft des Volkes, so Machiavelli, kann man leicht erringen; es verlangt nichts anderes, als nicht mehr unterdrückt zu sein.
Hat Franz diesen Wunsch begriffen, hat er versucht, an seiner Erfüllung mitzuarbeiten, als politisch Handelnder, gar als Rebell?
Nein.
Trotzdem hat sich das Volk, wie Sabatier schreibt (oben Nr. 23), in ihm wiedererkannt, es hat ihn akzeptiert und geliebt. Ein merkwürdiger Tatbestand, der uns noch beschäftigen wird.
Wir vermissen an Franz die rote Farbe der Ketzerei und der politischen Rebellion. In seinem Testament schreibt Franz, im Rückblick auf die frühen Jahre mit den ersten Genossen:
Ed eravamo idioti e soggetti a tutti.
Wir waren ungebildet und allen untertänig.
Gleichzeitig ist wahr, daß die Franz-Bruderschaft bald nach Franzens Tod beachtliche Fermente des Widerstands gegen die Herren entwickelt hat, mit manifester Ketzerei und wirksamer Agitation, konträr zum Bestehenden. Man fragt sich, ob derlei Widerstandskraft nicht auf Franz zurückweist, ob in Franzens Fügsamkeit nicht die Keime der Empörung schlummerten.
Im übrigen dürfen wir nicht vergessen, daß wir uns nicht im achtzehnten oder neunzehnten Jahrhundert befinden, sondern im Mittelalter. Verglichen mit den bürgerlichen Revolutionen und der Arbeiterbewegung sind alle früheren kollektiven Befreiungsversuche »präpolitisch« (Eric J. Hobsbawm), will sagen: ohne rationale politische Theorie, provinziell und vereinzelt, schwach organisiert.
Daraus folgt, daß moderne politische Signalwörter (»revolutionär«, »reformistisch«, »konservativ«) nicht ohne weiteres auf vorkapitalistische Verhältnisse anwendbar sind.
Trotzdem gilt, daß Franz – im Vergleich zu den damals schon vorhandenen politischen Volksbewegungen – als Bruder Sanftleben dasteht, ohne Zorn gegen die Bauernschinder, Vögte und Steuereintreiber, gegen korrupte Prälaten, übermütige Grafen

und wucherische Handelsherren. Franz hatte ein einfaches und in unseren Augen eher naives Rezept zur Bekehrung gefährlicher Menschen: gutes Beispiel, unbeirrbare Liebe, Untertänigkeit. Er wandte es auf Wegelagerer und Prälaten an, ohne Unterschied.
Franz lebte und predigte das Prinzip der Gewaltlosigkeit. Gleichzeitig stand er, ebenso hartnäckig, in permanenter Opposition gegen die gesellschaftsprägenden Kräfte seiner Zeit. Die fundamentale Zweideutigkeit des politischen Wollens, die damit ausgesprochen wird, hat ihre Grundlage bereits in der Bibel, als eigenartige Verschränkung von Seinlassen und Aufbegehren, von rücksichtsloser Verneinung des Bestehenden und demutsvoller Fügsamkeit gegenüber den Mächten und Gewalten im Himmel wie auf Erden.
Eine knappere Formulierung für die Widersprüchlichkeit bürgerlichen Sinnens und Trachtens, quer durch die Jahrtausende, läßt sich kaum finden.

Eine wichtige Frühmesse

99 Der 24. Februar 1208 wurde für Franz ein besonderer Tag. Kurz vorher war er mit der Restaurierung der »kleinen Parzelle«, der Kapelle Santa Maria degli Angeli fertiggeworden. Die Mönche des Benediktinerklosters auf dem Monte Subasio (oben Nr. 40), denen das Kirchlein gehörte, hatten von dem Verschönerungswerk gehört und einen Pater heruntergeschickt, zur Zelebration einer Messe. Das war, in der diskreten benediktinischen Art, ein Akt der Dankbarkeit gegenüber Franz und gleichzeitig ein zarter Hinweis auf die Besitzverhältnisse. Der Tag, an dem der stille Gottesdienst stattfand, war das Fest des heiligen Apostels Matthäus. Franz, den man sich als andächtigen Ministranten vorstellen kann, war sicherlich ein wenig aufgeregt, jedenfalls hellwach. Als der Priester das Evangelium aus dem heiligen Buch vorlas, das er mitgebracht hatte, erlebte Franz den Text wie eine göttliche Offenbarung, in tiefem Einverständnis, als persönlich an ihn gerichtete Botschaft.

Es ist, im Lauf der langen Geschichte des Christentums, immer wieder vorgekommen, daß Menschen auf diese Art vom Evangelium angerührt wurden, und nie blieb ein solches Erlebnis folgenlos. So auch bei Franz.
Der Priester las:
»In jener Zeit sandte Jesus die Zwölf vor sich her, gebot ihnen und sprach: Gehet nicht auf den Weg zu den Heiden und betretet auch keine Stadt der Samariter. Gehet vielmehr zu den verlorenen Schafen des Hauses Israel. Gehet und predigt, indem ihr sprecht: Das Himmelreich ist nahe gekommen! Heilet Kranke, weckt Tote auf, macht Aussätzige rein, treibt Dämonen aus. Umsonst habt ihr empfangen, umsonst sollt ihr geben. Habt weder Gold noch Silber noch Geld in euren Gürteln, auch keine Reisetasche, auch nicht zwei Röcke, weder Schuhe noch Stab. Denn der Arbeiter ist seiner Nahrung wert.«
Franz hörte:
Gehet und prediget!
Kein Gold, kein Silber, kein Geld!
Keinen Proviantbeutel!
Nur eine Kutte!
Keine Schuhe, keinen Stab!
Es ist, für uns behaglich lebende Menschen, nicht ohne weiteres einfühlbar, welch suggestive Kraft in der Aufforderung zum totalen Verzicht liegen kann, für entsprechend disponierte Menschen wie Franz einer war. Der starke und bleibende, der lebensbestimmende Affekt, der vom Appell an die Bereitschaft zur Reduktion auf etwas Wesentliches ausgelöst werden kann, bei gleichzeitiger Amputation alles Überflüssigen, ist in seiner Tiefe mit der Freude verwandt, die man beim Begreifen einer knappen naturwissenschaftlichen Formel empfinden mag, die höchst komplexe Vorgänge in scheinbarer Einfachheit zusammenfaßt. Nicht zufällig erinnert der Reiz, der vom Essentiellen ausgeht, sprachlich an jene Essenzen, Parfums oder alkoholische Brände, in denen Tausende von Blumen oder Früchten durch Eindampfung zum hoch bewerteten Genußmittel geworden sind.
Die Leidenschaft für ein Wesentliches, mit ihrem hohen Orientierungswert für zweckhaft angelegte Menschen, wirkt freilich

nicht nur tief in die sonst kaum vom Ich erreichbaren Seelengründe hinab, bis in die Gestaltung der Träume; sie verengt, als Preis für die gewonnene Sammlung aller Kräfte des derart Gepackten, die Fähigkeiten zur Wahrnehmung der Wirklichkeit in ihrer sozusagen unendlichen Fülle. Wesentliche Menschen sind nicht neugierig.
Das überwältigende Einverständnis, das Franz beim Anhören des Evangeliums empfindet, darf als gleichzeitig tiefe und enge Leidenschaft beschrieben werden. Der buchstäblich verrückte Starrsinn, den wir Franz zugeschrieben haben (oben Nr. 8), hat sich während jener Frühmesse in der Portiuncula endgültig formiert.

100 Nach der Messe bat Franz den Priester um Erläuterung und Auslegung des Textes, der ihn so stark beeindruckt hatte. Man kann sich vorstellen, wie der fromme Mönch den Abschnitt noch einmal langsam vorliest, schwierige Wörter aus dem Lateinischen übersetzt und erklärt, vielleicht auch noch die eine oder andere passende Stelle aus den Evangelien zusätzlich aus dem Gedächtnis zitiert, als Ergänzung und Illustration.
Franz zittert vor Aufregung und Freude über die Klarheit und Einfachheit der Weisungen Christi. Kaum hat der Priester ausgeredet, zieht er sein Schuhwerk von den Füßen, löst seinen ledernen Gürtel und wirft diese nunmehr überflüssig gewordenen Utensilien zusammen mit seinem Einsiedlerstab in eine Ecke. Franz: »Das ist es was ich will. Das ist es was ich suche. Das verlange ich aus dem Grund meines Herzens zu tun!«
Kopfschüttelnd macht sich der Mönch auf den Heimweg.

101 Man kann sich leicht vorstellen, was ein moderner Theologe (gleichgültig welcher Konfession) zu Franz gesagt hätte. Er hätte eingeräumt, daß die Instruktion Jesu an seine Jünger historisch glaubwürdig sei und aus einer sehr alten Überlieferungsschicht stamme; er hätte aber gleichzeitig darauf hingewiesen, daß eine wörtliche Befolgung dieser Anweisungen nach so langer Zeit und unter veränderten kulturellen Bedingungen

anachronistisch und überspitzt wirken müsse; ferner hätte er gesagt, daß die ursprünglichen Befehle Jesu eben nur in einem Land wie Palästina, mit dem entsprechend milden Klima, überhaupt durchführbar seien. Nur für die Predigt unter den palästinensischen Juden seien sie ja schließlich von Jesus formuliert worden, wie aus dem Text klar ersichtlich sei. Jesus hätte mitnichten im Sinn gehabt, eine für alle Zeiten und Gegenden gültige Regel zu formulieren. Franz möge in diesem Zusammenhang beachten, was Jesus bei einer anderen Gelegenheit gesagt hätte (Lukasevangelium Kapitel 22, Vers 35 und 36), nämlich bei der letzten Mahlzeit vor seinem Tod. Da hätte Jesus die Jünger gefragt: »Als ich euch ohne Beutel und Tasche und Schuhe aussandte, hat es euch da an irgend etwas gemangelt?« Die Jünger hätten geantwortet: »An nichts.« Darauf Jesus: »Jetzt aber nehme, wer einen Beutel hat, ihn zu sich, und dazu auch eine Reisetasche. Und wer kein Schwert hat, verkaufe seinen Mantel und beschaffe sich eines.« Zwar handle es sich bei dieser Stelle um eine fragwürdige und vielleicht erst nach dem Tod Jesu ins Evangelium geratene Passage, aber man könne doch aus ihr folgern, daß schon unter den allerersten Christen in Palästina Klarheit darüber bestanden hätte, daß man nicht immer und überall so schutzlos und sorglos in die Welt hineingehen könne wie bei Matthäus geschrieben, in dem von Franz angeführten Text. Somit sei klar, daß sich Franz auf dem Holzweg befinde, wenn er meine, sein Leben an einer einzigen Stelle des Evangeliums orientieren zu sollen. Derlei Einseitigkeit sei sektiererisch, man müsse das Ganze der christlichen Botschaft im Auge behalten.

Wir wissen auch, wie Franz auf die Bemerkung des Theologen reagiert hätte: mit größter Ehrerbietung. »Alle Theologen sollen wir ehren und hochschätzen. Denn sie vermitteln uns den Geist und das Leben.« So schrieb Franz in seinem Testament, offenbar ohne Hintergedanken.

Gleichzeitig wäre es Franz nicht einmal im Traum eingefallen, der theologischen Unterweisung irgendeine Bedeutung beizumessen.

Er hätte höflich zugehört und dann das gesagt, was er bei einer ähnlichen Gelegenheit einem angesehenen Theologen entgeg-

nete, der zu den Minderbrüdern gestoßen war und Franz fragte, ob die Kleriker in der Franz-Genossenschaft Bücher besitzen dürften:
»Ich sage dir Bruder, was mein ursprünglicher und endgültiger Wille, mein erstes und mein letztes Wort ist. Kein Minderbruder soll irgend etwas haben, außer einer Kutte mit einem Strick und Unterhosen.«
Ich stelle mir vor, wie Franz im Himmel mit all den christlichen Theologen plaudert, mit Aurelius Augustinus und Karl Barth, Thomas von Aquin und Rudolf Bultmann.
Wie er sie fragt, was sie ohne ihre Bücher wären.
Wie sie keine passende Antwort finden.
Wie Franz sagt:
Ohne eure Bücher wäret ihr vielleicht Christen geworden.

102 Wie wir bereits wissen (oben Nr. 94), wird Franz ein Jahr nach der Frühmesse in der Portiuncula bereits mit einem Dutzend Genossen nach Rom wandern, zum Zweck der Erlangung einer offiziellen Predigterlaubnis und der allerhöchsten Zustimmung zu der gewählten Lebensform. Wir erinnern uns ferner, wie Franz im Februar 1207, ein Jahr vor jener Messe, als Spottfigur von Assisi dastand, als gerades Gegenteil eines Menschen, den andere so faszinierend finden, daß sie sein Lebensprogramm zu dem ihrigen machen wollen.
Tatsache ist also, daß sich Franz innerhalb von zwei Jahren ziemlich verwandelt haben muß. Aus einem schwärmerischen Einzelgänger, dem die Kinder auf der Straße nachliefen, wurde ein Mann, den angesehene Männer zum Vorbild wählten – noch dazu an ein und demselben Schauplatz der Handlung, in und um Assisi, wo ihn jedermann kannte, von Kindheit an.
Die Autorität Franzens, die ihn wie eine Aura umgeben wird, bis zu seinem Tod, ist nicht so ohne weiteres verständlich. Vor dem 24. Februar 1208 hatte Franz lediglich einige baufällige Kapellen repariert, aufgrund eines Erlebnisses privater Art, der Stimme des Gekreuzigten. Es ist durchaus vorstellbar, wie Franz die einsiedlerische und kirchenpflegerische Lebensform des Jahres 1207 fortsetzt, der Reihe nach alle verfallenen

Kirchlein in der näheren und weiteren Umgebung von Assisi ausbessert, von Almosen lebend; wie die Menschen im Lauf der Jahre allmählich Gefallen daran finden, einen so frommen Einsiedel in ihrer Nähe zu haben; wie er schließlich sein Leben als allgemein verehrter Andachtsgegenstand beschließt, wie jener Heimrad (oben Nr. 93), von dem bereits erzählt wurde. Vergleichbare Biographien gibt es zwischen Indien und Europa wie Sand am Meer, und von keiner geht jene Wirkung aus, die Franz erreicht hat.
Die letzte Drehung, die den Korken aus der Flasche zieht und Franzens Kräfte endlich freigibt und vergesellschaftet, wird von Franz als von oben und außen kommend erlebt, als Offenbarung und Gnade Gottes. Die damit verbundene hohe Gewißheit und Selbstsicherheit macht aus Franz einen Mann, der weiß, was er will.
Offenbarung und Gnade, diese mittelalterlichen Kategorien, besitzen für heutige Menschen nicht mehr jene fraglose Bedeutung, die im Mittelalter ganz selbstverständlich war. Wir möchten genauer wissen, wodurch Franzens bislang privat und partikulär gebliebene Individuation zu einer öffentlichen Beachtung und Wirksamkeit gedieh, mit Vorbildcharakter für viele Menschen, bis auf den heutigen Tag.

Der schöpferische Augenblick während der Frühmesse in der 103
Portiuncula läßt sich als Fusion zweier vordem getrennter Komplexe in Franzens Ich darstellen.
Den einen Komplex haben wir bereits beschrieben (Kapitel 4 und 5). Franz, auf der Suche nach Zärtlichkeit, stößt auf das paradoxe Gesetz der Verwandlung des Bitteren in Süßigkeit. Daher die Hinwendung zu Bettlern und Aussätzigen, als deren Realabstraktion ihm schließlich der gemarterte Heiland erscheint. Ihm, dessen Leib und Blut in den Kirchen der Welt gegenwärtig wird, dient Franz als Kapellenpfleger, in gottesdienstlicher Weise.
Der andere Komplex hat sozusagen objektiven, ja gleichsam gesetzlichen Charakter. Es ist das die Sammlung der Worte Gottes, in der »Heiligen Schrift«, der Bibel, aufbewahrt für

immer und ewig, die letzte Berufungsinstanz für Kaiser und Päpste im christlichen Abendland, die Grundlage aller obrigkeitlichen Legitimität in den damaligen Zeiten. Man macht sich heute nur als Fachmann eine Vorstellung davon, wie wichtig Bibelzitate zur Zeit Franzens waren. Die Technik ihrer Verwendung, als entscheidende Argumentationshilfe, wurde an den Universitäten gelehrt, das Auswendiglernen ganzer biblischer Bücher, insbesondere der vier Evangelien und der Psalmen, war selbstverständliche Voraussetzung für eine akademische Laufbahn als Theologe und Jurist, ohne Bibelkenntnis war man ein »idiota«, ein ungebildeter Mensch, ein Laie. Selbstverständlich wurde die Bibel nur in lateinischer Sprache gelesen und kommentiert; wer die nicht beherrschte, blieb außerhalb des Wissens als dem Medium der Macht.

In dieser Position befand sich auch Franz.

Seine Lateinkenntnisse waren und blieben bescheiden, und von der Bibel verstand er, zur Zeit des hier diskutierten Durchbruchs, nicht mehr als irgendein anderer rudimentär gebildeter Bürgersohn, nämlich fast nichts. Allenfalls im gesungenen Hochamt war der eine oder andere Evangelientext, lateinisch verfremdet, an Feiertagen in sein Bewußtsein gelangt.

Das Bibelfragment aus der Frühmesse, ein paar lateinisch gemurmelte Verse aus dem Matthäusevangelium, wird für Franz deshalb zur Offenbarung, weil in ihnen der offizielle Gott der Epoche, die oberste Instanz also, mit klaren Worten das als Forderung ausspricht, zu dem Franz, der verlorene Sohn und enterbte Rebell, ohnehin disponiert war. Franzens private Ekstasen, diese bislang nur für ihn wichtigen Ausnahmezustände, bekommen plötzlich im Nachhinein einen objektiven Sinn, eine himmlische Beglaubigung, werden zu Stationen auf einem Weg, der sich nunmehr als der einzig richtige ausweist, weil er der Weg des göttlichen Menschen, des Christus, ist.

Hinkünftig wird Franz, wann immer der Kern seiner Lebensführung in Frage steht, sich auf den »Herrn« berufen können, der in beispielhafter Armut und Sorglosigkeit auf Erden wandelte. Franz hat begriffen, daß sein außenseiterisches Verhalten, was immer die Menschen dazu sagen mögen, die Billigung Gottes hat.

Franzens Verrücktheiten gleichen denen des Heilands persönlich.

Je wörtlicher er Jesus versteht, desto unangreifbarer wird Franzens Position, desto legitimer sein Lebensprogramm.

Im März 1208, kaum einen Monat nach seiner Erleuchtung in der Portiuncula-Kapelle, hält Franz seine erste öffentliche Predigt, in der Kirche San Giorgio oben in der Stadt Assisi.

Der nackte Christus

Wenn man die letzten zwei oder drei Jahre seines Lebens nicht 104
rechnet, in denen Franz schon sehr krank und gebrechlich war, bleiben rund fünfzehn Jahre einer intensiven Predigttätigkeit Franzens, unterbrochen lediglich dann und wann durch einige Wochen stiller Meditation an einsamen Orten.

Um so erstaunlicher ist das fast vollständige Schweigen der Quellen über Inhalt und Form, Themenwahl und Stil der Franz-Predigten. Celano bemerkt, Franz habe über eine kräftige Stimme verfügt und sei redegewandt gewesen. Ein anderer Zeitgenosse notiert, wie mitreißend Franz gesprochen habe und wie sich die Massen an ihn herangedrängt hätten, um seine Kutte zu berühren. Die »Drei-Gefährten-Legende« (oben Nr. 19) spricht von der »Kraft und Wahrheit« seiner Redekunst, die ihn niemand gelehrt hatte und die dennoch das Staunen gebildeter Männer erregte. Sehr aufschlußreich ist das alles nicht.

Dürftig sind auch die Auskünfte über den Inhalt der Franz-Predigten. Geradezu stereotyp werden wir belehrt, daß Franz »Buße« gepredigt hätte, daß er den Menschen Friedfertigkeit und Freigebigkeit eingeschärft und sie vor den Qualen der Hölle gewarnt hätte. Eine einzige Franz-Predigt wurde wörtlich wiedergegeben und ist deshalb berühmt geworden – die Predigt an die Vögel. Sie fängt so an: »Viel verdankt ihr Gott, meine Geschwister Vögel, und müßt ihn deshalb allezeit und allerorten loben. Ihr habt die Freiheit, überallhin zu fliegen; ihr habt Kleidung, doppelt und dreifach; habt einen bunten und artigen Habit; habt Speise ohne Arbeit und die Gabe des Gesanges, euch vom Schöpfer gegeben. Schon in Noahs Arche

hat Gott euren Samen bewahrt, daß eurer nicht weniger würden.« Und so weiter.
Dieser schwulstige Text, niedergeschrieben rund hundert Jahre nach Franzens Tod (oben Nr. 19), verrät den gefühlvollen Eifer irgendeines frommen Epigonen mit literarischen Ambitionen; eine Auskunft darüber, wie Franz wirklich gepredigt hat, werden wir in der Vogelpredigt der »Fioretti« vergeblich suchen.

105 Aufschlußreicher ist ein anderer Text aus den »Fioretti«. Darin wird erzählt, daß Franz einen seiner ersten Genossen, einen gewissen Rufino, zum Predigen nach Assisi geschickt habe. Rufino habe sich gesträubt und zu Franz gesagt:
»Du weißt doch, ich habe nicht die Gabe zu reden und bin ein ungebildeter Mensch!«
Franz: »Dann befehle ich dir, daß du nackt, nur mit den Unterhosen bekleidet, nach Assisi gehst, dort in die Kirche trittst und so dem Volk predigst.«
Franzens Standquartier befand sich damals, in den ersten Jahren der frühen Bruderschaft, im Wald der Portiuncula, unterhalb von Assisi.
Rufino zog seine Kutte aus und marschierte los. Oben in Assisi liefen sofort die Kinder zusammen, als sie den Rufino erblickten. (Man muß wissen, daß Rufino aus einer der angesehensten Adelsfamilien der Stadt stammte.) Unbeirrt ging er in die von Franz genannte Kirche, verneigte sich vor dem Altar und bestieg die Kanzel, sicherlich zum großen Vergnügen der Leute, die ihn mit spöttischen Bemerkungen begrüßten:
»Die treiben es mit der Buße so weit, daß sie vollends verrückt werden!«
Rufino: »Ihr lieben Leute! Fliehet die Welt, lasset die Sünden! Gebt fremdes Gut zurück, sonst kommt ihr in die Hölle! Haltet die Gebote, liebt Gott und die Menschen! Tut Buße, das Himmelreich ist nahe!«
Während Rufino, unter dem Gelächter des Publikums, die wenigen erbaulichen Phrasen herunterstotterte, die ihm gerade in den Sinn kamen, stand plötzlich Franz in der Kirche, ebenfalls nur mit Unterhosen bekleidet. Er war dem Rufino nachgelau-

fen, in Begleitung eines weiteren Genossen, der sich krampfhaft bemühte, seine Fassung zu bewahren, während er die Kutten des Franz und Rufinos auf dem Arm trug.
Das heitere Durcheinander in der Kirche verstärkte sich noch, als Franz neben Rufino auf der Kanzel erschien.
»Darnach sprach Franz so erstaunlich über die Weltverachtung, die heilige Buße, die freiwillige Armut, das Verlangen nach dem himmlischen Reich, auch von der Nacktheit und Schmach des gekreuzigten Jesus in seinem heiligsten Leiden, daß alle anwesenden Männer und Frauen in höchster Ergriffenheit Tränen über Tränen vergossen. So herzergreifend war an jenem Tage das Mitgefühl des Volkes über des Heilands Leiden, und seit Menschengedenken hatte dergleichen in Assisi nicht stattgefunden.«

An dieser Stelle unserer Ausführungen möchte ich einen modernen Text zitieren, aus dem Buch »Masse und Macht« von Elias Canetti: »In den unbegreiflichen Extremen von Vernichtung und Erzeugung, die die erste Hälfte unseres Jahrhunderts kennzeichnen, in dieser doppelt unerbittlichen Verblendung, die bald in eine, bald in die entgegengesetzte Richtung wirkt, bieten die Klagereligionen, soweit sie sich als Organisationen erhalten haben, das Bild vollkommener Hilflosigkeit. Zögernd oder zuvorkommend, wenn auch gewiß mit Ausnahmen, erteilen sie zu allem, was geschieht, den Segen. Ihr Erbe ist trotzdem größer, als man meinen könnte. Das Bild des Einen, um dessen Tod die Christen seit bald zweitausend Jahren klagen, ist ins Bewußtsein der gesamten wachen Menschheit eingegangen. Es ist ein Sterbender, und er soll nicht sterben. Mit der Säkularisierung der Erde hat seine Göttlichkeit an Bedeutung verloren. Er ist, ob man es will oder nicht, als der einzelne leidende und sterbende Mensch zurückgeblieben.« 106

Die Canetti-Passage wurde deshalb gewählt, weil sie den heutigen Bedeutungsgehalt der okzidentalen Christus-Imago in angemessener Weise ausdrückt, unaufdringlich und ohne konfes- 107 sionelle Enge. In bestimmter Weise ist das kollektive Bild vom leidenden Christus im Jahrhundert der Konzentrationslager und Atombomben immer noch da, es ist, wie Canetti sich ausdrückt, trotz der manifesten Hilflosigkeit der diversen christlichen Kirchen, »unverwüstlich«.

Der Affekt, kraft dessen sich das erniedrigte und beleidigte Menschenwesen im geschundenen Gottesleib wiedererkennt, ist keineswegs so alt wie das Christentum. Fast tausend Jahre lang, vom Beginn der staatskirchlichen Entwicklung der abendländischen Christenheit unter Konstantin dem Großen bis ins hohe Mittelalter, hatten die Menschen einen herrschaftlichen Christus vor Augen. Auf antiken Mosaiken und romanischen Reliefs saß der Heiland auf dem himmlischen Thron, selbst als Gekreuzigter trug er die Krone des Königs.

Erste Proteste gegen diesen feudalen Gott haben sich unter den Ketzern geregt, mit entschiedenem Abscheu gegen das Kreuz wie bei dem Mann Leuthard (oben Nr. 43).

Aber erst Franz verkörpert, in diesem Fall auf der Höhe seiner Zeit, ja ihr voraus, den wirklichen Durchbruch zur – Humanität.

Franz predigt, selbst entkleidet, einen nackten Jesus am Kreuz, ohne göttliche Insignien der Macht und der Herrlichkeit, einen sehr menschlichen Gott, in dem sich die Minderen, die kleinen Leute ohne weiteres wiedererkennen können.

Deshalb beginnen sie auch zu weinen.

Im Akt des plötzlichen Begreifens der Knechtsgestalt ihres Gottes stoßen Franzens Zuhörer auf eine neue Kategorie, die ihnen vorher im Knurren der Mägen seit unvordenklichen Zeiten nur dämmernd bewußt gewesen war. Diese neue Kategorie wollen wir Moral nennen – wenn auch nicht im landläufig sittenpolizeilichen Sinn. Sondern: Das Leiden Christi ist insofern ein hoch moralischer Vorgang, als in ihm ein menschlich Böses am Werk erscheint, nicht ein naturhaftes Verhängnis. Der göttliche Mensch ist unter die Übeltäter geraten und nicht in eine Feuersbrunst, ein Erdbeben oder ein Hochwasser. Sein Los ist ihm von Menschenhand zugefügt worden, und das bedeutet, daß Empörung möglich ist.

Nochmals ein Sprung, diesmal nach Barcelona. Wir schreiben Sonntag, den 19. Juli 1936. Der Bürgerkrieg ist ausgebrochen, auf den Straßen wird geschossen, es gibt Plünderungen, Kirchen werden angezündet. Aus dem Bericht eines Augenzeugen: »Ich sah etliche zerstörte Kirchen. In der Rambla de las Flores stand die Iglesia Belén, die Bethlehem-Kirche. In dieser befand sich stets ein zwei Meter hohes Kruzifix, das von den Gläubigen sehr verehrt wurde. Bevor die Kirche in Brand gesteckt worden war, hatte man das Kreuz ins Freie geschafft. An die Stelle des üblichen INRI über dem Haupt des Gekreuzigten hatte man einen großen Karton gelegt, auf dem in handgeschriebenen Buchstaben zu lesen war: A ti no te quemamos, porque eres uno de los nuestros. 108
Das heißt: »Dich verbrennen wir nicht, weil du einer von uns bist.«

Es ist klar, daß weder der predigende Franz noch seine weinenden Zuhörer während der seltsamen Szene in Assisi ans Kirchenanzünden dachten. Aber: Indem sie das Los des gemarterten Heilands beklagen, und damit in gewisser Weise ihr eigenes, vollziehen sie einen humanen Akt, unerhört »seit Menschengedenken«, wie die Quelle zutreffend bemerkt. 109
Tatsächlich handelt es sich bei dem von Franz stimulierten Mitgefühl um ein Novum, eine neue Qualität der Aspirationen. Man weiß, daß im Jahrhundert des Franz innerhalb der darstellenden Kunst Christus erstmals als menschlich betrachteter Schmerzensmann abgebildet wird, auch als »heiliges Antlitz«. Es wäre sicher zu kurz gegriffen, wenn man diese definitive Wende in der abendländischen Imagination als bloßen Reflex unerträglicher gesellschaftlicher und wirtschaftlicher Zustände interpretieren wollte. Hinter der Achtsamkeit auf die Knechtsgestalt des Heilands steckt nicht Ökonomie, sondern – Moral. »Daß man es nicht mehr aushält, daß es zwei Arten von Menschen gibt, Herr und Knecht, ist doch kein ökonomisches Urteil, sondern ein moralisches. Ökonomisch kann ich Herr und Knecht sehr genau definieren, aber damit habe ich noch keinen Hund hinter dem Ofen hervorgelockt. Aber daß das

nicht sein soll, nicht sein darf, daß wir genug davon haben – das ist das Feuer in der Revolution« (Ernst Bloch).
Wenn man bedenkt, daß die bürgerliche Revolution ein europäisches Kind ist und eben kein afrikanisches oder asiatisches, dann hat man die Perspektive, in welcher die Unterhosen-Predigt unseres Franz einen erkennbaren Platz hat. Franz arbeitet, in prominenter Weise, an der Formierung jener emanzipatorischen und humanen Bewegung gegen die beginnende kapitalistische Kälte, von der in den Geschichtsbüchern für die Schuljugend kaum die Rede ist. Daß Franz weder als Ketzer noch als Rebell tätig war, wissen wir. Trotzdem wäre es falsch, ihn als harmlosen Liebhaber der Vögel und frömmelnden Sittenprediger hinzustellen. Vielmehr hat Franz, kraft Übertragung seiner eigenen Ergriffenheit vom Bild des armen und elenden Menschensohnes auf die Zeitgenossen, gerade in den Minderbemittelten ein Selbstbewußtsein angezettelt, das in der Folge mehr als nur Seufzer und Tränen hatte.
Wie beispielsweise in Barcelona, anno 1936.
Unter den realen Bedingungen politischer Ohnmacht auf seiten der kleinen Leute sind kollektive Tränen allemal besser als die herkömmliche Apathie.

Das Geld ist eine giftige Schlange

110 Gebettelt hatte Franz bereits vor jenem Tag, der ihm in den knappen Maximen des Evangeliums sein Lebensprogramm bescherte, darunter auch diese:
Kein Gold, kein Silber, kein Geld!
Sobald Franz diese dreifache Negation als göttlichen Willen anerkannt hat, ist seine vordem bloße faktische Existenz als Bettelmann prinzipiell geworden, ist Ausdruck eines Postulats, das Franz kennzeichnet wie kein anderes: das der radikalen Besitzlosigkeit.
Exakt einhundertzehn Jahre nach dem geistigen Durchbruch Franzens, nämlich im Jahr 1318, mußten vier Franziskaner, wie bereits notiert (oben Nr. 10), in Marseille den Scheiterhaufen besteigen. Ihre Hinrichtung geschah in Vollstreckung einer

päpstlichen Bulle, die 1317 veröffentlicht worden war und mit folgendem Kernsatz schloß: »Eine große Sache ist die Armut, aber größer ist die untadelige Führung, und das größte Gut ist der vollkommene Gehorsam.« Die Bulle war gegen die oppositionelle Bewegung unter den Franziskanern gerichtet, die sich den erfolgreichen Bemühungen um Anpassung des Ordens an die »veränderten Verhältnisse« (oben Nr. 16) nicht fügen mochten. Diesen »Spiritualen«, wie man sie nannte, wurde in der Bulle verboten, das Tragen luxuriöser Kleider und die Speicherung von Lebensmitteln zu kritisieren.
Im Jahr 1317 zitierte Johannes XXII. fünfundsechzig angesehene Spiritualen an den päpstlichen Hof in Avignon. Von ihnen widerriefen vierzig, die restlichen fünfundzwanzig übergab man der Inquisition. Die verhängte die bereits erwähnten vier Todesurteile; die übrigen Spiritualen bekamen lebenslang Kerker. Ein paar weitere Angaben: In Narbonne, im Jahr 1319, wurden drei unbußfertige Spiritualen verbrannt; anno 1321, in derselben Stadt, brannten siebzehn Spiritualen. In Carcassonne wurden zwischen 1318 und 1350 insgesamt einhundertdreizehn Spiritualen hingerichtet. Ferner fanden Exekutionen statt in Toulouse und in weiteren Städten Frankreichs und Spaniens, bis zur Mitte des vierzehnten Jahrhunderts. Dann war, mit behördlichen Mitteln, jene gefährliche Strömung unter den Franziskanern, die sich unbedingt an den Willen des Franz halten wollte und die radikale Liebe zur Armut wörtlich nahm, einigermaßen ausgemerzt.
Wie man sieht, enthielt Franzens Doktrin von der Besitzlosigkeit reinstes gesellschaftspolitisches Dynamit, wie untertänig und höflich auch immer sie vorgebracht wurde.

Angesichts dieses historischen Tatbestands wirkt es fast erheiternd, welche Mühe sich heutige Franz-Forscher geben, um ihrem geliebten Heiligen den sozialen Zahn zu ziehen. Heribert Roggen, ein Franziskaner, schrieb 1965 eine Studie über die Lebensform Franzens »in ihrem Verhältnis zur feudalen und bürgerlichen Gesellschaft Italiens«. Darin wird »nochmals darauf hingewiesen, daß es sich beim heiligen Franziskus nicht um 111

die Absicht handelte, die damalige Gesellschaftsstruktur zu ändern.« Selbstverständlich polemisiert Roggen gegen den längst verstorbenen Sabatier (oben Nr. 23), der »die Gestalt des Heiligen zu einer Art rebellischem Negativismus umdeutete« und besteht im übrigen darauf, daß Franz »immer rein religiös ausgerichtet« war. Er fährt fort: »Wenn man also den sozialen Einfluß des Heiligen nicht leugnen kann, so bleibt doch wahr, daß er diesen Einfluß niemals bewußt beabsichtigt hat. Seine ganze Sorge ging um die Seelen.«
Und um die lieben Vöglein, wenn der Zusatz gestattet ist.

112 Nicht nur betuliche Franziskaner haben bis dato ihre Probleme mit dem Prinzip Armut. Hubert Mohr (Deutsche Demokratische Republik) hat im Jahr 1976 ebenfalls Sorgen mit der richtigen Interpretation der mittelalterlichen Armutsbewegungen, diesmal in marxistisch-leninistischer Weise. Er empfiehlt, wie unter Scholastikern üblich, »zwei Unterscheidungen«:
»Erstens die Unterscheidung zwischen subjektiv ehrenwerten Bemühungen zur Linderung der Not der Armen und objektiv reaktionärer Festigung des Ansehens der Kirche als feudaler Institution (und damit Festigung des Feudalsystems); zweitens die Unterscheidung zwischen den Armuts- und Askesebestrebungen der Reformer für die Kirche und das Feudalsystem und der subjektiv und objektiv gegen die Kirche und das Feudalsystem gerichteten Ketzerbewegungen, die ebenfalls in ihrer Argumentation auf urchristliche Ideale zurückgriffen. Die Reformbestrebungen, die objektiv dazu dienten, die Kirche als feudale Institution wieder funktionstüchtig, das heißt massenwirksam zu machen, können keinesfalls als progressiv eingestuft werden.«
Franz kann, nach diesem Strickmuster, keineswegs als progressiv »eingestuft« werden, weil er »subjektiv« und »objektiv« als Handlanger des »Feudalsystems« dasteht.
Das ist, zumindest für die in der Deutschen Demokratischen Republik lebenden Franziskaner, sicherlich nicht besonders erfreulich. Ihre »Einstufung« muß ihnen weiterhin gewisse Sorgen bereiten.

Die Theorieprobleme heutiger Historiker bei der Interpretation des für Franz zentralen Willens zur gänzlichen Besitzlosigkeit sind, das sollten die beiden angeführten Beispiele zeigen, aktuell ideologischer Art. Je nach Wohnsitz bzw. »geistigem Standpunkt« der Gelehrten wird Franz zur »rein religiösen« Gestalt oder zu einer »objektiv« reaktionären Figur. 113

Ein anderer Interpret, Walter Dirks, nimmt eine vermittelnde Position ein: »Im Reichtum, so sagt Karl Marx, vergegenständlicht der Mensch sein Wesen, verliert er sich selbst und verliert er die Liebe. Und hierdurch, sagt Franz, pflegt die Liebe Gottes und des Nächsten vielfältigen Abbruch zu leiden. Sie stimmen in der Analyse überein. Nur will Karl Marx den Klassenkampf weiterführen und zu einem endgültigen Ende bringen, Franziskus aber folgert: Darum wollen wir in dieser Welt durchaus kein Eigentum haben. Denn er weiß: die Geschichte ist eine Geschichte von Klassenkämpfen – und eine Geschichte des Heiligen Geistes.«

So reichen, auf geduldigem Papier, Franz und Karl Marx einander über die Jahrhunderte hinweg die brüderliche Hand, diesfalls in linkskatholischer Weise, in der Bundesrepublik Deutschland, im Jahr 1952.

Es gibt, dies das Fazit für den geneigten Leser, kein wirklich wertfreies Franz-Bild. Das Prinzip Armut läßt sich nicht wie eine Mikrobe unterm Mikroskop betrachten. Es widersetzt sich der sogenannten wissenschaftlichen Objektivität, weil es moralisch ist. In ihm drückt sich aus, was als wesentlicher Wunsch und hartnäckige Vision von den urkommunistischen Frühchristen über mittelalterliche Ketzergruppen und frühneuzeitliche Wiedertäufer zum »Manifest der Kommunistischen Partei« vom Februar 1848 läuft: Klassenlosigkeit und Ethik ohne Eigentum.

Wie das ist, wenn man mittellos ist, hatte Franz nach seinem Bruch mit dem Vater erlebt, ab dem März 1207. Er hatte auf seiner Wanderung nach Gubbio die unliebenswürdige Mildtätigkeit eines Klosters in Anspruch nehmen müssen, war einem Freund lästig gefallen und hatte als Krankenpfleger im Lepro- 114 senheim, in einer nicht eben luxuriösen Umgebung (oben Nr. 86), seine Suppe gelöffelt. Nach seiner Rückkehr begann Franz, wie bereits erzählt, sein Restaurierungswerk an der Kirche von San Damiano, und der dortige Priester scheint ihn mit Nahrung versorgt zu haben. Die »Drei-Gefährten-Legende« fährt fort:

»Als Franz eines Tages darauf aufmerksam wurde, was jener für ihn tat, dachte er nach und sprach zu sich selbst: Werde ich denn überall, wo ich hinkomme, diesen Priester haben, der sich meiner so gütig annimmt? Dann nahm Franz den Bettelsack, ging damit in die Stadt und bat um Almosen von einer Tür zur anderen. Die empfangenen Speisen sammelte er in einem Napf. Freilich, als er dann essen wollte, ekelte ihn sehr vor dem Mischmasch, hätte er doch derlei bislang nicht einmal ansehen, geschweige denn essen mögen. Aber schließlich überwand er sich und aß, und ihm war, als hätte er noch nie eine so leckere Speise gekostet. Er dankte Gott, der ihm das Bittere in Süßigkeit verwandelt und seine Kräfte vervielfacht hatte. Den Priester bat er, er solle ihm künftig keine Kost mehr bereiten.«

Was sich in Franzens Schüssel befand, läßt sich erraten. Der eine oder andere Fischkopf, vielleicht eine Speckschwarte oder ein paar Kutteln, Bohnensuppe und Rübengemüse, Hirsebrei, eine Handvoll Oliven, getrocknete Früchte. Dazu ein paar Stücke Gerstenbrot und eine Käserinde, zum Nachtisch. (Die heute so beliebten italienischen Teigwaren gab es damals noch nicht.)

So hat Franz vom Tisch der Armen gegessen, wie Gott ihn bereitet hatte in seiner unendlichen Güte. Franz blieb künftig bei der Diät der Minderbemittelten, mit Wasser und Schwarzbrot als Hauptnahrungsmittel. In den späteren Jahren des ständigen Krankseins wurde er manchmal schwach, und wünschte sich einen bestimmten Fisch oder ein Büschel Petersilie. Auch um einen Mandelkuchen hat Franz einmal gebeten, allerdings erst auf dem Sterbelager. Ansonsten aber hielt er sich konsequent an den Speisezettel der armen Schlucker und verehrte das Bettelbrot wie ein heiliges Sakrament.

Es wäre ein Mißverständnis, in dieser Philosophie den konventionellen Asketismus der Religiösen zu sehen.

Vielmehr wollte Franz, mit größter Entschiedenheit, wie die Armen leben. In den Häusern der Reichen, die ihn gelegentlich zu Tisch luden, packte er mit schöner Regelmäßigkeit seine zusammengebettelten Brotrinden aus und verteilte sie freundlich an die verlegenen Gastgeber.
So einmal auch im Haus des uns bereits bekannten Kardinals Hugolin (oben Nr. 12), wo eine recht noble Gesellschaft tafelte. Franz hatte sich heimlich mit dem Bettelsack davongemacht. Als er zurückkehrte, war man bereits beim Essen. Franz schüttete die zusammengebettelten Nahrungsmittel in aller Ruhe auf den Tisch und nahm dann neben seinem Gastgeber Platz, dem bereits die Zornader schwoll. Nachdem Franz artig ein paar Bissen seiner gewohnten Speise genommen hatte, fing er an, jedem der anwesenden Herren ein Stück Gerstenbrot anzubieten. Einige aßen wohl oder übel ihren Teil, andere steckten ihn weg.
Es muß eine tiefe Stille geherrscht haben.
Die Quelle bemerkt, daß einige Würdenträger ihre Samtmützen ablegten (extrahebant infulas).
Der Kardinal, der ihn nachher beiseite nimmt: »Aber, aber, mein Lieber, wie kannst du mich so blamieren?«
Franz: »Mich tröstet es mehr, wenn ich mit meinen Genossen bin und das von Tür zu Tür zusammengebettelte Brot vor mir auf dem Tisch sehe, als an eurer und anderer bedeutender Männer Tafel zu sitzen.« Das ist eine ziemlich brüske Antwort, mit klarer Tendenz.

Wir kommen nunmehr zum Kern der Ethik ohne Eigentum, 115
wie Franz sie vertreten hat: das absolute Verbot des Geldgebrauchs.
»Allen Genossen befehle ich, niemals Münzgeld in irgendeiner Form anzunehmen, auch nicht durch Mittelspersonen.« So geschrieben in der vom Papst genehmigten Franz-Regel aus dem Jahr 1223, deren Original in der Schatzkammer der Basilika in Assisi aufbewahrt wird.
In der Regel von 1221, die vom Papst nicht autorisiert wurde, wird das Geldverbot noch durch zwei kräftige Vergleiche illu-

striert: Geld ist wie Staub, den man mit Füßen tritt; sein Wert ist dem von Kieselsteinen gleichzusetzen.
Celano erzählt, wie eines Tages ein Mann von Welt in der Portiuncula-Kapelle ein Säckchen mit Münzen als Spende hinterlegt hatte. Ein Genosse beförderte das Geld vom Altar in eine Fensternische, und machte damit einen schweren Fehler, weil er dazu seine Hände benutzt hatte. Franz befahl ihm, den Beutel mit dem Mund aufzunehmen und so auf den nächsten Misthaufen zu befördern.

116 Wie bereits erwähnt (oben Nr. 15) wurden die beiden Franz-Biographien des Thomas von Celano im Jahr 1266 vom obersten Leitungsgremium der Minderbrüder verboten. Schuld an dieser Indizierung waren sicherlich auch Geschichten wie die soeben zitierte, in denen die Tabuisierung des Münzgeldes voll durchschlägt. Celano hat mehrere solcher Geschichten auf Lager.
In einer von ihnen spiegelt sich, historisch glaubwürdig, der zähe Kampf Franzens in den letzten Jahren seines Lebens wider, den er gegen jene Bestrebungen im schnell wachsenden Orden führte, die auf eine Durchlöcherung des Geldverbots hinausliefen.
Celano: »Als einmal Franzens Vikar, Bruder Peter von Catania, angesichts der Scharen auswärtiger Brüder, die zum Besuch der Portiuncula zusammenströmten, vor der Schwierigkeit stand, sie mit dem Notwendigsten zu versorgen, sprach er zu Franz: Ich bitte dich, gib deine Zustimmung, daß wir etwas vom Vermögen der neu zu uns stoßenden Brüder behalten, damit man im Notfall darauf zurückgreifen kann! Da erwiderte Franz: Diese Art von Liebe sei ferne von uns, liebster Bruder. Entferne lieber den kostbaren Schmuck vom Altar unserer Kirche, wenn du auf andere Weise den Bedürftigen nicht helfen kannst. Glaube mir, die Mutter Gottes wird es lieber haben, wenn wir das Evangelium ihres Sohnes beobachten und ihren Altar berauben, als wenn ihr Altar geschmückt bleibt, ihr Sohn aber verachtet wird.« (Die Portiuncula-Kapelle war der heiligen Maria geweiht.)

In dieser Geschichte wird nicht nur das strikte Geldverbot gegen naheliegende Vernunftgründe zweckmäßigen Wirtschaftens eingeschärft. Sie transportiert auch ein Kontra gegen die subtile Versuchung der christlichen Frömmigkeit, die Schatzbildnerei als Kirchenschmuck und Gottesdienst zu betreiben.

Hier ist noch eine Celano-Geschichte, phantastisch genug, je- 117
doch mit unmißverständlicher Moral:
Einmal wanderte Franz mit einem Genossen durch Apulien. Da lag, in der Nähe von Bari, auf der Straße eine prall gefüllte Geldkatze, und Franzens Genosse schlug vor, den Fund unter die Armen zu verteilen. Franz weigerte sich, und die beiden gingen weiter. Der Genosse aber hörte nicht auf, weiter in Franz zu dringen, um ihn doch noch umzustimmen. Schließlich kehrte Franz tatsächlich um und befahl dem Genossen, die Geldkatze aufzuheben. Kaum hatte dieser sie in die Hand genommen, schlüpfte eine Schlange von beträchtlicher Größe aus ihr »und bewies dem Bruder den teuflischen Trug«. Darauf Franz: »Bruder, das Geld ist für die Diener Gottes nichts anderes als der Teufel und eine giftige Schlange.«

Man hat bei der Lektüre der Franz-Quellen den Eindruck, als 118
ob Franz seinen Ekel vor den Aussätzigen, den er glücklich überwunden hatte, auf das Münzgeld übertragen hätte. Wiederholt wird das Geld als Kot bezeichnet – was die Psychoanalytiker sicherlich freuen wird, die den analen Charakter des Hortens betonen. Ganz ausdrücklich wird in den Franz-Geschichten das Geld als Exkrement behandelt – man soll sich an ihm die Hände nicht schmutzig machen.
Dieser Ekelkomplex ist gar nicht so absonderlich, wie man zunächst meinen möchte. Seit den Tagen der alten Römer versichern wir einander, daß Geld nicht stinkt – was sicherlich überflüssig wäre, wenn wir damit nicht einen verborgenen Affekt überwinden müßten. Unsere unterschwelligen Schamgefühle gegenüber dem Geld haben ein hohes kulturgeschichtliches Alter, sie wirken wie eine blasse Erinnerung an die Vornehmheit

des aristokratischen Grundbesitzers, der Händler und Wucherer mit tiefer Verachtung bestrafte. Tatsächlich hat die Ablehnung des Geldes eine ehrwürdige Tradition, man kann diesfalls bis auf den alten Sophokles (um 450 v. Chr.) zurückgreifen: »Denn unter allem, was Brauch ist unter den Menschen, erwuchs so schlimm nichts wie das Geld!«

Die beiden Chefdenker Europas, Aristoteles und Platon, protestierten unisono gegen die Schatzbildnerei und begründeten damit eine Theorie, die zweitausend Jahre lang als Ausdruck kulturpessimistischer Affekte in seltener Einmütigkeit der abendländischen Kopfarbeiter bis hin zu Rousseau verkündet wurde: Das Geld als Sündenbock für den Verfall aller Werte. (Man schlage die nächste Tageszeitung auf: Die immer noch in Mode befindliche Klage über den Niedergang der »Grundwerte« in unseren Industriegesellschaften wird in einer Zeit angestimmt, in der das Geld als Maßstab schlichtweg aller Werte – auch der sogenannten geistigen – durchgehend fungiert. Wenn dieses mein Buch nicht verkauft wird, ist es nichts wert.)

Die »tote Hand« (oben Nr. 42) der Kirche dirigierte jahrhundertelang, von der Spätantike bis in die frühe Neuzeit, die Symphonie in Moll gegen das sittenzersetzende Geld. Immer wieder wurde von Kirchenvätern und Theologen, auf Kirchenversammlungen und von Päpsten gegen das Zinsnehmen als dem Inbegriff verwerflicher Habsucht gewettert, und sogar die Strafe der Exkommunikation wurde den »Wucherern« gelegentlich angedroht. Die offizielle Kirche verteidigte damit jene Verhältnisse, in denen sie groß geworden war – nämlich die naturalwirtschaftlichen des frühen Mittelalters zwischen 500 und 1000 n. Chr.

In diesen für die Kirche goldenen und im übrigen eher barbarischen Zeiten, über die wir weniger schriftliche Unterlagen haben als beispielsweise über die alten Ägypter oder Babylonier, spielte das Geld eine sehr untergeordnete Rolle, und auch der Fernhandel war minimal. Die Kaste der Herren lebte von den fronenden Ackerbauern und widmete sich ansonsten in ritterlicher Art und Weise, nämlich brutal und mitleidlos, der Tätigkeit des Raubens und Plünderns. Dementsprechend wurden alle jene mit Verachtung gestraft, die den gesellschaftlichen

Reichtum erzeugten, auch die Kaufleute und Händler. Noch in der Neuzeit wurde, in der bis 1918 allgemein gültigen Sammlung von Gesetzestexten, dem Corpus Juris Canonici, von der katholischen Kirche jeglicher Handel als sündhaft bezeichnet. Das sozusagen habituell schlechte Gewissen all derer, die trotzdem Geldgeschäfte machten, drückte sich in den vielen Schenkungen aus, die der Kirche aus diesen Kreisen zuflossen. (Der Haß auf die Juden, die vom Zinsverbot ausgenommen waren, ist die andere Seite der Medaille.) Soziales Prestige, das gilt für die Antike und das gesamte Mittelalter, war mit einer vollen Geldkiste als solcher nicht zu erringen; man mußte Ländereien haben, um gesellschaftlich mitreden zu können.
Gleichzeitig hat die Kirche keine Zeit versäumt, die im Franz-Jahrhundert definitiv gewordene Wandlung von der Naturalwirtschaft zur Geldwirtschaft kräftig mitzuvollziehen. Bereitwillig übernahmen päpstliche und bischöfliche Verwalter zum Zweck der Modernisierung ihrer Buchführung den Gebrauch der arabischen Zahlen von den feindlichen Mohammedanern (die sie wiederum von den Indern hatten). Der päpstliche Hof in Avignon, der so rigoros gegen die radikalen Franziskaner vorging (oben Nr. 110), besaß die damals fortschrittlichste Finanzverwaltung Europas, mit doppelter Buchhaltung und bargeldlosem Zahlungsverkehr, inklusive bester Verbindungen zu den oberitalienischen Bankhäusern.
Während die Theologen an ihren Gottesbeweisen bastelten, begann in den Köpfen der Menschen ein Fetisch Gestalt anzunehmen, ausgestattet mit bestimmtem Artikel und gleichzeitig geheimnisvoll wie ein verschleiertes Bild: das (liebe) Geld. Wir leben noch immer mit ihm – mit dieser konkreten Allgemeinheit in unseren Brieftaschen, dieser realen Abstraktion, an der sich so viele Theoretiker die Zähne ausgebissen haben, mit diesem »die Augen blendenden Rätsel«, wie Marx den Geldfetisch genannt hat.

119 Franzens Rabiatheit gegen den Geldfetisch nimmt sich, aus der Vogelschau universalgeschichtlicher Betrachtung, nicht sonderlich originell aus, sie erweckt den Eindruck der Naivität und blieb als vergebliche Geste eines einzelnen Menschen ohne Wirkung auf den Gang der Dinge.

Wir sollten allerdings nicht vergessen, daß diese Zensuren in dem Augenblick belanglos werden, da man sich entschließt, vom hohen Roß der Geschichtsphilosophie herabzusteigen und den Lauf der Welt von dort aus zu verfolgen, wo Franz sich befinden wollte: aus der Perspektive derjenigen, die nie um ihre Meinung gefragt worden sind. Unter den Minderbemittelten ist die Utopie geldloser Verhältnisse nie ganz erloschen; bis in die hilflose Projektion des Schlaraffenlandes ist sie zu verfolgen. Vor hundert Jahren ist sie dann, wie bekannt, in epochemachender Weise auf die Beine gekommen: »Stellen wir uns endlich«, schrieb Marx, »zur Abwechslung einen Verein freier Menschen vor, die mit gemeinschaftlichen Produktionsmitteln arbeiten und ihre vielen individuellen Arbeitskräfte selbstbewußt als eine gesellschaftliche Arbeitskraft verausgaben.« In einem derartigen Verein wäre das Geld überflüssig.

Marx schrieb, als erster Philosoph Europas, aus der Perspektive der Ohnmächtigen.

Von oben herab betrachtet ist Franz ein liebenswürdiger Narr. Von unten her gesehen bleibt seine Verrücktheit, als schöne Anstrengung, eine Ermutigung für die Phantasie, will sagen für das Denken in der Möglichkeitsform.

7. Kapitel

Es beginnt das Leben der minderen Brüder

Um 1170, zehn Jahre vor Franzens Geburt, spazierte ein rei- 120
cher Kaufmann mit Namen Valdes durch die Stadt Lyon, wo er wohnte und seinen Geschäften nachging. Er war verheiratet, hatte zwei Töchter und verfügte über diverse Besitztümer (Wälder, Äcker, Wiesen, Weinberge, Mühlen, Backstuben). Es war Jahrmarkt, und ein Bänkelsänger trug an einer Straßenecke seine Balladen vor. Valdes blieb stehen und hörte zu. Der Sänger sang gerade ein altes Lied, das handelte von dem heiligen Mann Alexios aus dem fernen Syrerland. In der Hochzeitsnacht, so fing das an, hatte der junge und reiche Alexios sein liebreizendes Weibchen nicht angerührt, hatte ernste Reden mit ihr geführt und war dann davongegangen in die Nacht hinaus. War viele Jahre verschwunden geblieben, unterwegs auf fernen Straßen als Pilger und Bettelmann. Zuletzt war er heimgekehrt ins Elternhaus, gealtert und krank, von niemand erkannt, hatte ein kärgliches Obdach gefunden und war schließlich gestorben, ohne daß er sich zu erkennen gegeben hätte. Erst die Wunder, die sein toter Leib gewirkt, hätten den Menschen die Augen aufgehen lassen.

Die fromme Weise traf den Valdes in seinem bürgerlichen Schuldbewußtsein gar tief. Er besprach sich mit geistlichen Herren, ließ sich von ihnen um gutes Geld Psalmen und Evangelien aus dem Latein übersetzen, las und grübelte eine Zeit, bis er schließlich wußte, wie sein Leben künftig aussehen mußte. Frau und Töchter wurden versorgt, der übrige Reichtum verschenkt. Valdes begann, als barfüßiger Bettelmann, auf den

Straßen und Plätzen von Lyon, das Lob der heiligen Armut Christi zu verkünden, und bald gesellten sich andere reiche Bürger zu ihm, unter Verzicht auf Hab und Gut, Weib und Kind. Diese »Armen von Lyon«, wie man sie nannte, bekamen es wegen ihres unbefugten Predigens mit dem Bischof zu tun, der ihre Tätigkeit in der Stadt und Umgebung für überflüssig und gefährlich hielt. Deshalb zogen sie im Jahr 1179 nach Rom, mit der Bitte um Predigterlaubnis.

Bis zu diesem Zeitpunkt weist die Geschichte des Valdes und seiner Genossen deutliche Parallelen zur Entstehung der Franz-Bruderschaft auf. Hier wie dort findet ein Klassenverrat statt, Schatzbildnerei schlägt in Liebe und Armut um, der Jesus der Bibel wird zum Vorbild genommen, theologisch ungebildete Laien (»idiotae«) beginnen öffentlich zu predigen.

In Rom hatte Valdes, im Gegensatz zu Franz, gar kein Glück. In der ewigen Stadt tagte gerade eine große Kirchenversammlung, das »dritte Laterankonzil«. Bischöfe, Äbte und Theologieprofessoren waren aus ganz Europa angereist, die Schankwirte hatten viel zu tun, und auch die römischen Freudenmädchen, wie bei solchen Gelegenheiten üblich, kamen auf ihre Rechnung.

Die ehrwürdige Versammlung beschäftigte sich unter anderem mit dem verderblichen Gift der Katharer (oben Nr. 44 und 45), deren rasche Ausbreitung den Konzilsvätern große Sorgen bereitete. Bannflüche wurden formuliert, feierlich verlesen, ratifiziert und promulgiert. (Durch irgendeine Schlamperei sind die Konzilakten später verlorengegangen.)

Man kann sich vorstellen, mit welchem Mißtrauen die bloßfüßigen Laienprediger aus Lyon in Rom empfangen wurden.

Selbstverständlich gab es ein Verhör, in bezug auf die Rechtgläubigkeit und den theologischen Bildungsstand der neuen Genossenschaft. Valdes hatte vorsorglich sein Buch mit den übersetzten Bibeltexten mitgebracht, zum Beweis für seine eifrigen Studien. Die Prüfung war, nach der Darstellung eines gewissen Walter Map, eine fürchterliche Blamage für Valdes und seine Genossen.

Frage: »Glaubt ihr an Gottvater?«

Antwort: »Wir glauben.«

Frage: »Und an den Sohn?«
Antwort: »Wir glauben.«
Frage: »Und an den Heiligen Geist?«
Antwort: »Wir glauben.«
Frage: »Und an die Mutter Christi?«
Antwort: »Wir glauben.«
Allgemeines Hohngelächter der Theologen. (Es hatte sich um eine Fangfrage gehandelt; Maria ist kein Glaubensgegenstand wie die Heilige Dreifaltigkeit.)
Und solche Ignoranten soll man predigen lassen?
Der Papst umarmte schließlich den Valdes in väterlicher Weise, lobte seinen Vorsatz eines Lebens in Armut und Entsagung, verbot ihm aber gleichzeitig, sich ohne Erlaubnis der örtlichen Kirchenbehörden das Predigtamt anzumaßen.
Die weitere Geschichte des Valdes und seiner Genossenschaft, der »Waldenser«, ist eine Chronik des Terrors nervöser Obrigkeiten gegen reformwillige Außenseiter, mit dem bekannten Ergebnis der zunehmenden Radikalisierung einer ursprünglich harmlosen Gruppe. Bereits im Jahr 1184, gelegentlich eines Gipfeltreffens zwischen Papst Lucius III. und Kaiser Friedrich Barbarossa, wurden die Armen aus Lyon feierlich verflucht und in Acht getan, womit sie praktisch vogelfrei wurden. Ihr Anhang wuchs trotzdem schnell, mit Kontakten zu verwandten Bewegungen (»Humiliaten«, »Lombardische Arme«) in Italien; nach relativ kurzer Zeit gab es Waldensergemeinden auch in Spanien, Deutschland und Böhmen. Der Ton der Predigten wurde scharf antiklerikal und kirchenkritisch, unter Berufung auf die Bibel, dreihundert Jahre vor Luther. Dementsprechend lang ist die Liste der exekutierten Waldenser. Trotzdem sind sie, als der einzige mittelalterliche Ketzerverein, auch heute noch da, zum Beispiel in einigen Bergtälern in der Nähe von Turin, versammeln sich in schmucklosen Kirchen und singen ihre alten Lieder.
Einen Waldenserpfarrer, Giuseppe Platone, kenne ich persönlich. Ich habe ihn in seinem Dorf besucht, Angrogna heißt es und ist von Turin in einer knappen Autostunde zu erreichen. Giuseppe kümmert sich um die sechshundert Gebirgsbauern seiner Gemeinde, an denen ist der Fortschritt einstweilen vor-

übergegangen, manche haben noch nicht einmal Radio. Giuseppe besucht sie (zu Fuß) und erklärt ihnen die Politik, berät sie im Umgang mit Behörden und Banken, vermittelt Arbeitsplätze. Wenn ich an Giuseppe denke, kommen mir die achthundert Jahre seit Valdes gar nicht so lang vor. Giuseppe ist, fast hätte ich vergessen es zu erwähnen, Sozialist. Seine Dissertation (über Karl Barth) ist noch immer nicht fertig geschrieben, und seine Frau erwartet, zum Zeitpunkt der Niederschrift dieser Zeilen, ein Kind.

121 Vielleicht ist die so unterschiedlich verlaufene Entwicklung von Waldensern und Franziskanern das Ergebnis einer Reihe von kleinen Zufällen. Was wäre geworden, wenn Valdes in Rom als Fürsprecher beim Papst einen so klugen Kardinal gefunden hätte wie Franz? Oder umgekehrt: Wäre Franz der unerschütterlich treue Sohn der Kirche geblieben, wenn der Papst ihm strikt das Predigen verboten hätte?
Waldenser (50000) und Franziskaner (40000) sind heute konfessionell getrennt, sie leben als evangelische bzw. katholische Christen, die einen ohne, die anderen mit einem Papst. Die Franziskaner leben noch immer zölibatär, was die Waldenser schon seit langer Zeit nicht mehr tun.
Was die Waldenser insgesamt anlangt, verfügen sie als Organisation sicherlich nur über einen Bruchteil der finanziellen Mittel der Franziskaner. Zu den wenigen Dingen, die nicht einmal Gott weiß – so ein altes katholisches Witzwort – gehört die Antwort auf die Frage, woher die Franziskaner ihr Geld haben.

Der erste Genosse

122 Sechs oder sieben Wochen nach der unvergeßlichen Messe in der Portiuncula (oben Nr. 99 und 100) erhielt Franz eine ehrenvolle und geheimnisvolle Einladung zum Abendessen bei Messer Bernardo von Quintavalle di Berandello, einem wohlhabenden Mann von dreißig Jahren, unbeweibt und wohnhaft in Assisi.

Herr Bernhard (wir haben ihn bereits flüchtig kennengelernt, oben Nr. 5) hatte eine Frage: »Nehmen wir an, ein Mensch hätte eine Zeitlang die Güter eines hohen Herrn besessen und möchte sie nun nicht mehr haben. Was soll er wohl tun?«
Franz: »Er muß sie dem Herrn zurückgeben.«
Bernhard: »Alles, was ich besitze, habe ich von Gott. Ich bin jetzt gesonnen, ihm alles zurückzugeben. In dieser Angelegenheit suche ich deinen Rat.«
Hier haben wir, weitaus deutlicher als bei Franz, den Valdes-Komplex. Franz war nie vor der Entscheidung gestanden, einen beachtlichen Reichtum hier und jetzt wegzugeben; das Vermögen seines Vaters stand niemals zu seiner Disposition. Bernhard aber war – ob durch eigene Anstrengung oder im Erbweg wissen wir nicht – wirklich vermögend. Vielleicht war er durch einen Todesfall erschüttert worden. Jedenfalls erweckt er den Eindruck eines Mannes, der erst dann spricht, wenn sein Nachdenken zu einem Ergebnis geführt hat.
Es ist bemerkenswert, daß Franz bei dieser wichtigen Unterredung mit geradezu zeremoniöser Bedächtigkeit sprach. Er platzte – in der Darstellung Celanos – keineswegs mit dem Vorschlag heraus, alles den Armen zu schenken. Sondern er schlug, für den kommenden Tag, die Befragung eines Orakels vor: »Wenn du dein Wort durch die Tat beweisen willst, dann wollen wir in der Frühe in die Kirche gehen, das Evangelienbuch aufschlagen und uns von Christus Rat holen.«
Damit war Bernhard einverstanden, und man begab sich zu Bett.
Wie die Nacht verging, haben wir bereits erzählt (oben Nr. 5). Frühmorgens gingen die beiden in eine Kirche, baten einen Priester, ihnen die Messe zu lesen und anschließend das heilige Buch zu befragen. Eine solche Bitte war damals nicht ungewöhnlich. Der Priester wußte, was er zu machen hatte. Nach der Messe nahm er das Evangelienbuch, machte das Zeichen des Kreuzes darüber und schlug es dreimal auf.
Die gefundenen Stellen dokumentieren das gesamte Lebensprogramm Franzens. (Ob sie wirklich auf diese Weise gefunden wurden, ist für uns nebensächlich.)
Erstens: »Wenn du vollkommen sein willst, dann gehe hin, ver-

kaufe alles was du hast, und gib es den Armen!«
Zweitens: »Nehmet nichts mit auf den Weg, weder Stab noch Tasche, noch Brot, noch Geld!«
Drittens: »Wer mir nachfolgen will, der verleugne sich selbst, nehme sein Kreuz auf sich und folge mir nach!«
Franz, zu Bernhard: »Da hast du den Rat, den Christus uns gibt.«

123 Die drei angeführten Texte finden sich, dreizehn Jahre später, in der ersten schriftlich erhaltenen »Regel« der Minderbrüder (vgl. Nr. 260) wieder – ein Beleg für ihren programmatischen Stellenwert in der Philosophie des Franz.
Text Nr. 2 ist die Duplik jener Passage, die auf Franz, während der Frühmesse in der Portiuncula-Kapelle (oben Nr. 99), einen so tiefen Eindruck gemacht hatte.
Text Nr. 1 war offenbar das Schlüssel-Zitat der damaligen Armutsbewegung; in der Biographie des Valdes taucht es, als wichtige Legitimierungshilfe, ebenfalls auf.
Text Nr. 3 artikuliert, mit anderen Worten, jenen Grundsatz, der für die Formierung Franzens ausschlaggebend geworden war (oben Nr. 60): Nimm Bitteres für Süßes!
Der historische Kern der Orakelgeschichte ist nunmehr klar: Bernhard, als wohletablierter Bürger, konfrontiert Franz in allem Ernst mit seinem Problem. Daß er das überhaupt tut, dürfen wir dem Charisma Franzens zuschreiben. Franz erkennt, daß dieser Mann eine unbezweifelbare Autorität sucht, und zitiert deshalb aus dem Evangelium. Er selbst hat, im Testament, diesen Vorgang so dargestellt:
»Als dann der Herr mir Brüder gab, war niemand, der mir zeigte, was ich tun solle, sondern der Allerhöchste selbst offenbarte mir, daß ich nach der Form des Evangeliums leben solle.«
Vermutlich hat Franz die wenigen Wochen nach der Messe in der Portiuncula dazu genutzt, um sich von einem gebildeten Priester in bestimmte Teile der Evangelien einführen zu lassen – vielleicht mit der schlichten Frage nach Stellen, in denen der Reichtum kritisiert wird. Denkbar ist auch, daß zwischen Franz und Bernhard eine ganze Reihe von Gesprächen stattfanden –

Celano deutet so etwas an – und zwar über einen längeren Zeitraum hinweg. Dann würde das Bibelstudium Franzens um so plausibler, als Argumentationshilfe gegenüber dem bedächtigen Bernhard.
Auf jeden Fall sind es ein paar Bibelstellen gewesen, die bei Bernhard den Ausschlag gaben, sich von all seiner Habe zu trennen und ledigen Gemüts als freiwilliger Armer zu leben wie Franz.
Diese beiden Bürgersöhne handeln so, als ob sie auf ihren Dachböden, unter Gerümpel verborgen, einen kostbaren Schatz entdeckt hätten. Sie ergreifen vom Evangelium Besitz, eignen es sich an, ohne erst lang bei den befugten Nachlaßverwaltern Gottes um Erlaubnis zu fragen. Beide sind Laien, aus der aufsteigenden Klasse des Bürgertums. Im Verzicht auf ihre Privilegien gewinnen sie das, was die Etablierten aller Zeiten vergeblich reklamieren: Glaubwürdigkeit.
Das ist die Moral der Geschichte, und sie ist auch heute beherzigenswert.

Bernhards Haus wurde für eine Zeitlang zu einem Wallfahrts- 124
ort für sämtliche armen Teufel aus Assisi und Umgebung. Selbstverständlich bestand der Besitz des Bernhard nicht nur aus beweglichen Gütern; man mußte Grundstücke und Liegenschaften verkaufen, und Bernhard war sicher kein Mann, der diese Realitäten unter ihrem Wert verschleudert hätte. Wenn dann wieder ein Verkaufsgeschäft zustande gekommen und Geld eingegangen war, gab es einen Festtag für die Bedürftigen, die das Haus belagerten. Zuletzt wird Bernhard die Haustür weit aufgemacht haben, zur freien Bedienung an Mobiliar, Tafelgeschirr und vorhandener Garderobe.
Dann ging Bernhard, allbereits in der Kutte, mit Franz aus dem leeren Haus davon, hinunter in den Wald der Portiuncula.

Wer erhält, der schuldet. 125
Dieser Grundsatz aller Buchführung stand bereits zu Franzens und Bernhards Zeit fest, und er verwirrt bis heute die Buchhal-

tungslehrlinge. Eingehende Gelder werden im Soll verbucht, wer kann das verstehen.
Daß Buchhaltung und Theologie etwas miteinander zu tun haben, wird selten durchschaut. Bernhard hatte diesen Zusammenhang insofern hergestellt, als er sich in der Schuld Gottes wußte; all sein Vermögen stand, auf eine rätselhafte Weise, für ihn im Soll. Nach der Liquidation durch Übereignung seines Besitzes an die Armen, war sein Saldo, buchhalterisch und theologisch, vollkommen ausgeglichen – mit einer Null unterm Strich.
Später soll Bernhard, nach Auskunft der »Fioretti«, mit Gott wie mit einem Freund verkehrt haben. Das braucht uns nicht weiter zu wundern. Bernhard war, um es kaufmännisch auszudrücken, mit Gott quitt geworden. Psychologisch gesprochen hatte er sich vom Druck des ewig unzufriedenen Über-Ich entlastet.
Man kann sich vorstellen, mit welch profundem Gefühl der Erleichterung dieser Mann den kurzen Weg ins Tal zurückgelegt hat, zur Lehmhütte im Wald, um mit Franz ein neues Leben anzufangen.

Ich sterbe vor Hunger

126 In der Nähe der Portiuncula-Kapelle hatte Franz einen Unterstand gebaut, eine primitive Hütte aus Ästen und Lehm, mit ein paar Steinen auf dem Dach und sicherlich ohne Fenster. Der Rauch des offenen Feuers, auf dem Franz und Bernhard ihre Bohnensuppe kochten, gelangte durch die Tür ins Freie.
In dieser Selchkammer nächtigten, außer Bernhard und Franz, noch zwei weitere Männer, die gleichzeitig mit Bernhard zu Franz gestoßen waren: Peter und Egidio.
Von Peter dürfen wir annehmen, daß er ein Diener Bernhards gewesen ist, der seinem Herrn in die neue Freiheit folgen wollte. Egidio war ein Bauer. Er hatte, wie jedermann in Assisi und Umgebung, von Bernhards Verzicht gehört. Am 23. April, dem Fest des heiligen Georg, marschierte er nach dem Gottesdienst in Assisi hinunter ins Tal, zur Portiuncula.

So wurde es erzählt:

Als Bruder Egidio zu der Wegkreuzung in der Nähe des Leprosenheimes kam und nicht wußte, wie er weitergehen sollte, kam plötzlich Franz aus dem Wald heraus. Als Bruder Egidio ihn sah, sagte er: »Um der Liebe Gottes willen, ich möchte auch mit dir leben!« Franz erwiderte: »Der Herr hat dir eine große Gunst erwiesen! Stell dir vor, der Kaiser käme nach Assisi und wollte einen Mann aus der Stadt zum Ritter schlagen. Wie viele würden sich glücklich schätzen, dieser Gnade teilhaft zu werden! Wie dankbar mußt erst du sein, da dich der höchste Herr auserwählt hat, an seinen Hof zu kommen!« Sodann nahm Franz den Egidio an der Hand, führte ihn zur Portiuncula, rief Bernhard herbei und sagte: »Der Herr hat uns einen lieben Bruder geschickt!« Und voll Freude teilten sie miteinander das Mahl. Dann nahm Franz den Egidio mit nach Assisi, um eine Kutte für ihn zu betteln. Unterwegs begegnete ihnen eine arme Frau, die sie um ein Almosen bat. Da wandte sich Franz an Egidio und sprach: »Geben wir ihr deinen Mantel!« Sofort tat der, wie ihm geheißen war, und große Freude erfüllte sein Herz.

Wie man sieht, waren die Aufnahmebedingungen in die 127
Franz-Genossenschaft denkbar unkompliziert. Man erklärte irgendeinem Minderbruder, daß man beitreten wolle, verschenkte alles was man hatte an die Armen und schlüpfte in eine möglichst abgetragene Kutte.

Keine Prüfungen, keine Probezeit, keine Dokumente. Innerhalb weniger Stunden konnte jedermann ein Minderbruder werden.

Gelegentlich gab es auch Rückversicherer.

So wurde es erzählt:

Als Franz einmal zu den Bürgern einer Stadt in der Mark Ancona gepredigt hatte, kam ein Mann zu ihm und sagte: »Bruder, ich möchte die Welt verlassen und in deine Religion eintreten!« Franz entgegnete: »Dann mußt du alles was du hast den Armen schenken.« Jener aber übereignete seinen Besitz an seine Verwandten, kehrte zu Franz zurück und meldete ihm, daß er sich all seines Eigentums entledigt habe. Franz fragte ihn: »Und auf welche Weise hast du dies getan?« Der Mann antwortete: »Ich habe meine Habe einigen Verwandten überlassen, die in Not waren.« Da sprach Franz zu ihm: »Fort mit dir, du Fliege! Suche dir eine andere Gesellschaft, um die Mildtätigkeit der Menschen auszunützen!«

Mehr Glück bei Franz hatte die Familie eines gewissen Johann, der als Bauernsohn in einem Dorf bei Assisi lebte. Eines Tages war Franz dabei, mit dem Besen die Dorfkapelle zu säubern, wie es seine Gewohnheit war (oben Nr. 96). Der Mann Johann, der in der Nähe des Kirchleins beim Pflügen war, eilte herbei, bat Franz um den Besen und führte die Arbeit zu Ende. Dann äußerte er seinen Wunsch, ein gottesdienstliches Leben zu führen. Franz erklärte ihm, daß er seinen Besitz den Armen geben müsse, worauf Johann auf den Acker ging, einen Ochsen ausspannte und ihn zu Franz führte. Inzwischen waren die Eltern mitsamt den jüngeren Geschwistern des Johann herbeigelaufen, in größter Sorge um den wertvollen Ochsen.

Franz verzichtete auf den Ochsen, der sozusagen bereits den Armen gehörte, und gab ihn der Bauernfamilie zurück, die ohnehin in kümmerlichen Verhältnissen lebte.

Franz mochte den Johann vom ersten Augenblick an und nahm ihn oft auf seinen Wanderungen mit.

Wenn Franz ausspuckte oder sich räusperte, tat Johann es ihm sofort nach. Er imitierte sorgfältig die Gebetshaltungen Franzens, seine Handbewegungen und Tischsitten. Als Franz ihm schließlich, eher amüsiert als verärgert, Mäßigung auferlegen wollte, war Johann ratlos.

Aber ich habe doch gelobt, so zu leben wie du!

Franz war über diese Antwort entzückt. Als Bruder Johann, noch in jungen Jahren, gestorben war, sprach Franz von ihm als von einem Heiligen und stellte ihn gerne als Vorbild eines guten Minderbruders hin, als Verkörperung von Gradlinigkeit und Unzweideutigkeit.

Wenn man zwischen den Zeilen liest, wird man dem Bruder Johann einen milden Grad von Verblödung nicht leicht absprechen können. Franzens Zärtlichkeit für diesen Mann wirkt, so gesehen, prinzipiell genug.

In dem Jahr zwischen Bernhards Bekehrung und der Wanderung nach Rom (April 1208 bis Frühjahr 1209) wuchs die Franz-Genossenschaft auf das klassische Dutzend, die Zahl der Apostel. Diese Männer kamen alle aus Assisi und Umgebung. Ihre soziale Herkunft war unterschiedlich; sowohl Bauernsöhne wie junge Herren vom Adel waren unter ihnen. 128

Franz sorgte dafür, daß ihnen die Zeit nicht lang wurde.

Bald nach Mitternacht stand man auf, um zu beten, ein Vaterunser nach dem anderen. Tagsüber half man den Bauern bei der Feldarbeit, oder man pflegte die Aussätzigen im nahegelegenen Leprosenheim. Am frühen Abend gab es eine gemeinsame Mahlzeit (Brot, Rüben, Bohnen), und bald nach Sonnenuntergang ging man schlafen.

Einmal, mitten in der Nacht, wurde das allgemeine Schnarchen durch ein klägliches Stöhnen unterbrochen:

»Ich muß sterben!«

Nach und nach wachten alle auf. Franz sagte, man solle ein Licht anzünden und fragte dann, wer so jämmerlich geklagt hätte. Als sich der Genosse meldete, erkundigte sich Franz nach der Ursache.

»Ich sterbe vor Hunger!«

Franz ließ, um den Mann nicht zu blamieren, einen gemeinschaftlichen Imbiß auftragen und hielt danach eine kleine Rede.

»Es kann doch vorkommen, daß der eine mit weniger Nahrung auskommt als der andere. Man muß eben die eigene Natur berücksichtigen. Wenn einer, der mehr Nahrung benötigt, sich einbildet, einem anderen nacheifern zu müssen, der weniger braucht, dann ist das ein Unsinn. Man soll dem Körper das geben, was er zum Leben braucht. Schwelgerei ist sicherlich schlecht, aber übertriebenes Fasten ist eine noch größere Dummheit. Soll doch in Zukunft ein jeder gefälligst so viel essen, wie er nötig hat.«

In der exaltierten Kleingruppe, mit der ihr innewohnenden Wettbewerbsdynamik, muß Franz mit der Stimme der gewöhnlichen Vernunft sprechen. Daß er sich gegen hysterische Askese ausgesprochen hat, dieser seltsamen Überkompensation unterdrückter Strebungen, wollen wir uns merken. Offenbar ist er niemals der Versuchung erlegen, in der sogenannten Selbstverleugnung, einer häufig mit heroischer Frömmigkeit verwechselten Spielart des Masochismus, ein Lebensziel zu erblikken.

So möge denn dieses Schwein verflucht sein

129 So wurde es erzählt:
Als Franz einmal im Kloster Sankt Verecundus bei Gubbio übernachtete, wurde im Stall ein eben geborenes Lamm von einem Schwein totgebissen. Als Franz in der Frühe von diesem Vorfall hörte, sprach er: »Ach Bruder Lämmlein, du unschuldiges Tier! Möge das bösartige Schwein, das dich umgebracht hat, verflucht sein!« Tatsächlich wurde das Schwein krank und starb nach drei Tagen. Es wurde in einen Graben geworfen und blieb dort lange Zeit liegen, bis es völlig ausgedörrt war. Die Mönche des Klosters betrachteten dies als ein großes Wunder und erzählten es vielen.

130 Der affektive Gehalt dieser schlichten Geschichte ist nicht primär tierliebend, sondern moralisch. Das Unschuldslamm verkörpert eine hilflose Sanftmut, seine willkürliche Tötung erscheint als Inbegriff destruktiver Bosheit. Das Schwein wird sozusagen stellvertretend verflucht, aus Empörung über die Grausamkeit dieser argen Welt.
Franz lebte in einer Zeit, in der die Gewalttätigkeit unter den Menschen ganz selbstverständlich und alltäglich war. Sie gehörte zum Leben wie das freie Ausspucken und war keineswegs so verpönt wie heute. Man muß dabei nicht gleich an die größeren Unternehmungen kriegerischer Art denken, bei denen die Verstümmelung von Gefangenen durch Ohrenabschneiden oder Augenausdrücken beliebt war. Im Mittelalter lebten die Menschen eher in einem Zustand permanenten Kleinkriegs, und die ritterliche Oberschicht führte vorwiegend ein Leben von Bandenführern, unausgesetzt mit Fehden, Raubzügen oder Turnieren beschäftigt. Unbegleitete Frauen wurden von

wackeren Reitern auf der Landstraße ohne viel Umstände vergewaltigt, Stockschläge für die kleinsten Übertretungen waren die Regel – ob es sich nun um unfolgsame Kinder oder um erschöpfte Fronbauern handelte. Die Freude am Quälen oder Töten war, das ist der springende Punkt, eine gesellschaftlich erlaubte Freude, die entlud sich am Markttag genausogut wie bei öffentlichen Hinrichtungen. Familienfehden, über Generationen hinweg, als Blutrache und Vendetta, gab es auch unter Stadtbürgern und Bauern. Generell gesprochen hatten die kleinen Leute ihr Messer schnell bei der Hand, und bei der Abwesenheit einer zentralen Exekutive blieben schnell bewegliche Räuberbanden eine stets gegenwärtige Belästigung.

In unseren affektgedämpften Gesellschaften, mit Rotem Kreuz und Tierschutzvereinen, polizeilichen Funkstreifen und Verkehrsregeln wird die Lust an der Destruktivität hauptsächlich von der Unterhaltungsindustrie betreut – wenn nicht gerade ein Weltkrieg auf dem Programm steht. Es fällt uns als wohlerzogenen Angehörigen des sogenannten Mittelstandes nicht leicht, uns den Grad ungedämpfter Wildheit vorzustellen, der den Alltag der Franz-Zeit bestimmte. Man müßte, wie es kürzlich ein junger Däne getan hat, längere Zeit unter der Negerbevölkerung in den Slums der USA gelebt haben, um zu begreifen, wie mittelalterlich der Alltag in gar nicht so kleinen Segmenten der modernen Industriegesellschaften geblieben ist.

Franzens Sympathie für ein totgebissenes Lamm, dies die 131
Lehre aus dem kleinen Exkurs in die Nachtseite des Mittelalters, war für die damaligen Zeiten ein eher exotisches Gefühl. In einer Celano-Geschichte begegnet Franz einem Bauern, der zwei an den Beinen zusammengebundene Lämmer geschultert hat. Die Tiere, kopfabwärts hängend, veranstalten ein jämmerliches Geschrei.

»Warum bindest du diese Lämmer und quälst sie?«

»Ich trage sie zum Markt, um sie zu verkaufen.«

»Was wird hernach mit ihnen geschehen?«

»Man wird sie schlachten und essen.«

Nein, nein, das darf nicht geschehen. Franz, der sich kurz vorher einen Mantel gegen die Kälte ausgeliehen hat, schlägt dem Mann ein Geschäft vor. Wenn er ihm den Mantel gibt, wird er dann die Lämmer bei sich behalten, nähren und ihnen nie ein Leid antun?

Aber mit Vergnügen. (Die Lämmer sind weit weniger wert als der Mantel.)

Was sich der Bauer gedacht hat, wird nicht erzählt. Man kann sich vorstellen, wie er sich an die Stirn tippt, sobald Franz außer Sichtweite ist.

In seinem Testament schrieb Franz:

»Mir wurde geoffenbart, daß wir einander auf diese Weise begrüßen sollen: Der Herr gebe dir Frieden!«

Tatsächlich hat sich Franz von allem Anfang an dieser Formel bedient. Mit ihr leitete er seine Predigten ein, und die Ermahnung zu Friedfertigkeit und Versöhnungsbereitschaft bildete den Kern seiner Unterweisungen in der Öffentlichkeit. Als Franz die ersten Genossen zum Predigen auf die Reise schickte, trug er ihnen auf, den Menschen die Friedensbotschaft zu bringen.

132 Am 9. November 1210 wurde ein Friedenspakt (carta pacis) zwischen dem Adel und dem Volk von Assisi ratifiziert, nicht ohne Mitwirkung des Kaisers und seiner Parteigänger. (Otto IV. war zu dieser Zeit kurz in Assisi.)

Mit dieser Akkommodation war auch der Anlaß des Kriegszustandes mit der Stadt Perugia (oben Nr. 52) beseitigt. Die Herren von Sassorosso schlossen Frieden mit Assisi und erhielten ihren Besitz zurück. Einer von ihnen, ein gewisser Leonardo di Gislerio, schloß sich einige Jahre später den Minderbrüdern an.

133 Das farbigste Beispiel einer Friedenspredigt Franzens führt uns ausgerechnet nach Perugia, ins Jahr 1213. Franz sprach auf dem Hauptplatz der Stadt, und viele hörten ihm zu. Seine Rede wurde durch eine Gruppe junger Adeliger unterbrochen, die ihre Pferde auf dem Platz tummeln und ein Turnierspiel veranstalten wollten.

Unruhe im Publikum, man ruft den jungen Herren zu, Ruhe zu geben – ohne Resultat.
Da schreit Franz los, mit voller Lautstärke:
»Hört mir jetzt einmal zu, paßt genau auf und vergeßt endlich für einen Augenblick, daß ich aus Assisi bin! Wir wissen alle, daß eure Stadt ihre Nachbarn gedemütigt hat, und so seid ihr stolz und übermütig geworden, ein Schrecken für die Bauern in der ganzen Gegend, denen ihr die Ernten verbrennt. Habt ihr nicht schon genug Menschen umgebracht? Wollt ihr vielleicht hier in der Stadt auch noch die großen Herren spielen? Es könnte gut sein, daß der Herr, der nichts ungerächt läßt, Aufruhr und Krieg innerhalb dieser Mauern entfachen wird, euch zur Strafe!«
Tatsächlich habe sich, so geht die Geschichte weiter, wenig später das Volk von Perugia gegen die Ritter erhoben und sie aus der Stadt vertrieben. Diese wiederum, mit der Hilfe der Kirche, hätten Felder, Weingärten und Obstplantagen der Bürger verwüstet, und es hätte viel Blutvergießen gegeben, mit zahlreichen Opfern auf beiden Seiten.
Aus zeitgenössischen Chroniken wissen wir, daß solche Kämpfe in Perugia tatsächlich stattfanden, in den Jahren 1214, 1217 und 1223.
Franzens Ton ist für einen Pazifisten bemerkenswert scharf. Man braucht nicht lang nachzudenken, wer für ihn die Lämmer und wer die Schweine sind, in welche Richtung sein Zorn geht und welchen Stellenwert der Name Gottes in seinem Ausbruch hat. Der himmlische Herr ist den irdischen Herren gar nicht so wohl gesonnen, er schickt ihnen den Aufstand des Volkes zur Strafe für ihren Übermut.
Die Lektüre der Predigt von Perugia zeigt uns einen Franz, dessen Gefühlsleben sich offenbar nicht darin erschöpfte, Mitleid mit kleinen Lämmern zu haben. Seine profunde Gutmütigkeit ist nicht mit Gebücktheit zu verwechseln, seine Sanftmut ist des Zorns durchaus mächtig.
Die andauernde Diskussion der christlichen Theologen über die Gewaltlosigkeit, mit Berufung auf Jesus, Gandhi und Martin Luther King, unterschlägt konsequent jene Dimension des Christlichen, die in der Bibel ebenso da ist wie die Gutartigkeit

des Unrechtleidens: den Zorn über Ungerechtigkeit. Über den Punkt, an dem solcher Zorn zu den Waffen greifen darf, kann man im Studierstübchen viele gelehrte Artikel schreiben, in wohl abgewogener Weise. Erfahrungsgemäß kümmern sich Christenmenschen, die bis zur Grenze des Erträglichen belästigt worden sind und sich zum bewaffneten Widerstand entschließen, nicht sonderlich um die Kathedertheologie, und das ist gut so. Bekanntlich wird das sogenannte Wesen des Christentums allemal in der Praxis hergestellt, so oder so. Die Theologen standen und stehen, wenn auch mit Ausnahmen, lieber auf der Seite der Obrigkeit, und der praktische Effekt ihrer Appelle an die Sanftmut der Menschen bestand und besteht in der Herstellung eines behördengläubigen Christentums. Daß sie die Friedfertigkeit Franzens für sich reklamieren, als weiteren Beleg für das Hinhalten der anderen Backe, ist nicht überraschend.

Der wirkliche Franz aber war keineswegs ein sanftlebendes Fleisch, und seine Fügsamkeit hatte einen doppelten Boden. In einem denkwürdigen Text, der uns alsogleich beschäftigen wird, äußert sich Franz über das Wesen der Bewaffnung. Die entlarvende Weise, in der er dies tut, zeigt uns einen Menschen, der gar nicht so naiv war wie das klischierte Bild, das uns von ihm gerne angeboten wird.

134 So wurde es erzählt:

Der Bischof von Assisi, den Franz öfter um Rat fragte, nahm ihn stets gütig auf. Doch sagte er gerne: »Euer Leben erscheint mir hart, und nichts Irdisches zu besitzen, ist schwer!« Darauf Franz: »Herr, wollten wir etwas besitzen, dann müßten wir auch Waffen zu unserer Verteidigung haben. Daher kommen ja die Streitigkeiten und Kämpfe alle, und verhindern die Liebe. Aus diesem Grund wollen wir nichts besitzen.«

135 Die Klarheit dieser wenigen Sätze wirkt wie ein Röntgenbild des Gottes Mars, sie zeigt uns den Knochenbau des Militärwesens ganz ohne Kling Klang Gloria, als beinharte Geschäftsin-

teressen. Die grandiosen Überbauten des Waffenwesens, mit Schlachtengemälden und Generalstabsplänen, Kranzniederlegungen für unbekannte Soldaten und Parademärschen, Ordensverleihungen und traditionsreichen Fahnen – all der schöne Schein männlicher Idiotie kann vor dem milden Auge des freundlichen Franz nicht bestehen.
Aus der Tiefe der Zeiten spricht einer zu uns, der war als eitler Junker ausgeritten und hatte plötzlich begriffen, welchen Schwachsinn er für sein höchstes Lebensziel gehalten hatte. Die buchstäblich entwaffnende Wirkung dieser Einsicht hat Franz dann weitergegeben, an seine Genossen und an das Volk. Ethik ohne Eigentum und Friedfertigkeit bedingen einander, als die beiden Grundsatzartikel eines Christentums, wie es seit Franz nur von verketzerten Minderheiten gedacht und gelebt worden ist. Merkur und Mars waren stärker, diese wahren Götter des christlichen Abendlandes, und Franzens göttlicherer Gott blieb ein Traum.
Wer an den glaubt, trotz alledem, durchschaut mühelos die göttliche Verwechslungskomödie, die uns von der Kirche seit eh und je vorgespielt wird, mit Etikettenschwindeleien größten Stils. Ein schlachtenlenkender und industriefreundlicher Gott wird als der Vater des Jesus Christus auf das Welttheater und in den Religionsunterricht gebracht, zu Nutz und Frommen der Christenheit, nicht nur zwischen Ostern und Pfingsten.
Allmählich scheint das Spektakel an Anziehungskraft beim Publikum zu verlieren. Dem Gott des Franz ist eine gewisse Chance, endlich vergesellschaftet zu werden, nicht unbedingt abzusprechen.

Bruder Wacholder

Die Lebensweise (im Englischen: *way of life,* was die Sache bes- 136
ser bezeichnet) der ersten Minderbrüder muß so lange unbegriffen bleiben, als man sie lediglich als Ausführung einiger abstrakter Moralprinzipien versteht. Die Qualität der neuen Lebensart, wie sie von Franz auf seine frühen Genossen übersprang, hat keineswegs jene pedantische Einförmigkeit er-

zeugt, wie sie von den Liebhabern disziplinierter Verhältnisse geschätzt wird. Ganz im Gegenteil. Unter den Genossen des Franz begegnen uns veritable Originale, unverwechselbare Typen von ungehobelter Direktheit, über deren Streiche viele Geschichten umliefen. Eine dieser Gestalten war Bruder Ginepro, was wörtlich Wacholder bedeutet.
Von ihm sagte Franz: »Hätte ich doch einen ganzen Wald solchen Wacholders!«
Das unvergleichliche Aroma der Wacholder-Geschichten, wie sie in den »Fioretti« und anderswo niedergeschrieben sind, wirkt als Essenz jener Franz-Mentalität weiter, wie sie eine Zeitlang praktiziert worden ist, bis sie unter einer Flut von päpstlichen Bullen erstickte.

137 So wurde es erzählt:
Als die Brüder noch in der Portiuncula lebten, ging Bruder Wacholder eines Tages zu einem erkrankten Genossen und fragte ihn, ob er einen besonderen Wunsch hätte.
»Ein leckerer Schweinsfuß würde mir vielleicht wieder auf die Beine helfen.«
Das werden wir gleich haben. Bruder Wacholder holt sich ein Messer aus der Küche und marschiert in den Wald, wo viele Schweine zur Eichelmast gehütet wurden, wirft sich auf eines und schneidet ihm einen Fuß ab. Er wäscht, putzt und kocht den Fuß und serviert ihn dann, gut gewürzt, dem Kranken. Der ißt mit größtem Appetit, und Bruder Wacholder erzählt ihm dazu vergnügt die Geschichte vom Überfall auf das jämmerlich quiekende Tier.
Mittlerweile war der Schweinehirt, der das Attentat mit angesehen hatte, zum Besitzer des Schweines gelaufen und hatte ihm alles berichtet. Der wiederum erschien alsbald in der Siedlung der Brüder, nannte sie Spitzbuben, Gauner und Nichtsnutze und schrie immer wieder: »Warum habt ihr meinem Schwein den Fuß abgeschnitten?«
Allgemeine Ratlosigkeit. Franz entschuldigt sich auf alle Fälle und beteuert, von der Angelegenheit nichts zu wissen, was den Mann allerdings nicht beschwichtigt. Er schwört Rache und

verschwindet schließlich unter allerlei Drohungen in Richtung Assisi.
Eine ernste Angelegenheit. Der Mann wird die Geschichte überall erzählen, und der gute Leumund der Brüder ist dahin. Plötzlich hat Franz einen Einfall. Er sucht den Bruder Wacholder und fragt ihn beiläufig, ob er zufällig in letzter Zeit einem Schwein den Fuß abgeschnitten habe.
Aber ja doch! Bruder Wacholder erzählt dem Franz voller Genugtuung das nächstenliebende Werk. »Und wenn ich hundert Schweinen die Füße hätte abschneiden müssen – Gott würde es sicher gebilligt haben.«
Franz, wütend: »Du läufst jetzt so schnell du kannst hinter dem Mann her, wirfst dich ihm zu Füßen, gestehst deine Schuld und versprichst ihm vollen Schadenersatz!«
Bruder Wacholder war über diesen Befehl sehr erstaunt. Erschrocken stand er da und wunderte sich, wie man sich über eine liebevolle Tat so erregen könne. Dann sprach er: »Zweifle nicht, lieber Franz, daß ich den Mann vollauf zufriedenstellen werde. Was ich aber nicht verstehen kann, ist die ganze Aufregung über ein Schwein, das in Wirklichkeit nicht dem Manne, sondern Gott gehört und außerdem zu einem so guten Werk nützlich sein durfte.«
Bruder Wacholder eilte dem Manne nach und erreichte ihn auch. Der aber war immer noch sehr entrüstet, und der letzte Rest seiner Geduld war verflogen. Bruder Wacholder suchte ihm begreiflich zu machen, wie er dazu gekommen war, dem Schwein den Fuß abzuschneiden, und sprach mit einem solchen Eifer und solcher Begeisterung, als hätte er dem Mann ganz im Ernst einen großen Dienst erwiesen, für den ihm reichlicher Lohn zustünde. Die Antwort des Mannes bestand in einem neuerlichen Wutausbruch, und Bruder Wacholder mußte sich Phantast, Dummkopf, Spitzbube, Erzgauner nennen lassen. Aber der Bruder kehrte sich nicht an die Beschimpfungen, er schien sogar Freude an ihnen zu haben. Auch dachte er, der Mann habe ihn wohl nicht recht verstanden, hätte er doch nach der Überzeugung des Wacholder nur Grund zur Freude, nicht zum Zorn gehabt. Deshalb wiederholte er nochmal die ganze Geschichte, warf sich dem Mann um den Hals, küßte ihn und

versicherte, alles sei doch aus reinster Liebe geschehen. Und bat ihn um den Rest des Schweines. Dies alles geschah in solcher Aufrichtigkeit und Schlichtheit, daß der Mann überwältigt wurde. Er warf sich nun seinerseits vor dem Bruder Wacholder zu Boden und erklärte unter Tränen, daß er den Brüdern Unrecht getan hätte. Dann suchte er das Schwein, schlachtete es, briet es und trug es mit großer Rührung an den Tisch der Brüder zur Portiuncula, um das Unrecht gutzumachen, das er ihnen zugefügt hatte.

138 Der Bruder Wacholder hat seinen Franz um mehr als dreißig Jahre überlebt. (Er starb im Jahr 1258, in Rom.) Er sah, wie in Assisi eine mächtige Basilika gebaut wurde, zur Ehre des toten Franz, mitsamt einem Kloster. Man ließ den Bruder Wacholder darin leben, einen alten Mann, der die Welt nicht mehr verstand und nach wie vor alles wegschenkte, was nicht niet- und nagelfest war – Meßgewänder, kostbare Bücher und Kirchenschmuck. Man hatte sich seinetwegen angewöhnt, derlei Wertgegenstände immer unter Verschluß zu halten. Einmal, zur Weihnachtszeit, verursachte Bruder Wacholder dennoch einen Skandal.

So wurde es erzählt:

Der Sakristan hatte den Bruder Wacholder gebeten, ein wenig auf die Kirche achtzugeben, während er zum Abendessen ging. Kaum war er verschwunden, trat eine arme Frau auf den Bruder Wacholder zu und bat um ein Almosen.

Über dem Altar, den Wacholder bewachen sollte, hatten die frommen Minderbrüder zur Feier der heiligen Weihnacht einen goldenen Zierat montiert, der mit silbernen Glöckchen von einigem Wert geschmückt war. Bruder Wacholder schnitt die Glöckchen ab und schenkte sie der Frau, die schnell damit verschwand.

Dem fassungslosen Sakristan, der den Verlust sofort bemerkte, sagte Wacholder in aller Ruhe: »Ärgere dich doch nicht wegen der paar Glöcklein! Ich habe sie einer armen Frau geschenkt, die sie sicher gut gebrauchen kann. Hier waren sie ohnehin zu nichts nütze.«

Der Generalobere der Minderbrüder, den es damals bereits gab, weilte zu der Zeit im Kloster. Zu ihm lief der Bruder Sakristan und erzählte ihm die ganze Geschichte. Daraufhin wurden alle Brüder zusammengerufen, und der Generalobere hielt dem Wacholder eine strenge Strafrede. Dabei geriet er dermaßen in Zorn, daß er immer lauter schrie und davon schließlich ganz heiser wurde.

Bruder Wacholder kümmerte sich kaum um die Schelte seines Vorgesetzten. Erst als dieser vor Heiserkeit nicht mehr weiterreden konnte, wurde Bruder Wacholder aufmerksam. Er verließ das Kloster, ging nach Assisi hinein und bat an der nächstbesten Tür, man möge ihm eine Schüssel voll Mehlsuppe kochen, mit Butter. Das dauerte eine Weile, und die Brüder waren längst in ihren Zellen. Wacholder zündete eine Kerze an und klopfte dann leise an die Tür der Zelle des Generaloberen.

»Was soll das?«

»Vater, als ihr mich vorhin wegen meines Fehlers zurechtgewiesen habt, wurde eure Stimme wegen der Überanstrengung ganz heiser. Ich habe ein Mittel dagegen gefunden und euch diese gute Suppe bereiten lassen. Wenn ihr sie eßt, wird sie euch Brust und Kehle befreien.«

Der Obere, ärgerlich über die nächtliche Störung und das Ansinnen, das ihm wie Spott vorkommen mußte, wies den Wacholder wütend von dannen.

»Vater, wenn du schon nicht essen willst, halte mir wenigstens die Kerze. Ich will die Suppe an deiner Stelle essen.«

Da erst begriff der Mensch, daß er weder verspottet noch gedemütigt werden sollte und löffelte gemeinsam mit Wacholder die Suppe aus.

Die letzte Wacholder-Geschichte, die hier erzählt werden soll, 139
spielt in Rom. Die Minderbrüder hatten dort einen Konvent; sobald sie hörten, daß Bruder Wacholder auf dem Weg zu ihnen sei, zogen sie ihm entgegen, als einem der wenigen noch lebenden frühen Genossen des verstorbenen Franz. Die kleine Prozession zog viele Neugierige an, und als Bruder Wacholder

schließlich daherkam, sah er sich einer verehrungsbereiten Menge gegenüber.
In der Nähe schaukelten zwei Kinder auf einem Brett, das sie über einen Balken gelegt hatten.
Wacholder ging hinüber und bat die Kinder, ihn mitspielen zu lassen.
Während der Bruder Wacholder auf und nieder schaukelte, wurde er von den Minderbrüdern ehrerbietigst begrüßt. Dann wartete man, schon ein wenig verlegen, um ihm das Geleit ins Kloster zu geben.
Wacholder schaukelte unverdrossen weiter.
Das Publikum wurde schließlich unruhig, und man hörte abfällige Bemerkungen: »Was ist das doch für ein großes Schaf!«
Nach einiger Zeit verschwanden auch die letzten Neugierigen, und auch die Minderbrüder begriffen, daß sie sich falsch benommen hatten. Jetzt erst verließ Bruder Wacholder die Schaukel und setzte seinen Weg fort, unbeachtet und ganz allein, und erreichte endlich das Kloster.

140 Bald darnach wird er dann gestorben sein, dieser legendäre Christ und Franz-Kumpan. Mit ihm ging jenes Leben der minderen Brüder, so wie Franz es gewollt hatte, zu Ende.
Anders verhielt es sich mit der stillen Schwesternschaft, die in San Damiano ihren Anfang nahm, mit Klara, der Herzensdame des Franz, wie im nächsten Kapitel erzählt werden soll.

8. KAPITEL

Im Winter, wenn die Rosen blühn

Franz und Klara waren ein Liebespaar. 141
Dieser Satz aus meinem Buch »Mystik für Anfänger« ist in den »Bücherei Nachrichten« des österreichischen Borromäuswerkes als »Falschheit« bezeichnet worden.
Das ist einerseits belanglos. (Die Nachrichten des Borromäuswerkes werden hauptsächlich von den Bibliothekaren österreichischer Pfarr-Büchereien gelesen.)
Andererseits kann man aus dem katholischen Tadel etwas lernen. In ihm lebt, achthundert Jahre nach Franz, immer noch jene abendländische Lustfeindlichkeit, die unseren kleinen Mädchen von Kindheit an mit zusammengedrückten Schenkeln zu sitzen befiehlt, bis heute.
Ihr hat sich Franz unterworfen, in geradezu rabiater Weise. Seine Liebesgeschichte ist die einer unterdrückten Lust, und insofern gar nicht veraltet.

EIN MÄDCHEN AUS GUTEM HAUSE

Einen guten Teil ihrer Kindheit verbrachte Klara außerhalb ihrer Geburtsstadt Assisi. Ihr Vater, Favarone di Offreduccio, zur Familie der Herren von Coriano gehörig, war wie die meisten Adeligen nach Perugia geflüchtet, zu Beginn der Feindseligkeiten zwischen den beiden Städten (oben Nr. 52). Erst im Jahr 1205 konnte man nach Assisi zurückkehren; Klara war damals elf Jahre alt. 142

Als sie dreizehn war, gab es den großen Krach zwischen Vater und Sohn Bernardone, mit dem nackten Franz vor dem Eingang der Bischofskirche (oben Nr. 81).
Ob Klara wohl zugesehen hat?
Auf jeden Fall wird man ihr alles erzählt haben, ebenso wie die erstaunliche Sinnesänderung des Messer Bernardo, der all sein Hab und Gut den Armen geschenkt hatte, um mit diesem seltsamen Franz unten im Tal zu leben, im Wald der Portiuncula, wie der letzte Bettler.
Dies geschah, wie (oben Nr. 122) berichtet, im April 1208. Klara war damals vierzehn Jahre alt, und damit im heiratsfähigen Alter; Thomas von Celano, der auch eine Klara-Legende verfaßt hat, erwähnt den Plan einer standesgemäßen Verlobung der Klara mit einem jungen Edelmann. Klara aber wollte nicht, wie Celano hinzufügt, und die Angelegenheit wurde um ein oder zwei Jahre hinausgeschoben.
Hatte sich Klara bereits in Franz verliebt?
Wir wissen es nicht. Sicherlich aber gab es in den damaligen Zeiten für eine intelligente junge Dame eine Reihe triftiger Gründe, den Stand der heiligen Ehe mit äußerstem Mißtrauen zu betrachten.

143 Eine der wenigen Intimbeschreibungen eines mittelalterlichen Frauenlebens stammt von einem gewissen Guibert de Nogent. Der schrieb, als Abt eines kleinen französischen Provinzklosters, um 1115 seine Memoiren – was für die damalige Zeit eine große Seltenheit war. In ihnen spielt die Mutter eine beherrschende Rolle. Diese war, »noch kaum im heiratsfähigen Alter«, in den Ehestand getreten worden. (Nach kirchlichem Recht betrug das Heiratsalter der Mädchen zwölf, für Knaben vierzehn Jahre.) Seit seiner frühen Kindheit litt das Mädchen unter schweren Sündenängsten und der Furcht vor einem frühen Tod. Einige Jahre hindurch waren die beiden jungvermählten Kinder außerstande, die Ehe zu vollziehen – was dauernde Pressionen von seiten der adeligen Verwandtschaft nach sich zog. »Gewisse reiche Männer« machten sich einen Sport daraus, dem Mädchen einen praktischen Unterricht in Sexual-

kunde zu erteilen, und die Verwandtschaft des kindlichen Ehemannes sparte nicht mit Drohungen, die Ehe aufzulösen und das Mädchen zu entfernten Verwandten zu stecken. Schließlich wurde der Bann doch noch gebrochen, und zwar durch die endlich erfolgreichen Bemühungen, den kindlichen Gatten durch irgendeine Magd in die Geheimnisse des Beischlafs einführen zu lassen. Nun kamen, in schneller Folge, einige Kinder zur Welt. Bei der Geburt des Guibert war die junge Mutter durch langdauernde und überaus schmerzhafte Wehen derart mitgenommen, daß der Herr Papa noch vor der Entbindung ein frommes Gelübde tat und das Kind, im Fall einer glücklichen Geburt, für das Klosterleben bestimmte.

Im Alter von acht Monaten verlor Guibert dann seinen Vater, und die Mutter hütete sich, dem Drängen der Verwandtschaft nachzugeben und ein zweites Mal zu heiraten. Indem sie Witwe blieb, behielt sie die Verfügung über den Besitz ihres verstorbenen Gatten und das Erziehungsrecht über die Kinder.

Guibert erhielt von seiner Mutter, die damals etwa zwanzig Jahre alt war, eine puritanische und prüde Erziehung zu geschlechtlicher Reinheit, was nach dem Gesagten kein Wunder ist. Mit sechs Jahren mußte Guibert dann unter Aufsicht eines Klerikers fleißig lernen: »Meine Altersgenossen streunten überall nach Belieben herum; währenddessen wurde ich an derlei Dingen durch wachsame Befehle gehindert, saß im geistlichen Gewand und betrachtete die spielenden Kinder wie ein kleiner Gelehrter.« Selbstredend gab es häufige Prügel vom Herrn Lehrer, was sogar der Mutter zuviel wurde. »Einmal streifte sie mir das Hemd zurück und sah meine blauen Ärmchen; auch war die Haut am Rücken überall geschwollen von den Rutenschlägen.« Unter heftigen Tränen, so erzählt Guibert weiter, habe die Mutter ihrem Abscheu vor dieser Art Abrichtung zu einem Leben als Geistlicher Ausdruck verliehen. Trotzdem kam Guibert dann im Alter von dreizehn Jahren ins Kloster, und seine Mutter, von ihren Sündenängsten gepeinigt, wählte das Leben einer Einsiedlerin, ebenfalls hinter Klostermauern. Guibert beklagt sich darüber: »Sie wußte, daß ich auf diese Weise ganz zum Waisen werden würde, ohne jemanden, auf den ich mich verlassen könnte. Wiewohl sie wußte, daß ich

solcher Vernachlässigung ausgesetzt sein würde, verhärtete ihre Liebe und Ehrfurcht zu dir, oh Gott, ihr Herz, das zartestfühlende auf der ganzen Erde, so daß es dem Schmerz ihrer eigenen Seele nicht zärtlich war.«
Mit dieser erstaunlichen Formulierung erinnert sich ein gekränkter Sohn seiner Mutter, deren einzige Sehnsucht im Alter von dreißig Jahren es war, keinen Mann mehr sehen zu müssen.

144 Eine solche Einstellung war im Mittelalter keineswegs vereinzelt, jedenfalls nicht unter den Frauen der Oberschicht, die sich den Eintritt in ein halbwegs passables Kloster, durch die Beibringung der erforderlichen Mitgift, leisten konnten. Die Erleichterung, mit der eine dreißigjährige Witwe damals im Kloster verschwand, dergestalt den Zudringlichkeiten der auf ihr Vermögen erpichten und daher auf eine Wiederverehelichung drängenden adeligen Verwandtschaft entzogen, läßt sich durchaus mit dem Gefühl eines Menschen vergleichen, der knapp dem Tod entronnen ist. Denn jede Ehe bedeutete eine Reihe von Geburten, und jedes Wochenbett stellte nicht nur für das Neugeborene, sondern auch für die Mutter eine sehr reale Todesgefahr dar. Die Rate der bei einer Geburt verstorbenen Frauen war damals extrem hoch, auch in der Oberschicht. Was die Neugeborenen anlangt, so starb im Schnitt eines von drei Kindern bald nach der Geburt.
Waren die Freuden des Ehelebens durch diese Umstände für die Frauen schon erheblich reduziert, so dürften sie auch in bezug auf den Herrn Gemahl nicht gerade verwöhnt worden sein. Daß sie ihn keineswegs selber wählen durften, sondern von der Familie vorgesetzt bekamen, war selbstverständlich. Ebenso üblich war das Alter von zwölf oder vierzehn Jahren, in dem die Mädchen verheiratet wurden, und keineswegs immer an einen (noch halbwegs schüchternen) Gleichaltrigen. Oft war es ein älterer Witwer, der sich eines solchen Kindes in der Hochzeitsnacht annahm, nach ausgiebigem Essen und Trinken, vor den Augen von Zeugen.
Es wäre sicher ein Fehler, angesichts der Versuche einiger damaliger Künstler, höflichere Umgangsformen gegenüber den

Damen zu propagieren, sofort von einem Zeitalter des Minnesangs zu sprechen. In Wirklichkeit war die Franz-Zeit durch eine auch in Liebesdingen recht brutale Männerwelt gekennzeichnet, und das Ausweichen vieler Frauen der Oberschicht in die Welt der Gottesliebe wird man nicht von vornherein dem Wirken der himmlischen Gnade zuschreiben müssen, sondern dem schlichten Ekel vor den derben Griffen eines schnaufenden Gatten, der nach Pferdeschweiß roch.
So ungefähr haben wir uns auch die Bestimmung der adeligen Klara vorzustellen, und die paar Troubadourliedchen und Ritterromane, die das junge Mädchen vielleicht kennengelernt hat, änderten an diesen Zuständen überhaupt nichts – sie schärften allenfalls die Kritikfähigkeit dieser höheren Tochter in bezug auf das heilige Joch der Ehe.
Im übrigen dürfen wir annehmen, daß die adeligen Frauen und Töchter der Franz-Zeit insgesamt sensibler und kultivierter waren als ihre Männer und Brüder. Die Zahl der des Lesens und Schreibens kundigen Frauen war in der Oberschicht jedenfalls höher als die der Männer. Die letzteren waren, wenn sie nicht Kleriker waren, mit handfesteren Dingen beschäftigt.
Daß sich Klara, wie Celano bemerkt, mit dem Gedanken an ein jungfräuliches Leben trug, spricht nach dem Gesagten eher für ihre Intelligenz als für ihre Frömmigkeit.

Im Winter des Jahres 1210 tauschte Rufino di Scipione di Offreduccio seine elegante Garderobe gegen eine geflickte Kutte 145
und stieß zum Franz-Verein. Rufino – wir haben bereits von ihm gehört (oben Nr. 105) – war ein Cousin der Klara. Zwischen den beiden gab es keine Geheimnisse, und Rufino erzählte dem Franz von der Hinneigung seiner schönen Cousine zu einem gottesdienstlichen Leben.
Klara war in der Tat außerordentlich schön.
Sie war, als die erste Zusammenkunft mit Franz arrangiert wurde, sechzehn Jahre alt.
Selbstverständlich traf man einander ganz im geheimen und nach höfischer Etikette. Klara erschien in Begleitung einer Verwandten, Bona di Guelfuccio, und Franz kam auch nicht

allein. Er nahm einen gewissen Philipp mit, den die Genossen »den Langen« nannten und der von adeliger Abstammung war. In ähnlicher Weise hatten Tristan und Isolde ihre heimlichen Begegnungen arrangiert, sozusagen in allen Ehren. Damit ist allerdings die Verwandtschaft zwischen diesen Romanfiguren und unserem Liebespaar erschöpft. Franz und Klara redeten nicht über die edle Minne. Sie unterhielten sich vielmehr über die Mittel und Wege, als Frau so zu leben wie Jesus Christus. Wir werden uns hüten, Klara mit den Augen des romantischen neunzehnten Jahrhunderts anzusehen, als schwärmerische Verträumte. Diese junge Frau wußte sehr genau, was sie – fürs erste – auf keinen Fall wollte, nämlich heiraten. Zweitens war ihr, die offenbar von Hause aus radikal dachte, die herkömmliche Weise der Versorgung im feudalen Klosterwesen verdächtig, als allzu bequemer Kompromiß zwischen Weltverneinung und Sicherheitsbedürfnis. Drittens hatte Klara von ihrem Vetter genügend Informationen über Franzens Programm bekommen, um mit einem wohlüberlegten Vorschlag zum ersten Rendezvous zu erscheinen: Ich will so leben wie du, als deine Genossin.

146 Die Versuche eines unehelichen Zusammenlebens gottesdienstlich gesinnter Männer und Frauen sind so alt wie das Christentum. Sie sind, auch wenn sie scheitern mußten, ein Thema für sich, und ein lehrreiches dazu. Ich kenne keine moderne Monographie, die sich dieser urchristlichen Alternative zum Papa-und-Mama-Spiel angenommen hätte, durch die Jahrhunderte hindurch, von Irland bis Syrien. Was man darüber lesen kann, erschöpft sich meist in voyeuristischen Bemerkungen über geile Mönche und mannstolle Nonnen, mit Hinweisen auf die Gebeine von Klosterkindern, wie man sie gelegentlich in der Nähe von Frauenstiften ausgegraben hat. Auch die krankhaften Verdächtigungen, wie sie in Inquisitionsakten gegen gemischt geschlechtliche Ketzervereine auf uns gekommen sind, werden von den modernen Gelehrten abgeschrieben, ohne den geringsten Versuch der Einfühlung in Gruppendynamiken besonderer Art, wie sie im Protest gegen

eine so familienverrückte Gesellschaft wie die abendländische notwendig entstehen mußten.
Aus der Franz-Zeit erreichen uns ebenfalls Nachrichten von Lebensgemeinschaften apostolisch gesinnter Frauen und Männer. Zitieren wir einen Zeitgenossen, einen gewissen Burchard, der um 1220 eine Chronik verfaßte, in der von den uns bereits bekannten (oben Nr. 120) Waldensern die Rede ist; in dem folgenden Text berichtet Burchard von Vorgängen, die sich um 1210 in Rom abspielten:
»Einige dieser Leute sahen wir zu dieser Zeit beim Heiligen Stuhl, wo sie um Bestätigung und Privilegierung ihrer Gruppe ansuchten. Nach ihrer eigenen Darstellung wollten sie wie die Apostel leben, nichts besitzen, keinen festen Wohnsitz haben und als Wanderer durch Dörfer und Städte ziehen. Aber der Herr Papst nahm Anstoß an ihnen, weil ihre Lebensführung allerlei Abergläubisches enthielt. Sie schnitten die Sohlen ihrer Schuhe weg und schritten dergestalt als Bloßfüßige einher. Auch trugen sie eine Art Kapuze, als ob sie Mitglieder eines religiösen Ordens wären, wobei sie gleichzeitig die Haartracht von Laien trugen. Verdacht erregten sie ferner dadurch, daß Männer und Frauen gemeinsam auf die Wanderschaft gingen und im selben Haus übernachteten, ja es wurde berichtet, daß sie gelegentlich in einem Bett miteinander schliefen. Trotzdem behaupteten sie, all ihr Tun und Lassen geschehe nach der Norm der Apostel.«
Franz hatte großes Glück gehabt, daß seine Genossenschaft nur aus Männern bestand, als er im Jahr 1209 nach Rom marschiert war, um für seinen Verein die päpstliche Genehmigung einzuholen (oben Nr. 94). Wären in seinem Gefolge auch einige begeisterte Jungfrauen wie Klara gewesen – nicht einmal Jesus persönlich hätte ihm eine Predigterlaubnis verschaffen können.

Jetzt aber, knapp zwei Jahre später, stand eine zu allem ent- 147
schlossene Weiblichkeit vor Franz, in Gestalt einer hochadeligen Tochter. Sicherlich konnte sich Franz eine lebhafte Vorstellung von den Prügeln machen, die er von der männlichen Verwandtschaft Klaras beziehen würde, wenn er das Mädchen

ohne weitere Umstände in seine Genossenschaft hätte aufnehmen wollen.
Von kirchlicher Seite, auch das wußte Franz, konnte er diesfalls auf keinerlei Unterstützung hoffen.
Gleichzeitig dürfen wir uns Franz nicht als so borniert vorstellen, daß er eine weibliche Form der Verwirklichung seines Programms von vornherein abgelehnt hätte. Hatte nicht auch Jesus einige Frauen in seinem Gefolge gehabt?
All das ergab eine Menge Gesprächsstoff zwischen Franz und Klara, man mußte einander öfter treffen, und von Mal zu Mal wird Klara dringlicher geworden sein.
So verging das Jahr 1211, und wiederum wurde es Winter.

148 So wurde es erzählt:
Eines Tages wanderten Franz und Klara von Spello nach Assisi, in großer Unruhe des Herzens. Sie waren nämlich unterwegs in ein Haus getreten, wo man ihnen auf ihre Bitte etwas Brot und Wasser gab. Dabei hatten sie boshafte Blicke auf sich gezogen, und allerlei Geflüster mit versteckten Anspielungen und Witzen hinnehmen müssen. So gingen sie schweigend dahin. Es war die kalte Jahreszeit und das Land ringsum mit Schnee bedeckt. Schon begann es am Horizont zu dunkeln. Da sagte Franz: Hast du verstanden, was die Leute über uns gesagt haben?
Klara gab keine Antwort. Ihr Herz war wie von Zangen zusammengepreßt, und sie fühlte sich den Tränen nahe.
Es ist Zeit, uns zu trennen, sagte Franz schließlich.
Da warf sich Klara mitten auf dem Weg in die Knie. Nach einer Weile erst hatte sie sich gefaßt, stand auf und ging mit gesenktem Kopf weiter, Franz hinter sich zurücklassend.
Der Weg führte durch einen Wald. Auf einmal aber hatte sie nicht mehr die Kraft, so ohne Trost und Hoffnung, ohne ein Abschiedswort von ihm zu gehen. Sie wartete.
Wann werden wir uns wiedersehen?
Im Sommer, wenn die Rosen blühen.
Da geschah etwas Wunderbares. Auf einmal war den beiden, als blühten ringsum auf den Wacholdersträuchern und den von Reif bedeckten Hecken eine Unzahl von Rosen.

Nach dem ersten Staunen eilte Klara hin, pflückte einen Strauß Rosen und legte ihn Franz in die Hände. Von diesem Tage an aber waren Franz und Klara nie mehr getrennt.

Der Augenblick, in dem Franz und Klara endlich erkennen, daß sie einander lieben, wird in dieser volkstümlichen Geschichte mit viel Zartgefühl arrangiert. Die kalte Winterzeit signalisiert, treffsicher genug, die Verhältnisse, wie sie damals den Umgang zwischen Männern und Frauen bestimmten. 149
Und die Rosen?
Was die bedeuten, lernt man jedenfalls mit Sicherheit nicht im Religionsunterricht.

Im Frühling des Jahres 1212, ein gutes Jahr nach der ersten Zusammenkunft zwischen Klara und Franz, kommt Bewegung in unsere Geschichte. Klaras Entschiedenheit und Franzens Vorsicht hatten eine Art Kompromiß geschlossen, und möglicherweise war auch der Bischof von Assisi befragt worden, ehe die beiden handelten. Ihr Vorgehen wirkt keineswegs überstürzt, offenbar gab es einen genau überlegten Plan. 150
Als Termin für Klaras Flucht hatte man den Palmsonntag gewählt – den Beginn der heiligsten Woche des Jahres, in gar nicht ungeschickter Weise. Am Vormittag ging Klara mit ihrer Familie ins feierliche Hochamt und bekam von Bischof Guido ihren Palmzweig in die Hand gedrückt. Irgendwie wird dann der Rest des Tages vergangen sein, bis zur Schlafenszeit.
Pacifica di Guelfuccio, mit der Klara dann in der Nacht aus ihrem Elternhaus verschwand, war nicht nur eine Verwandte und treue Freundin unserer Klara; sie war auch eine Vertraute von Klaras Mutter, Ortolana, mit der sie eine Pilgerfahrt in das Heilige Land unternommen hatte. Der Verdacht, daß Klaras Mutter mit im Spiel war, hat einiges für sich. Tatsächlich ist Mutter Ortolana später zu Klara ins Kloster gegangen, und auch Pacifica werden wir dort finden, zusammen mit den beiden Schwestern Klaras, Agnes und Beatrice.
Das macht: Aus dem düsteren Palazzo der Offreducci im Dom

viertel von Assisi fand ein weiblicher Exodus statt, und Klara führte ihn an. Drei hochadelige Schwestern, samt Mutter und Cousine, ließen fröhlich ihren luxuriösen Haushalt liegen und stehen, inklusive der darin vorhandenen Herren der Schöpfung, um fortan ein recht karges Leben zu führen. Die Freiheit von männlichen Tischen und Betten, die sie um diesen Preis kauften, muß ihnen ziemlich viel wert gewesen sein.

151 Klara und Pacifica wurden verabredungsgemäß erwartet, unten im Wald der Portiuncula, vom gesamten Franz-Verein. Im Fackellicht legte Klara ihre diversen Schmuckstücke, Ketten und Kämme ab, ließ ihr Haar unter den Scheren und Messern der Genossen und verschwand schließlich hinter einem Busch, um sich umzukleiden. In Kutte und Strick hat sie dann ihrem Franz das Jawort gegeben, in schöner und freier Erwählung der Sache, die er vertrat.

Dann marschierte die ganze Gesellschaft zwei Meilen weiter, zum Frauenkloster San Paolo, wo Klara vorderhand abgeliefert wurde, unter weiser Bedachtnahme auf ihren guten Ruf.

Ein kluger Zug, wie sich bald herausstellen sollte.

Die Männer des Hauses Offreducci brauchten vier Tage, um Klaras Aufenthaltsort auszukundschaften. Am Morgen des Karfreitags, an dem jegliche Fehde und Gewalt undenkbar war, erschienen sieben berittene Herren im Klösterlein San Paolo und verlangten mit Klara zu sprechen. Der darauf folgende Auftritt verlief recht temperamentvoll. Die Äbtissin des Klosters, das nach der Benediktinerregel lebte und von adeligen Damen bewohnt wurde, war in den Fragen der aristokratischen Etikette durchaus kompetent. Als daher die Delegation der Offreducci ihre Klara dadurch zurückzugewinnen suchten, daß sie ihre heimliche Flucht als schlechtes Benehmen hinstellten, als Dienstbotenmanier und die Ehre der Familie kränkend, da stießen sie freilich auf eisige Kühle. Hatte Klara etwa die Nacht im Wald verbracht?

Das eigentlich nicht.

Also meine Herren, es wird wohl besser sein, wenn Sie am heiligen Karfreitag nicht länger die Ruhe des Klosters stören.

In der Wut über die Abfuhr hat anscheinend einer der Männer nach Klara gegriffen, um sie einfach davonzuziehen. Klara aber riß sich los, lief in die Kapelle des Klosters und hielt sich dort am Altar fest, derart das kirchliche Asylrecht reklamierend. Vor den Männern, die ihr nachgeeilt waren und Miene machten, trotz alledem Gewalt anzuwenden, riß sie ihre Kapuze zurück. Sie hat sich ihr Haar scheren lassen!
Das entschied die Partie endgültig zugunsten Klaras, denn als Geschorene war sie kirchlichem Recht unterstellt, und nicht einmal die stolzen Offreducci mochten sich ernstlich mit der mächtigen Kirche anlegen.
Sie zogen ab, als Geprellte.
Aber auch Klara wollte woanders hin, weg aus dieser für sie bereits allzu vornehmen Umgebung. Franz, Philipp der Lange und Bruder Bernhard verhandelten mit den Frauen des Klosters von Panzo, einem bescheideneren Konvent in der Nähe, am Abhang des Monte Subasio, und brachten Klara dorthin, nach den Osterfeiertagen.
Kaum war sie eingetroffen, passierte bereits der nächste Skandal.
Klaras jüngere Schwester, die damals vierzehnjährige Agnes, lief ebenfalls von zu Hause weg und versteckte sich bei Klara im Kloster. Die wackeren Offreducci ritten ihr nach, zwölf Mann hoch. Es kam zu Tätlichkeiten. Die weinende und schreiende Agnes wurde einfach gepackt und davongetragen. Plötzlich aber, so erzählt der wundergläubige Celano, sei ihr Körper dermaßen schwer geworden, daß man sie loslassen mußte. Auftritt für Klara, die den Männern befiehlt, von Agnes abzulassen.
Celano: »Man sah, wie diese reißenden Wölfe, die einen Augenblick zuvor nur nach Blut lechzten und versuchten, die fromme Jungfrau aus den Armen des Herrn zu entreißen, plötzlich sanft wie Schafe wurden, ihre Beute losließen und still nach Hause gingen.«
Daß die kleine Agnes auf einmal so schwer wog, wird man füglich den erfolgreichen Bemühungen von Mutter Ortolana und Cousine Pacifica bei Bischof Guido zuschreiben dürfen. Letzterer war jedenfalls bereit, den weltflüchtigen Mädchen der Of-

freducci das Kirchlein von San Damiano als klösterliche Bleibe zur Verfügung zu stellen. Offenbar war Klara über den Stand der Verhandlungen informiert, und als sie ihren angerückten Onkeln und Vettern zuschrie, daß ein heiliger Verein der Minderschwestern in Gründung befindlich sei, mit bischöflicher Genehmigung und nach dem Programm des unter päpstlichem Schutz befindlichen Franz, war Agnes gerettet.

Franz schnitt der Agnes persönlich die Haare und machte sie damit zur Minderschwester Nr. 2. Auch Pacifica ließ sich das Haar scheren und schlüpfte wie Klara und Agnes in die Kutte. Mit der Übersiedlung nach San Damiano hatte die kleine Frauenkommune ein Dach über dem Kopf. Franz ließ die paar entscheidenden Programmsätze der Bibel (oben Nr. 122) zu Papier bringen, der Bischof hing sein Siegel daran, und schon hatte alles seine Richtigkeit.

Später übersiedelten Klaras ältere Schwester Beatrice und Mutter Ortolana ebenfalls nach San Damiano. Weitere Mädchen und Frauen aus der Oberschicht von Assisi vermehrten im Lauf der nächsten Jahre die Schwesternschaft um Klara. (Aus kirchenrechtlichen Gründen hat Klara dann den Titel einer Äbtissin angenommen.)

Die armen Frauen von San Damiano lebten von ihrer Hände Arbeit und vom Bettel, sie pflegten die Aussätzigen und sangen ihre Psalmen, in der von Franz renovierten Kapelle. Jahrhundertelang blieben die wenigen Räume des Klösterleins, so wie es damals eingerichtet wurde, unverändert im Gebrauch der Klarissen, man kann sie bis heute besichtigen. Ein Blick in den Schlafsaal und das Eßzimmer genügt, um sich der Kargheit des Lebens, wie es von Klara begründet wurde, hinlänglich zu vergewissern.

In San Damiano ist Franzens Aura gegenwärtig geblieben, im Gegensatz zum franziskanischen Betrieb oben in Assisi, mit Touristenbussen und Andenkenständen. Von den Nonnen, die heute in San Damiano leben, bekommt der Besucher nicht viel zu sehen. Aber die Blumen in der Kirche, wo Franz die Stimme seines Christus hörte, sind frisch.

Das große Theater, als welches die Beziehung zwischen Franz 152
und Klara bereits von den Zeitgenossen bewundert wurde, wird in einer Geschichte der »Fioretti« geradezu exemplarisch aufgeführt, mit voller Sublimierungstendenz.

Oftmals, so lesen wir, habe Franz die heilige Klara besucht und ihr fromme Lehren erteilt. Aber ihren sehnlichsten Wunsch, einmal mit ihm eine Mahlzeit zu teilen, habe er ihr immer abgeschlagen. Die Genossen hätten schließlich zu Franz diese Worte gesprochen: »Uns dünkt, daß diese Unerbittlichkeit nicht mit der göttlichen Liebe vereinbar ist, da du die Schwester Klara, eine so heilige und gottgeliebte Jungfrau, in einer solchen Kleinigkeit, wie einem Mahl mit dir, nicht erhörst. Dies um so mehr, als sie auf deine Predigt hin den Reichtum und die Pracht dieser Welt verließ. Wahrhaftig, selbst wenn sie von dir eine größere Gunst erbäte als diese, du solltest sie dem geistlichen Reis, das du gepflanzt, nicht abschlagen.«

Darauf hätte Franz gesagt: »Es dünkt euch also, daß ich ihr willfahren soll?«

»Ja, und es ist eine gute Tat, wenn du ihr diese Freude und Tröstung bereitest.«

In dieser Tonart geht es noch eine Weile weiter, bis endlich Klara den kleinen Ausflug von San Damiano in die Portiuncula machen darf, selbstverständlich in Begleitung einer Gefährtin und am hellen Mittag. Franz läßt den Tisch auf der blanken Erde decken, wie es die Gewohnheit ist. Schließlich hocken sich alle auf den Boden, in strenger Befolgung einer umständlichen Etikette: »Als es Zeit war, setzten sich Franz mit Klara und einer der Genossen des Franz mit der Gefährtin der Klara. Dann ließen sich die übrigen Genossen bescheiden nieder.«

Franz, so geht die Geschichte weiter, habe sofort von Gott zu reden begonnen – so lieblich, hoch und wunderbar, daß die ganze Gesellschaft alsbald in Verzückung geriet.

»Wie sie so in Verzückung mit zum Himmel erhobenen Augen und Händen dasaßen, sahen die Leute von Assisi und der ganzen Umgebung die Kirche, das Kloster und den ganzen Wald der Portiuncula in hellen Flammen stehen, als ob ein gewaltiges

Feuer dort brenne. Als sie hinunterliefen, um das Feuer zu löschen, waren keinerlei Flammen zu sehen. Nur Franz und Klara saßen da, in versammelter Runde, und waren im Geiste entrückt. Da erkannten die Menschen, daß es ein göttliches und kein irdisches Feuer gewesen war, welches Gott in wunderbarer Weise hatte erscheinen lassen, zum sichtbaren Beweis für das Feuer der himmlischen Liebe, von der die Seelen dieser heiligen Brüder und Schwestern entbrannt waren.«
Die Tendenz dieser Fabel ist klar. Die Flammen der Liebe zwischen Franz und Klara, von der Bevölkerung wohl bemerkt, sollen als durchaus himmlische Leidenschaft aufgefaßt werden, und eben nicht als irdische Zärtlichkeit füreinander. Die Trennung zwischen Geist und Fleisch, bei scharfer Verleugnung des letzteren, als christliche Doktrin für das Abendland konstitutiv, ist zur Franz-Zeit bereits voll da, und ausschließlich »in Gott« dürfen Franz und Klara einander gehören.
Mit erbaulichem Augenaufschlag werden wir abschließend belehrt: »Als der heilige Franz und die heilige Klara nach geraumer Zeit wiederum zu sich kamen, gleichzeitig mit den anderen, und sich von der geistigen Nahrung so wohl gelabt fühlten, griffen sie kaum zu der irdischen.«
Klara verschwindet, von den Genossen sittsam begleitet, in Richtung San Damiano, »heiliger Tröstung voll«.
Und mit leerem Magen, wenn der Nachsatz gestattet ist.

153 Auch Thomas von Celano, bereits in seiner ersten Franz-Biographie, tut einen tiefen Griff in den Topf der salbungsvollen Phrasen, sobald er auf Klara und die guten Frauen in San Damiano zu sprechen kommt:
»Das ist jene selige und geweihte Stätte, an der die ruhmreiche Genossenschaft und der so hervorragende Orden der armen Frauen und heiligen Jungfrauen etwa sechs Jahre nach der Bekehrung des seligen Franz durch eben diesen seligen Mann seinen glücklichen Anfang nahm. Hier erstand in Frau Klara, aus der Stadt Assisi gebürtig, der kostbarste und mächtigste Stein als Fundament der übrigen darübergelegten Steine. Adelig war sie von Geschlecht, aber adeliger noch durch die göttliche Gna-

de, eine Jungfrau dem Fleische nach, dem Geiste nach vollkommen keusch, an Alter noch ein Mädchen, aber an Geistesreife eine Greisin.«

Und so weiter. In sieben Punkten zählt Celano die kostbaren Tugenden auf, wie sie in San Damiano reichlich blühten, darunter beispielsweise die der Schweigsamkeit: »Dadurch sind einzelne Schwestern unter ihnen des Redens so sehr entwöhnt, daß sie, wenn sie die Notwendigkeit zu reden zwingt, sich kaum mehr erinnern können, wie man zweckentsprechende Worte formt.«

Noch penetranter wird Celano in der zweiten Biographie. In ihr verbreitet er sich ziemlich ausführlich über die Einstellung Franzens zum weiblichen Geschlecht im allgemeinen, zum Beispiel so:

»Frauen waren ihm so lästig, daß man hätte glauben können, sein Verhalten sei nicht Vorsicht oder Beispiel, sondern Schrecken oder Schauder. Wenn ihre unangebrachte Geschwätzigkeit im Gespräch ihm Anstoß bereitete, brach er seine Worte ab, und mit demütig gesenktem Blick rief er das Schweigen zu Hilfe. Bisweilen aber richtete er seine Augen gegen Himmel, als wollte er von dort herabholen, was er auf ihre irdischen Schwätzereien antworten sollte.«

Nur in Ausnahmefällen habe Franz einer Frau überhaupt in die Augen geschaut, Celano zufolge, und er sei nicht müde geworden, die Genossen vor dem »honigsüßen Gift« des vertraulichen Umgangs mit Frauen zu warnen. Auch in bezug auf die armen Frauen von San Damiano habe sich Franz der allergrößten Zurückhaltung befleißigt, wäre nur mit größtem Widerstreben auf Besuch zu ihnen gekommen und habe die Regel aufgestellt, nur jenen Genossen die manchmal nötigen Gänge nach San Damiano anzuvertrauen, die ausgesprochene Frauenfeinde waren. Wer immer, so Franz nach der Darstellung Celanos, dienstlichen Umgang mit den frommen Minderschwestern zu pflegen hätte, möge allezeit auf der Hut sein, »wie die Vögel vor den gelegten Schlingen«.

Celanos persönliche Fluchthaltung vor dem weiblichen Geschlecht war im übrigen völlig eindeutig, so wie es sich offenbar zu seiner Zeit für einen regeltreuen Minderbruder geziemte –

er hielt jeglichen Umgang mit den Frauen für einen reinen Zeitverlust. Sein Fazit: »Niemand wird heilig durch ihren Anblick.«

154 Schwerwiegender als die Auslassungen des Celano ist eine Passage aus der vom Papst bestätigten Franz-Regel aus dem Jahr 1223:
»Allen Minderbrüdern befehle ich streng, sich in keine Gespräche mit Frauen einzulassen, weil dies Anlaß zu Verdächtigungen geben könnte. Auch als Ratgeber sollen sie den Frauen nicht dienen. Sie sollen, ausgenommen jene mit päpstlicher Erlaubnis, keine Frauenklöster betreten. Weder mit Männern noch mit Frauen sollen sie enge Freundschaften haben, auf daß kein Skandal entstehe.«
Hier erhebt Franz selbst, drei Jahre vor seinem Tod, einen gesetzgebenden Finger. Nicht ohne sanften Druck und mancherlei Formulierungshilfe von seiten der päpstlichen Kurie wird der zitierte Paragraph in die Endfassung der Regel gelangt sein, wie man dem Stil des Textes entnehmen kann. Aber gebilligt hat Franz schlußendlich doch den Einschub des mönchischen Frauen-Tabus in seine Regel. Man wird ihm die eine oder andere Skandalgeschichte erzählt haben, von allzu freundlichen Umgangsformen mancher Minderbrüder mit trostsuchenden Damen und sanften Nonnen. Auch der uralten Versuchung zur klösterlichen Männerfreundschaft sollte ein gesetzlicher Riegel vorgelegt werden, schon aufgrund einer tausendjährigen Erfahrung der Kirchenverwalter mit dem Klosterleben.
Die in diesem Zusammenhang einzig interessante Frage: Hat Franz, als ein in Liebesdingen unbefangener und reifer Mensch, die legalistischen Berührungsverbote lediglich aus politischem Kalkül und pragmatischer Einschätzung der Lage zugelassen, oder war er ihnen selbst verfallen, als ein diesbezüglich von Haus aus schüchterner Mann?
Die Art und Weise seiner Beziehung zu Klara deutet eher in die letztere Richtung.

Celano möchte uns gerne glauben machen, sein Heiliger hätte 155
es in seinen jungen Jahren ganz schön toll getrieben: »Während dieser Mann noch mit jugendlichem Feuer sich in Sünden erhitzte und das gefährliche Alter ihm ungewöhnlich zusetzte, seine jugendlichen Triebe auszuleben und er sie, vom Gift der alten Schlange gereizt, nicht zu bändigen wußte, kam plötzlich Gottes Rache oder vielmehr Gottes Gnade über ihn.«

Wir könnten unserem Franz das bescheidene Vergnügen eines schnellen Liebesaktes mit irgendeinem Bauernmädchen ohne weiteres vergönnen, wenn Celano in diesem Punkt ein unverdächtiger Chronist wäre. Gerade dies aber ist mit Sicherheit nicht der Fall. Seine Schilderung der Jugendsünden Franzens folgt einem Schema, dessen Tendenz mit Händen zu greifen ist: Zunächst Abfall von Gott, dann plötzliche Bekehrung, dann überdurchschnittliche Heiligkeit. (Möglicherweise hat sich Celano von der auch damals viel gelesenen Autobiographie des Aurelius Augustinus, den »Bekenntnissen«, inspirieren lassen.) Celano benötigt für seine Franz-Theologie einen lasterhaften Jüngling, um dessen wundersame Verwandlung in einen wahren Ausbund von Tugend um so kräftiger malen zu können. Über die wirkliche Triebstruktur Franzens erfahren wir aus dieser Konstruktion leider nichts.

Auch die Geschichten Celanos über die »fleischlichen Versuchungen« Franzens helfen uns diesbezüglich kaum weiter. Hier ist eine Kostprobe:

»Es schickte ihm also der Teufel eine überaus schwere Versuchung zur Unkeuschheit. Doch der selige Vater legte, sobald er sie bemerkte, sein Gewand ab, geißelte sich aufs härteste mit einem Strick und sprach: Ei Bruder Esel, so geschieht es dir recht, so mußt du dich dem Strick ducken! Als aber die Versuchung trotz der Züchtigung nicht weichen wollte, obwohl doch schon alle Glieder mit Striemen gezeichnet waren, öffnete er seine Zelle, ging hinaus in den Garten und warf sich nackt in den tiefen Schnee. Dann nahm er Schnee und formte daraus sieben Klumpen. Diese legte er vor sich hin und begann zu seinem Leib also zu sprechen: Schau her, dieser größere Klumpen da ist deine Frau. Von jenen vieren sind zwei deine Söhne und zwei deine Töchter. Die übrigen zwei sind Knecht und Magd, die du zum Dienst brauchst. Und jetzt beeile dich, alle zu kleiden, sonst müssen sie vor Kälte sterben. Wenn dir aber die vielfache Sorge zu lästig fällt, so sei mit Eifer auf den Dienst des einen Herrn bedacht! Sofort zog der Teufel beschämt ab, und der Heilige kehrte, Gott preisend, in seine Zelle zurück. Ein Genosse, der damals gerade dem Gebete oblag, konnte den ganzen Vorgang beobachten, denn der Mond schien ziemlich hell. Als der Heilige später erfuhr, daß ihn jener in der Nacht beobachtet hatte, schmerzte es ihn tief, und er befahl ihm, die Sache niemandem zu verraten, solange er lebe.«

Sittengeschichtlich interessant ist an dieser Episode zunächst nur die Tatsache, daß die Selbstbefriedigung zur damaligen Zeit für gottgeweihte Personen bereits stark tabuisiert war. Franz hat dieses Verbot zweifellos verinnerlicht. Seine Rettung vor der Fleischeslust besteht in dem Spiel mit der Familie aus Schnee.

Ob er dabei an Klara gedacht hat?

Wohl kaum. Als er sie kennenlernte, hatte er sich bereits gegen die familiäre Existenz entschieden, und auch Klara wollte nicht heiraten. Außerhalb der Ehe hätte es für die beiden, selbst wenn sie fürs Liebesglück disponiert gewesen wären, keinerlei gesellschaftlich anerkanntes Arrangement für eine ungebundene Zuneigung zwischen zwei selbständigen Menschen gegeben. Daß die beiden für eine heimliche Liebe viel zu stolz waren, wird man annehmen dürfen. Vor allem aber: Beide waren auf der Suche nach einer Zärtlichkeit, die sie in den bürgerlichen Verkehrsformen für die sogenannte Liebe nicht finden konnten – hierin vergleichbar den Troubadouren und ihren Damen, die es zur Franz-Zeit durchaus gab, und nicht nur in Büchern.

Die Rabiatheit Franzens gegen den »Bruder Esel«, will sagen seine eigene Leiblichkeit, mit beachtlicher Aggressivität gegen die Gelüste des Fleisches, diese manifeste Unzärtlichkeit gegen sich selbst wird in diesem Zusammenhang eher bedeutungslos, sie ist einer der möglichen Reflexe eines ohnehin und von vornherein in seiner Lustfähigkeit gekränkten bürgerlichen Menschen. Unser Interesse am nicht mehr sublimierbaren Rest von Franzens Männlichkeit darf sich in Grenzen halten.

So wurde es erzählt: 156
Eines Tages waren Franz und Leo nach Siena gekommen und dort recht unfreundlich empfangen worden. Darüber war Franz nicht wenig betrübt. Im Weiterwandern, als es schon dunkelte, dachte er an das süße Assisi, wo er seine Genossen und Klara zurückgelassen hatte. Er wußte, daß die fromme Jungfrau um ihrer Liebe zur Armut willen großen Widrigkeiten ausgesetzt war. Seine Sorge, Klara könne sich von ihren Vorsätzen abbringen lassen, bedrückte ihn so sehr, daß er das Gefühl hatte, seine Füße würden in die Erde versinken. Erschöpft ging er zu einem Brunnen am Wege.
Aus einem Rohr sprudelte das frische Wasser in einen Trog, der eine klare Fläche bildete. Lange Zeit stand Franz über das Wasser geneigt. Dann hob er plötzlich den Kopf und sprach freudig zu Bruder Leo:
Was glaubst du habe ich im Wasser gesehen?
Den Mond, der sich darin spiegelt.
Nein, Leo. Nicht den Mond habe ich im Brunnen gesehen. Sondern durch die Gnade des Herrn erblickte ich darin das wirkliche Antlitz unserer Schwester Klara, und es war so rein und strahlend von heiliger Freude, daß mir alle meine Sorgen auf einmal verflogen sind und ich die Gewißheit habe, daß Klara in eben dieser Stunde jene tiefe Freude genießt, die Gott seinen Lieblingen schenkt.

Die Zärtlichkeit Franzens für Klara ist in dieser Geschichte voll 157
da. Hier ist ein Mann, der sich geliebt weiß, ganz ohne Zweifel, und dieses Wissen beglückt ihn. Der Eifer für eine gemeinsame Sache, nämlich die radikale Aneignung des Evangeliums, hebt die Beziehung zwischen Franz und Klara aus der Sphäre des bloß privaten Glücks, ohne sie dadurch in der Ödigkeit blanker Zweckhaftigkeit aufgehen zu lassen. Sicherlich haben die beiden einander selten genug gesehen, seit Klara in San Damiano verschwunden war. Aber den vorletzten Sommer seines Lebens hat Franz dann doch bei Klara verbracht, als schwerkranker Mann jenseits aller üblen Nachrede. In dem Lied, das er damals gedichtet und den armen Frauen in San Damiano vorgesungen

hat, kommt das Wort »amore« nur ein einziges Mal vor, und auch da als göttliche Liebe, die sich im Verzeihenkönnen bekundet.
Klara wird deshalb sicher nicht gekränkt gewesen sein.

Sondern als Fremde und Pilger

158 Die Sorge Franzens, Klara könnte eines Tages schwach werden und dem sanften Drängen der kirchlichen Behörden in der Frage der absoluten Besitzlosigkeit nachgeben, hat sich als unbegründet erwiesen. Bis zu ihrem Tod verteidigte Klara das Prinzip eines ungesicherten Lebens gegen den Wirklichkeitssinn ihrer päpstlichen und bischöflichen Beschützer, die den Minderschwestern durch das Recht auf Einkünfte aus Realitätenbesitz wenigstens ein Existenzminimum sichern wollten.
Im Jahr 1228 kam der Papst nach Assisi, anläßlich der Feierlichkeiten zur Heiligsprechung Franzens. Dieser Heilige Vater, als Kardinalprotektor der Minderbrüder uns bereits bekannt (oben Nr. 12, 13, 114), saß als Gregor IX. von 1227 bis 1241 auf dem Stuhl Petri.
Er besuchte Klara in San Damiano. Zu dieser Zeit gab es bereits vierundzwanzig Klara-Klöster in Italien. Sie lebten nach einer Regel aus dem Jahr 1218, verfaßt von eben jenem Kardinal Hugolin, der nunmehr als Papst mit Klara ein wenig plaudern wollte, »über die himmlischen Dinge und den Weg des Heiles«, wie die »Fioretti« fromm bemerken.
Klara war mit der Hugolinschen Regel gar nicht einverstanden. Sie war benediktinisch gehalten, und somit klar feudalistisch im Ansatz.
Celano berichtet uns die folgende Passage aus dem Gespräch Klaras mit dem Papst:
»Als der Papst ihr den Rat gab, wegen der unruhigen Zeitläufte gewisse Besitzungen anzunehmen, die er selbst ihr freigebig anbot, widerstand sie tapferen Sinnes und wollte durchaus nicht ihre Einwilligung geben. Der Papst: Wenn du wegen des Gelübdes Bedenken hast, so sprechen wir dich von dem Gelübde frei.

Klara: Heiliger Vater, ich wünsche keineswegs, und dies ein für allemal, von der Nachfolge Christi dispensiert zu werden.«
Dann ging Klara zum Angriff über und bat um das amtliche Privileg, niemals über gesicherte Einkünfte verfügen zu müssen. Da lachte der Papst und meinte, ein solches Privileg habe noch niemand von ihm erbeten.
Aber bei Klara biß der Heilige Vater auf Granit. Der Text der Bulle, die Klara von ihm erwirkte, ist erhalten geblieben. Da es im Buch der Formulare in der päpstlichen Kanzlei keine Vorlage für den ungewöhnlichen Text gab, diktierte ihn der Papst selber:
»Da es offenbar ist, daß der Mangel am Nötigsten Euch nicht schreckt und Derjenige, der die Vögel des Himmels ernährt und die Lilien des Feldes kleidet, nicht versäumen wird, Euch Nahrung und Kleidung zu geben, willfahren Wir Eurer Bitte und genehmigen Euch durch Apostolische Gnade, in äußerster Armut zu leben. Ferner wird Euch durch vorliegendes Schreiben genehmigt, niemals gezwungen werden zu dürfen, irgendwelche Besitzungen annehmen zu müssen.«
Wie man sieht, gelingt es in Ausnahmefällen sogar, mit päpstlicher Erlaubnis als Christ leben zu dürfen.

159

Klara war mit diesem Zwischenerfolg keineswegs zufriedengestellt. Sie wartete den nächsten Papst ab. Dieser nannte sich Innozenz IV., war überaus geschäftstüchtig, politisch vollkommen skrupellos und ein glänzender Jurist. Die neue Regel, die Klara im Jahr 1247 von seiner Kanzlei erhielt, befreite die Klarissen zwar von den benediktinischen Grundsätzen, war aber sonst gar nicht nach Klaras Geschmack.
Sie verfaßte eine eigene Regel. Darin liest man:
»Weder Häuser, noch Ländereien, noch was sonst es sei, sollen sich die Schwestern aneignen, sondern als Fremde und Pilger sollen sie hier auf Erden Gott dienen, in Demut und Armut, und mit Vertrauen ihre Zuflucht zu den Almosen nehmen. Daß sie sich wohl hüten mögen, deswegen zu erröten! Ist doch der Herr selber für uns auf dieser Erde arm geworden.«
Auch Innozenz IV. machte bei Klara seine Aufwartung. Als sie

ihn bat, ihr die Lossprechung von ihren Sünden zu erteilen, sagte er: Gebe Gott, daß ich es ebensowenig nötig hätte wie du. Am 9. August 1253 unterschrieb dann der Papst in Perugia eine Bulle, die Klaras Regel bestätigte. Am nächsten Tag hielt Klara das Dokument in Händen.
Gestorben ist sie dann sozusagen sofort, am 11. August.
Sie hatte erreicht, was sie wollte. Die Zähigkeit ihres Willens läßt sich an der Tatsache erkennen, daß sie die letzten zwanzig Jahre ihres Lebens häufig krank und bettlägerig war.
Ihr letztes Wort lautete:
Herr Gott, gelobt seist du, daß du mich erschaffen hast.

9. Kapitel

Zehn glückliche Jahre

Die Bedingung für unser industrielles Glück wird in der Operette »Die Fledermaus« (Musik: Johann Strauß; Uraufführung: Wien 1874) wie folgt angegeben: 160
Glücklich ist, wer vergißt, was nicht mehr zu ändern ist.
Dieser bemerkenswerte Refrain hatte am Beginn einer zweiundzwanzigjährigen Wirtschaftskrise seine Premiere. (Die Krise währte von 1873 bis 1895; besonders betroffen waren Deutschland und Österreich.)
Seither sind weitere Krisen passiert, und die Ahnung, daß sie zu unserem Wirtschaftssystem gehören wie das Amen zum Gebet, hat sich zur Gewißheit verdichtet. Trotzdem wird uns weiterhin eingehämmert, die besondere Art des Wohlstandes in unserer sogenannten »westlichen Welt« als wirkliches Glück aufzufassen.
Weil wir dazu erzogen wurden, eine »gesicherte Existenz« mit Pensionsanspruch und jährlichem Urlaub, Automobil und Krankenversicherung, behaglich eingerichteter Wohnung und 3500 täglichen Kalorien als den Inbegriff des Erstrebenswerten anzusehen, fällt uns der Gedanke an einen glücklichen Franz, der dies alles nicht hatte, einigermaßen schwer.
Eine japanische Fernsehjournalistin, die kürzlich von der Polizei aus ihrem Unterschlupf im Wald einer Südseeinsel geholt wurde, weil ihre Aufenthaltsbewilligung abgelaufen war, hatte diese Schwierigkeiten nicht. Sie hatte ihre Existenz so satt gehabt, daß sie nach ihrer Flucht aus der Großstadt in der Waldeinsamkeit ein paar Monate lang durchaus zufrieden und glück-

lich war. Ihre einzige Verbindung zur Außenwelt war ein Bauer, der ihr gelegentlich Nahrungsmittel brachte.
Die Japanerin steht nicht ganz allein da. Immer noch gibt es Kinder, Jugendliche und Erwachsene, die von zu Hause verschwinden. Der Antrieb, der sie davongehen läßt, ist der Mentalität Franzens verwandt.
Einen Genossen, der niemals länger als einen Monat an einem Ort bleiben wollte, hat Franz ausdrücklich gelobt, und er selbst hat es konsequent vermieden, sich irgendwo häuslich einzurichten. In den zehn Jahren, von denen in diesem und im nächsten Kapitel die Rede sein wird, war Franz die meiste Zeit unterwegs.
Franzens Heiterkeit hängt mit der Tatsache zusammen, daß er kein Haus zu bestellen hatte.

161 So wurde es erzählt:
Einst wanderte Franz mit dem Bruder Masseo durch die Toscana. Wie sie so ihres Weges dahinzogen, kamen sie zu einer Wegkreuzung, von wo man entweder nach Siena oder nach Florenz oder nach Arezzo weitergehen konnte.
Welchen Weg sollen wir gehen?
Franz erwiderte: Den Gott will.
Und wie werden wir Gottes Willen erkennen?
Du drehst dich im Kreis herum, so wie es die Kinder tun, und hörst erst dann damit auf, wann ich es dir sage.
So drehte sich Masseo im Kreis, und fiel wegen des Schwindels im Kopfe, wie er sich bei solcher Übung einzustellen pflegt, mehrere Male zu Boden. Weil aber Franz nichts sagte, raffte er sich wiederum auf und drehte sich weiter im Kreis. Endlich, als er sich unbändig lange gedreht hatte, rief Franz:
Halt!
Masseo hielt sofort inne.
In welcher Richtung schaut dein Gesicht?
Nach Siena!
Dann ist dies der Weg, den Gott uns einschlagen läßt.

Den Kommentar zu dieser Schlüsselgeschichte möchte ich aus den Schriften des Meister Eckhart (gestorben 1329) entnehmen: »Das allerwürdigste Werk ist jenes, das hervorgeht aus einem ledigen Gemüt.« 162

Im Originaltext der soeben erzählten Geschichte vom Kreiselspiel des Bruder Masseo wird letzterer wie folgt vorgestellt: 163
»Franz hatte den Masseo gern als Weggefährten – zum Teil wegen der Anmut seiner Rede und seiner hohen Klugheit, zum Teil auch, weil Franz in seiner Gottversunkenheit an jenem eine gute Hilfe hatte. Denn Masseo gab sich mit den Menschen ab, die ihnen auf dem Wege begegneten und sorgte so dafür, daß Franz in seiner Stille verblieb ohne von jemand gestört zu werden.«
Masseo ging deshalb auch stets »ein wenig voraus«.
Die Dimension der Gottversunkenheit Franzens, auf die wir damit aufmerksam gemacht werden, wird uns später ausführlich zu beschäftigen haben (Kapitel 14). Die Neigung unseres Franz zum Alleinsein und zur Kontemplation, so viel soll schon jetzt verraten werden, war so stark, und zwar bereits am Beginn seiner öffentlichen Wirksamkeit, daß er ernstlich daran dachte, ein gottseliges Leben als Einsiedel zu führen, mit dem kleinen Verein der ersten Genossen.
Es ist gar nicht so unwahrscheinlich, daß diese Überlegungen nach der Rückkehr der Brüder aus Rom stattfanden, wo der Papst ihr Unternehmen gesegnet hatte (oben Kapitel 5), im Jahr 1209.
Celano: »Als wahre Liebhaber der Gerechtigkeit überlegten sie miteinander, ob sie unter Menschen sich aufhalten oder in die Einsamkeit sich begeben sollten. Der Heilige aber entschloß sich, nicht auf die eigene Tätigkeit vertrauend, sondern allem Handeln mit dem Gebet zuvorkommend, nicht für sich allein zu leben, sondern dem, der für alle gestorben ist. Er wußte sich gesandt, für Gott Seelen zu gewinnen, die der Teufel zu entführen suchte.«
Wenn man den »Fioretti« glauben darf, hat Franz auch später mit dem beschaulichen Leben geliebäugelt und sich gefragt,

»ob er sich einzig auf das Gebet verlegen oder sich bisweilen auch der Predigt widmen solle«.
Masseo wurde zu Klara geschickt, mit der Bitte um ihre Stellungnahme in dieser Angelegenheit.
Als Masseo zurückkam, wusch ihm Franz die Füße und richtete ihm ein Mittagessen. Nachher nahm er ihn mit in den Wald, zog die Kapuze zurück, kniete nieder, kreuzte seine Arme und fragte:
Was befiehlt mir mein Herr Jesus zu tun?
In die Welt sollst du hinausziehen um zu predigen! Denn er hat nicht dich allein erwählt um deiner selbst willen, sondern auch zum Heil der anderen.
Franz sprang auf, jetzt hatte er seine Gewißheit.

164 Ein Überblick über die Chronologie der Jahre 1209 bis 1219, den schönsten im Leben unseres Franz, sieht so aus:
Nach der Rückkehr von der Romreise im Frühling 1209 (oben Kapitel 5) wohnt Franz mit den frühen Genossen in einer Scheune bei dem Ort Rivo Torto im Spoleto-Tal unterhalb von Assisi.
Im Herbst 1210 überlassen die Benediktiner den Minderbrüdern die Portiuncula zur (kostenlosen) Pacht, womit die Bruderschaft ein Stammquartier erhält. Franz predigt wiederholt in der Kathedrale San Rufino in Assisi.
In das Jahr 1211 fallen die Zusammenkünfte mit Klara (oben Kapitel 8).
Im Frühling 1212 flüchtet Klara aus ihrem Elternhaus; es beginnt das Leben der Minderschwestern in San Damiano. Franz bricht nach Palästina auf, kommt aber nur bis an die dalmatinische Küste, von wo er wiederum nach Hause fährt. Franz wandert predigend durch die Mark Ancona und kommt bis in die Toscana.
Im Mai 1213 unterzeichnet Graf Roland von Chiusi (Toscana) eine Urkunde, die den Berg La Verna den Minderbrüdern als Meditationsstätte übereignet. Es gibt eine Reihe neuer Genossen, insgesamt vielleicht zwei Dutzend. Franz beschließt, nach dem Vorbild des Königs Artus und seiner Tafelrunde jedes

Jahr zu Pfingsten eine Zusammenkunft abzuhalten, bei der alle Genossen einander treffen sollen.

Im Sommer 1214 unternimmt Franz eine Pilgerfahrt nach Santiago di Compostela in Spanien. Seine Absicht, zu den Mauren nach Nordafrika überzusetzen, wird durch Krankheit vereitelt.

Das Jahr 1215 sieht Franz als populären Wanderprediger in Mittelitalien.

Zur Pfingstversammlung des Jahres 1216 erscheinen rund dreihundert Minderbrüder.

Im Jahr 1217 vermittelt Kardinal Hugolin eine Begegnung zwischen Franz und Dominik (gestorben 1221), dem Gründer der Dominikaner. Auf der Pfingstversammlung der Minderbrüder wird beschlossen, Genossen nach Frankreich, Deutschland, Ungarn und Palästina zu schicken. Italien wird, zum Zweck der besseren Koordinierung der Predigttätigkeit der Minderbrüder, in fünf Regionen eingeteilt, unter der Leitung von »Provinzialministern«.

Im Jahr 1218 predigt Franz vor dem Papst. Die Berichterstattung der aus Deutschland und Ungarn heimgekehrten Prediger auf der Pfingstversammlung ist nicht besonders ermutigend.

Im Mai 1219 wird beschlossen, Minderbrüder zum Predigen nach Südfrankreich zu schicken.

Franz schifft sich nach Akkon ein, kommt dort im Juli an und reist auf dem Seeweg weiter nach dem von einem Kreuzfahrerheer belagerten Damiette in Ägypten.

Im November 1219 fiel Damiette nach anderthalbjähriger Be- 165
lagerung. Von den achtzigtausend Einwohnern blieben etwa dreitausend am Leben, darunter viele schwer Verwundete. Franz war Zeuge des Blutbades, das die Kreuzritter veranstalteten. Seine Reaktion auf diesen Horror ist nicht überliefert. Wir erfahren auch nicht, was er während der nächsten Monate in Palästina gemacht hat, bis ein Bote aus Italien kam, mit der Nachricht, daß es im Orden der Minderbrüder drunter und drüber ging.

Ob Franz damals im Heiligen Land begriffen hat, daß die Mordmaschine der Kreuzzüge die Rede vom Christentum zu

einer schauerlichen Lüge gemacht hatte, für alle künftigen Zeiten?
Ich glaube schon.
Die letzten sieben Jahre seines Lebens hat Franz damit verbracht, seine Verstörung zu verarbeiten, die Unschuld jener zehn Jahre, von denen nunmehr erzählt werden soll, war unwiederbringlich dahin. Auf uns, die wir längst gelernt haben, mit unserer Schande zu leben, wirken sie wie ein Vorwurf, und Franzens Glück ist von uns ebenso weit entfernt wie das verlorene Paradies.

Vorwärts, ins Paradies

166 Südlich von Umbrien, Franzens Heimat, liegt die Region Latium, von wo vor 2700 Jahren die römische Eroberungspolitik ihren Anfang nahm, dank der liebevollen Betreuung des Romulus und Remus durch die kapitolinische Wölfin. In Latium liegt die Ebene von Rieti, eine der schönsten Landschaften Europas, wie Sabatier (oben Nr. 23) schreibt. »Vorbei an kleinen Seen führt die Straße geradewegs auf die Stadt zu; gekreuzt von tausend Pfaden, die den Wanderer nach den Dörfern einladen, welche auf halber Höhe, am Rande des Waldes lieblich hingelagert, erscheinen, von Feldern und Gärten umgeben. Stroncone, Greccio, Cantalice, Poggio-Buscone und zehn andere kleine Flecken, denen die Kirche mehr Heilige verdankt als einer ganzen Provinz Frankreichs.«
Laut Michelin (Italienführer) ist die Umgebung von Rieti »voller Klöster und Erinnerungen an den heiligen Franz von Assisi«.
In Poggio-Buscone, so eine alte Überlieferung, hat Franz im Herbst 1208 während der ersten längeren Predigtfahrt, die er – paarweise – mit seinen ersten Genossen unternommen hatte, die Gewißheit seines Heiles erlangt. Celano erzählt: »Eines Tages, als Franz das Erbarmen Gottes in den ihm erwiesenen Wohltaten bewunderte und wünschte, daß ihm vom Herrn geoffenbart werde, wie sein und seiner Brüder Wandel sich fernerhin gestalten solle, suchte er einen Ort des Gebetes auf, wie

er sehr oft zu tun pflegte. Als er dort lange Zeit, mit Furcht und Zittern vor dem Beherrscher des ganzen Erdkreises stehend, verharrte und in Bitterkeit der Seele die schlecht verbrachten Jahre überdachte, wiederholte er immer wieder das Wort: Gott sei mir Sünder gnädig! Da begann unsagbare Freude und höchste Wonne sich nach und nach in das Innerste seines Herzens zu ergießen. Auch ward er allmählich ganz verändert. Der Gemütssturm legte sich, die Finsternis wich, die infolge der Sündenangst sich über sein Herz gebreitet hatte. Es wurde ihm die Gewißheit zuteil, alle seine Sünden seien ihm vergeben, und die Zuversicht in ihm erweckt, wieder zu Gnaden zu kommen. Alsdann geriet er in Verzückung und wurde ganz in Lichtflut eingetaucht. Die Kraft seines Geistes weitete sich, und er sah in hellem Lichte, was die Zukunft bringen werde. Als endlich jene Wonne mit dem Lichte entschwand, war er geistig erneuert, und schon in einen anderen Menschen verwandelt.«

Selbstverständlich gab es für diese Erleuchtung Franzens keine 167
Zeugen. Franz wird die eine oder andere Andeutung gemacht haben, gegenüber den ihm besonders vertrauten Genossen, und die haben die Geschichte später dem Celano erzählt, als er für seine erste Franz-Biographie Material sammelte.
Trotz der Tatsache, daß wir die Geschichte nur aus dritter Hand haben, erweckt sie aus einem bestimmten Grund unser Interesse. Die Parallelen zwischen diesem Bericht und den Nachrichten, die wir von der Entwicklung eines anderen bedeutenden jungen Mannes haben, sind ziemlich offenkundig. Der andere junge Mann hieß Martin Luther und fand seinerseits einen gnädigen Gott, mit beachtlicher und befreiender Wirkung auf das Seelenleben vieler Menschen, dreihundert Jahre nach Franz.

In dem Buch »Der junge Mann Luther« von Erik H. Erikson, in 168
dem Lebensweisheit und Gelehrsamkeit eine heute seltene Verbindung eingegangen sind, lesen wir:
»Unter allen ideologischen Systemen stellt jedoch allein die Religion jenes früheste Gefühl wieder her, jemandem zuge-

wandt zu sein, der Fürsorge und Vorsorge trifft. In der jüdisch-christlichen Tradition zeigt kein Gebet dies deutlicher als ›der Herr lasse sein Angesicht leuchten über dir und sei dir gnädig. Der Herr hebe sein Antlitz über dich und gebe dir Frieden‹. Keine Andachtshaltung verkörpert dieses Erleben stärker als das in der Hoffnung, erkannt zu werden, emporgewandte Gesicht.«

Das von Erikson zitierte Gebet hat ein sehr hohes Alter, es ist älter als die Stadt Rom und steht in der Bibel, im sogenannten Alten Testament. Franz hat es gekannt und geliebt. Mit eigener Hand hat er es auf jenen Zettel geschrieben, der von den Franziskanern als kostbare Reliquie gehütet wird (oben Nr. 14) und der ursprünglich für Bruder Leo bestimmt war:

Il Signore ti benedica, e ti custodisca; ti mostri la sua faccia, et abbia pietà di te. Rivolga a te il suo volto, e diati pace.

Der Herr segne dich und beschütze dich.
Er zeige dir sein Angesicht, von Zärtlichkeit voll.
Er wende dir sein Angesicht zu und gebe dir Frieden.

169 Man wird verstehen, warum ich *pietà* mit »Zärtlichkeit« übersetzt habe und nicht mit »Erbarmen«. Jenes früheste Gefühl, von dem Erikson schreibt, ist das des ganz kleinen Kindes, das seiner Mutter ins Gesicht blickt. Was ihm von dort entgegenkommt, heißt Zärtlichkeit. Es wäre schön, wenn unser heutiger Restbestand an Religion innerhalb der kapitalistischen Kälte die Wiederherstellung der gesellschaftlich so sehr vermißten Zärtlichkeit bringen könnte.

Dazu wäre die Religion nämlich da.

170 Franz und Martin (Luther) benötigten für den Übergang vom Jugendalter zum Erwachsensein längere Zeit als üblich. Die entscheidenden seelischen Vorgänge setzten bei ihnen erst nach dem zwanzigsten Lebensjahr ein, und sie brauchten etwa sieben Jahre, um zu sich selbst zu finden. In beiden Fällen hat dann das Öffentlichwerden dieser zunächst privaten Durchbrüche auf die Menschen beschwingend gewirkt, und die Namen

von Franz und Martin wurden in der Folge zu einem Programm für viele.

Die Energien an Freude und Zuversicht, wie sie von den beiden jungen Männern freigesetzt wurden, in einer schnell wachsenden internationalen Gefolgschaft, sind heute kaum vorstellbar. Wir behelfen uns, in Ermangelung solcher Vorbilder, mit dem Konsum von Alkohol und Psychopharmaka, und die paar kläglichen Heilande unserer Tage, von Maharischi bis Mun, wirken im Vergleich zu Franz und Martin wie drittklassige Filmschauspieler.

In dieser unserer Lage fühlen wir uns gedrängt, zurückzublicken.

Wir fragen uns, aus welcher Tiefe Franz und Martin ihre Energien geholt haben, und stellen fest, daß die Ausgangslage in beiden Fällen ein »abgewendetes Antlitz« war, ein Alleingelassensein in der Kälte einer unzärtlichen Welt.

Es ist bemerkenswert, daß weder Franz noch Martin in der konventionellen Religion ihrer Zeit eine wirksame Hilfe fanden.

Infolgedessen schufen sie sich, in jahrelanger Arbeit, einen neuen Zugang zu Gott. Das überwältigende Erlebnis, das ihnen schließlich mit überraschender Plötzlichkeit das »zugewendete Antlitz« aufleuchten läßt, wirkt wie der Lohn für ihre Beharrlichkeit. Ein zerstreuter, gleichgültiger, anderweitig beschäftigter und gelangweilter Gott (oben Nr. 7), ein hoher Herr eben, und ein gestrenger dazu, verwandelt sich für Franz und Martin in aufmerksamstes Wohlwollen und zärtliche Güte.

Von diesem Zeitpunkt an konnten die beiden Gott verzeihen, daß er ein Vater ist.

Der oben (Nr. 166) zitierte Text von Celano über die Genesung 171
Franzens von seinen Schuldgefühlen wird in der modernen Franz-Literatur leider so gut wie gar nicht beachtet, obwohl er der einzige Beleg für die Bewältigung jener Ängste ist, von denen Franz gequält wurde, im Herbst 1208, als er bereits mehrere Genossen hatte, und einen göttlichen Auftrag zu einer sinnvollen Tätigkeit dazu.

Eben dieser Auftrag machte Franz Sorgen, Celano zufolge. Franz wollte Klarheit darüber, »wie sein und seiner Brüder Wandel sich fernerhin gestalten solle«. Hier haben wir das erzbürgerliche Problem der Zukunftsplanung, verschärft um die Gewissensbisse über unnütz verbrachte Jahre in der Vergangenheit.

Franz stand vor der Frage, ob er seinen Genossen – den vorhandenen und den vielleicht bald dazustoßenden – ein tauglicher Führer sein könne, und erschrak vor der Schwierigkeit dieser Aufgabe.

War die Hoffnung auf ein Wachstum seiner Bruderschaft nicht vermessen?

In dieser seelischen Lage, »mit Furcht und Zittern vor dem Beherrscher des ganzen Erdkreises« verharrend, macht sich Franz zum Kind, das den strengen Vater um Liebe bittet.

Eine »lange Zeit« hindurch passiert gar nichts.

Dann aber »begann unsagbare Freude und höchste Wonne sich nach und nach in das Innerste seines Herzens zu ergießen«, die Sündenangst machte der Gewißheit der Vergebung Platz, und auch die Zukunft zeigte sich in einem günstigen Licht.

Gott hatte sich als ungemein gnädig erwiesen.

Franz wird uns die Frage verzeihen, ob sein Verhalten nicht schlicht und einfach ein neurotisches Nachgeben gewesen ist.

172 Am Beginn unseres Jahrhunderts, als sich die Psychologen noch weniger für die Ratten und mehr für die Menschen interessierten, hielt William James seine heute klassischen Vorlesungen über die Mannigfaltigkeit der religiösen Erfahrung. Unter Berufung auf ein reiches Material über Bekehrungserlebnisse aus der damaligen angelsächsischen Welt, unter einfachen Leuten, schrieb James einen beachtlich unbefangenen Satz: »Auch wenn wir die Story des Geistes vom rein naturgeschichtlichen Standpunkt schreiben würden, ganz ohne religiöses Interesse, wir müßten trotzdem den Hang des Menschen zu plötzlicher und vollständiger Sinnesumkehr (conversion) notieren, als eine seiner merkwürdigsten Besonderheiten.«

Angesichts der Frage, wodurch eine derartige Konversion ausgelöst wird, und zwar unwillkürlich und wie von selbst, aus unterbewußt sich vorbereitenden Kräften kommend, bezeichnet Professor James das Relaxieren des Subjekts als den wohl entscheidenden Faktor für das Zustandekommen der neuen Geburt.

Also ein Nachgeben und Gewährenlassen wird hier beobachtet, nach vorhergehender heftiger seelischer Kummerarbeit.

Eben dies hat Franz gemacht.

Er überläßt sich, indem er sein »Gott sei mir Sünder gnädig« murmelt, seinen bereits in Formierung befindlichen Ichkräften.

Hätte sich Franz vom fremd bleibenden Über-Ich-Gott weiterhin tyrannisieren lassen, dann wäre die Rede vom neurotischen Nachgeben am Platz.

So aber wurde für ihn zur Gewißheit, »daß der Gott Liebe ist«, wie in der Bibel geschrieben, als immer noch kühnstes Utopissimum.

Von nun an richtet sich Franzens Aufmerksamkeit nach vorn, 173
in die Zukunft. Mit der Vergangenheit braucht er sich nicht mehr zu befassen, die hat er hinter sich gebracht, und die damit verbundenen Schuldgefühle dazu.

Manchmal gab es Rückfälle in die Selbstquälerei.

Die »Fioretti«:

Einmal, als Franz mit Bruder Leo an einem Ort weilte, wo es keine Gebetbücher gab, sprach Franz zur Stunde des Frühgebetes: Mein lieber Leo, wir haben kein Brevier, um daraus unsere Andacht zu verrichten. Deshalb werde ich vorbeten und du wirst mir antworten, genau so, wie ich es dir gleich sagen werde. Ich werde folgendermaßen beten: O Bruder Franz, du hast so viel auf der Welt verbrochen und gesündigt, daß du die Hölle verdient hast! Darauf mußt du so antworten: Das ist gewiß wahr, daß du die Hölle verdient hast, und zwar dort, wo sie am tiefsten ist!

Leo war einverstanden.

So begann Franz zu beten, daß er der Hölle wert sei.

Leo respondierte: Gott wird durch dich so viel Gutes wirken, daß du in den Himmel eingehen wirst!

Nein, nein, nicht so sollst du sprechen, Leo! Sagen sollst du, daß ich zu den Verdammten gehöre!
Gerne, mein lieber Franz.
Wiederum begann Franz unter vielen Tränen und Seufzern zu beten, schlug sich dabei oftmals an die Brust und rief: O Herr, Gott des Himmels und der Erde, so sehr habe ich gegen dich gefrevelt, daß ich durchaus verdiene, verdammt zu werden!
Leo antwortete: O Bruder Franz, also sehr wird Gott dich erheben, daß du unter den Gesegneten ein besonders Gesegneter sein wirst!
Da ärgerte sich Franz sehr, daß Leo das Gegenteil von dem sagte, was ihm aufgetragen war, er schalt den Leo tüchtig aus und hämmerte ihm nochmals die richtige Antwort ein. Merke dir endlich, du kleines Schaf, was du sagen sollst! Sagen sollst du, daß ich ganz und gar nicht wert bin, die Barmherzigkeit Gottes zu finden!
Aber als Franz abermals seine Unwürdigkeit beklagte, gab Leo diese Antwort: Gott Vater, dessen Erbarmen unendlich größer ist als deine Sünden, er wird dir Gnade in Fülle erweisen und die Freuden des Himmels dazu!
Jetzt geriet Franz ernstlich in Wut. Willst du mir endlich sagen, warum du immer die falschen Antworten gibst?
Aber ich wollte doch ohnehin die Sätze sagen, die du wolltest! Gott muß mich gezwungen haben, zu sagen, was ihm gefällt!
Franz war verblüfft und schlug einen letzten Versuch vor. Unter vielen Tränen rief er: Ach du elender Franz, glaubst du denn wirklich, daß Gott sich deiner erbarmen wird?
Leo erwiderte: Ja Franz, er wird sich deiner erbarmen und dir die ewige Herrlichkeit geben!
Da mußten sie beide weinen, und der Tag brach an.

174 Von der Tiefe der mittelalterlichen Höllenangst macht man sich heute kaum eine angemessene Vorstellung. Sie war das normale Paranoid dieser Zeiten, weder Papst noch Bettler war davor gefeit. (Daß die Päpste mehr davon profitierten als die Bettler, ist selbstverständlich.)
Franz ist dieser Angst ledig geworden.

Zwischen seiner Zuversicht und seiner Lebensweise besteht ein Zusammenhang, den man sofort durchschaut, wenn man sich an jenes Jesus-Wort erinnert, das im Munde der Priester wie Hohn klingt, als billige Jenseitsvertröstung für die Mühseligen und Beladenen, dessen kräftigende Wahrheit jedoch immer dann durchschlägt, wenn es ohne Herablassung gesagt wird: Salut, ihr Armen! Euch gehört das Paradies!
Daß Franz sein Paradies schon bei Lebzeiten betreten hat, daß er das Himmelreich in Straßengräben und Scheunen fand – darin liegt das Geheimnis seiner Wirkung. Seine Gestalt ist wie eine dunkle Erinnerung an Zeiten, in denen es weder Zäune noch Türschlösser gab, wie die Ahnung von einer Erde, die wirklich allen Menschen gemeinsam ist, ohne Grenzen und Besitzansprüche, bereitwillig ihren Reichtum spendend.
Die biblischen Namen für diese Erde: Paradies, Himmelreich, Zeit aller Zeiten für immer.
Der Termin für die unwiderrufliche Herstellung dieses Zustandes, streng nach der Bibel:
Demnächst.
Zwei Jahre vor seinem Tod hat Franz ein Lied gedichtet, den sogenannten Sonnengesang. Nicht ein Jenseits wird darin ausgemalt, das man erst nach dem Tod betreten kann. Sondern eine gute Erde wird hier gelobt, mit freundlichen Elementen und liebevollen Menschen.
Franzens Paradies befand sich in Mittelitalien. Dort hielt er sich am liebsten auf – in Umbrien, in den Marken, im Rieti-Tal. Für eine Weile wurden diese abgelegenen Gegenden zu einem neuen Galiläa, mit Franz als zurückgekehrtem Jesus, das Friedensreich predigend. »So kam es, daß sich das Aussehen des ganzen Landes in kurzer Zeit veränderte, daß es die alte Häßlichkeit ablegte und allenthalben ein fröhlicheres Gesicht zeigte.« Celano, der diesen Satz zwei Jahre nach dem Tod Franzens zu Papier brachte, wird diesfalls trotz seiner gewohnten Überschwenglichkeit als authentischer Zeuge für ein Lebensgefühl gelten dürfen, das den Menschen wie der Vorgeschmack eines neuen Zeitalters erschien.
Es erhebt sich die Frage, warum Franzens Paradies so kurzlebig war.

175 Aus den Lebenserinnerungen des Augustin Souchy (geboren 1892):
»Von größerer sozialrevolutionärer Relevanz war die Tatsache, daß vom Geist der Erneuerung erfaßte Kleinbauern freiwillig ›Colectividades‹ (Kollektivwirtschaften) gründeten, das heißt: ihren Acker nicht mehr allein bebauten, sondern gemeinsam. Sie verzichteten auf ihren Eigentumstitel, erklärten den Grund und Boden für gemeinsames Eigentum, arbeiteten gemeinsam. Die Produkte wurden von der Gemeinde verkauft, der Erlös unter alle gerecht und nach den Bedürfnissen jedes einzelnen verteilt. So etwas hatte es vorher noch nirgends gegeben, weder in der mexikanischen Revolution von 1910 noch in der russischen Revolution von 1917. Es war eine Agrarreform eigener Art, ohne Gesetze, ohne Befehle von oben, ohne Zwang und ohne Theoretiker (!), ganz und gar der Initiative der Landbevölkerung selbst entsprungen. Von den mehr als tausend Colectividades, die bis zur Jahreswende 1936/37 gegründet worden waren, habe ich in Katalonien und Aragonien, in der Levante und in Murcia, in Altkastilien und in den der Republik gebliebenen Teilen Andalusiens rund hundert besucht. Es gab keinen einheitlichen Kollektivierungsplan für das ganze Land. Die Gründer kannten weder die Theorien von Marx noch auch die Bakunins. Hätten wir den Bürgerkrieg gewonnen, dann wäre heute der spanische Kollektivismus eine existente dritte Alternative zum Privatkapitalismus auf der einen und zum Staatskapitalismus auf der anderen Seite.«
Die spanischen Colectividades haben nicht viel länger als zwei Jahre bestanden. General Franco hat ihnen ein Ende bereitet, mit der Hilfe von Hitler und Mussolini. Weniger bekannt ist, daß, wie Souchy berichtet, die in Spanien damals gegen Franco tätigen Emissäre Moskaus die landwirtschaftlichen Kollektive in Aragonien mit Waffengewalt auflösten, bevor Franco dort einmarschierte. Diese Momentaufnahme aus der langen Geschichte der Verhinderung des Friedensreiches zeigt, wie praktisch die kleinen Leute mitunter bei der Herstellung ihres Paradieses sein können, wenn man sie läßt. In gewisser Weise sind die spanischen Colectividades von 1937 ein realer Franz-Kommentar. Franz hat die Menschen eine sehr einfache Ge-

bärde gelehrt, nämlich die Öffnung der das Eigene festhaltenden Hand. Was dabei unter Umständen herauskommen kann, in durchaus ersprießlicher Weise, lehren die spanischen Bauern.
Man kann sich gut vorstellen, mit welchem Vergnügen ihnen Franz bei der Ernte geholfen hätte.

Komm zu mir, Bruder Wolf

William Colby, seit 1947 bei der Central Intelligence Agency 176
(CIA) und von 1973 bis 1976 der Direktor dieses Amtes, hat sich kürzlich in einem Interview über Franz von Assisi geäußert.
Frage: Haben Sie Vorbilder?
Antwort: Den heiligen Franz von Assisi.
Frage: Warum gerade ihn?
Antwort: Wegen seiner Demut. Als Jüngling war er ein verwöhnter Taugenichts. Erst nach einer schweren Verwundung begann er über sein Lebensziel nachzudenken. Dann stand sein Entschluß fest. Er wollte kein reicher, verwöhnter Taugenichts mehr bleiben, sondern wollte ein einfaches Leben führen und dem Gebot der Nächstenliebe folgen. Das tat er dann auch.
Frage: Wäre der heilige Franz von Assisi der CIA beigetreten?
Antwort. Nein. Der heilige Franz war ein Pazifist. Ich bin zwar kein Pazifist, aber ich bewundere Menschen, die größere Idealisten sind als ich.
Colby ist praktizierender Katholik.
Auf die Frage, wie er sich als Direktor des US-Geheimdienstes gefühlt habe, antwortete er:
Ganz ausgezeichnet.

Daß Colby ein praktizierender Katholik ist, besagt nicht sehr 177
viel. (General Franco war auch einer.)
An Colbys Bemerkungen ist lediglich der Trick interessant, dessen er sich zur Herstellung eines ihm sympathischen Franz-Bildes bedient. Er unterschlägt das Subversive an Franz,

will sagen die Ethik ohne Eigentum (oben Nr. 110–119), wodurch der Friedfertigkeit Franzens der Stachel gezogen wird. Der Franz des praktizierenden Katholiken und Militärexperten Colby läßt sich dann bequem unter jener »Demut« einordnen, die seit jeher zur Herstellung eines tauglichen Kanonenfutters dienlich gewesen ist. (Demütige junge Männer pflegen zu tun, was man ihnen befiehlt; sie sind keine Wehrdienstverweigerer.) Franzens Pazifismus, so wie Colby ihn darstellt, ist so harmlos wie ein Gedicht von Rilke oder der Aufsatz eines Gymnasiasten über die Abrüstung.

178 Demgegenüber hat der wirkliche Franz ein Prinzip vertreten, das dem normalen Wahnsinn des Aggressors auf eine sehr eigentümliche und mitunter tatsächlich entwaffnende Weise begegnet: dem der Brüderlichkeit.
(Im Französischen: *fraternité* – bekanntlich eine der drei Losungen der Revolution von 1789.)
Die hierher gehörige Schlüsselgeschichte steht in den »Fioretti«:
Etwas gar Wunderbares, des rühmenden Andenkens wert, geschah bei der Stadt Gubbio. Dort trieb sich nämlich ein gar großer und grimmig wilder Wolf umher, der auch Menschen anfiel und fraß. Alle Bürger waren ob dieser Plage in großer Angst, und keiner verließ unbewaffnet die Mauern der Stadt. Gleichwohl war niemand der schrecklichen Wut des Wolfes gewachsen, wenn er dem Zähnefletschenden unglücklicherweise begegnete, und schließlich hatte die Furcht so sehr um sich gegriffen, daß kaum jemand sich sicher fühlte, wenn er die Stadt hinter sich gelassen hatte.
Als nun Franz einmal nach Gubbio kam, empfand er Mitleid mit den Menschen und beschloß, sich zu dem Wolf auf den Weg zu machen. Die Bürger waren über diesen Vorsatz entsetzt und beschworen Franz, sich doch nicht mutwillig in die Gefahr des sicheren Todes zu begeben. Franz aber schlug getrost das Kreuzzeichen und ging mit einem Genossen aus der Stadt hinaus dem Wolf entgegen. Die Menschen stiegen auf die Dächer der Häuser und verfolgten von dort aus Franz mit den Augen.

Schon rannte der schreckliche Wolf mit offenem Rachen auf Franz und seinen Genossen zu, als die göttliche Kraft des seligen Mannes ihn innehalten ließ. Franz machte das Zeichen des Kreuzes über das Tier, rief es zu sich und sprach also zu ihm: Komm zu mir, Bruder Wolf! Im Namen Christi befehle ich dir, weder mir noch sonst jemand ein Leid anzutun!
Und wunderbar, wie das Untier alsbald seinen schaurig aufgesperrten Rachen schloß, gesenkten Kopfes herantrottete und sich gleich einem Lamm zu den Füßen Franzens still niederlegte.
Da predigte Franz also zum Wolf: Viel Schaden richtest du an in dieser Gegend, Bruder Wolf! Gar schlimme Taten hast du verübt und Gottes Geschöpfe erbarmungslos umgebracht. Du wagst es sogar, Menschen zu töten, die doch nach Gottes Bild geschaffen sind. Sicherlich hast du verdient, als Räuber und Mörder mit einem schlimmen Tod bestraft zu werden. Ich aber will zwischen dir Bruder Wolf und den Menschen einen Frieden herbeiführen. Du wirst niemandem mehr ein Leid antun. Dafür wird man dir alle Missetaten erlassen, und weder Menschen noch Hunde sollen dich hinfort verfolgen.
Da wedelte der Wolf mit dem Schwanz und nickte mit seinem Kopf, auf diese Weise sein Einverständnis bekundend.
Franz fuhr fort: So will ich dir auch versprechen, daß du hinkünftig keinen Hunger mehr leiden wirst. Deine tägliche Kost wirst du von den Menschen erhalten. Weiß ich doch, daß du alles Schlimme nur vom Hunger getrieben verübt hast. Nun gib mir ein Zeichen, daß du alles richtig begriffen hast und damit einverstanden bist!
Der Wolf hob gehorsam seine rechte Tatze und legte sie in die ausgestreckte Hand Franzens, ging dann artig mit Franz in die Stadt hinein, zum Marktplatz, wo alsbald alle Bewohner zusammenliefen.
Als Franz den Menschen alles erklärt hatte und sie fragte, ob sie den Wolf getreulich ernähren und den Friedensvertrag so gewiß einhalten wollten wie auch der Wolf es versprochen hatte, riefen sie alle ihr Ja.
Zwei Jahre lebte der Wolf dann in der Stadt und ließ sich von Tür zu Tür seine Nahrung geben, ohne jemand ein Leides zu

tun. Und wunderbar, niemals bellte auch nur ein einziger Hund gegen ihn. Als der Wolf schließlich an Altersschwäche gestorben war, empfanden die Menschen darob große Trauer. Denn seine friedliche Anwesenheit und sanfte Geduld hatte sie an die Tugend desjenigen gemahnt, der seine Wildheit gezähmt hatte.

179 In dieser Geschichte steht, fürs erste, Franz als veritabler Buddha vor uns, in klarer Entsprechung zur entrückten Milde des göttlichen Mannes:

»Der Erleuchtete spricht: Auf der Berghalde weilend, zog ich Löwen und Tiger durch die Kraft der Freundschaft zu mir. Von Löwen und Tigern, von Panthern, Bären und Wölfen, von Antilopen, Hirschen und Ebern umgeben, lebe ich im Wald. Kein Wesen erschrickt vor mir, und auch ich bin bar jeglicher Furcht vor allem Lebendigen.«

Zwischen diesem buddhistischen Text und unserer Franz-Geschichte liegen tausend Jahre und 10000 Kilometer. Die »Kraft der Freundschaft«, in beiden Überlieferungen beschworen, wirkt dennoch überraschend gleichförmig, in ihnen wirkt ein urtümlicher Affekt kollektiver Art, dauerhaft und kulturenüberschreitend, als Wunschwesen der Versöhnung zwischen Tieren und Menschen.

Wobei, in der Anschauung der in Sanftmut verwandelten Wildheit des Tieres, freilich ein noch bedeutenderer Topos sich meldet – die Idee von einer Menschenwelt nämlich, in der keiner dem anderen ein Wolf mehr ist.

Wer eine derartige Internationale der Freundschaft für utopisch hält, der möge sich fragen, warum sie eigentlich so utopisch anmuten muß.

180 Der Wolf von Gubbio sei, so der bereits (oben Nr. 22) erwähnte Franz-Kenner Jörgensen, die literarische Verhüllung einer in aller Wirklichkeit von Franz herbeigeführten Verwandlung eines bösartigen Ortstyrannen in einen selbstlosen Bürgermeister.

Beweisen läßt sich diese Interpretation nicht. Sie hilft uns aber insofern weiter, als sie unsere Aufmerksamkeit auf jenes Thema lenkt, das in der Wolfsgeschichte zur Verhandlung steht – das des Verhältnisses zwischen Aggressor und Opfer, christlich betrachtet.

Ein wahrhaft klassisches Thema, das bereits in der Bibel anklingt, als Weisung des Heilands persönlich:

Liebet eure Feinde!

William Colby (oben Nr. 176), als aktiver Geheimdienstler und praktizierender Katholik ein deklarierter Bewunderer von Idealisten wie Jesus und Franz, wird auch der Maxime der Feindesliebe seine Anerkennung nicht versagen mögen. Das Problem liegt darin, daß seine Bewunderung völlig folgenlos bleibt.

Franzens entwaffnende Freundlichkeit gegenüber der Wolfs- 181
natur – auch wenn sie im Schafspelz daherkommt (Kardinal Hugolin, William Colby) – wird in den Originalquellen nie als Passivität und Leidensbereitschaft geschildert. Nicht als Lassen, sondern als Tun soll Franzens Friedfertigkeit gelten, als eine von ihm ausgehende Kraft geradezu, die den daherstürmenden Feind ohnmächtig macht.

Franz als Zauberer?

Unausgesprochen wirkt in manchen Franz-Geschichten tatsächlich eine dunkle Erinnerung an vorschriftliche Kulturverhältnisse, wie sie im »wilden Denken« der heute noch lebenden sogenannten Naturvölker anzutreffen sind. Es ist dies die Erinnerung an Männer und Frauen, die durch Begabung und nach jahrelangem Training zu jenen Kräften gelangten, denen die moderne Wissenschaft eher hilflos gegenübersteht. Hierher gehört beispielsweise die willkürliche Beeinflussung des vegetativen Nervensystems, die gedankliche Übertragung von Befehlen über weite Distanzen hinweg, die außersinnliche Wahrnehmung, auch Hypnosetechnik und Trancezustand. Mehr oder weniger heruntergekommene Vertreter dieser alten Künste aus vorchristlicher Zeit haben sich im Mittelalter schon noch antreffen lassen, als Kräuterfrauen oder Tierbesprecher, aus keltischen, slawischen oder germanischen Überlieferungen

schöpfend. Die begriffliche Distanz der damaligen Bevölkerung zu solchem Erbe war so gesehen nicht unermeßlich, und die Bändigung eines wilden Wolfs durch einen heiligen Mann gehörte zu den Vorkommnissen, die durchaus ins Weltbild paßten.
Wer (wie auch der Verfasser) ein inniges und kindliches Vergnügen an Überraschungseffekten, an der Durchkreuzbarkeit der banalen Wirklichkeit hat, dem wird die Geschichte vom bösen Wolf zu Gubbio keine besonderen Verständnisschwierigkeiten bereiten. Im übrigen ist auch die Bibel voll von nützlichen Zauberkunststücken, durchwegs vollführt im Interesse der Bevölkerung, insbesondere der Hungrigen, Kranken und unschuldig Verfolgten.
Denn: Nicht mit Duldermiene tritt Franz dem Wolf gegenüber, sondern mit einer Vitalität, deren Furchtlosigkeit die Destruktivität des bösen Feindes in sich zusammensinken läßt. Schon wedelt das Untier mit seinem Schweif, und man erkennt, daß die wahrhaft Wahnsinnigen nicht in den Irrenhäusern sitzen, sondern immer noch frei herumlaufen, mit irgendwelchen Orden geschmückt. Manche von ihnen sind praktizierende Katholiken.

182 Die Geschichte vom Wolf zu Gubbio hat ein Gegenstück, nämlich den Bericht vom glücklichen Sinneswandel einiger böser Räuber, worin Philadelphia als humanes und nicht mehr bloß fabelhaftes Wesen erscheint, mit manifester Verbrüderung zwischen den Minderen des Franz und den gesellschaftlich Verfemten.
(Philadelphia heißt Bruderliebe.)
So wurde es erzählt:
Es gab eine Zeit, da pflegten einige Räuber zur Einsiedelei der Minderbrüder in der Nähe von Borgo San Sepolcro zu kommen und um Brot zu bitten. In den großen Wäldern dieser Gegend hielt sich nämlich allerlei Raubgesindel auf, das die Reisenden auf den Straßen überfiel und ausplünderte. Einige Genossen in der Einsiedelei waren der Ansicht, man dürfe den Räubern nichts geben, weil sie den Menschen gar mannigfaches Unrecht

antäten. Andere Brüder hingegen gaben den Räubern manchmal etwas zu essen, weil diese gar inständig baten und in großer Not waren. Nie versäumten die Brüder, die Räuber zur Aufgabe ihres schlechten Wandels zu ermuntern. Als nun Franz die Einsiedelei besuchte, fragten ihn die Genossen, ob sie den Räubern Brot geben sollten oder nicht.

Franz antwortete: Wenn ihr tut was ich sagen werde, dann werdet ihr die Seelen der Räuber gewinnen!

Dann gab Franz den Brüdern genaue Anweisungen, wie sie sich verhalten sollten.

So verschafften sich denn die Brüder Brot und Wein, wanderten damit in die Wälder, an einen Platz, wo die Räuber sich aufzuhalten pflegten und riefen:

Kommt zu uns, Brüder Räuber, denn wir sind Mindere und haben euch Brot und Wein gebracht!

Da kamen die Räuber herbei. Die Brüder breiteten ein Tuch auf den Boden und bedienten die Räuber beim Essen und Trinken, gar höflich und unter allerlei Scherzen. Nachdem das Mahl beendet war, sprachen die Brüder ein kurzes Gebet und baten die Räuber in aller Unschuld, ihnen einen Wunsch zu erfüllen. Wollt ihr uns versprechen, bei euren Raubzügen niemanden an Leib oder Leben zu schaden?

Die Räuber waren einverstanden.

Am nächsten Tag brachten die Brüder außer Brot und Wein auch noch Eier und Käse mit, bedienten die schlimmen Gesellen in der nämlichen Weise und sprachen dann zu ihnen die folgenden Worte:

Warum versteift ihr euch eigentlich darauf, hier in den Wäldern zu hausen und trotz eurer Übeltaten ein so jämmerliches Leben zu fristen? Würdet ihr gottesdienstlich leben, dann würde euch Gott so wie uns sicherlich kleiden und nähren, und euch die ewige Seligkeit dazu geben!

Die Räuber sagten dazu zunächst weder ja noch nein. Aber sie fingen an, den Brüdern in der Einsiedelei Holz zu bringen. Nach einer Weile versprachen einige Räuber den Brüdern, hinkünftig von der Hände Arbeit leben zu wollen. Andere baten um Aufnahme in die Genossenschaft der Brüder, und führten fortan ein gottseliges Leben.

183 Es ist klar, daß es in der Franz-Philosophie keine unverbesserlichen Menschen gibt. (Eine Ausnahme von dieser Regel, Franzens Fluch über den Pietro Stacia, wurde oben Nr. 17 erzählt.) Sogar zwei hartgesottene Geschäftsleute, nämlich der Bürgermeister und der Bischof von Assisi, miteinander aufs ärgste zerstritten, inklusive Boykott und Exkommunikation, fallen (einer Leo-Geschichte zufolge) einander gerührt um den Hals, sobald ihnen Franz den Sonnengesang hat vorsingen lassen, ein Jahr vor seinem Tod.

Franzens Pazifismus (oben Nr. 129–135), obwohl der Empörung über klassenbedingte Ungerechtigkeit durchaus mächtig, ruht auf der unerschütterlichen Überzeugung, daß die Menschen von Hause aus zur Güte disponiert sind, daß sie der Zärtlichkeit bedürfen. Franz selber hatte, wie im Kapitel 4 dargetan, in seiner eigenen Familie und in den Kreisen, in denen er als junger Mann verkehrte, an der bürgerlichen Kälte und Unzärtlichkeit gelitten. In der Hinwendung zu den Bettlern und Aussätzigen hatte er ein tiefes Glück erlebt, und so wählte er die Lebensweise der Bettler, als Ermöglichung seines wirklichen Wohlbefindens (oben Nr. 62), will sagen der dauerhaften Erfüllung seines Verlangens nach Zärtlichkeit. Fortan hat Franz unter den kleinen Leuten wie ein Fisch im Wasser gelebt, ohne Herablassung und ohne Geldgebrauch, gebend und nehmend. Indem er den Bauern bei der Arbeit hilft und ihre Mahlzeiten teilt, oder auch einfach von Tür zu Tür um ein Stück Brot bettelt, erfährt er tagtäglich, daß man ihn nicht verhungern läßt. Franz hat, wenn man es so ausdrücken will, eine große Familie gefunden, in der alle wie Brüder und Schwestern zueinander sind. Auch Wasser und Feuer, die wärmende Sonne, duftende Blumen und arglose Tiere werden von Franz als geschwisterliche Wesen aufgefaßt, und sogar Gott wendet ihm ein zärtliches Antlitz zu; Sorge und Furcht, Schuldbewußtsein und Niedergeschlagenheit gehören der Vergangenheit an, Franz ist ein glücklicher Mensch.

So wird verständlich, warum Franz auch den Wölfen unter den Menschen so unbefangen entgegentreten kann, unter dem Motto:

Komm zu mir, Bruder Wolf.

Diese Gesinnung hat Franz auch vor dem Papst praktiziert, wie sofort zu berichten sein wird.

So wurde es erzählt: 184
Herr Hugolin, der ruhmreiche Kardinalbischof von Ostia, hatte dem Franz ausrichten lassen, seine Anwesenheit in Rom wäre dringend erwünscht. Als Franz bei ihm eintraf, wurde er vom Kardinal alsbald darüber belehrt, welch hohe Ehre ihm zuteil werden solle. Der Heilige Vater selbst habe verlangt, Franz solle eine Predigt vor ihm halten. In Anbetracht der Bedeutung dieses Anlasses habe er sich erlaubt, so fuhr Hugolin fort, für Franz den Text einer wohl disponierten Rede aufzusetzen. Die möge er treulich lernen, um auf diese Weise allen Argwohn, den der Papst vielleicht gegen ihn und die Minderbrüder hegen könnte, mit Leichtigkeit zu zerstreuen. Als nun Franz am festgesetzten Tag von Herrn Hugolin vor den Papst und seine Kardinäle gebracht wurde und er, nachdem der Segen erteilt war, seine Rede beginnen sollte, da konnte er sich plötzlich an nichts mehr von dem erinnern, was Herr Hugolin so klüglich durchdacht und ihm vorgesetzt hatte. In der allergrößten Verlegenheit griff er zu seinem Gebetbuch, schlug es auf und traf auf die Stelle des Psalms, wo es heißt: Immerfort ist vor mir meine Schmach, Schamröte bedeckt mein Gesicht.
Franz übersetzte den lateinischen Text in die Volkssprache und begann dann im Dialekt seiner Heimat vom Hochmut der Prälaten zu sprechen, von ihrem schlechten Beispiel und welche Schmach hierdurch der heiligen Mutter Kirche angetan werde. Denn das Antlitz der Kirche, fuhr Franz fort, seien gar wohl die Prälaten, und was wäre Gott lieber, als daß dies Gesicht in aller Schönheit erstrahle.
Mit solcher Inbrunst sprach Franz, daß er im Lauf seiner Rede allmählich seine Füße zu rühren begann und zuletzt als ein Tanzender erschien, durchglüht von der Freude an der Wahrheit. Und siehe, keiner der ruhmwürdigen Fürsten spürte eine Neigung zum Lachen. Vielmehr wurden sie von Staunen über den Freimut dieses Menschen bewegt, und in ihren Herzen regten sich Scham und Zerknirschung.

Unterdessen stand Herr Hugolin wie auf glühenden Kohlen und betete flehentlich zu Gott, das heilige Kollegium möge durch die Direktheit Franzens nicht erzürnt werden.
Doch das Gegenteil war der Fall. Als Franz geendet hatte, waren alle von seinen Worten ergriffen, und Franz schied von ihnen, der Gunst des heiligen Vaters und seiner Kardinäle gewiß.

185 »Das Individuum«, schreibt Hegel, »welches das Leben nicht gewagt hat, kann wohl als Person anerkannt werden; aber es hat die Wahrheit dieses Anerkanntseins als eines selbständigen Selbstbewußtseins nicht erreicht.«
Der Papst, vor dem Franz predigen mußte, war der Nachfolger desjenigen, von dem er neun Jahre früher die mündliche Erlaubnis zum Predigen erlangt hatte (oben Nr. 94). Inzwischen waren die Minderbrüder vom damaligen Dutzend zu einer kräftigen Laienpredigertruppe gediehen, deren Aktivisten in die Tausende gingen und die bereits über halb Europa und bis nach Palästina ausschwärmten (oben Nr. 164). An höchster Stelle war die Besorgnis gewachsen, diese theologisch ungebildeten Männer könnten zum Ferment ketzerischer Umtriebe werden.
Noch war das Instrument der päpstlichen Inquisition nicht fertig geschmiedet; aber der Kreuzzug gegen die südfranzösischen Ketzer, als erster innenchristlicher Massenmord, hatte ab 1209 ein neues Grauen ins Abendland gebracht.
Franz hat vor Mördern gepredigt.
»Zunächst ist für die Knechtschaft«, schreibt Hegel, »der Herr das Wesen. Dieses Bewußtsein hat nämlich nicht um dieses oder jenes, noch für diesen oder jenen Augenblick Angst gehabt, sondern um sein ganzes Wesen; denn es hat die Furcht des Todes, des absoluten Herrn, empfunden. Es ist darin innerlich aufgelöst worden, hat durchaus in sich selbst erzittert, und alles Fixe hat in ihm gebebt.«
Als Franz den Saal des heiligen Kollegiums betrat, mußte er wissen, daß seine Predigt über Leben oder Tod entschied. Einen päpstlichen Bannfluch hätten weder er noch seine Genossenschaft überstanden. Gleichwohl hält sich Franz mitnichten

ans Konzept des Kardinals, er redet frei und offenbart den Herren ihr wahres Wesen. Einen historischen Augenblick lang, während Franz seinen Tanz vollführt, wandert die absolute Furcht vom Knecht zu den Herren hinüber, und die Wölfe im Schafspelz ihrer angemaßten Legitimität spüren die Lockung der Friedfertigkeit.
Franz hat den hohen Herrschaften gesagt, daß sie sich ändern müssen.
Diese sehr wesentliche Bedingung zur Herstellung der wirklichen Brüderlichkeit ist allerdings nicht erfüllt worden, wie das Studium der Franz-Geschichte lehrt. Bislang ist es noch nie passiert, daß die Machthaber durch gutes Zureden allein ihre Thronsessel verlassen haben; bereits in der Bibel ist zu lesen, daß sie gestürzt werden müssen.

Schaut euch die Lerchen an

So sprach Franz: 186
Nimm einen Leichnam und lege ihn, wohin du willst; du wirst sehen, er leistet keinen Widerstand, er murrt nicht, er widerspricht nicht, auch wenn man ihn liegen läßt. Setzt man ihn auf einen Thron, so richtet er den Blick nicht nach oben, sondern nach unten. Kleidet man ihn in Purpur, so erscheint er doppelt so bleich.
Eine kleine und schlichte Herde sind wir, die minderen Brüder. Mindere nennen wir uns deshalb, weil wir uns weigern, Vorgesetzte zu werden.
Schaut euch die Lerchen an! Unscheinbar und fröhlich suchen sie am Wegesrand ihre Körner. Sie fliegen zum Himmel empor, und singen dabei. Ihr Gewand hat die Farbe der Erde, und mit ihrer kleinen Kapuze am Kopf gleichen sie uns, den minderen Brüdern.
Sind wir nicht dazu da, wie fahrende Sänger den Menschen Freude zu machen?

187 Das erste amtliche Dokument über die Existenz der Minderbrüder trägt das Datum vom 11. Juni 1219. Es handelt sich um ein päpstliches Empfehlungsschreiben an »alle Erzbischöfe, Bischöfe, Äbte, Dekane, Archidiakone und sonstige Obrigkeiten«, worin bestätigt wird, daß die Minderbrüder gute Katholiken seien und es verdienten, mit Zuvorkommenheit behandelt zu werden.
Zehn Jahre lang, von der denkwürdigen Audienz Franzens bei Innozenz III. (oben Nr. 94) im Jahr 1209 bis zur Bulle vom Juni 1219, schweigen die Akten über Franz und seine Genossen.
Es waren dies, wie gesagt, die schönsten Jahre im Leben unseres Franz.
Seine Genossenschaft konnte sich unreglementiert entwickeln, ohne das Korsett feierlich abgestempelter Regeln und amtlich beglaubigter Paragraphen.
In gewisser Weise hängt die Unbeschwertheit dieser ersten zehn Jahre der minderen Brüder mit der Tatsache zusammen, daß ihr Verein ein entschieden klassenloser gewesen ist, wie nunmehr zu zeigen sein wird.

188 Hier ist ein Kinderreim aus Wien, wie ihn der Verfasser noch im Gedächtnis hat:
Kaiser König Edelmann,
Bürger Bauer Bettelmann;
Schneider Schuster Leinenweber;
Kaufmannstocher,
Totengräber.
An die Klassengesellschaft des europäischen Mittelalters wird in diesem Verslein zutreffend erinnert, als Ungleichheit der Menschen, unter Weglassung der Klerisei zwar, ansonsten aber durchaus hierarchisch imaginiert, von ganz oben nach unten laufend, zu Bauern und Bettlern. Die Kaufmannstochter, als besonders gute Partie, wird ironisch mit dem verachteten Totengräber zusammengebracht, und die *mediocres* des kleinen Handwerks stehen exakt in der Mitte des ständischen Gefüges. Die Unterschicht, die *minores,* mit denen sich die Genossenschaft des Franz nicht nur dem Namen nach verbrüdern wollte,

alle die Schweinehirten, Arbeitslosen und Taglöhner (oben Nr. 52), bis hin zu den Bettlern und den damaligen Parias, den Blinden, Narren, Aussätzigen, Dirnen, Räubern, Landstreichern, Wahrsagern und Gauklern – diese erbärmliche Gesellschaft hat Franz zu seinem bevorzugten Milieu gemacht, mit dem »Blick nicht nach oben, sondern nach unten«, wie im Gleichnis vom Leichnam (Nr. 186) klar ausgedrückt ist.
Man ahnt: In einer Menschenwelt, in der die gesellschaftlichen Außenseiter voll akzeptiert wären, ginge es allen miteinander erheblich besser.
Von den Deklassierten, unter denen sich die gewohnten Standesunterschiede ganz selbstverständlich erübrigen, übernimmt Franz den fundamentalen Gleichheitsgrundsatz für seine Bruderschaft.
Tatsache ist, daß geborene Edelleute genausogut wie ehemalige Räuber, Dorfidioten wie Doktoren der Theologie oder auch preisgekrönte Troubadoure die erdfarbene Kutte des Franz angezogen haben, womit es dann mit Titeln, Würden und Privilegien, mit jeglichem Prestigedenken und Bessergestelltsein sein Ende hatte. Mit dem Beitritt zur Franz-Genossenschaft war der neue Bruder ein Mensch ohne Vergangenheit, er erwarb eine neue Identität, nämlich die eines heimatlosen Bettlers Christi, ohne Distinktionen und Rangabzeichen.
Zur Kennzeichnung Franzens und seines Vereins wird in den Quellen geradezu stereotyp der Ausdruck *humilis* gebraucht, was meist mit »demütig« übersetzt wird. Die Gedankenverbindung, die Franz zwischen Minderbrüdern und Haubenlerchen herstellt (oben Nr. 186), nämlich zu deren Ununterscheidbarkeit und unauffälliger Weise, auch ihrer Kleinheit und Genügsamkeit, weist jedoch nicht auf Unterwürfigkeit hin, sondern auf Unscheinbarkeit.
Wenn man sich an jenes Tier erinnert, das Könige und Kaiser bis ins zwanzigste Jahrhundert als Wappentier bevorzugt haben, nämlich den Adler, dann wird die Tendenz der Hinneigung Franzens zu den Lerchen sofort klar.
Im übrigen bleibt zu bedenken, daß Adler nicht singen können.

189 So wurde es erzählt:
Einst war Franz mit einem Genossen aus Assisi unterwegs, der einer besonders edlen und einflußreichen Familie entstammte. Weil Franz matt und krank war, ritt er auf einem Esel. Der Genosse, müde vom Gehen, dachte an seine vornehme Geburt und ärgerte sich darüber, daß er jetzt hinter dem Sohn eines Kaufmannes zu Fuß einhertrotten mußte, während der ein Reittier benutzte.
Zu seiner Verblüffung stieg Franz auf einmal von dem Esel herunter und sprach:
Mir ist eingefallen, daß es sehr unschicklich ist, wenn ich reite und du zu Fuß gehst, wo du doch in der Gesellschaft ein hoher und mächtiger Mann gewesen bist!
Da begann jener Genosse zu weinen und gestand schamrot dem Franz, welch eitle Anwandlung ihm durch den Kopf gegangen war.

190 Zwischen 1208 und 1217, von den frühesten Anfängen der Minderbrüder (Kapitel 7) bis zu jener Vollversammlung der inzwischen kräftig gewachsenen Genossenschaft, auf der erstmalig Funktionäre bestellt wurden (oben Nr. 164), hat Franz mit dem Prinzip der Klassenlosigkeit unter den Minderbrüdern keine besonderen Probleme gehabt.
Daß Franz nie ein Befehlshaber gewesen ist, versteht sich von selbst. Manche Beitritte zu seiner Genossenschaft geschahen sehr bald ohne sein Wissen, und etliche Rekruten kannten Franz nicht einmal dem Namen nach. Franz hat es konsequent vermieden, um sich eine Art inneren Kreis aufzubauen, aus dem später die Führungselite für eine straffe Organisation hätte hervorgehen können. Keiner seiner ersten Gefährten hat jemals eine formelle Funktion übernommen. Auch war Franz geradezu peinlich bemüht, bei der Wahl der stets wechselnden Begleiter auf seinen Wanderungen den Verdacht der Bevorzugung zu vermeiden. Erst in den letzten Jahren seines Lebens ist Franz diesbezüglich nachgiebiger geworden. (Nr. 14, 326).
Von allem Anfang an legte Franz Wert darauf, daß sich die Brüder immer wieder in alle Himmelsrichtungen zerstreuten,

paarweise auf den Landstraßen Mittelitaliens dahinwandernd, zum Zwecke der Predigt in den Städten und Dörfern. Franz selber verschwand regelmäßig für Wochen und Monate mit irgendeinem Genossen, hielt sich an einsiedlerischen Plätzen auf oder wanderte nach Apulien oder ins Piemont.
Gegenüber den »alten Orden« (oben Nr. 39) ist die geradezu programmatische Heimatlosigkeit und Instabilität der Franz-Genossenschaft tatsächlich ein entscheidendes Novum. Die Rekruten der ersten zehn Jahre sind nicht in irgendein Kloster eingetreten, sie schlossen sich vielmehr einer Bewegung an, mit Schwerpunkt in Umbrien und den Marken, auch hinunter nach Latium, aber durchaus mobil. (Die These, daß Franz und seine Genossen in den ersten Jahren ein vorwiegend beschauliches Leben der Betrachtung und des Gebetes geführt haben, hat sich in der Franz-Forschung nicht durchsetzen können.)
Dieser neue Lebensstil, tendenziell antihierarchisch, egalitär und dezentralistisch, getragen von theologisch unausgebildeten Laien, ohne kirchliche Weihen und Privilegien, erinnert stark an die Praxis der Katharer und Waldenser (oben Nr. 43–45, 120), jener von den Päpsten der Franz-Zeit am wütendsten verfolgten Erneuerungsbewegungen. Auch diese Ketzer pflegten paarweise aufzutreten und zu predigen, in schlichtester Gewandung und von Bettel oder Gelegenheitsarbeit lebend. Kein Wunder, daß mancher Bischof die Franz-Vagabunden mit tiefem Mißtrauen betrachtete und ihnen das Predigen verbot.

Celano berichtet: 191
Einmal kam Franz in die Stadt Imola, sprach bei dem dortigen Bischof vor und bat ihn um Predigterlaubnis. Der Bischof erwiderte:
Es genügt vollauf, daß ich dem Volk predige!
Franz verabschiedete sich.
Nach einer knappen Stunde war er wieder da.
Was willst du denn jetzt noch haben?
Herr, wenn ein Vater seinen Sohn durch die eine Tür hinaustreibt, dann muß er eben durch eine andere zurückkommen!
Der Bischof gab sich geschlagen und erteilte die Predigtlizenz.

192 Im November 1215 fand in Rom eine große Kirchenversammlung statt, unter dem Vorsitz des mächtigen Innozenz. Dieses »Vierte Laterankonzil«, wie es in den amtlichen Texten genannt wird, war die kirchenpolitisch wichtigste Konferenz im Mittelalter. (71 Erzbischöfe, 412 Bischöfe und 800 Äbte waren als stimmberechtigte Teilnehmer nach Rom gekommen.) Der Papst hielt eine zündende Rede zur Eröffnung der Beratungen, er sprach von der Reform der Kirche, von der Wandlung einer lasterhaften Christenheit in eine tugendhafte, und selbstverständlich vom nächsten Kreuzzug nach Palästina, geplant für das Jahr 1217.

In den Kapiteln, die dann verabschiedet wurden, gab es eine Reihe von kirchlichen Strafen für unkeusche und trunksüchtige Priester. Den Bischöfen wurde zur Pflicht gemacht, in ihrem Amtsbereich alle Ketzer aufzuspüren und zu bestrafen. Alle Christenmenschen, so wurde verfügt, sollten einmal im Jahr zur Beichte erscheinen; wer das nicht tat, machte sich schon dadurch der Ketzergesinnung verdächtig. Auch beschloß man, alle die unter den Christen lebenden Juden durch eine bestimmte Tracht kenntlich zu machen – welcher Brauch später von Hitler neu belebt worden ist.

Allerlei bürokratischer Terror kündigte sich dergestalt an, die sogenannten führenden Köpfe unter den bischöflichen Zipfelmützen haben gar nicht so unmoderne Gedanken gehabt, und von Rom her fiel der erste lange Schatten auf die unschuldige Franz-Genossenschaft.

Die Erstellung neuer Ordensregeln, so hieß es nämlich in den Bestimmungen des Konzils, sei strikte und ab sofort verboten; alle die frommen Vereine hätten hinkünftig nach einer der altbewährten Regeln zu leben, Neugründungen seien unerwünscht.

Der Fleiß vieler Franz-Gelehrter hat die Frage zu beantworten gesucht, ob Franz beim Konzil war. Von den vielen einschlägigen alten Quellen erwähnt nur eine einzige die Anwesenheit Franzens als Gast Roms während der Kirchenversammlung, in nicht eben verläßlicher Weise.

Trotzdem haben die Forscher viele Spekulationen über allfällige Interventionen Franzens beim Papst angestellt, wegen

der neuen Bestimmungen über die Gründung von religiösen Orden.
In Wirklichkeit hatte Franz damals andere Dinge im Kopf. Seine Genossenschaft war zu der Zeit noch relativ klein, und außerdem war Franz alles andere als eine Stifterpersönlichkeit, deren größte Sehnsucht darin besteht, einen straff organisierten Apparat ins Leben zu rufen.
In diesem entscheidenden Punkt unterschied sich Franz völlig von seinem spanischen Kollegen Dominik, dem Stifter des Dominikanerordens. Letzterer war dermaßen umsichtig, daß er bereits im Jahr 1216, als seine Gefolgschaft aus höchstens drei oder vier Dutzend Männern bestand, detaillierte »Konstitutionen« ausarbeitete. Im Jahr 1220, als es schon Tausende Minderbrüder gab, zählte der Verein des Dominik knappe fünfzig Mitglieder; dafür aber hatten die Dominikaner – sehr im Gegensatz zu den Minderen – eine effiziente Organisation, komplett mit Wahlordnung und Ämterverteilung.
Als Franz den Dominik kennenlernte, und zwar in Rom, in den ersten Monaten des Jahres 1217, hatte Dominik die päpstliche Genehmigung für seinen Orden bereits in der Tasche. Der Franz-Verein hingegen schwebte juristisch gesehen noch immer in der Luft, und wir haben keine Veranlassung zu glauben, daß sich Franz durch diesen Umstand besonders hat stören lassen.

Die »Fioretti«: 193
Als nun die ganze Schar der fünftausend Brüder im Wald der Portiuncula versammelt war, predigte Franz zu ihnen also:
Keiner von euch soll sich um das nötige Essen und Trinken bekümmern! Überlaßt Gott die Sorge um die Notdurft des Leibes!
Dominik aber, der damals zugegen war, verwunderte sich höchlichst über diese Weisung des seligen Franz, hielt sie für unklug und konnte sich nicht vorstellen, wie man eine so große Menge von Menschen ganz und gar unversorgt sich selbst überlassen könne.
Und siehe! Aus Perugia, Spoleto, Foligno, Spello und Assisi

kamen die Menschen mit Maultieren, Pferden und Karren, beladen mit Brot und Wein, Bohnen und Käse. Sogar Ritter und Barone bedienten die Brüder. Da schämte sich Dominik sehr, und er gestand dem Franz sein kleinliches Denken, bat ihn dafür um Verzeihung und gelobte, hinfort der heiligen Armut zu leben.

194 Wie bereits erwähnt (oben Nr. 164), hatte Franz den Brauch einer jährlichen Zusammenkunft aller Minderbrüder eingeführt, zu den Pfingstfeiertagen. Wie informell es bei diesen Vollversammlungen zuging, geht aus dem Bericht der »Fioretti« hervor, und auch das Befremden des guten Dominik über die Planlosigkeit Franzens klingt durchaus authentisch.
Man kann sich gut vorstellen, wie spontan und fröhlich solche Treffen waren. Tatsächlich gibt es darüber den Bericht eines Augenzeugen, eines Minderbruders aus dem Spoleto-Tal namens Jordan von Giano, dem auf einer Vollversammlung ein ziemlich wilder Streich gespielt wurde.

195 Bruder Jordan erzählt:
Im Jahre des Herrn 1221. Als die Versammlung schon zu Ende ging, erinnerte sich Franz plötzlich an eine wichtige Angelegenheit. Franz war damals recht schwach beisammen, und so zupfte er den Bruder Elias, der neben ihm stand, an der Kutte und sagte ihm, was er verlautbaren sollte. Elias rief:
Brüder, er sagt, daß er niemandem befehlen will, nach Deutschland zu gehen, weil dort die Genossen so schlecht behandelt worden sind! Wenn es aber Freiwillige gibt, dann sollen sie aufstehen und sich auf die Seite stellen!
Da sprangen an die neunzig Genossen auf, todesmutige Männer, stellten sich zusammen und erwarteten die Weisung, wann und auf welcher Route sie losziehen sollten.
In der Versammlung gab es aber auch einen Genossen, der vor der Wildheit der Deutschen große Angst hatte. Als er die Freiwilligen zusammentreten sah, war er davon überzeugt, daß sie alle das Martyrium erleiden würden. Er malte sich aus, wie er

später erzählen könnte, daß er diese Blutzeugen alle namentlich gekannt habe, und so ging er hinüber und begann, von einem der Freiwilligen zum anderen zu gehen und sie nach Namen und Herkunft zu fragen.
Einer von ihnen, ein gewisser Palmerio, der später in Magdeburg gewirkt hat, stammte vom Gargano in Apulien und war als Witzbold bekannt. Als nun jener ängstliche Bruder zu ihm kam und ihn nach seinem Namen fragte, erwiderte er:
Ich bin Palmerio! Und du bist auch einer von uns und wirst mit uns ziehen!
Dabei packte er ihn an der Kutte.
Nein, nein! Ich wollte euch doch nur kennenlernen! Ich will gar nicht nach Deutschland!
Aber Palmerio hielt ihn lachend fest, zog ihn zu Boden und zwang ihn, unter den Freiwilligen zu bleiben, trotz allen Gejammers.
Mittlerweile hatte man eben diesen Bruder für eine andere Mission bestimmt. Als nun Bruder Cesario kam, der die Fahrt nach Deutschland leiten sollte, um sich unter den Freiwilligen eine passende Truppe auszusuchen, rief man ihm zu, er müsse unbedingt den neugierigen Bruder mitnehmen. Der aber protestierte laut, und so brachte man ihn schließlich zum Bruder Elias.
Elias sagte:
Du wirst selber entscheiden, wohin du ziehen willst!
Jetzt war guter Rat teuer. In seiner Unschlüssigkeit lief der ängstliche Mann zu einem Genossen, von dem er wußte, daß er schon viel Ungemach überstanden hatte. (In Ungarn hatte man ihn nicht weniger als fünfzehnmal seiner Unterhosen beraubt, ganz zu schweigen von der Kutte.) Der meinte, es wäre am besten, von Bruder Elias einen Befehl zu erbitten.
Und Elias entschied, daß er sofort mit nach Deutschland gehen sollte.
Der Mann, dem dies widerfuhr, heißt Jordan von Giano und hat dies alles aufgeschrieben. Er gelangte auf diese Weise nach Deutschland und half dem Bruder Cesario, in diesem wilden Land eine Kolonie der Minderbrüder zu gründen.

196 Der Zwischenfall mit Bruder Jordan ereignete sich zu einer Zeit, als Franz bereits unter starkem Druck stand, eine kirchenrechtlich brauchbare Regel zu erstellen. (Mehr darüber im Kapitel 11.) Die Bestimmungen, die schließlich zustandekamen, verraten den zähen Kampf Franzens um seine Prinzipien in bezug auf Ämter und Befehlsordnungen, und sie wirken bis heute erstaunlich befreiend:
Jeder Standesunterschied unter den Minderbrüdern, auch der zwischen Laien und geweihten Priestern, ist verpönt.
Ein periodischer Wechsel zwischen Oberen und Untergebenen ist unbedingt erforderlich.
Die Ämter im Orden sollen als Dienstleistung gelten, weshalb auch dafür die Namen *minister* (Diener), *custos* (Beschützer), *guardian* (Wachhabender) eingeführt werden.
Die Funktionäre sind der Kontrolle aller Genossen unterstellt; sie können im Bedarfsfall abgewählt werden.

197 Bruder Jordan erzählt:
Den Peter von Catania, einen Bruder von adeliger Abstammung, der außerdem ein gelehrter Jurist war, pflegte Franz in seiner humorvollen Weise gern dadurch zu necken, daß er ihn so anredete:
Ach, mein hochwohlgeborener Herr Peter, was sollen wir jetzt machen?
Bruder Peter hinwiederum, der auch nicht auf den Mund gefallen war, sagte dann gern:
Ha, mein hochwohlgeborener Herr Franz, ganz wie es dein Wille ist!
Und auf diese Weise unterboten sie einander an demütigster Hochschätzung.

198 So endigt unsere Erörterung des Problems der Unterscheidung der Menschen zwischen Oberen und Unteren, Bessergestellten und Minderbemittelten, Vorgesetzten und Befehlsempfängern mit einem Gelächter, im Sinne Franzens.
Bei allem Widerstand gegen das Gehabe der menschheitsalten

Alpha-Tiere ist Franz unfeierlich und ohne Verbissenheit geblieben; diejenigen Genossen, denen beim Beten gelegentlich ein Lachen aufstieg, sind seine besten Schüler gewesen.
Franz selber hat, wenn ihm darnach zumute war, manchmal ein Holzscheit genommen, es wie eine Geige über den linken Arm gelegt und dann mit der Rechten einen Stecken darüber geführt, wie einen Fiedelbogen. Dazu sang er dann fromme französische Lieder, tanzte im Takt, mußte vor Rührung weinen und vergaß schließlich sich selbst und die Welt.
Daß diese Art Religion, damals wie heute nicht eben verbreitet, durch behördliche Maßnahmen nicht erzeugbar ist, sollte inzwischen deutlich geworden sein.

10. KAPITEL

Sultan! Sultan!

199 Nach der Pfingstversammlung des Jahres 1219 machten sich sechs Minderbrüder auf den Weg nach Marokko, um dort den Tod für den christlichen Glauben zu erleiden. Ihr Unternehmen war von der klaren Absicht geleitet, die Mohammedaner so sehr zu reizen, daß sie ihnen möglichst schnell die Köpfe abschnitten. Die Namen dieser freiwilligen Todeskandidaten: Vitale (er wurde unterwegs krank und mußte zurückbleiben), Otho, Bernardo, Pietro, Accurso, Adjuto. Die Chronik ihrer Leiden, von einem Augenzeugen beschrieben, wurde im vorigen Jahrhundert aufgefunden; es handelt sich um den Bericht eines Höflings aus der Umgebung des spanischen Infanten Don Pedro, der im Exil in Marrakesch lebte.

200 Der Bericht von den Leiden und dem Martyrium der fünf Minderbrüder im Land des Miramolin:
Als die Brüder in Sevilla angekommen waren, liefen sie alsbald in die Moschee und fingen an, gegen den Koran zu predigen. Sie wurden von den wütenden Gläubigen sofort gepackt und verprügelt. Am nächsten Tag sah man sie auf einem hohen Turm, von wo sie herabriefen, daß Mohammed ein Betrüger sei, und ein Sklave des Teufels. Daraufhin brachte man sie in ein Gefängnis und verwies sie bald danach aus der Stadt. Sie setzten ihre Reise fort und gelangten nach Afrika, wo man sie festnahm und vor den Miramolin in Marrakesch brachte. Im Verhör erklärten sie, daß der Koran lauter Lügen enthalte, worauf der

Miramolin sie foltern ließ. Bis aufs Blut peitschte man sie, goß kochendes Öl über ihre Leiber und brachte sie dann wiederum vor den Fürsten. Als dieser sie fragte, ob sie weiterhin gewillt seien, den Koran zu schmähen, erklärten sie, nur das Evangelium Christi enthalte die Wahrheit. Inzwischen hatte der spanische Infant beim Miramolin interveniert; die fünf Minderbrüder wurden daraufhin des Landes verwiesen und unter Bewachung zur Küste gebracht. Aber sie entkamen ihren Wächtern, eilten zurück nach Marrakesch, drangen sofort in die Moscheen ein und predigten gegen Mohammed und seine Lehre. Vergeblich versuchte der Miramolin, sie mit großzügigen Geschenken zu besänftigen. Als er ihnen schließlich mit der Todesstrafe drohte, schienen sie endlich zufrieden. So rief denn der Miramolin den Henker und ließ sie der Reihe nach enthaupten, am 20. Januar 1220. Der Infant trug dafür Sorge, daß die Leichen in aller Verschwiegenheit nach Coimbra gebracht wurden, in die Kirche der Augustinermönche, wo alsbald die Gläubigen zusammenströmten, zur Verehrung der ersten Blutzeugen aus den Reihen der Minderbrüder.

Die Ära der Kreuzzüge, in ihrer ausschweifenden Exotik, ist in 201
diesem Bericht voll da, in befremdlicher Deutlichkeit. Wobei den wilden Minderbrüdern ein eher zögernder Fürst gegenübergestellt ist; für den sind diese christlichen Derwische nicht eine Bedrohung, sondern eine Peinlichkeit. (Der Titel »Miramolin« ist eine christliche Verballhornung von »Emir al mu'minin«, dem konventionellen Würdenamen der damaligen Herrscher in Marokko; der Emir, der den Minderbrüdern die Köpfe abschlagen ließ, war ein gewisser Abu Jakub Jusuf II.) Nicht der Muselman, sondern die fünf Christen in der Franz-Kutte stehen in heutiger Sicht als die Fanatiker da, sie sind die Angreifer in dieser verrückten Partie.
Die Frage, die sich uns nunmehr stellt, lautet: War ihr Verhalten von Franz und seinem Willen inspiriert? War Franz seinerseits, wie Celano es ausdrückt, »voll flammender Sehnsucht nach dem Martyrium«, und damit ein Vorbild für jene fünf Todeskandidaten?

Franz hat, soviel steht fest, drei Reisen unternommen, um unter den Mauren und Sarazenen den christlichen Glauben zu predigen.
Zwei dieser Reisen mußten vor der Erreichung des Ziels abgebrochen werden. Die dritte Fahrt brachte Franz dann in der Tat vor den Sultan Ägyptens (und unbeschädigt wiederum zurück nach Italien).
Daß Franz, als Zeitgenosse der Kreuzzüge, von der allgemeinen Hysterie ergriffen wurde, kann man getrost annehmen. Seine Sehnsucht, den Muselmanen eine kräftige Predigt zu halten, ist so gesehen nicht besonders originell, mitsamt der damit verbundenen Militanz und Todesbereitschaft.
Wichtiger als diese mittelalterliche Färbung seiner Persönlichkeit ist deren Veränderung, wie sie nach der Rückkehr Franzens vom Kriegsschauplatz feststellbar ist. Franz hat, wie sich zeigen wird, aus Ägypten nicht nur ein Augenleiden mitgebracht.

Ein Schlachtfest für Christus

202 Hier ist der Bericht eines christlichen Anonymus über die Einnahme der Stadt Jerusalem durch die Kreuzfahrer am 15. Juli 1099 (auszugsweise, stark gekürzt):
Am Freitag, als sich die Stunde näherte, in welcher sich unser Herr Jesus Christus gewürdigt hat für uns den Kreuzestod zu erleiden, erklomm einer von uns, ein gewisser Laetholdus, die Stadtmauer. Dies war für die Verteidiger das Signal für die Flucht, und die unseren verfolgten sie bis zum Tempel Salomons, indem sie viele niedermachten. So gewaltig war das Schlachten, daß die unseren bis zu den Knöcheln im Blut gingen.
Die Sarazenen verschanzten sich dann im Tempel Salomons und leisteten uns den ganzen Tag hindurch erbitterten Widerstand. Ihr Blut floß in Strömen, überall. Als die Unseren zuletzt die Oberhand hatten, töteten sie nach ihrem Gutdünken die überlebenden Männer und Frauen der Ungläubigen oder brachten sie lebendig in ihre Gewalt. Auf dem Dach des Tem-

pels aber befand sich eine große Menge von waffenlosen Ungläubigen beiderlei Geschlechts. Ihnen hatte Herr Tankred seinen Schutz versprochen.
Schon begann in der Stadt ein großes Laufen, Gold und Silber erbeutete man, Pferde und Maultiere wurden mit allen erdenklichen Gütern beladen. Außer sich vor Freude und glückliche Tränen weinend fand man sich am Grab unseres Erlösers Jesus ein, zur schuldigen Anbetung.
Am nächsten Morgen schlichen sich die Unseren heimlich auf das Dach des Tempels, überfielen die sarazenischen Männer und Frauen und hieben ihnen mit dem blanken Schwert die Köpfe ab. Als Herr Tankred dies sah, ärgerte er sich sehr.

Die Aufwallung des wackeren Tankred (er war einer der Anführer der italienischen Truppe, die vornehmlich aus normannischen Rittern bestand) blieb folgenlos. Immer wieder veranstalteten die Gottesstreiter die widerwärtigsten Metzeleien unter der Zivilbevölkerung der Kriegsgebiete. Nach der damaligen kirchlichen Doktrin handelte es sich bei diesen Menschen ohnehin um Ungläubige und Heiden, nach denen krähte kein Hahn, und die Hölle war ihnen sicher. 203
Der uns bereits bekannte (oben Nr. 94, 192) Papst Innozenz hat ein Beispiel jener Hetzreden hinterlassen, die in popularisierter Form von den Kreuzzugspredigern den Rittern ins Ohr gesungen wurden:
»Und so erhob sich dortselbst jener Sohn des Verderbens Mahomet, dieser Pseudoprophet, welcher durch weltliche Verlokkungen und fleischliche Lüste viele von der Wahrheit abbrachte. Dessen Unglaube (perfidia) hat sich zwar bis in unsere Tage immer mehr ausgebreitet, aber wir vertrauen auf den Herrn, der uns bereits ein Zeichen gesetzt hat, daß das Ende dieser Bestie herangekommen ist.«
Auch die Sarazenen sind Ungläubige (perfidi Sarraceni) in diesem Brief des Papstes an die Christgläubigen der Kirchenprovinz Mainz aus dem Jahr 1213, worin der Heilige Vater wieder einmal einen Kreuzzug ausschreibt, mit der Zusage einer vollkommenen Tilgung aller Sündenlasten für die Beteiligten.

Die Legitimierung des päpstlichen Appells geschieht selbstverständlich unter Berufung auf Jesus persönlich:
»Eia, vielgeliebte Söhne, wandelt Bruderzwist und Mißgunst in Friedenspakt und gegenseitige Liebe um, gürtet euch zum Lehensdienst des Gekreuzigten, ohne Zaudern müßt ihr euer Gut und Leben für ihn drangeben, der für euch sein Blut vergossen hat.«
Für die Mainzer auf jeden Fall, nach Ansicht des Papstes, und sicherlich nicht für die Sarazenen.

204 Zur Zeit der Niederschrift dieses bemerkenswerten Dokumentes christlicher Feindesliebe war Jerusalem längst wieder von den Söhnen Mohammeds zurückerobert worden (im Jahr 1187). Der erste Schwung der Kreuzfahrer war dahin, Kaiser Barbarossa in einem türkischen Fluß jämmerlich ertrunken (1190). Dafür traten die Geschäftsinteressen Venedigs stärker hervor, die Dogen bewegten die Kreuzfahrer zur Besetzung Konstantinopels (1204). Die (christliche) Stadt wurde gründlich geplündert, wobei zahllose Reliquien gestohlen und in den Westen gebracht wurden, darunter so prominente Andenken wie ein Stück vom Kreuz Christi, ein Arm des Apostels Jakobus und ein Rest von der Muttermilch Mariens. Ein letztes Mal flackerte dann die Massenhysterie noch einmal auf, im Kinderkreuzzug des Jahres 1212. (Die betrogenen Kinder und Jugendlichen wurden in Marseille auf Schiffe gebracht und in Alexandria als Sklaven verkauft.) Um diese Zeit hat Walther von der Vogelweide ein eher klägliches Liedlein gesungen, mitleidsvoll des verlorenen Jerusalem gedenkend:
Jerusalem, nun weine, wie dein vergessen ist!
Daß die Bevölkerung Jerusalems in ihrer Mehrheit heilfroh war, mit der besonderen Art kreuzfahrerischer Nächstenliebe keine Bekanntschaft mehr machen zu müssen, ist dem guten Walther offenbar entgangen.

Im Jahr 1265, als die Herrschaft der Kreuzritter im Nahen Osten ihrem Ende entgegenging, verfaßte der französische Tempelherr Ricaut Bonomel einen Text, dessen Illusionslosigkeit beachtlich ist: 205

Fürwahr ein Narr ist, der gegen die Türken streitet, wo doch nicht einmal Jesus Christus gegen sie kämpft!

Herr Ricaut durchschaut mühelos die Quantenmechanik der Kreuzzüge, in welcher es allemal ums Geld geht:

Sie verkaufen Gott um Geld, und Verzeihung nur gegen klingende Münze.

Im Jahr 1291 fiel Akkon als letzte christliche Bastion, und der ganze Spuk war vorbei.

Im Jahr 1965 schrieb der französische Historiker Jacques Le Goff, derzeit einer der hervorragendsten Kenner der mittelalterlichen Geschichte: 206

»Neben die Illusionen der Kreuzfahrer muß man die Illusionen moderner westlicher Historiker setzen. Für die Mehrzahl unter ihnen haben die Kreuzzüge einen beträchtlichen und im großen und ganzen wohltätigen Einfluß auf die kulturelle und wirtschaftliche Entwicklung des Westens gehabt.«

In Wirklichkeit, so Le Goff weiter, halten die geläufigen Argumente der Fachgelehrten zugunsten der Kreuzzüge einer kritischen Prüfung keineswegs stand.

In Wirklichkeit waren die Kreuzzüge ein grober Unfug, milde gesprochen, und nach ihrer Beendigung war es höchste Zeit für die Reformation. Wie es in der Geschichte so geht, kam die Reformation allerdings erst zweihundert Jahre später.

Ihr verdankt das sogenannte Christentum den Sprung in die Neuzeit, mit den reformierten Holländern und Engländern als Vorreitern der industriellen Revolution und des modernen Kapitalismus.

Im Rückblick erweisen sich die Kreuzzüge als letzter gesamteuropäischer Kraftakt der feudalen Schichten, und hernach war es für die Nobilität mit dem Ritterspielen bald vorbei.

Vorbei war es auch, und zwar unwiderruflich, mit der Unschuld der »Christenheit« (der Ausdruck wurde im Mittelalter bereits verwendet). Mit den Kreuzzügen hat sich Europa, und zwar als christliches, so sehr kompromittiert, daß man sich fragt, mit welchem Recht sich seine Machthaber und Denker seither auf Jesus Christus berufen haben.

Der rechte Ring war nicht erweislich

207 Im Herbst 1212, dem Jahr des Kinderkreuzzugs, nachdem Klara in San Damiano versorgt war (oben Nr. 151), finden wir Franz zum ersten Mal auf hoher See. Es war ihm gelungen, ein Schiff nach Palästina zu besteigen (in Ancona vielleicht, oder in Brindisi), als frommer Pilgrim zu den Gedenkstätten im Heiligen Land. Aber die Winde trieben das Fahrzeug an die Küste Dalmatiens, wie Celano erzählt. »Als Franz sah, daß er um seinen heißen Wunsch betrogen sei, bat er nach kurzem Aufenthalt Schiffsleute, die nach Ancona fahren wollten, sie möchten ihn mitnehmen, da in diesem Jahr kaum mehr ein Schiff nach Syrien hinüberfahren konnte. Als sich diese hartnäckig weigerten, ihn mitzunehmen, weil er die Kosten nicht bestreiten konnte, begab sich der Heilige Gottes, voll starken Vertrauens in die Güte des Herrn, heimlich mit seinem Gefährten an Bord.« Die blinden Passagiere hatten immerhin, wie Celano weiter erzählt, einen unbekannten Wohltäter gefunden, der sie mit Proviant für die Überfahrt versorgte. Den teilten sie dann mit den Matrosen, und gelangten auf diese Weise sicher zurück in die Heimat.

208 Zwei Jahre später, nach der Pfingstversammlung, brach Franz neuerdings zu einer längeren Pilgerfahrt auf, diesmal nach Spanien, nach Santiago di Compostela, dem nach Rom bedeutendsten Wallfahrtsort des damaligen Europa. Celano besteht darauf, daß Franz von Spanien weiter nach Marokko wollte, »um dem Miramolin und seinen Leuten das Evangelium Christi zu verkünden«.
Die »Fioretti« hingegen verlieren kein Wort über eine derartige Absicht. Dafür nennen sie den Begleiter Franzens auf sei-

ner Wallfahrt – Bernhard von Quintavalle, den ersten Genossen (oben Nr. 122).
Man hat ausgerechnet, wie lange Franz nach Santiago gebraucht hat.
Franzens Route führte zunächst nach Arles in der Provence, dann weiter nach Toulouse, über die Pyrenäen nach Jaca (der alten Hauptstadt des Königreiches Aragonien) und Puenta la Reina, wo der *Camino del Sud* (die Pilgerroute von Italien her) auf den *Camino de Santiago* traf, die berühmte Wallfahrerstraße durch Navarra, Leon und Kastilien. Alles in allem wird Franz von Assisi bis Santiago di Compostela gute zwei Monate unterwegs gewesen sein, und vielleicht hat er es geschafft, zum Fest des Apostels Jakobus (spanisch: Santiago) am 25. Juli am Ziel seiner Wallfahrt zu sein.
Dann wurde er krank, wie Celano erzählt, und die Weiterreise nach Marokko mußte unterbleiben. Dem Miramolin und den Mauren entging das Vergnügen, Franzens Bekanntschaft zu machen. Das ist insofern bedauerlich, als sich der Miramolin mit Franz über einen gewissen Ibn Tumart hätte unterhalten können. Letzterer war um 1120 als Bußprediger durch Marokko gezogen und hatte die Menschen ermahnt, sich auf die Reinheit des Korans und die gottgefällige Armut (!) zu besinnen. Die Genossenschaft, die sich ihm anschloß, nannte man Al-Mowahhidun (Almohaden, in der Ausdrucksweise der Christen), die dann im Jahr 1147 die politische Herrschaft in Nordafrika antraten. Pointiert gesagt war der Miramolin als Almohade seiner geistigen Herkunft nach eine Art muselmanischer Franziskaner.
Das Gespräch zwischen Franz und dem Miramolin hätte sich um die Frage drehen können, ob eine religiöse (nach heutigem Verständnis: ideologische) Reformbewegung die politische Herrschaft anstreben soll.
Franz hätte die Frage sicherlich verneint.
Franz konnte nicht wissen, daß bereits im Jahr 1288 der erste Minderbruder den päpstlichen Thron besteigen sollte.
Wie man sieht, entwickelt sich die sogenannte Realpolitik nach der ihr eigenen Mechanik. Sie bedient sich, wenn opportun, der diversen Bußprediger, heute wie damals, wobei die unter-

schiedlichen Gläubigkeiten der jeweiligen Machtblöcke ihren Managern ungefähr ebensoviel bedeuten wie Jesus Christus dem William Colby. William Colby (oben Nr. 176) würde sich sicherlich gerne mit Franz unterhalten, beispielsweise über die Bedeutung des Glaubens in der Politik. Das Gespräch könnte die Notwendigkeit der ideologischen Propaganda zum Gegenstand haben, und es würde sich dabei herausstellen, daß zwischen Präsident Carter (oben Nr. 8) und Papst Innozenz (oben Nr. 203) kein wesentlicher Unterschied besteht. Franz würde wahrscheinlich den Wunsch äußern, eine Reise nach Moskau zu unternehmen, zum Zweck einer Audienz bei einem dortigen Spitzenfunktionär.
Herauskommen würde dabei ebensowenig wie beim Besuch Franzens in der Residenz des ägyptischen Sultans.
Diesem merkwürdigen Ereignis wollen wir uns nunmehr zuwenden.

209 Das Jahr 1217 markiert, wie bereits (Nr. 164) erwähnt, den Beginn der planmäßigen Auslandsmission der Minderbrüder. Gleichzeitig handelt es sich um das Jahr, in dem der von Innozenz sorgfältigst vorbereitete (und teilweise finanzierte) Kreuzzug losgehen sollte.
Innozenz war im Vorjahr gestorben. Sein Nachfolger, ein freundlicher alter Herr, regierte als Honorius III. von 1216 bis 1227. Er bestätigte die Kreuzzugspolitik seines Vorgängers, und auch am Stichtag der Einschiffung der militärischen Kontingente nach Palästina, dem 1. Juni 1217, wurde festgehalten. Aber die Kreuzzugsmaschine erwies sich, zum Kummer des Heiligen Vaters, als bereits ziemlich defekt.
Die englischen, französischen und deutschen Fürsten fanden immer neue Ausreden, um sich vor der Erfüllung ihrer Gelübde zu drücken. In Palästina selbst war die Stimmung – nach zwanzig relativ friedlichen Jahren – keineswegs kriegerisch. Den Enkeln der früheren Kreuzfahrer, die im Heiligen Land seßhaft geworden waren, erschien die Wiedereroberung Jerusalems als überflüssige Kraftanstrengung, wo doch die Hafenanlagen von Beirut, Tyrus und Akkon von Waren voll waren. Die Geschäfte

gingen gut, man hatte sich mit den Mohammedanern arrangiert, und manch ungläubiges Mädchen übte in den Betten der christlichen Herren eine erfolgreiche Missionstätigkeit aus.
Lediglich der König von Ungarn, der extravagante Andreas II., kam im Frühjahr 1217 mit seinem Kontingent zum Rendezvous, um mit dem Dogen von Venedig über den Preis der Überfahrt zu verhandeln. Ferner war der Graf von Meran (Tirol) und Österreichs Herzog Leopold VI. mit Truppen erschienen. Etwa 15000 Mann versammelten sich auf diese Weise an der Adria; sie vermehrten sich dann noch um etliche Ritter aus Norwegen und Pommern, unter der Führung von Prinz Sigurd und Herzog Kasimir. Das war vorläufig alles.
Im April 1217 konnte man am päpstlichen Hof eine Zwischenbilanz ziehen. Die vorhandene Streitmacht würde noch in diesem Jahr nach Palästina segeln. Der Kaiser jedoch, durch Thronfolgestreitigkeiten in Deutschland festgehalten, zögerte immer noch, und gleich ihm hielt sich auch der französische und englische Hochadel zurück. (Friedrich II. ist erst 1228 nach Akkon gefahren, nachdem er wegen seiner Hinhaltetaktik bereits exkommuniziert worden war.) In dieser Lage brauchte die päpstliche Kurie dringend Propagandisten, die in Deutschland und Frankreich, aber auch in Palästina die Moral der Ritter ankurbeln sollten.
Wir haben bereits erwähnt (oben Nr. 95), daß die Existenz der Franz-Genossenschaft den Kardinälen damals durchaus bekannt war.
Man wird erraten, wer der helle Kopf gewesen ist, der die ahnungslosen Minderbrüder vor den päpstlichen Wagen zu spannen beschloß: Kardinal Hugolin, Bischof von Ostia, späterer Protektor der Minderbrüder, Heiligsprecher Franzens, Begründer der päpstlichen Inquisition.

So wurde es erzählt: 210
Als dann der Kardinal von Ostia in Begleitung von vielen Ordensleuten und Geistlichen an der Versammlung der Minderbrüder zu Pfingsten teilnahm, im Wald der Portiuncula, gingen ihm alle Genossen in festlichem Zug entgegen. Sobald sie zu-

sammentrafen, stieg er vom Pferd und ging mit ihnen zu Fuß bis zum Kirchlein, woselbst er ihnen Messe und Predigt hielt. Franz sang dabei das Evangelium. Als der Kardinal hernach sah, wie die Brüder auf der bloßen Erde schliefen, auf dünnem Stroh, fast wie die Tiere, da wurde er zu Tränen gerührt, und sprach zu seinem Gefolge:
Seht, da liegen die Brüder! Wie übel wird es uns ergehen, die wir so viel Überflüssiges zu unserer täglichen Bequemlichkeit haben!
Auf diese Worte hin wurden alle gar tief ergriffen und erbauten sich sehr.

211 Über den Inhalt der Predigt des liebenswürdigen Kardinals ist nichts überliefert.
Man wird annehmen dürfen, daß er ein paar Worte über das Heilige Grab in Jerusalem gesagt hat, welches zur Schande und Schmach der ganzen Christenheit in den Händen der Ungläubigen befindlich, dringend wackerer Ritter bedurfte, um es aus der Gewalt des Erzschelms Mahomet zu befreien.
Und wer würde es unternehmen, den zaudernden fränkischen Rittern das Kreuz zu predigen?
Allgemeine Aufregung unter den Minderbrüdern, Freiwillige melden sich mit größter Begeisterung, eilig werden verschiedene Dutzendschaften zusammengestellt und in Marsch gesetzt, nach Deutschland, Frankreich und Palästina: sogar nach Ungarn machte sich ein Trupp auf den Weg.
Die Chronik fährt fort:
Nach jener Versammlung, auf der viele Brüder in die fernen Länder gesandt worden waren, blieb schließlich der selige Franz mit einigen Brüdern allein zurück.
Offenbar wollte er sich die Konsequenzen der neuen Entwicklung in Ruhe überlegen.

212 Die Geschichtensammlung, der wir hier gefolgt sind, berichtet anschließend von dem Entschluß Franzens, nach Frankreich zu wandern, »damit die Brüder um so geduldiger alles Ungemach

aushalten, wenn sie hören, daß ich dasselbe auf mich nehme«.
Das klingt nicht gerade nach wilder Kreuzzugsbegeisterung.
Es wird dann noch erzählt, daß Franz auf dem Weg nach Frankreich in Florenz Station gemacht habe, dort mit Kardinal Hugolin zusammengetroffen sei und von diesem dringend ermahnt wurde, in Italien zu bleiben. Franz habe gehorcht und sei in seine Heimat zurückgekehrt. Wichtig bei alledem ist nur, daß Franz im Mai 1217 keine Lust verspürt hat, ins Heilige Land zu wallen, obwohl ein Trupp Minderbrüder soeben dorthin aufgebrochen war, unter der Führung des Elias. (Von letzterem wird noch öfter die Rede sein müssen; er wurde im Jahr 1221 zum »Generalvikar« Franzens gemacht und war dann von 1232 bis 1239 Chef der Minderbrüder.)
Franz hat es nicht besonders eilig gehabt, den Kriegsschauplatz im Lande der Juden, Christen und Mohammedaner zu besuchen.

Zwei Jahre später ist Franz dann doch noch im Hafen von Ak- 213
kon an Land gesprungen. Seine Erlebnisse im Wetterwinkel der Weltreligionen werden in den alten Geschichtensammlungen mit ziemlicher Flüchtigkeit abgehandelt, und sogar der betuliche Celano vergißt seine sonstige Beredsamkeit.
Über den schwersten Schock im Leben des Franz schweigen die Quellen beharrlich.
Erinnern wir uns. Celano war es, der uns mit größter Liebe zum Detail die rührende Geschichte von Franzens Sorge um zwei Lämmer erzählt hat (oben Nr. 131), die zum Schlachten bestimmt waren. Über die Menschen in Damiette, deren Schlachtung durch die Kreuzfahrer Franz mit ansehen mußte, verliert Celano kein Wort.
Welthistorisch gesehen war die Einnahme Damiettes sozusagen ein Nicht-Ereignis. Zwei Jahre später, im Jahr 1221, war die Stadt bereits wieder in den Händen des Sultans.
Für Franz allerdings müssen die Leichenhaufen eine bleibende Erinnerung geblieben sein, wenn anders wir seinen Charakter nicht völlig mißverstanden haben.

214 Die Belagerung von Damiette begann im Mai 1218. Im Februar 1219 gelang es den Kreuzfahrern, die Stadt vollständig einzuschließen, woraufhin der ägyptische Sultan Melek-al-Kamil im März den Heiligen Krieg ausrief. Gleichzeitig bot er den Christen Friedensverhandlungen an, unter den großzügigsten Bedingungen: Königreich und Stadt Jerusalem wollte er den Christen überlassen, gegen die Räumung Ägyptens. Der päpstliche Legat, Kardinal Pelagius von Santa Lucia, der das Oberkommando hatte, schlug (gegen den Rat der erfahrenen Militärs im Christenlager) das Angebot jedoch aus.
Im August erschien Franz, von Akkon kommend, im Lager vor Damiette.
Eine zeitgenössische Chronik notiert:
»Dieser Mann, der die Bewegung der Minderbrüder ins Leben rief, Bruder Franz genannt, kam zum Heer vor Damiette, tat daselbst viel Gutes und blieb bis zur Eroberung der Stadt. Er sah die Sünde und das Böse unter den Soldaten zunehmen, und war darüber betrübt. Deshalb reiste er ab, hielt sich eine Weile in Syrien auf, und kehrte dann in seine Heimat zurück.«
Celano zeigt sich genauer informiert; er erzählt, daß Franz die Ritter davon abzubringen versucht habe, die belagerte Stadt anzugreifen. Die Männer hätten ihn ausgelacht. Die Attacke scheiterte gründlich, und die Christen hätten sechstausend Tote und Gefangene zu beklagen gehabt.
Aus anderen Quellen wissen wir, daß dieser fehlgeschlagene Angriff tatsächlich stattfand, am 29. August 1219.
Eine Passage aus Celanos Bericht darf hier wörtlich zitiert werden:
»Man brach auf, es kam zum Treffen, der Kampf tobte, der Feind schlug die Unsrigen. Im Verlauf der Schlacht aber gebot der Heilige bangen Herzens seinen Gefährten, sich zu erheben und Ausschau zu halten. Ein erstes und zweites Mal sah er nichts, da ließ er ihn ein drittes Mal ausschauen. Und siehe da, die ganze Streitmacht der Christen hatte sich zur Flucht gewandt, und das Ende des Kampfes brachte Schande statt Triumph.«
Franz hat das Gemetzel nicht mit eigenen Augen beobachten wollen.

Ende September schickte der Sultan (dessen Lager sich sechs Meilen nilaufwärts befand) zwei gefangene christliche Ritter zu den Belagerern, mit einem neuen Friedensangebot: Waffenstillstand für dreißig Jahre, Freigabe ganz Palästinas, an die Christen, Erstattung der Kosten für die Instandsetzung der Mauern Jerusalems, geschenkweise Überlassung eines Stückes vom Kreuz Christi, Stellung von zwanzig vornehmen Muselmanen als Geiseln. 215
Kardinal Pelagius lehnte wiederum ab.
Am 5. November fiel Damiette.

Am Beginn der Belagerung hatte diese blühende Hafenstadt 80000 Einwohner gehabt. Nach der Einnahme durch die christlichen Truppen wurden dreitausend Einheimische gezählt; von denen waren ganze hundert Menschen nur unverletzt. 216
Dem Jacques de Vitry (oben Nr. 95), der von 1216 bis 1228 das Amt des Bischofs von Akkon bekleidete und dem Kreuzfahrerheer nach Damiette gefolgt war, gelang es, wenigstens die Kinder der eroberten Stadt vor dem Tod bzw. der Sklaverei zu bewahren, indem er sie kurzerhand taufte.
Er schrieb über seine Erlebnisse in Damiette einen Brief, worin auch Franz Erwähnung findet:
»Herr Rainerio, der Prior der Michaelskirche in Akkon, ist soeben den Minderbrüdern beigetreten. Dieser Orden breitet sich gar mächtig in der gesamten Welt aus, weil er der Lebensweise der Urkirche und der Apostel nacheifert. Der Meister all dieser Brüder, welcher den Orden begründet hat, wird Franz genannt, ein von Gott und den Menschen geliebter Mann. Er kam in unser Lager, entflammt von Glaubenseifer. Er scheute sich nicht, zu den feindlichen Truppen hinüberzugehen und den Sarazenen zu predigen, allerdings mit wenig Erfolg. Nach einigen Tagen ließ ihn der Sultan vor sich bringen und bat ihn um sein Gebet, damit er von Gott darüber belehrt werde, welcher Religion er anhangen solle. Übrigens ist auch der Engländer Colin, unser Sekretär, zu den Minderbrüdern gegangen, zusammen mit zwei anderen geistlichen Herren aus meinem Ge-

folge, Ehrwürden Michael und Hochwürden Matthäus, denen ich die Pfarre zum heiligen Kreuz anvertrauen wollte. So muß ich mich eben mit Henri behelfen und den restlichen Herren.«
Zwischen den Tagessorgen des bischöflichen Herrn findet der Besuch Franzens beim Sultan Erwähnung, sozusagen nebenbei und daher recht authentisch, in diesem Brief aus Damiette, abgefertigt im Frühjahr des Jahres 1220.
Wann genau Franz mit dem Sultan geplaudert hat, wissen wir nicht. Es ist jedoch anzunehmen, daß sein Besuch im feindlichen Lager nach der Einnahme von Damiette geschehen ist, während der Erschöpfungspause im Krieg zwischen Christen und Mohammedanern.

217 Der Sultan, der sich für Franz interessierte, ist keineswegs eine schemenhafte Legendengestalt. Man weiß eine Menge über ihn, aus den Chroniken der muselmanischen Historiker.
Melek-al-Kamil stammte aus der Dynastie der Ajjubiden. Deren Begründer, der Kurde Saladin, hatte 1187 Jerusalem zurückerobert. Unser Sultan war sein Neffe, ungefähr gleich alt wie Franz, hochgebildet, mit einer besonderen Vorliebe für die mystische Poesie der Sufis. Als Feldherr war er gar nicht ungeschickt; er fügte im August 1221 den Kreuzfahrern am Nil eine vernichtende Niederlage bei, woraufhin der Kardinal Pelagius um Frieden bitten mußte. Ein achtjähriger Waffenstillstand wurde unterschrieben, die Christen mußten Damiette und Ägypten räumen, und Jerusalem blieb in der Hand der Mohammedaner.

218 Die Sufis: Diese Asketen innerhalb des Islam kleideten sich wie Franz in grobe Wolle (arabisch: *suf*), wovon ihr Name kommt. Ein Leben in freiwilliger Armut war ihnen wichtig. (Auch die Bezeichnungen für religiöse Ekstatiker im Islam, »Fakir« und »Derwisch«, sind von der arabischen bzw. persischen Vokabel für »arm« abgeleitet.)
Ab dem zwölften Jahrhundert kam es im Islam, in bemerkenswerter Parallele zum christlichen Europa, zur Bildung ordens-

ähnlicher Bruderschaften auf der Grundlage des Armutsideals und der Gottinnigkeit.

Man darf nach dem Gesagten durchaus annehmen, daß Franz vom Sultan respektvoll empfangen wurde.

Vorher hat Franz allerdings Prügel bezogen, wenn wir der Dar- 219
stellung Bonaventuras (oben Nr. 15) folgen dürfen. Nach dieser Überlieferung hatten sich die sarazenischen Vorposten auf Franz und seinen Genossen (einen gewissen Illuminato) gestürzt und die beiden gröblich mißhandelt. Daraufhin hätte Franz laut geschrien:

Sultan! Sultan!

Die Soldaten, in der Meinung, es handle sich vielleicht um Parlamentäre, hätten die beiden dann gefesselt und ins Hauptquartier gebracht.

Es ist möglich, daß Bonaventura dieses Detail von dem Begleiter Franzens, jenem Bruder Illuminato hatte, also aus erster Hand. Tatsächlich existieren über die Abenteuer Franzens im Lager des Sultans mehrere Schilderungen, franziskanische und andere. Sie sind alle aus christlicher Sicht geschrieben, und insofern tendenziös. Außerdem widersprechen sie einander nicht selten, und mitunter hat man das Gefühl, eher einer Geschichte aus Tausendundeiner Nacht zu lauschen als einen Tatsachenbericht zu lesen.

Zum Beispiel die »Fioretti«:

Der Sultan hörte dem seligen Franz gerne zu und bat ihn, oft wiederzukommen. Auch erteilte er ihm und seinen Gefährten die Erlaubnis, zu predigen, wo sie wollten, und gab ihnen einen Paß, so daß ihnen kein Leid geschehen konnte. So sandte denn Franz seine Jünger zu zweien aus in die Länder der Heiden, und zog seinerseits mit einem Gefährten umher.

In einer Herberge traf er dann auf ein Weib, schön von Angesicht, aber verderbten Sinnes, welche mit ihm zu sündigen begehrte. Da sprach Franz zu ihr:

Wenn du willst, daß ich dir zu Willen sei, dann mußt auch du mir zu Gefallen sein!

Das Weib war einverstanden und drängte zum Lager. Franz

aber zog sie zu einem großen Herd, in dem ein mächtiges Feuer brannte, entkleidete sich, legte sich nackt auf den Ofen wie auf ein Bett und sprach zum Weibe:
Nun schnell, entkleide dich und erfreue dich mit mir dieses köstlichen Lagers!
Als das Weib sah, daß das Feuer den Seligen unversehrt ließ, bekehrte sie sich alsbald aus dem Kot ihrer Sünde, ließ auch die Nacht des Heidentums hinter sich, wandte sich Jesus Christus zu und gewann in der Folge dem Herrn viele Seelen.

220 Wenn man nach einem historischen Kern in dieser nun wirklich mittelalterlichen Geschichte suchen will, dann kann man sich vorstellen, wie der Sultan dem Franz ein zärtliches Mädchen ins Zelt schickt – einfach aus Höflichkeit oder auch mit dem verschmitzten Hintergedanken, diesen christlichen Bußbruder ein wenig in Versuchung zu führen.
Auf jeden Fall werden wir annehmen dürfen, daß Franz mindestens eine Woche im Lager des Sultans verbracht hat, daß der kultivierte Fürst ein lebhaftes Interesse an Franz hatte, daß es längere Gespräche gab, über den wahren Glauben und die beste Weise, gottwohlgefällig zu leben.
(Man sollte nicht vergessen, daß das Lagerleben für den Sultan sonst eher langweilig gewesen sein wird.)
Die erste Begegnung zwischen Franz und dem Sultan könnte sich folgendermaßen abgespielt haben:
Als Franz dem Sultan vorgeführt wurde, ließ der Fürst zunächst einen prächtigen Teppich bringen, dessen Muster aus vielen Kreuzen gewebt war. Es war nämlich der Brauch, Überläufer aus dem christlichen Lager über die Kreuze gehen zu lassen, zur Prüfung ihrer Bereitschaft, das Zeichen des Kreuzes mit Füßen zu treten.
Franz marschierte ohne Zögern über den Teppich.
Und ließ dem Sultan dolmetschen, warum er so bedenkenlos über die Kreuzlein gegangen sei:
Wisse o Fürst, daß zusammen mit unserem Heiland zwei Diebe gekreuzigt wurden. Da wir nun das wahre Kreuz Christi haben und andächtig verehren, können deine Kreuze nur jene bedeu-

ten, an welchen die Diebe gehängt sind. Deshalb bin ich auch ohne Zögern über sie hinweggegangen.
Der theologische Witz dieser Antwort entzückte den Sultan. Er erkannte, daß hier kein gewöhnlicher Narr oder Fanatiker vor ihm stand und gab Anweisung, den seltsamen Gast wie einen Gottgeliebten zu beherbergen.

Daß in der Folge eine Art Religionsgespräch stattfand, geht 221
nicht nur aus den christlichen Berichten hervor. Auch der mohammedanische Chronist Al Zajjat erwähnt »die Affäre des berühmten Mönches«, dessentwegen der Sultan seinen theologischen Ratgeber, den angesehenen Mystiker Fakr-al Din, konsultiert habe. Zugezogen wurden ferner Rechtsgelehrte und Richter.
Die letzteren empfahlen dem Sultan, sich mit dem fremden Mönch in keinerlei Debatte einzulassen. Sie sagten:
Unser Gesetz, o Sultan, verbietet uns, jenen zu lauschen, die ein uns fremdes Wissen verbreiten. Solchen sind vielmehr unverzüglich die Köpfe abzuschneiden.
Der Sultan dachte selbstverständlich nicht daran, sich sein Vergnügen an einer religionsphilosophischen Debatte verderben zu lassen. Er erteilte dem Franz das Wort.
Franz: Meine Position ist schwierig, o Fürst. Denn aus der Bibel zu argumentieren, ist mir hier von vornherein verwehrt, weil deine Gelehrten nicht an sie glauben. Ferner ist es unsere Überzeugung, daß die Vernunft dem Glauben nachfolgt und nicht vorangeht, dergestalt, daß das Licht der Vernunft nur jenen erleuchten kann, der bereits zum Glauben gelangt ist. Der Glaube nämlich ist über jede menschliche Vernunft erhaben.
Lassen wir dahingestellt, ob Franz wirklich mit der Eleganz eines hochscholastischen Magisters disputiert hat.
Wahrscheinlicher ist, daß die Erörterung der Frage nach der wahren Religion bald in eine Sackgasse geriet, woraufhin Franz einen geradezu sensationellen Vorschlag machte.
Er erklärte sich bereit, durchs Feuer zu gehen.

222 Das Gottesurteil (christlich: *ordalia*; islamisch: *mubahala*) war zur Zeit Franzens ein allgemein bekannter Wahrheitstest, obwohl es sowohl von den christlichen wie von den muselmanischen Glaubensbehörden offiziell verboten war. Von hohem kulturgeschichtlichen Alter, findet sich der Brauch des Ordals vornehmlich in jenen Gesellschaften, die über ein rational durchgebildetes Prozeßverfahren in Streitfällen nicht verfügen. (Im alten römischen Recht fehlt er daher.) Die Idee des Ordals: Feststellung des wahren Sachverhalts bei zeugenlosen Verbrechen (Mord von unbekannter Hand, Ehebruch, Schadenzauber, Diebstahl). Die Methoden: Gift-, Feuer- und Wasserproben, auch Loswerfen und Duell.
Franz schlug zunächst ein doppelseitiges Ordal vor. Er und Bruder Illuminato sollten durch ein großes Feuer marschieren, aber ebenso auch die Muslim-Gelehrten. Wer unverletzt blieb, hatte die Bestätigung Gottes erhalten.

223 Wir beginnen zu ahnen, was Franz ins Lager des Sultans und schließlich zum Verzweiflungsvorschlag der Feuerprobe getrieben hat. Da der Krieg zwischen Christen und Muslim im Namen der (jeweiligen) Wahrheit geführt wurde, wollte Franz die wahrere Wahrheit festgestellt haben, wodurch dann jeder kriegerische Konflikt illegitim werden würde.
So sehr es stimmen mag, daß Franz mit der selbstverständlichen Borniertheit des überzeugten Christen sich auf die Reise zu den »Ungläubigen« machte, so sehr wird man annehmen müssen, daß seine abendländischen Vorurteile im Orient eins nach dem andern zerbröckelt sind. Man wird ihm erzählt haben, daß die Mohammedaner eine auch im christlichen Sinn sehr hochstehende Religion hätten, mit dem Glauben an einen einzigen Gott, wie in der Bibel geschrieben.
Vor Damiette hat Franz dann erlebt, wie der christliche Priester und Armee-Kommandant Pelagius die maßvollen Friedensangebote des Sultans verworfen hatte und wie schließlich, immer noch unter der Verantwortung eines Kardinals der Heiligen Römischen Kirche, die christlichen Truppen in Damiette ein Massaker veranstaltet hatten.

Die Interpretation für die Bereitschaft Franzens zur Feuerprobe würde dann lauten:
Franz wollte den Frieden um jeden Preis, sogar auf das Risiko hin, daß Gott sich den Muslim zuneigte und ihn selber in den Flammen umkommen ließ.

Zum Glück für Franz lehnte die Gegenpartei seinen Vorschlag 224
ab, weil er dem Willen des Propheten entgegenlief.
Worauf Franz sich bereit erklärte, allein durch die Flammen zu wandern.
Zum Sultan sagte er:
Wenn ich unverletzt aus dem Feuer hervorgehe, dann sollst du und dein Volk den Christenglauben annehmen; verbrenne ich jedoch, mögt ihr dies meinen Sünden zuschreiben.
Diese Wette erschien dem Sultan mit Recht unfair zu sein. Außerdem war er, wie festzuhalten bleibt, insgesamt weitaus zivilisierter als unser Franz. Er lehnte daher auch den zweiten Vorschlag Franzens in höflicher Weise ab und ließ Gold, Silber und Prunkgewänder zur Verabschiedung der beiden Gäste bereitstellen.
So sprach der Sultan zu Franz:
Bete für mich, daß Gott mir den Glauben offenbaren möge, der ihm am angenehmsten ist.

Dieses noble Wort, als Aufgang des Zwillingsgestirns Skepsis 225
und Toleranz, erinnert an die Ringparabel in Lessings »Nathan«:
Der rechte Ring war nicht erweislich.
Tatsächlich läßt sich die Geschichte von den drei Ringen, von denen nur einer echt ist, über das Dekameron des Boccaccio bis an den Hof Friedrich II. in Sizilien zurückverfolgen, womit wir uns in der Franz-Zeit befinden.
Wir wollen unserem Franz, dessen katholische Gesinnung außer Zweifel steht, sicherlich nicht den ein wenig spöttischen Agnostizismus unterstellen, der im Umkreis des Frühaufklärers Friedrich gedieh. (Auch die Rede von den »drei Erzbetrü-

gern« Moses, Jesus und Mohammed ist dem Stauferkaiser zugeschrieben worden, allerdings von einem wütenden Papst, Gregor IX., vormals Kardinal Hugolin von Ostia.) Angesichts des für Franz zentralen Jesus-Komplexes verbietet sich die Annahme, Franz könnte am Hof des Sultans auf den Gedanken gekommen sein, seine katholische Religion sei vielleicht gar nicht so absolut wahr, wie er bislang geglaubt hatte.

Aber: Katholisch heißt wörtlich »umfassend«, »ein Ganzes betreffend«.

Das kann man missionarisch verstehen, im Sinne des Bemühens, die ganze Welt päpstlich zu machen. Das war (und ist) die Mentalität der Kreuzzüge bzw. der Conquistadoren. Man kann sicher sein, daß diese Ideologie ihre Gewalt über Franz verloren hat, unten am Nil, anno 1219.

Vielleicht ist ihm damals eine schönere Katholizität aufgegangen, eine Menschenfreundlichkeit unter Verzicht auf partikuläre dogmatische Setzungen und rabiate Glaubensbekenntnisse.

Auf jeden Fall aber ist Franz im Bewußtsein nach Hause gefahren, daß sein geliebter Jesus nochmals und fortwährend ans Kreuz geschlagen wurde, und zwar von der gesamten kreuzfahrenden Christenheit.

Gnadeninflation

226 Bis auf den heutigen Tag verwalten die in den diversen katholischen Männerorden organisierten Jünger des Franz einen für Außenstehende höchst seltsamen Brauch.

Wer als Katholik am 2. August in einer Franziskanerkirche beichtet, die Kommunion empfängt und drei Vaterunser verrichtet, erhält einen »vollkommenen Ablaß«, nämlich (nach heutiger Auffassung) eine Tilgung aller »zeitlichen« Strafen für Sünden, die hinsichtlich ihrer Schuld bereits annulliert sind. Katholisch gesprochen heißt das, daß bezüglich der Sünden eine Unterscheidung gemacht wird. Die Schuld wird in der Beichte getilgt, aber die Strafe für die Sünden, abzubüßen durch Leiden im Diesseits oder im Jenseits, bleibt auch nach

der Beichte aufrecht. Das Ausmaß der Strafen ist unbekannt, aber in Zeiteinheiten meßbar – daher »zeitlich«. (Die Strafe des Höllenfeuers ist außerhalb der Zeit, daher »ewig«.)
Ein vollkommener Ablaß ist für alle, die an ihn glauben, ein äußerst günstiges Angebot, was die himmlische Buchhaltung anlangt. Nach der Beichte ist zwar die Seele rein, aber das Konto ist weiterhin mit abzubüßenden Strafen belastet (zum Beispiel Leberkrebs). Falls der Sünder (die Sünderin) hienieden nicht alle Strafen erlitten hat, die ihm (ihr) wegen seiner (ihrer) Sünden zugemessen worden sind, muß er (sie, es) im Fegefeuer brennen, bis alles seine Ordnung hat. Hernach erst kommt er (sie, es) in den Himmel. Ein vollkommener Ablaß hingegen tilgt alle Sündenstrafen sofort. Wer das Glück hat, vor dem Sterben einen vollkommenen Ablaß zu ergattern, dessen Seele springt alsbald in den Himmel.
Dieses Arrangement wirkt heute auf viele Katholiken (den Verfasser nicht ausgenommen) eher komisch.
Zur Franz-Zeit, mit ihrer wirklichen Höllenangst, war ein vollkommener Ablaß eine derartige Kostbarkeit, daß er zunächst nur den Kreuzfahrern gewährt wurde (erstmals von Papst Urban II. im Jahr 1095). Die subtilen Unterscheidungen zwischen Strafe und Schuld, wie oben notiert, gab es damals noch nicht. Ein Ritter, der sein Schwert vom Blut der Ungläubigen gereinigt hatte und das Schiff in die Heimat bestieg, durfte sich aller Schuld vor Gott ledig fühlen.
Im Jahr 1277, einundfünfzig Jahre nach Franzens Tod, kam ein erstaunliches Schriftstück zustande.
Ein gewißer Angelo, Provinz-Minister der Minderbrüder in Umbrien, stellte im Auftrag des General-Ministers Hieronymus von Ascoli (nachmaligem Papst Nikolaus IV.) eine Reihe notariell beglaubigter Zeugenaussagen zusammen, die sämtlich die Echtheit eines vollkommenen Ablasses unterstützten, den Franz vom Papst Honorius (oben Nr. 209) erwirkt haben sollte, in mündlicher Form, für alle jene, die am 2. August in der Portiuncula-Kapelle ein Gebet verrichteten.
(Der 2. August ist der Kirchweihtag der Portiuncula.)
Die beigebrachten Zeugen:
Bruder Benedikt und Bruder Regnier sagen aus, daß Bruder

Masseo (oben Nr. 163) ihnen mehrere Male genau erzählt habe, wie der Ablaß zustande gekommen sei. Peter Zalfani sagt aus, er sei bei der Einweihung der Portiuncula in seiner Jugend dabei gewesen und habe die Reden gehört, die Franz bei dieser Gelegenheit gehalten habe. Jakob Coppoli (aus Perugia) sagt aus, er habe den Bericht über die Umstände, unter denen der Ablaß vom Papst erwähnt wurde, direkt von Leo (oben Nr. 14) erzählt bekommen.

Der Gelehrten-Streit über die Echtheit des Schriftsatzes aus dem Jahr 1277 dauert bis heute an. Bestritten wird nicht, daß das Dokument echt ist, sondern ob die Zeugen die Wahrheit gesagt haben, beziehungsweise ob ihre Aussagen nicht einfach erfunden worden sind, um den (damals bereits in Übung befindlichen) Ablaß nachträglich zu legitimieren.

Derlei Fälschungen waren im Mittelalter Legion.

Die heutigen Franziskaner brauchen sich um die Ursprünge ihres Ablasses nicht mehr sonderlich zu kümmern. Mehrere Päpste haben ihn im Lauf der Zeit bestätigt und später auf alle Franziskanerkirchen erweitert, weshalb der Andrang der Katholiken am 2. August für die Nachlaßverwalter des Franz noch immer recht zufriedenstellend ist.

Für uns jedoch ist die Frage, ob Franz selbst vom Papst einen vollkommenen Ablaß begehrt und erhalten hat, insofern durchaus interessant, als dieser Ablaß ein listiger Sabotageakt gegen die Idiotie des Kreuzfahrens ist.

Für sündenbeladene Ritter aus London, Paris oder Köln lag Assisi jedenfalls näher als Jerusalem, und ein paar Vaterunser waren ungefährlicher als eine offene Feldschlacht in Syrien oder Ägypten.

Tatsächlich wird berichtet, daß jene Franziskaner aus der zweiten Hälfte des dreizehnten Jahrhunderts, die mit der Kreuzzugspredigt und dem Sammeln von Spenden für neue Kreuzfahrten beschäftigt waren, heftig gegen den Portiuncula-Ablaß – als klarer Geschäftsstörung ihres eigenen Gnadenbetriebs – intervenierten.

Es ist selbstverständlich auch denkbar, daß Minister Elias (Nr. 212) im Zug der Errichtung der großartigen Franz-Basilika in Assisi nach einer zusätzlichen Attraktion für zahlungskräftige

Pilger aus aller Welt suchte und den wunderbaren Ablaß bei der päpstlichen Kurie durchsetzte, zunächst inoffiziell und quasi geduldet, irgendwann um 1230.
Auf jeden Fall war der Portiuncula-Ablaß einige Jahrzehnte nach dem Tod Franzens in ganz Europa bekannt, und jedes Jahr strömten im August von überall her die Pilger in Assisi zusammen.
Sollte vielleicht doch Franz selber hinter der ganzen Geschichte stecken?

Weder Celano noch die »Fioretti« erzählen uns etwas über den 227
Portiuncula-Ablaß. Aber in den Leo-Geschichten (oben Nr. 14, 15) findet sich ein deutlicher Hinweis auf den umstrittenen Gnadenakt:
»Wir nämlich, die wir mit dem seligen Franz zusammen waren, legen Zeugnis dafür ab, daß er besonders eindringlich über diese Kirche gesprochen hat, wegen des außerordentlichen Privilegiums (propter multam praerogativam), auf welches der Herr dortselbst hingewiesen hat und der ihm an eben diesem Ort geoffenbart hat, daß unter allen übrigen Kirchen in der Welt, welche die selige Jungfrau liebt, sie diese liebt.«
(Das Latein des Originals ist ebenso holprig wie meine Übersetzung. Der »Herr« des Textes ist Gott, die »selige Jungfrau« ist die heilige Maria, »diese Kirche« ist die Portiuncula, und die göttliche Offenbarung über die herausragende Bedeutung der Portiuncula, inklusive des großen Privilegs, wird dem Franz zugesprochen.)
Dieser Text, der Anfang einer langen Passage über verschiedene Äußerungen Franzens über die Portiuncula, stammt aus dem Jahr 1246 (oben Nr. 15), ist also um einunddreißig Jahre älter als jenes notariell beglaubigte Dokument, von dem vorhin (Nr. 227) die Rede war, und erhöht somit dessen Authentizität.
Die Geschichte, wie Franz den Papst herumgekriegt hat, könnte sich tatsächlich ereignet haben.

228 So wurde es erzählt:
Als nun Franz mit Masseo nach Perugia gewandert war und dem Herrn Papst Honorius seine Aufwartung machte, sprach er:
Ein winziges Kirchlein, welches ich in der Nähe von Assisi vor einigen Jahren selbst wiederum hergestellt habe, ist mir und den Brüdern gar sehr ans Herz gewachsen. Nun soll es, zur Ehre der seligen Jungfrau, von neuem geweiht und der regelmäßigen Andacht der Minderbrüder überantwortet werden, damit alles seine richtige Ordnung hat. Das ist der Anlaß, der mich zu dir führt. Ich erbitte von dir einen Ablaß für alle, die am Weihetag dies Kirchlein andächtig besuchen, ohne weitere Auflagen.
Du willst einen Nachlaß der kirchlichen Strafen, wenn ich dich recht verstehe, obgleich der Verzicht auf Opfergaben unüblich ist. Vielleicht könnte man daran denken, einen Ablaß von einem Jahr zu gewähren.
Heiliger Vater, was ist schon ein Jahr?
Willst du am Ende drei Jahre, oder gar sieben?
Nicht Jahre, Seelen will ich, liebster Herr Papst!
(Bewegung im Audienz-Saal. Honorius, von dem man weiß, daß er sein Vermögen den Armen geschenkt hatte, bleibt wohlwollend.)
Was soll das heißen, mein Sohn?
Daß einem jeden, der dieses niedrige Kirchlein am Weihetag betritt, nach frommer Beichte alle Bußen und Strafen für seine Sünden erlassen sein sollen, hienieden und drüben!
Aber, aber, mein Freund! Das wäre ganz und gar gegen den Brauch der Römischen Kurie!
Christus hat mir gesagt, daß man einen neuen Brauch machen soll!
(Der Papst wendet sich an sein Gefolge. Man redet auf ihn ein. Franz hat sich auf die Knie geworfen, rutscht auf ihnen näher zum Papst und umfaßt dessen Beine. Der Papst steht auf.)
Plenam suorum peccaminum veniam indulgemus!
(Franz versteht soviel Latein, um die Bedeutung des Spruches zu ermessen. Der Papst hat tatsächlich einen vollkommenen Ablaß gewährt. Franz beeilt sich jetzt. Er deutet den vorgeschriebenen Fußkuß an und strebt dem Ausgang zu.)

Halt! Willst du denn nicht auf die Ausfertigung der Bulle warten, du seltsames Männlein?

Meine Urkunde ist die selige Jungfrau, mein Notar heißt Christus, und als Bürgen nehme ich die heiligen Engel Gottes!

(Die Sekretäre dringen in den Papst, den Ablaß klar zu definieren und dadurch einzuschränken.)

So wisse denn, daß dieser Ablaß nur von der Stunde der Vesper des Vortages bis zur Vesper des Weihetages seine Kraft haben wird!

Damit war Franz entlassen. Er wanderte mit Masseo zurück nach Assisi. Unterwegs wurde er sehr müde, und so legte er sich bei dem Dorf Colle ein wenig in den Schatten, schlief ein und träumte. Als er sich wieder ermuntert hatte, sprach er zu Masseo:

Jetzt hat mir das Gottessöhnlein gesagt, daß der Ablaß auch im Himmel anerkannt worden ist!

Ferner wurde erzählt: 229

Als nun am 2. August der Tag der Neueinweihung der Portiuncula herangekommen war und die Bischöfe von Assisi, Perugia, Todi, Spoleto, Gubbio, Nocera und Foligno der Einladung der Minderbrüder zum festlichen Anlaß gefolgt waren, stieg Franz auf einen Stuhl und sprach zu der Menge:

Ich will euch alle ins Paradies schicken, jetzt und in dieser Stunde! Wisset, daß mir der Herr Papst einen vollkommenen Ablaß bewilligt hat, für euch alle, die ihr gekommen seid, aber auch fürderhin und immerdar all denen, die in diesem Kirchlein am Weihetag ihr Gebet verrichten. All ihre Sünden und Bußen sind ihnen dann erlassen. Merkt euch aber, daß die Gnade nur diesen einen Tag im August fließt, bis zur Stunde der Vesper.

So hat, nach den Aussagen der Zeugen, damals der hochberühmte Ablaß der Portiuncula seinen Anfang genommen, zum Lob und zur Ehre unseres Herrn Jesus Christus und seiner gebenedeiten Mutter.

230 Die Gnadeninflation, wie sie in Assisi begann, erreichte die ewige Stadt erst etliche Jahrzehnte später. Als nämlich die letzte Bastion der Christenheit im Heiligen Land gefallen und damit der Zutritt zu den Erinnerungsstätten in Palästina für die Wallfahrer fast unmöglich geworden war, beschloß Papst Bonifaz VIII. im Jahr 1300, in Rom einen vollkommenen Ablaß für alle jene auszurufen, die in diesem Jahr diese Stadt besuchen und an den Gräbern der heiligen Apostel ihr Gebet verrichten würden. (Dieser sogenannte Jubel-Ablaß wurde bis heute gewährt, in Abständen von fünfundzwanzig Jahren, zuletzt im Jahr 1975. Voraussichtlich wird es auch im Jahr 2000 so sein, falls vorher kein Atomkrieg stattgefunden hat).

231 Im Vergleich zu dem Vernichtungspotential der sogenannten Großmächte von heute nimmt sich die Ära der Kreuzzüge nahezu idyllisch aus. Die Barbarei zweier Weltkriege innerhalb von fünfzig Jahren, mit Auschwitz, Dresden und Hiroschima, hat den bürgerlichen Fortschrittsglauben schlimmer kompromittiert als die Kreuzzüge des Christentums.
Was macht man mit einem kompromittierten Glauben?
Mit dieser Frage hat Franz die letzten sechs Jahre seines Lebens verbracht, und eine bündige Antwort auf sie hat er uns nicht hinterlassen.

11. Kapitel

Wie ein Mensch in Fesseln

Hier ist ein beklemmender Text, ohne Zweifel von Franz selber 232
verfaßt, aus dem Testament des Jahres 1226:

»Es ist mein fester Wille, dem General-Minister dieser Bruderschaft zu gehorchen, sowie auch jedem Guardian, den er mir geben wird. Und in einer solchen Weise will ich in seine Hände gegeben sein, daß ich gegen seinen Willen nicht gehen und nicht handeln kann. Denn er ist mein Herr. Und obwohl ich unscheinbar und schwach bin, möchte ich immer einen Kleriker bei mir haben, der mir die Pflichtgebete vorsagt, so wie es in der Regel steht. Gleicherweise sind alle Brüder gehalten, ihren Guardianen zu gehorchen und die Pflichtgebete zu sagen, so wie es in der Regel steht. Wenn welche gefunden werden, die das Pflichtgebet nicht nach der Regel verrichten oder es in irgendeiner Weise abändern wollen oder nicht katholisch sind, dann sind alle Brüder, wo immer sie auch sein mögen, im Gehorsam gehalten, einen solchen, wo immer sie ihn finden, zum nächsten Kustoden zu bringen. Und der Kustode ist streng im Gehorsam gehalten, denjenigen in festen Gewahrsam zu nehmen, so wie einen Menschen in Fesseln, Tag und Nacht, so daß er seinen Händen nicht entwischen kann, bis er ihn persönlich in die Hände des Ministers ausgeliefert hat. Und der Minister ist streng im Gehorsam gehalten, ihn weiterzuschicken, mit der Hilfe von Brüdern, die ihn Tag und Nacht wie einen Menschen in Fesseln bewachen, bis sie ihn vor den Herrn von Ostia gebracht haben, welcher der Herr, der Beschützer und Zuchtmeister (corrector) unserer Bruderschaft ist.«

233 Die Stimme, die in diesem Text zu uns spricht, ist die eines gebrochenen Menschen.

Das Vokabular, in immer wiederkehrenden Wendungen, drückt ein und denselben Vorgang aus: die zupackende Hand, die ihr Opfer ergreift und nicht wieder losläßt.

Zweimal ist von den Händen, die ihre Beute festhalten, unverhüllt die Rede. Franz selber will, wie er sagt, »in die Hände« des General-Ministers gegeben sein; ohne dessen Erlaubnis kann er keine einzige Bewegung machen. Und der ungehorsame Bruder muß, dies die zweite Stelle, vom Kustoden so genau bewacht werden, daß er »seinen Händen nicht entwischen« kann. Viermal wird gesagt, daß Menschen »gehalten« (teneantur) sind. Alle Brüder sind gehalten, ihren Guardianen zu gehorchen und die Pflichtgebete zu sagen. Alle Brüder sind gehalten, ungehorsame Brüder zum nächsten Kustoden zu bringen. Der Kustode ist gehalten, den Schuldigen in Gewahrsam zu nehmen. Der Minister ist gehalten, den Verhafteten zum Bischof von Ostia zu schicken.

Alle sind sie »gehalten«, in diesem Text, inklusive der Funktionäre. Was sie hält, sind Befehle. Die Befehle sind aufgeschrieben, in der »Regel«. Der Bischof von Ostia ist die letzte Instanz in der Befehlskette, die alle fesselt, er ist der »Herr«. (Der General-Minister, den Franz als seinen »Herrn« bezeichnet, ist ihm untergeben.)

Der Herr des Bischofs von Ostia ist der Papst.

Der Herr des Papstes ist Gott.

Nur Gott ist nicht »gehalten«.

Oder doch? Was täte dieser Gott ohne Menschen, denen er Befehle geben kann? Er wäre »die absolute Form der absoluten Langeweile«, um mit Heidegger zu sprechen.

So schließt sich der Kreis, und aus ihm gibt es kein Entrinnen.

234 Franz redet, immerhin in seinem Testament, wie ein Verhafteter.

Er spricht wie zu Mitgefangenen.

Alle Brüder, auch die »Minister«, »Guardiane« und »Kustoden« (oben Nr. 196) sollen wissen, daß sie sich wie gefesselte

Menschen zu verhalten haben. Wenn einer von ihnen diese Vereinbarung bricht, muß man ihn Tag und Nacht bewachen und zum Kardinal-Protektor bringen.

Den Namen des letzteren kennen wir:

Hugolin aus dem Hause der Segni, geborener Graf, Neffe Innozenz III., 1196 Kardinal-Diakon, 1206 Kardinal-Bischof von Ostia, 1227 Papst.

Wir werden uns hüten, ihn als den Bösewicht unseres Buches aufzubauen.

Franz geriet in die Hände Hugolins, das ist alles.

»Bei den Menschen wird die Hand, die nicht mehr losläßt, zum eigentlichen Sinnbild der Macht.«

Mit diesem Befund (von Elias Canetti) ist der Sachverhalt, der uns in diesem Kapitel beschäftigen soll, angemessen beschrieben.

Franz spricht (immer noch das Testament) keineswegs feststel- 235
lend, wenn er vom Vorgang der Auslieferung eines ungehorsamen Bruders an den Herrn von Ostia handelt. Er spricht nicht im Indikativ, sondern in der Soll-Form (*teneantur,* und nicht: *tenentur*). Auch sagt Franz nicht:

Ich bin in die Hände des General-Ministers gegeben.

Sondern:

Ich will in seine Hände gegeben sein.

Franz bejaht ausdrücklich, und in hochmoralischer Weise, seine eigenen Fesseln und die Fesseln der Bruderschaft.

Er sagt nicht: So ist das nun einmal, Freunde. Richtet euch darnach, sonst geht es euch schlecht.

Sondern er sagt: Meine und eure Fesselung ist eine gute und wünschenswerte Sache; eine Tugend ist es, als ein Gefesselter zu leben.

Deshalb wirkt der angeführte Text aus dem Franz-Testament so beklemmend, deshalb hat man den Eindruck, der Stimme eines gebrochenen Menschen zu lauschen.

236 Wir erinnern uns an die Predigt Franzens vor dem Papst (oben Nr. 185) und an den Zusammenstoß Franzens mit Hugolin vor versammelter Mannschaft (oben Nr. 12). Beide Ereignisse fallen in die Zeit vor 1220, und von einem unterwürfigen Franz konnte damals noch keine Rede sein. Sechs Jahre später hat derselbe Franz dann jene Passage in sein Testament aufgenommen, in welcher die Ketten der Knechtschaft klirren.
Wir fragen: Was hat man mit Franz in den letzten Jahren seines Lebens angestellt?

237 Menschen, die selber ein Glied innerhalb von Befehlsketten sind, zum Beispiel Universitätsprofessoren, zum Beispiel katholische Priester, werden unsere Frage nach Franzens Veränderung befremdlich finden. Sie werden sagen:
Franz hat zeit seines Lebens den Gehorsam empfohlen.
Sie müssen so reden, weil sie selber zeit ihres Lebens gehorcht und andere zum Gehorsam angeleitet haben.
Die ganz überwiegende Mehrzahl der modernen Franz-Forscher setzt sich, bis heute, aus Universitätsprofessoren und katholischen Priestern zusammen. (Die letzteren gehören meist einem der drei heutigen Franziskanerorden an.)
Als der protestantische Theologe Paul Sabatier (oben Nr. 23) im Jahr 1894 sein Franz-Buch veröffentlichte, war er Pfarrer in einem kleinen Nest in den französischen Cevennen. (Die Erinnerung an den Aufstand der dortigen Hugenotten, der »Kamisarden«, gegen die brutale Katholisierungspolitik Ludwig XIV., von 1702–1710, ist in den Cevennen noch durchaus lebendig.) Professor ist Sabatier erst im Jahr 1919 geworden, in Straßburg.
Sabatier: »Fast alles, was seit 1221 innerhalb des Ordens geschehen, hat sich ohne Wissen des heiligen Franziskus, oft geradezu gegen seinen Wunsch, vollzogen. Wollte man daran noch zweifeln, so bedürfte es nur eines einzigen Blickes auf das Dokument, welches am feierlichsten und erschöpfendsten sein tiefstes Denken kündet, auf sein Testament. Von allen Einflüsterungen, die seine Ideen herabziehen wollten, befreit, sehen wir ihn hier sich mutig zusammenraffen, um an das ursprüngli-

che Ideal zu erinnern,und es allen Zugeständnissen, die seiner Schwäche entrissen worden waren, entgegenhalten. Das Testament ist nicht ein Nachtrag zur Regel von 1223; es ist fast ihr Widerruf. In dieser Schrift den ersten Versuch einer Auflehnung zu sehen, wäre irrtümlich: Die fünf letzten Lebensjahre des heiligen Franziskus bilden eine unausgesetzte Anstrengung, durch Wort und Wandel zu protestieren.«
Gegen Sabatier erhob sich ein Chor gelehrter Franziskaner. (Sabatier ist 1928 gestorben. Wie wir – Nr. 111 – gesehen haben, schreiben die Franziskaner noch immer gegen Sabatier.)
Die handlichste Formel für die Vernebelung des Konflikts zwischen Franz und dem bürokratischen Terror seiner Zeit hat jedoch ein deutscher Geschichtsprofessor geliefert, bereits im Jahr 1903. Damals schrieb Walter Goetz eine Studie über »Die ursprünglichen Ideale des heiligen Franz von Assisi«. Darin heißt es, Franz habe »die Unerfüllbarkeit seines Ideals« erleben müssen.
Dieser Befund wird bis heute abgeschrieben, allenfalls unter Verwendung der ebenso handlichen Floskel von der »tiefen Tragik im Leben des heiligen Franziskus« (ebenfalls von Goetz).
Offenbar haben die Franz-Forscher noch nie eine Zeile von Kafka gelesen.

Sabatier stellt, ganz mit Recht, zwei Franz-Dokumente einan- 238
der gegenüber: Die päpstlich approbierte »Regel« von 1223 und das Testament von 1226. Tatsächlich finden sich in Franzens Testament Belege für Sabatiers These, daß Franz in den letzten fünf Jahren seines Lebens immer noch Widerstand gegen die Fesseln geleistet hat, die man ihm und seiner Bruderschaft angelegt hatte.
Aber: Im Testament steht eben auch jene Passage, die wir an den Anfang dieses Kapitels gestellt haben. Die Sprache, die Franz in ihr spricht, wirkt wie erloschen, sie hat eine Kommando-Struktur, wie sie in geschlossenen Anstalten entsteht – in Klöstern, Kasernen, Gefängnissen, Irrenhäusern und Konzentrationslagern.

Die letzteren, als Ausgeburt des zwanzigsten Jahrhunderts, haben unseren Blick für das Anstaltswesen geschärft; wir sind gegen Institutionen mißtrauisch geworden.
(Michel Foucault hat uns, im Gegensatz zum abgeschmackten Institutionsbegriff der landläufigen Soziologie, den realen Zusammenhang zwischen Internierung und Institution gezeigt; die geschlossenen Anstalten, die ab dem siebzehnten Jahrhundert wie ein Netz über Europa gelegt wurden – alle die Arbeitshäuser und Besserungsanstalten für das Lumpenproletariat – verkörpern die institutionelle Wirklichkeit des modernen Staats.)
Franz hat zwischen 1220 und 1226 erleben müssen, wie aus seiner Bruderschaft (Verein, Genossenschaft, Bund – mittelalterlich: *religio*) eine Institution (mittelalterlich: *ordo*) gemacht wurde.
Wir werden sehen, wie sehr er unter dieser Entwicklung gelitten hat. Ob sie ihn selber ergriffen und gebrochen hat, ist die entscheidende Frage.

VON JETZT AN BIN ICH TOT FÜR EUCH

239 Im Winter 1219/20 verließ Franz Damiette (oben Kapitel 10) und wandte sich nach Palästina. Über die Monate, die er dort verbracht hat, wissen wir nichts.
Während seiner Abwesenheit von Italien hatten seine beiden Stellvertreter (»Vikare«), Matthäus von Narni und Gregor von Neapel, eine folgenschwere Entscheidung getroffen und der Errichtung fester Häuser als Residenzen für die Minderbrüder in größeren Städten zugestimmt. Auch das Studienhaus des Pietro Stacia in Bologna (oben Nr. 17, 18) ist in der Zeit zwischen dem Sommer 1219 und dem Sommer 1220 gebaut worden, während Franz im Orient war.
Zu Pfingsten 1220 hielten die Vikare mit den italienischen Funktionären der Minderbrüder eine Konferenz ab, bei der schärfere Fastenvorschriften dekretiert wurden, in Angleichung an die Regeln der »alten Orden«.
Ferner hatte ein gewisser Bruder Philipp für die Minderschwe-

stern und gegen den Willen Klaras eine Reihe von Privilegien bei der päpstlichen Kurie erwirkt.
Schließlich gab es noch einen kleinen Skandal. Ein gewisser Giovanni da Conpello hatte den Verband der Minderbrüder verlassen und einen separaten Verein aufgezogen, bestehend aus Aussätzigen beiderlei Geschlechts.
Franz saß gerade beim Essen (möglicherweise in Akkon), mit Elias, Peter von Catania (oben Nr. 197) und einigen anderen Genossen, als ein besorgter Bruder aus Italien in die friedliche Runde platzte und ein Papier mit den neuen Bestimmungen der Vikare auf den Tisch legte.
Franz studierte die in dem Dokument enthaltenen strengen Fastenvorschriften in aller Ruhe und fragte dann ironisch:
Was sollen wir jetzt machen?
Alle betrachteten nachdenklich die Suppenschüssel, in der einige Fleischstücke schwammen.
Peter von Catania erwiderte, im selben Ton:
Eia, hochedler Herr Franz, noch habt ihr die Macht zu bestimmen, was wir essen dürfen.
Franz: Wohlan, so lasset uns nach dem Evangelium handeln und essen, was uns vorgesetzt worden ist.

Wir bemerken, in dieser geradezu fröhlichen Szene des Sommers 1220, keinerlei Panik an Franz. Einige Brüder haben Dummheiten gemacht, man wird ihnen den Kopf waschen. 240
Franz segelte (was er wahrscheinlich ohnehin wollte) mit Elias und Peter nach Italien zurück. Im September traf er in Venedig ein. Sein Weg führte ihn dann über Bologna, und was dort geschah (oben Nr. 17), zeigt uns einen bereits ziemlich wütenden Franz.
Daß er das nagelneue Studienhaus sofort räumen läßt, inklusive der Kranken, ist ein Zeichen für seinen Zorn gegen eine Entwicklung, deren Gefährlichkeit er zu erkennen beginnt: die ersten Anzeichen für die beginnende Institutionalisierung seines Vereins.
Franz beschließt, sofort nach Rom zu wandern, zum Papst.

241 Die Franz-Bruderschaft war zu diesem Zeitpunkt keineswegs desorganisiert. Ab dem Jahr 1217 (oben Nr. 164, 190) haben die Minderbrüder Italien unter sich aufgeteilt, in fünf Regionen (oder »Provinzen«), mit je einem Genossen als Anlaufstelle für den Austausch von Nachrichten und die Koordinierung der Aktivitäten. Daß diese »Provinzial-Minister« anfänglich keine Autoritätspersonen, geschweige denn »Obere« waren, ist sicher. Auch über Stützpunkte haben die Minderen damals schon zweifellos verfügt – wir brauchen dabei nur an die Portiuncula denken, mit ein paar Hütten aus Lehm und Ästen, mitten im Wald. Jeder Genosse wußte über diese durchwegs abgelegenen Niederlassungen Bescheid, im Rieti-Tal oder in den Marken, dort konnte jeder eine Schlafstelle finden und ein Stück Brot, vielleicht auch ein paar Wochen Pause machen, Neuigkeiten hören und seine eigenen Geschichten erzählen.
Zu Pfingsten trafen sich dann alle an dem Ort, den man ein Jahr zuvor vereinbart hatte, meist in der Nähe von Assisi. Man besprach alle Probleme, lernte die neu Hinzugekommenen kennen, stritt und lachte gemeinsam, bildete wohl auch Gruppen und Kumpaneien und bettelte im übrigen die Umgebung leer. Es gibt überhaupt kein Anzeichen dafür, daß Franz diese Entwicklung mit Unbehagen verfolgt hätte, und auch das kräftige Wachstum der Genossenschaft hat ihm zwischen 1217 und 1220 keine wirklichen Sorgen bereitet.

242 Über die Größe der Franz-Genossenschaft im Spätherbst 1220, als Franz nach Rom marschierte, haben wir keine verläßlichen Informationen. Jede Zahl zwischen tausend und dreitausend ist akzeptabel. In Spanien, Frankreich und Palästina hatten die Minderbrüder bereits Fuß gefaßt. In Italien waren sie sozusagen überall, Franz durfte gegen Gott dankbar sein. Von einer »schweren Krise« unter den Minderbrüdern während der Abwesenheit Franzens, ab dem Sommer 1219, kann keine Rede sein, trotz der oben geschilderten Vorgänge. Das sind die unvermeidlichen Wachstumsschwierigkeiten, wird Franz bei sich gedacht haben, als er im Oktober in Rom eintraf. Man wird mit Hugolin reden und vielleicht auch mit Honorius,

um die paar Ungeschicklichkeiten aus der Welt zu schaffen, die in der letzten Zeit passiert sind, und damit basta.
In bezug auf den einzigen Punkt, der Franz ernstlich Sorgen machte, nämlich die Sache mit den festen Häusern, wollte Franz sicher energisch vorgehen.
Franz klopfte an die Tür des Palastes, in dem Hugolin wohnte. Das erste, was er erfuhr, war eine böse Überraschung.

Am 22. September 1220 war eine päpstliche Bulle (Titel: 243
»Cum secundum consilium«) abgefertigt worden, gerichtet an die »Priores seu Custodes« der Minderbrüder.
Prior heißt Vorgesetzter – ein Wort, das Franz peinlich vermieden hat, zeit seines Lebens. Er hat den Gebrauch des Wortes »Prior« in dem von ihm autorisierten ersten Entwurf zu einer Regel für die Minderbrüder sogar ausdrücklich untersagt.
Franzens Name fehlte in der Bulle.
Die erste Frage Franzens an Hugolin mußte lauten:
Bin ich abgesetzt?

In der Bulle wurde wie folgt verfügt: 244
Ab sofort muß ein Probejahr für Neubewerber eingeführt werden. Wenn der Kandidat nach Ablauf desselben seine Gelübde getan und dadurch in die Gemeinschaft definitiv aufgenommen worden ist, darf er sie nicht mehr ohne weiteres verlassen. Er ist zum strikten Gehorsam gegenüber den Prioren bzw. Kustoden verpflichtet. Letztere haben bei Zuwiderhandlung das Recht, die Disziplin mit Hilfe der Bestimmungen des kanonischen Rechts durchzusetzen.
Zuletzt stand in der Bulle noch eine eigentümlich vage Verordnung:
Niemand solle die »ganze« Armut der Gemeinschaft verletzen.
Für Franz ergaben sich eine Reihe weiterer Fragen:
Warum hat man nicht gewartet, bis ich zurück bin?
Warum hat man das Probejahr eingeführt?
Aus welchem Anlaß mußte die Armutsbestimmung eingeschärft werden?

245 Was Hugolin dem Franz alles erzählt hat, ist nicht überliefert. Hingegen steht fest, daß Franz zum Papst gegangen ist – nicht um gegen die Bulle zu protestieren, auch nicht um gegen die Errichtung fester Häuser Einspruch zu erheben, sondern einzig und allein deshalb, um beim Papst die Bestellung Hugolins zum Kardinal-Protektor der Minderbrüder zu erwirken.
So wurde es erzählt:
Franz wartete geduldig vor dem Eingang des päpstlichen Palastes, um den Papst anzusprechen, sobald er herauskommen würde. Als nun der Papst heraustrat, entbot ihm der Selige den Friedensgruß, worauf der Papst gnädig erwiderte:
Gott segne dich, mein Sohn.
Dann sagte der selige Franz:
Herr, bei eurer hohen Würde und den erhabenen Verpflichtungen eures Amtes kann es nicht gut angehen, daß die kleinen Leute immer wieder vor euch erscheinen und um eine Audienz bitten, selbst wenn es notwendig ist. Viele Väter habe ich mittlerweile von euch bekommen. Gebt mir einen einzigen, mit dem ich mich besprechen kann, wann immer es nötig erscheint, auf daß er als euer Vertreter meine Angelegenheiten und die der minderen Brüder und Schwestern behandeln kann.
Welchen soll ich dir geben, mein Sohn?
Den hochwürdigsten Herrn von Ostia!
Gütig entsprach der Heilige Vater der Bitte des seligen Franz. Bald darnach veranlaßte der Kardinal von Ostia, daß die Verfügungen bezüglich der Minderschwestern zurückgenommen und Bruder Giovanni da Conpello mit seinem Anhang bei der Kurie in Ungnade geriet.

246 Interessant in diesem Text ist die Anspielung auf die »vielen Väter«. Franz hatte erkannt, daß er der Beamtenschaft des päpstlichen Kanzleibetriebs nicht gewachsen war. Da ging Bulle um Bulle hinaus, jeden Tag und in alle Welt, sicherlich nicht ohne Korruption und Schmiergelder, und oftmals wußte die eine Hand nicht, was die andere tat.
Wie hätte sonst Bruder Philipp (oben Nr. 239) seine Extratour unternehmen können, die Minderschwestern betreffend? War

nicht auch die ominöse Bulle vom 22. September auf recht undurchsichtige Weise zustande gekommen? Hatten nicht die Brüder in Frankreich, während Franz noch im Heiligen Land war, von der päpstlichen Kanzlei ein Empfehlungsschreiben an die französischen Bischöfe erwirkt, eine generelle Predigterlaubnis betreffend, mit Datum vom 29. Mai 1220? War nicht in eben dieser Bulle die Franz-Genossenschaft erstmals als *ordo* bezeichnet worden (worauf man sich später berufen konnte)? Franz war selbstverständlich strikt und von Hause aus gegen Bullen und Privilegien aller Art. Jetzt begann auf einmal die päpstliche Kanzlei allerlei Papier auszuspucken.
Daß Franz in dieser Lage zum Papst gegangen ist, um sich einen der mächtigsten Männer der Kurie als Protektor zu sichern, zeigt seine politische Klugheit, und auch seinen Willen zu hinhaltendem Kampf gegen die Bürokratie. Es wäre falsch, Franz als weltfremden Naivling zu malen, der keine Ahnung von der ordinären Wirklichkeit hatte.
Gleichzeitig erkennen wir mit Franz die unsichtbare Grenze, an die er zu stoßen beginnt. Sie ist äußerst elastisch, weicht manchmal zurück, aber nur in vorübergehender und beschwichtigender Weise, und bleibt längerfristig unbeirrt bestehen. Franz hat nicht Menschen gegen sich, sondern eine unpersönliche sanfte Gewalt; die verfügt über ein hohes Alter und große Geduld, hat viele Mittel und Wege, und überlebt alle. An diesem Sachverhalt hat sich bis heute nichts geändert.

In zwei wichtigen Punkten mußte Franz nachgeben: Das Stu- 247
dienhaus in Bologna blieb bestehen. (Hugolin übernahm es formell in seinen Besitz, als Zeichen des Entgegenkommens gegenüber Franz.) Auch die Reglementierung der Aufnahmebedingungen in die Franz-Genossenschaft blieb unverändert. Außerdem mußte Franz zur Kenntnis nehmen, daß die Kurie nicht gewillt war, seinen Verein ohne schriftlich fixierte und genehmigte »Regeln« weiterhin existieren zu lassen. Diesen Text sollte selbstverständlich er selber verfassen, mit gütiger Nachhilfe von seiten kirchenrechtlich geschulter Experten.

248 In Rom, im Spätherbst des Jahres 1220, ist die Angst in Franzens Leben getreten.
Franz träumt:
Eine kleine schwarze Henne, mit Flaumfedern an ihren Beinen, so wie die Haustauben sie haben, will ihre Küken unter den Flügeln verstecken. Aber die Küken sind zahllos, sie hüpfen um die Henne herum, suchen Schutz und finden keinen.
Franz weiß, daß er sich selber geträumt hat.
Es gibt eine Gefahr, vor der will er die minderen Brüder schützen, und spürt seine Hilflosigkeit in schmerzlicher und verwirrender Weise.
Es ist kalt geworden in Rom, und Franz beginnt sich zu fürchten.

249 So wurde es erzählt:
Damals ging Franz nach Rom, um Hugolin, dem Bischof von Ostia und nachmaligen Papst, einen Besuch abzustatten. Einige Tage blieb er bei ihm, wurde gnädig entlassen und machte dann dem Herrn Leo, Kardinal von Santa Croce, seine Aufwartung. Dieser war ein freundlicher Mann mit gar höflichen Manieren und ein Bewunderer Franzens dazu. Er freute sich sehr über den Besuch des Seligen und lud ihn ehrerbietigst ein, einige Tage bei ihm zu verbringen. Wie zur Winterzeit üblich, war es sehr kalt, und beinahe jeden Tag gab es Stürme und Regen.
Es ist keine gute Zeit, lieber Bruder, um auf den Landstraßen zu wandern. Wenn es dir angenehm ist, könntest du bei mir bleiben und besseres Wetter abwarten. Auch habe ich Arme bei mir im Hause, und deine Nahrung könntest du wie einer von ihnen empfangen.
Dies sagte der Kardinal, weil er wußte, daß Franz allzeit als Bettler gelten wollte, wo immer er sich aufhalten mochte.
Wenn du willst, fügte der Kardinal hinzu, kannst du in einem abgelegenen Gebäude beten und essen, das ich dir gern zur Verfügung stellen kann.
Bruder Angelo Tancredi, einer der ersten zwölf Genossen, wohnte zu dieser Zeit ebenfalls beim Kardinal. Er sagte zu Franz:

Es handelt sich um einen schönen Turm in der Stadtmauer, ganz in der Nähe, innen groß und geräumig, mit neun Gewölben, darin bist du ganz für dich und allein, wie in einer Einsiedelei.
So ging denn Franz mit Angelo zu dem Turm, besichtigte ihn und erklärte sich einverstanden, einige Tage darin zu verbringen. Der Kardinal freute sich sehr, und Bruder Angelo bereitete alles so vor, daß Franz mit seinem Gefährten ganz ungestört bleiben könne. Auch wurde vereinbart, daß Angelo selbst ihm die Nahrung bei der Tür des Turms einmal am Tag abliefern würde, weil Franz seinen Unterschlupf nicht verlassen wollte.
Aber in der ersten Nacht, die Franz im Turm verbrachte, kamen die Dämonen und verprügelten ihn.
Franz rief seinen Gefährten, der getrennt von ihm schlief.
Er sprach zu ihm: Bruder, die Dämonen haben mich grausam geschlagen. Ich fürchte mich. Bleib bitte in meiner Nähe.
So blieb der Genosse während der ganzen Nacht bei Franz. Denn der Selige zitterte am ganzen Körper wie im Fieber. Während sie miteinander wachten, sagte Franz:
Warum haben mich die Dämonen geschlagen?
Warum ist ihnen von Gott die Macht gegeben worden, mir Leid zuzufügen?
Damals fing Franz an, von den Dämonen als den Schergen Gottes zu sprechen.
Er sagte: So wie der Bürgermeister seine Schergen zu denen schickt, die Übles getan haben, so züchtigt Gott jene, die er liebt, durch die Dämonen, welche seine Diener sind.
Kann sein, daß Gott mir seine Schergen geschickt hat, weil ich die Gastfreundschaft des Kardinals angenommen habe.
Wenn die Brüder hören, daß ich bei einem Kardinal gewohnt habe, könnten sie sehr wohl gegen mich murren und sagen, wie sie ihre Entbehrungen hätten und ich mir's bequem mache.
So verging die Nacht.
Am frühen Morgen verließ Franz den Turm, ging zum Kardinal und erzählte ihm, was geschehen war. Er sagte:
Die Menschen halten mich für einen frommen Mann, und schon prügeln mich die Dämonen aus meiner Zelle hinaus!

Der Kardinal begriff, daß Franz nicht länger bleiben wollte. Franz aber kehrte in die Einsiedelei von Fonte Colombo zurück, bei Rieti.

250 Die Handfestigkeit der dämonischen Prügel kommt aus einer Kultur, die mit ihren Dämonen und Engeln lebte wie wir mit unseren Bazillen und Vitaminen. Wir können, weil wir mit anderen Konventionen leben, die Selbstverständlichkeit nicht mehr verstehen, mit der Franz die Dämonen akzeptiert. (Auch der Kardinal hat gewiß nicht an ihrer Realität gezweifelt.)
Daß ein Mensch in schwere Angstzustände gerät, ist uns jedoch keineswegs fremd, und eben darum geht es in der detailreichen Geschichte aus der Sammlung des Bruder Leo.
Franzens Vermutungen über die Bedeutung des nächtlichen Überfalls zeigen das Ausmaß seiner Unsicherheit, aber auch die Tiefe seiner Beklommenheit, nach den Gesprächen mit Hugolin. Seine Seelenverfassung, als er im beginnenden Winter nach Norden wanderte, wird der Jahreszeit entsprochen haben.

251 Am 10. März 1221 starb Peter von Catania (oben Nr. 116, 197, 239) in Assisi. Franz hatte diesen Mann als seinen »Vikar« (Vertreter) bezeichnet, wahrscheinlich bereits 1217 oder 1218. (Wir dürfen annehmen, daß es Franz nichts ausgemacht hat, in den Jahren vor seiner Abreise nach dem Heiligen Land mehrere solcher Vikare zu ernennen. Gelegentlich nannte man sie auch »General-Minister«, und ihre Funktion war, nach der Absicht Franzens, rein administrativ. Franz wollte, bei wachsender Brüderzahl, mitunter völlig von der Bildfläche verschwinden können und sorgte dafür, daß immer jemand da war, den man um Rat fragen konnte. Daß Franz den Peter von Catania mit nach Palästina genommen hat, zeigt seine Unbefangenheit in Verwaltungsangelegenheiten.)
Als Franz vom Tod des Peter von Catania erfuhr, machte er Bruder Elias zu seinem Vikar, eher informell und beiläufig.
Am 30. Mai 1221 begann die Vollversammlung der Minderbrüder, wie gewohnt zum Pfingstfest, im Wald der Portiuncula.

Also sprach Franz zu einem Genossen: 252
Ich sehe mich vor der ganzen Versammlung sprechen, wie früher. Sie hören meiner Predigt und Unterweisung zu. Kaum bin ich fertig, stehen sie gegen mich auf und schreien:
Wir wollen dich nicht mehr als Herrn über uns! Du hast nicht reden gelernt! Du mit deiner Unscheinbarkeit und schlichten Denkungsart willst uns Vorschriften machen!
Und sie setzen mich ab, zu meiner Beschämung und Schande.
Muß ich mich über eine solche Erfahrung nicht freuen?
Ist es nicht recht, wenn sie mich nicht als Vorgesetzten haben wollen?

So wurde es erzählt: 253
Damals hat Franz vor allen Brüdern die Leitung niedergelegt, mit diesen Worten:
Von jetzt an bin ich tot für euch!
Da weinten die Brüder gar sehr, und groß war das allgemeine Seufzen.

So sprach Franz: 254
Ich hatte erkannt, daß Gott die Zahl der Brüder täglich vermehrte und wie die alte Glut lauwarm wurde. Deshalb übergab ich die Verantwortung für die Genossenschaft den Ministern, und entschlug mich der Pflicht der Führung, indem ich meine schwache Gesundheit vorschützte. So trat ich zurück, in der Vollversammlung.
Ich weiß, daß ich gern und bis zum Tod ihr einziger Minister geblieben wäre, wenn ihr Wandel meinem Willen entsprochen hätte.
In Wirklichkeit hätte ich aber wie ein Henker auftreten müssen, hauend und schlagend wie die Mächtigen dieser Welt.
Sollen das doch die Schergen Gottes besorgen, die unsichtbaren Vollstrecker!
Ich werde jedoch nicht aufhören, den Brüdern durch meinen Wandel zu zeigen, welchen Weg Gott mir gewiesen hat, bis ich sterbe.

255 Wir erinnern uns an den Bericht des Jordan von Giano über die Pfingstversammlung des Jahres 1221 (oben Nr. 195). Elias führt das Kommando, während Franz neben ihm sitzt, offenbar nicht gerade bei besten Kräften, ihn gelegentlich an der Kutte zupft und ihm etwas sagt, was er den Brüdern mitteilen soll. Dieses Bild kommt der historischen Wirklichkeit am nächsten. Es ist denkbar, daß eine Gruppe laut gegen Franz opponiert hat – einige Magister und Doktoren, die in der letzten Zeit zum Verein gestoßen waren und die nicht einsehen konnten, warum Franz das moderne Studienhaus in Bologna hatte räumen lassen.

Daß Franz in irgendeiner Form abgedankt hat, ist sicher. Ebenso sicher ist, daß die Mehrheit des Vereins auf seiner Seite blieb.

Franz konnte die Unterstützung gebrauchen, denn jetzt begann der eigentliche Papierkrieg, der Kampf um die schriftliche Fassung der Regel.

Fahrplankonferenzen

256 Jacques de Vitry, Bischof von Akkon (oben Nr. 216), über die Minderbrüder:

»Diese Genossenschaft scheint uns deshalb sehr gefährlich zu sein, weil nicht nur die Bewährten (perfecti), sondern auch die Jungen und Unerfahrenen (imperfecti) – welch letztere vorher unbedingt in klösterlicher Disziplin gehalten und geprüft gehörten – paarweise in die ganze Welt geschickt werden.«

Die Meinung des Bischofs, der mit den Minderbrüdern dienstlich kaum befaßt ist, stammt aus dem Frühjahr 1220. Sie ist, und deshalb interessiert sie uns, repräsentativ für die Sorgen, die sich die Kirchenbürokraten über die Minderbrüder machten.

Es wirkt wie ein Zauber, wie präzis den Bedenken des Herrn Jacques ein paar Monate später entsprochen wird, in jener Bulle vom 22. September 1220, ohne daß der Bischof bei der päpstlichen Kurie vorstellig geworden wäre. (Jacques blieb in Palästina.)

Weil wir alle miteinander in der Mentalität von Bahnhofsvorständen erzogen worden sind (Pünktlichkeit! Ordnung!), erscheinen uns die obrigkeitlichen Verfügungen über die Bruderschaft (Probejahr! Disziplin!) nicht so absurd, wie sie – christlich gesprochen – sind. Wir können uns nicht vorstellen, wie eine Genossenschaft mit dreitausend Mann ohne Vorschriften existieren kann.

Sie kann.

Aus der Geschichte der behördlich verfolgten Waldenser (oben Nr. 120) wissen wir, daß sie dreihundert Jahre lang im Untergrund existiert haben, mit Schulen für die Prediger an geheimen Plätzen und regelmäßigen Versammlungen dieser »Kunden«, wie man sie in Deutschland nannte. Trotz heftiger Verfolgung durch die päpstliche und bischöfliche Inquisition wanderten die waldensischen Prediger durch Europa, immer zu zweien, oft als Ärzte getarnt, und besuchten die verstreuten Gemeinden der Gläubigen. Sogar über Hospize haben die Waldenser verfügt, und man darf annehmen, daß der Organisationsgrad dieser Geheimchristen ein hoher war.

Das ist der Typ der Organisation von unten her, erwachsend aus den wirklichen Bedürfnissen einer Gruppe von Menschen. Diesem Typ entspricht die Struktur der Minderbrüder von 1208 bis 1219, wie oben (Nr. 190, 241) skizziert.

Ab 1219 (11. Juni, siehe oben Nr. 187), dem Jahr der ersten päpstlichen Bulle in Sachen Franz-Genossenschaft, beginnt ein anderer Organisationstyp auf die Minderbrüder einzuwirken: der von oben her, also von seiten der Behörden, angeordnete und verfügte *ordo* der institutionellen Regelhaftigkeit.

Der Grund dafür, auch wenn Jacques de Vitry ihn nicht so deutlich formuliert, liegt auf der Hand, und er heißt: Kontrolle.

Wie bereits angedeutet (oben Nr. 44, 77, 120, 190), war Ober- 257
und Mittelitalien zur Franz-Zeit ein Tummelplatz diverser Ketzervereine. In einer Konstitution Friedrichs II. vom 22. November 1220 werden sie fein säuberlich aufgezählt und zur strafrechtlichen Verfolgung freigegeben, in der Form eines Reichsgesetzes.

Das Dokument trägt das Datum der Krönung Friedrichs II. zum Kaiser. Der Ort: Rom.
Der Papst, dem der Kaiser nach der Krönungszeremonie den Steigbügel hielt: Honorius III.
Ob Franz zugeschaut hat?
Er war, wie (Nr. 242 bis 250) berichtet, zu eben dieser Zeit in der ewigen Stadt.
Hier ist eine kleine Leseprobe kaiserlicher Prosa gegen die »Schlangensöhne des Unglaubens«:
»Da Wir nun, wenn Unser erhabener Zorn gegen die, welche Unseren Namen geschmäht haben, entbrennt, die der Majestätsbeleidigung Schuldigen in ihren Personen und ihre Kinder zur Enterbung verdammen, so verfahren Wir viel gerechter noch gegen die Schmäher des göttlichen Namens und die Verkleinerer des katholischen Glaubens, indem Wir die Erben und die Nachkommen der Schützer, Begünstiger und Schirmherren der Ketzer bis in die zweite Generation aller weltlichen Güter, öffentlichen Ämter und Ehren kraft kaiserlicher Autorität berauben, auf daß sie in Erinnerung an das Verbrechen des Vaters in dauernder Trauer dahinschwinden, in Wahrheit wissend, daß Gott ein eifriger Gott ist, der die Sünden der Väter gewaltig heimsucht. – Die Ketzer aber, wo immer im Reich sie von der Kirche verdammt und dem weltlichen Gericht überwiesen sind, sollen, so bestimmen Wir, mit der gebührenden Strafe belegt werden.«
(Die Strafe war der Feuertod, welchem Folter und Verstümmelung vorangingen.)
Vor diesem ungemütlichen Hintergrund wird ein Stoßgebet recht verständlich, welches der Minderbruder Jordan von Giano (oben Nr. 194) zu verrichten pflegte:
O Gott, bewahre meinen Glauben vor der Verderbnis durch die lombardischen Ketzer!

258 Zwischen den soeben erwähnten »lombardischen Armen« und den (etwa gleichzeitig auftretenden) Minderbrüdern kann man in Programmatik beider Genossenschaften folgende Ähnlichkeiten feststellen:

1. Orientierung an der Ur-Kirche
2. Berufung auf direkte göttliche Inspiration
3. Betonung der Armut als Legitimierung der Wanderpredigt
4. Überzeugtsein vom Prinzip der Brüderlichkeit
5. Ablehnung jedweder Führungsfunktionen
6. Wertschätzung der Handarbeit und des Dienstes an den Kranken.

Der entscheidende Punkt, in dem sich die beiden Erneuerungsbewegungen klar unterschieden:
Die Bereitschaft, sich der Kontrolle durch die kirchlichen Behörden zu unterwerfen.
Das macht: Die »Ketzerei« der lombardischen Armen bestand hauptsächlich in ihrem Widerwillen, sich von der Obrigkeit reglementieren zu lassen.
Um eben diesen Punkt ging es in den Verhandlungen der Jahre 1220 bis 1223, um die Erstellung einer »Regel«, zwischen der Kurie und Franz.
Franz, von Hause aus den Priestern schlicht wohlgesonnen (oben Nr. 89, 90), hatte ab 1220 ein neues und mächtiges Motiv, seine Schritte mit größter Vorsicht zu setzen:
Die Angst um seine Bruderschaft.
Franz hatte vor Damiette (1219) und in Rom (1220) mit eigenen Augen gesehen, wozu die römische Kirche fähig war.

In der heutigen Franz-Forschung unterscheidet man zwischen 259
drei »Regeln«:
Der *Regula Primitiva,* der *Regula Prima* (1221), der *Regula Bullata* (1223).
Politisch wirksam ist nur der letzte dieser drei Texte geworden. Er wurde am 29. November 1223 durch die päpstliche Bulle »Solet annuere« zum Gesetz für die Minderbrüder, womit die Franz-Genossenschaft zu einem kirchenrechtlich definierten »Orden« *(ordo)* wurde. (Das Original der Bulle befindet sich in der Schatzkammer der Franz-Basilika von Assisi.) Um die Leser möglichst wenig zu verwirren, werden wir die »Regula Bullata« von nun ab »Papstregel« nennen.
Die »Regula Prima«, deren Text ebenfalls erhalten ist, wurde

von der päpstlichen Kurie nicht akzeptiert. Wir wollen sie daher den »Regelentwurf« nennen.
Die »Regula Primitiva« ist verschollen. Von ihr sagt Franz in seinem Testament:
»Als dann der Herr mir Brüder gab, war niemand, der mir zeigte, was ich tun solle, sondern der Allerhöchste offenbarte mir, daß ich nach der Form des Evangeliums leben solle. Ich ließ dies in wenigen, einfachen Worten niederschreiben, und der Papst bestätigte es mir.«
Ob dieser Vorgang bereits in das Jahr 1209 fällt, als Franz Innozenz III. erstmals seine Aufwartung machte (oben Kapitel 5), ist ungewiß. Auf jeden Fall handelt es sich bei diesem Kurztext um keine »Regel« im kirchenrechtlichen Sinn, weshalb wir ihn das »Lebensprogramm« nennen werden.

260 Es folgt nunmehr der Versuch einer sinngemäßen Rekonstruktion dieses Programms, an welchem Franz und seine Genossen während der ersten zehn Jahre ihrer Genossenschaft ihr Verhalten orientiert haben:
Im Namen Gottes. Dies ist das Leben der minderen Brüder.
Das Leben der minderen Brüder richtet sich nach dem Evangelium unseres Herrn Jesus Christus.
Wenn du vollkommen sein willst, dann gehe hin, verkaufe alles was du hast, und gib es den Armen.
Nehmet nichts mit auf den Weg, weder Stab noch Tasche, noch Brot, noch Geld.
Wer mir nachfolgen will, der verleugne sich selbst, nehme sein Kreuz auf sich und folge mir nach.
Die minderen Brüder besitzen nichts außer einer Kutte mit Strick und Unterhosen.
Die Kleriker sagen die täglichen Pflichtgebete wie andere Kleriker. Die Laien beten die Vaterunser.
Die minderen Brüder sollen allzeit Arbeit mit ihren Händen verrichten, und dafür ihr tägliches Brot bekommen. Niemals aber dürfen sie Geldmünzen annehmen.
Sie sollen vertrauensvoll um Almosen bitten und sich dafür nicht schämen.

Die Predigt der minderen Brüder besteht in einer kurzen Belehrung über die Tugenden und die Laster, über Belohnung und Strafe, und über die Bekehrung von den Sünden.
Dem Herrn Papst verspricht Franz Gehorsam und Ehrerbietung.

Es ist wichtig, daß von der Substanz des ursprünglichen Le- 261
bensprogramms Franzens nichts unterdrückt werden mußte, weder im »Regelentwurf« noch in der endgültigen »Papstregel«.
Darin liegt Franzens Erfolg.
Bis zum heutigen Tag sind Franzens Maximen in Kraft, denn die »Papstregel« ist für die Franziskaner noch immer verbindlich.
Daß sich die Franziskaner in ihrer Lebenspraxis schon längst nicht mehr an Franzens Willen halten, sollte man ohne Gehässigkeit und Schadenfreude feststellen. Wichtiger ist, daß das Lebensprogramm Franzens nicht in Vergessenheit geraten ist. Man kann es jederzeit benützen, beispielsweise als Argument im Widerstand gegen die angeblich gewachsene Ordnung der Dinge.

Wie zäh Franz im Kampf um seine Prinzipien sein konnte, ist 262
ebenfalls überliefert.
So wurde es erzählt:
Als Franz aus dem Orient zurückgekehrt war, wandte sich ein Minister an ihn, um seinen Willen in bezug auf den Abschnitt über die Armut, welcher damals gerade in die Regel geschrieben wurde, genau zu erkunden. Insbesondere ging es dabei um den Satz: Nehmet nichts mit auf den Weg, weder Stab, noch Tasche, noch Brot, noch Geld.
Der Minister sprach zu Franz:
Was soll ich tun? Ich besitze eine Menge Bücher, im Wert von mehr als fünfzig Pfund Silber!
Franz antwortete:
Bruder, ich kann nicht gegen mein Gewissen reden!

Diese Antwort betrübte den Minister.
Als Franz seine Enttäuschung bemerkte, sagte er mit großer Entschiedenheit:
Ihr Minderbrüder wollt vor den Menschen als Befolger des Evangeliums gelten. In Wirklichkeit seid ihr Kassenverwalter, so wie Judas einer war!
Später gelang es einigen Ministern, sich mit ihrer Ansicht durchzusetzen, daß jener Satz (Nehmet nichts mit auf den Weg usw.) aus der Regel gestrichen wurde.
Hierzu bemerkte Franz, in Gegenwart einiger Genossen:
Glauben denn diese Brüder, sie können Gott und mich hinters Licht führen? Ich wünsche, es soll am Beginn und am Ende der Regel geschrieben werden, daß wir uns fest ans Evangelium halten wollen, damit alle Brüder wissen, worauf es ankommt.

263 Im Jahr 1221 hatte Franz den »Regelentwurf« fertig, mit der Hilfe des Bruders Cesario (oben Nr. 195), eines gebürtigen Deutschen aus Speyer, der in Palästina zu den Minderbrüdern gestoßen war und über die nötige Bildung verfügte.
Der Text ist ziemlich lang – neununddreißig Folioseiten gegenüber vier Folios der späteren Papstregel, durchsetzt mit erbaulichen Passagen, die für unseren Geschmack eher langweilig anmuten.
In seiner Substanz jedoch entspricht der »Regelentwurf« durchaus dem Lebensprogramm Franzens, erweitert um einige Bestimmungen, die der inneren Dynamik der Franz-Genossenschaft entsprachen (beispielsweise die Regelung der jährlichen Vollversammlungen). Die Rolle der Funktionäre (oben Nr. 196) wird als Dienstleistung definiert, und der Titel eines »Oberen« (*prior*) ist streng verpönt.
Ein eigener Abschnitt handelt von den Räubern, die man mit Güte aufnehmen soll, wenn sie in den Orden eintreten wollen. Den Minderbrüdern mit Priesterweihe wird verboten, außer dem vorgeschriebenen Gebetbuch (»Brevier«) weitere Bücher zu besitzen.
Das passende Milieu für die Minderbrüder soll das aller Armen, Bedürftigen, Aussätzigen und Bettler sein.

Den Wünschen der päpstlichen Kurie hat Franz insofern entsprochen, als er das Probejahr für Neubewerber (oben Nr. 244) in den Regelentwurf schreiben ließ. 264
Ansonsten ist der Text, mitsamt seinen zahlreichen Bibelzitaten und frommen Auslassungen, ein klarer Beharrungsbeschluß.
Die Mehrheit der Minderbrüder scheint sich auf der Vollversammlung zu Pfingsten 1221 für Franzens »Regelentwurf« ausgesprochen zu haben; die Opposition blieb in der Minderheit.
Was kann die Opposition in einem solchen Fall machen?
Sie kann bei einer höheren Instanz intervenieren und in unauffälliger und diskreter Weise ihre Wünsche durchzusetzen versuchen. Diese Instanz war Kardinal Hugolin.

Zwischen Pfingsten 1221 und dem Herbst 1223 ist die Zeit der Konferenzen auf sozusagen höchster Ebene. Gegenstand dieser Besprechungen unter Ausschluß der Öffentlichkeit war die Erstellung des richtigen Fahrplans für die Minderbrüder auf ihrem Weg in die Ewigkeit – sprich: die Redaktion eines kirchenrechtlich brauchbaren Regeltextes. 265
Franz hatte sich mit Leo und einem gewissen Bruder Bonizo aus Bologna, einem studierten Kirchenrechtler, in die Einsiedelei von Fonte Colombo bei Rieti zurückgezogen.
Leo stellt fest:
»Wir, die wir mit ihm waren, als er die Regel schrieb und fast alle seine anderen Schriften, legen Zeugnis dafür ab, daß er gewisse Bestimmungen in die Regel und seine anderen Schriften hineinschreiben lassen wollte, was manchen Brüdern und insbesondere den Oberen (prelati) nicht recht war. Eben diese Punkte wären jetzt, nach dem Tod des seligen Franz, der Genossenschaft von allergrößtem Nutzen. Aber weil Franz jeglichen Skandal fürchtete, gab er nach, wenn auch nicht freiwillig.
Oft pflegte er zu sagen:
Weh jenen Brüdern, die mir entgegen sind!«

266 Celano notiert:
Zu der Zeit, als man sich unter den Brüdern über die Bestätigung der Regel stritt, hatte Franz, der wegen dieser Angelegenheit in großer Sorge war, einen Traum. Ihm war, als habe er kleine Brosamen von der Erde aufgelesen und müsse sie an viele hungrige Brüder, die ihn umstanden, verteilen. Voll Angst, die Krumen könnten ihm durch die Finger gleiten, hörte er plötzlich von oben her eine Stimme, die rief:
Franz, forme aus den Krumen eine Hostie und gib sie denen, die von ihr essen wollen!
Dies tat Franz in seinem Traum.
Anderen Tages erkannte er, daß die Krumen die Worte des Evangeliums darstellen sollten, die Hostie aber die Regel.

267 So wurde es erzählt:
Als Franz mit Bruder Leo und Bruder Bonizo von Bologna auf einem Berg weilte, um die Regel zu machen – weil die erste, die er mit der Hilfe Christi hatte schreiben lassen, verlorengegangen war –, da kamen viele Minister zu Bruder Elias, der war der Vikar Franzens, und sprachen:
Wir haben gehört, daß dieser Bruder Franz eine neue Regel macht. Wir sind in Sorge, daß er sie so hart machen wird, daß wir sie nicht einhalten können. Geh du zu ihm und sag ihm, daß wir durch diese Regel nicht gebunden sein wollen. Soll er sie für sich selbst und nicht für uns schreiben!
Bruder Elias wollte nicht gehen, weil er die Schelte Franzens fürchtete.
Sie aber beharrten auf ihrem Willen, und so gingen sie schließlich alle miteinander zu Franz.
Als Franz das Anliegen der Minister aus dem Mund des Elias vernommen hatte, wandte er sein Gesicht zum Himmel.
Und alsbald hörte man die Stimme Christi in der Luft, die da rief:
Franz! Alles, was in der Regel steht, kommt von mir! Und ich will sie beobachtet haben auf den Buchstaben genau und ohne Kommentar!
Und wie ein Echo ertönte es noch einmal:

Auf den Buchstaben genau! Auf den Buchstaben genau! Ohne Kommentar! Ohne Kommentar!
Franz fragte die Minister:
Wollt ihr das ganze noch einmal hören?
Die aber gingen verwirrt und untereinander streitend davon.

Selbstverständlich reflektieren Geschichten wie die soeben er- 268
zählte nicht die exakte historische Situation von 1221/23; sie drücken in erster Linie die Gefühle späterer Generationen aus, nämlich deren tiefe Erbitterung über die Entwicklung des Franziskaner-Ordens in der zweiten Hälfte des dreizehnten Jahrhunderts.
Trotzdem: Der Konflikt zwischen einer radikalen Mehrheit und einer gemäßigten Minderheit war zu Lebzeiten Franzens schon da, wobei die letztere mit Hugolin koaliert hat.
Daß sich Franz im großen und ganzen gegen sie durchsetzen konnte, wurde bereits gesagt.
Wenn man die Papstregel von 1223 jedoch genau studiert, stößt man auf gewisse Details, die offenbar trotz Franzens Widerstand in das Dokument geschrieben wurden.
Zum Beispiel:
»Bezüglich der Sorge um die Kranken und auch hinsichtlich der Bekleidung der Brüder tragen ausschließlich die Minister und Kustoden die Verantwortung, mit der Hilfe von Ordensfreunden.«
Diese Ordensfreunde (amici spirituales) waren Sympathisanten. In einer perplexen Situation konnten sich die Minister oder Kustoden an sie wenden und sie bitten, eine den Brüdern angebotene Geldspende (die direkt anzunehmen verboten war) zu kassieren, damit Kutten zu kaufen und sie den Brüdern zu bringen.
Diese Ausnahmebestimmung zum absoluten Verbot des Geldgebrauchs hat Franz sicherlich manche schlaflose Nacht bereitet.
Oder:
»Die Brüder sind allzeit gehalten, einen der Brüder dieses religiösen Ordens als General-Minister und Diener der gesamten

Genossenschaft zu haben, und müssen ihm strikt gehorchen. Sobald er gestorben ist, wählen die Provinzial-Minister und Kustoden den Nachfolger während der Pfingstversammlung. Die Pfingstversammlung findet mindestens alle drei Jahre statt, für die Provinzial-Minister und Kustoden.«
Diese Bestimmung bedeutet das Ende der fröhlichen und turbulenten Vollversammlungen im Wald der Portiuncula. Auch das freie Herumwandern der Minderbrüder wird unterbunden, jeder Schritt muß irgendeinem Vorgesetzten gemeldet werden. Predigen dürfen die Genossen hinkünftig nur nach vorangegangener Prüfung des Aspiranten durch den General-Minister und nach dessen ausdrücklich erteilter Erlaubnis.
Und so weiter. (Über den Einschub des Tabus, mit Frauen Umgang zu haben, wurde bereits – oben Nr. 154 – berichtet.)
Der Schluß der Papstregel lautet folgendermaßen:
»Zusätzlich befehle ich den Ministern im Gehorsam, vom Herrn Papst einen der Kardinäle der Heiligen Römischen Kirche als Gouverneur, Beschützer und Zuchtmeister (corrector) dieser Genossenschaft zu erbitten, auf daß wir allzeit der Heiligen Römischen Kirche untertänig und ergeben sein mögen, fest im katholischen Glauben, und immerdar an der Armut und der Unscheinbarkeit festhalten, sowie am heiligen Evangelium unseres Herrn Jesus Christus, so wie wir es fest versprochen haben.«
Es fällt einigermaßen schwer, im Verfasser dieser Passage Franz von Assisi zu erkennen.

269 Die Vorbehaltlosigkeit, mit der sich Franz der Despotie seiner Herren unterwirft, ist der Preis, den er für die Erhaltung der Substanz seines Lebensprogramms gezahlt hat.
Widrigenfalls wäre er und seine Genossenschaft in die Gesellschaft der Ketzer geraten.
Daß Franz dies nicht wollte, kann man verstehen.
Franz hat, dies ist die Antwort auf die Frage dieses Kapitels (oben Nr. 239), die Unterwerfung unter die Obrigkeit so tief verinnerlicht, daß er selber an die Richtigkeit dieser Unterwerfung geglaubt hat.

Auf diese wirkliche Kränkung, Verletzung, ja Brechung seiner Persönlichkeit hat Franz in sensationeller und für seine Epoche bedeutsamer Weise reagiert. In den Tiefen seines Körper-Ichs, wohin kein Papst und kein Hugolin gelangen konnte, versammelten sich, in einer für Franz selbst unbegreiflichen Weise, gewaltige Protest-Energien, die aller Welt zeigen wollten, was ihm angetan worden war.
Die am Beginn dieses Kapitels zitierte Passage ist von einem Stigmatisierten diktiert worden.

12. KAPITEL

Man wird die Bücher zum Fenster hinauswerfen

270 Zehn Jahre nach Franzens Tod, im Jahr 1236, trat der berühmteste Theologe seiner Zeit, Alexander von Hales, in Paris dem Orden der Minderbrüder bei. Dieser »große Doktor« und »Monarch der Theologen«, wie er von seinen Zeitgenossen genannt wurde, war Inhaber einer Lehrkanzel; so kam der erste theologische Lehrstuhl (von insgesamt zwölf, die es in Paris damals gab) zu den Minderbrüdern – die ihn fortan mit einem der Ihren besetzten. Dieser Coup, der dem jungen Orden gewaltiges Prestige einbrachte, signalisiert die Zielstrebigkeit, mit der die Jünger des Franz an den Universitäten am Werk waren. Ab 1219, dem Jahr der ersten päpstlichen Bulle zugunsten der Minderbrüder (oben Nr. 187), waren sie in Paris tätig. In Bologna, dem zweiten Schwerpunkt des akademischen Lebens im damaligen Europa, finden wir sie ab 1213.

Das macht: Bereits zu Lebzeiten Franzens hat sich bei den Brüdern eine kräftige Dynamik des Bildungshungers entwickelt. Unter den europäischen Studenten, Magistern und Doktoren begann man von den Minderbrüdern zu sprechen, deren Statuten als relativ modern galten, unbelastet von der Schwerfälligkeit der »alten Orden« mit ihren langen Stunden des gemeinschaftlichen Gebetes und der Bindung ihrer Mönche an ein bestimmtes Kloster. Wenn man weiß, daß im Mittelalter alle akademischen Lehrer und auch die Studenten so gut wie ausschließlich Kleriker sein mußten, dann versteht man die Lokkung, die für diese Kreise von den Minderbrüdern ausging. Wer ihnen beitrat, hatte sich einen Zipfel Freiheit erobert.

Haben wir nicht (im ersten Kapitel) unseren Franz als einen Menschen gekennzeichnet, der sich gegen die Kräfte der neuen Zeit abgearbeitet hat, sozusagen wie ein Verrückter? 271
Jetzt, nach zehn weiteren Kapiteln, erhält dieser Befund einen recht merkwürdigen Sinn.
Eben jene Bewegung, mit der Franz sich von seinem reichen Vater und damit von der kräftigsten Klasse der Epoche losgesagt hatte, bewirkte das genaue Gegenteil ihrer wirklichen Absicht: Franz wurde zum Motor einer Genossenschaft, von der die ehrgeizigsten jungen Aufsteiger Europas angezogen wurden wie die Motten vom Licht.
Franz hat, so sehr er sich dagegen auch wehren mochte, mit seinem Bettler-Verein das damals mächtig ins Kraut schießende Universitätswesen entscheidend gefördert. Sein Porträt gehört in die Ahnengalerie der abendländischen Wissenschaft.

Innerhalb von zehn Jahren, zwischen 1214 und 1224, sicherte sich die päpstliche Kurie die Kontrolle über die drei wichtigsten jungen Universitäten Europas: 272
Im Jahr 1214 legte der Kardinallegat Nikolaus von Tuskulum die Streitigkeiten zwischen der Stadt Oxford und den dort entstandenen höheren Schulen bei, privilegierte die Studien und unterstellte die Universität dem Bischof von Lincoln.
Im Jahr 1215 intervenierte der Kardinallegat Robert Curson in Paris, gab der dortigen Universität ein Statut und unterstellte sie der römischen Kurie.
Im Jahr 1224 erlangte die Kurie die Kontrolle über die Universität Bologna.
Dieses bildungsgeschichtlich wichtige Jahrzehnt ist gleichzeitig jenes, in dem Franz in der Öffentlichkeit voll präsent war, als maßgebende Persönlichkeit seiner Zeit.
Die Aura von Frommheit und Weltferne, mit der alle Franz-Geschichten ihren Helden umgeben, wirkt insofern verschleiernd, als sie die Konturen seines politischen Willens und Handelns verwischt. Ein Mensch, der wie Franz um jeden Satz seines Programms kämpft (Kapitel 11), kann nicht als politisch enthaltsam bezeichnet werden.

Franz befand sich, in den letzten zehn Jahren seines Lebens, mitten in der Auseinandersetzung um die damals aufregendste Neuerung des erwachenden neuzeitlichen Gesellschaftskörpers in Europa – die allenthalben in Gründung befindlichen Universitäten.
Deren Aufgang, eine notwendige Bedingung für die Geburt der modernen Wissenschaft, soll uns nunmehr beschäftigen.

Alle Theologen sollen wir ehren

273 Hier ist eine Auswahl von Thesen, die im Franz-Jahrhundert an der Universität Paris gelehrt wurden:
Die Theologie beruht auf Fabeln.
Keuschheit ist an sich noch keine Tugend.
Völlige Enthaltsamkeit verdirbt die Tugend und das Menschengeschlecht.
Die christliche Religion enthält Irrtümer wie die anderen Religionen.
Das Glück existiert in diesem Leben und nicht in einem anderen.
Die Auferstehung des Fleisches kann vernunftmäßig nicht untersucht werden.
Die christliche Lehre ist ein Hindernis für die Wissenschaft.

274 Von diesen kecken Sätzen haben wir deswegen Kenntnis, weil sie (mit einer langen Reihe weiterer Behauptungen) am 7. März 1277 kirchlicherseits verurteilt wurden, vom Bischof von Paris. Gleichzeitig wurden der Verfasser und die Leser einer offenen erotischen Schrift (»De deo amoris« = Über den Gott der Liebe) mit der Exkommunikation bedroht, wenn sie sich nicht innerhalb einer Woche bei der Behörde meldeten.
Das liberale, offen aufklärerische und nicht eben fromme Klima unter den Intellektuellen von Paris, gegen das die kirchliche Zensur ankämpfte, gab es nicht erst seit dem letzten Viertel des dreizehnten Jahrhunderts. Die erstaunlich modern anmutenden Ketzereien, die der Pariser Bischof per Dekret aus-

merzen wollte, hatten ein längeres Wachstum hinter sich, ehe sie sozusagen aktenkundig wurden.
Bereits im Jahr 1210 hatten in Paris die Scheiterhaufen gebrannt, als populäres Unterhaltungsprogramm am Rand einer würdigen Kirchenversammlung. Den Flammen übergeben wurden damals die Schriften eines gewissen Amalrich von Bena, wobei man sicherheitshalber gleich vierzehn Schüler dieses Magisters mitverbrannte. (Amalrich selber, vormals Kaplan Innozenz III., war zu seinem Glück vorher eines natürlichen Todes gestorben.) »In der Stadt Paris, diesem Brunnen alles Wissens und dem Quell aller göttlichen Schriften« – so ein besorgter Chronist dieser Zeit – »hat die Verführungskunst des Teufels in etlichen gelehrten Männern perverse Gedanken geweckt.« Diese Gedanken kann man heute in jedem einigermaßen gehobenen Zirkel von Intellektuellen hören – zum Beispiel die Behauptung, daß Gott und die Welt im Grund ein und dasselbe sind. Im Franz-Jahrhundert allerdings war diese Art Weltfrömmigkeit für die Behörden schlichtweg ein Wahnsinn, insbesondere deshalb, weil mit ihr eine Freigeistigkeit recht unbefangener Art einherging, eine sinnenfröhliche Moral des sündlosen Umgangs der beiden Geschlechter miteinander, mit klarer Absage an das geheiligte Institut der Ehe.
Die Ketzerei der »Geistigen Freiheit«, die damals ihre erste theoretische Grundlage erhielt und in all den Jahrhunderten darnach im europäischen Untergrund fortlebte, war keineswegs der einzige gedankliche Emanzipationsversuch seiner Art. Vom Süden her, aus den islamischen Teilen Spaniens, kam im Franz-Jahrhundert der alte Aristoteles nach Paris – in Gestalt von Übersetzungen seiner Schriften aus dem Arabischen, hergestellt vornehmlich in Toledo (übrigens in bischöflichem Auftrag).
Unter den Scholaren von Paris galt Aristoteles, der vorher im christlichen Abendland nur in Bruchstücken seines Werks gelesen worden war, schlichthin als »der Philosoph«. Studenten und Lehrer stürzten sich auf seine Schriften mit der Andacht von Provinzlern, denen man zum ersten Mal einen Nobelpreisträger ins Städtchen bringt. Sie fanden in seinen Spekulationen, deren Niveau weit über den Denkübungen der diversen früh-

mittelalterlichen Klosterschriftsteller lag, recht schockierende Ansichten. So beispielsweise die Lehre von der Anfangslosigkeit der Weltmaterie, die im offenen Widerspruch zum biblischen Schöpfungsglauben stand, fundamental genug. (Nicht einmal Thomas von Aquin, ein dem Aristoteles einigermaßen gewachsener Denker, hat diese Nuß zu knacken vermocht.)
Ein Hagel von päpstlichen und bischöflichen Dekreten begleitete die Ankunft des Aristoteles an den jungen Universitäten. Die bereits erwähnte Kirchenversammlung in Paris, die den Anhängern des Amalrich im Jahr 1210 das Leben kostete, verfügte ein allgemeines Verbot des Studiums der naturphilosophischen Schriften des Aristoteles. Weder öffentlich noch privat (secreto) sollten diese gefährlichen Bücher vorgelesen und kommentiert werden dürfen, bei Strafe der Exkommunikation. Im Jahr 1215 fiel die »Metaphysik« des Aristoteles im neuen Statut der Universität von Paris, wie es vom päpstlichen Legaten verordnet wurde, unter ein ähnliches Verdikt.
Sehr wirksam waren diese Reglementierungen nicht. Im Jahr 1228 mußte Gregor IX. (niemand anderer als der uns bereits wohlbekannte Hugolin von Ostia) einen Brief an die Professoren der Theologischen Fakultät von Paris schicken, in dem er sie diskret an das Wesen der heiligen Theologie erinnerte; diese behandle bekanntlich ein Wissen, das über die Kräfte des natürlichen Denkens hinausgehe. Weshalb, so das Fazit der Ermahnung, es keineswegs angehe, die dienende Rolle der Philosophie in eine herrschende zu verkehren und die Königin der Wissenschaft, als welche die Theologie nach wie vor zu betrachten sei, wie eine minderwertige Magd zu behandeln.
Kaum hatte der Papst seinen offenbar höchst notwendigen Sermon losgelassen, schlug in Paris ein neues Buch wie eine Bombe ein: die unter der Patronanz Friedrichs II. und an dessen Hof in Sizilien hergestellte lateinische Übersetzung eines arabischen Buches – ein Traktat »Über den Himmel« aus der Feder des im Jahr 1198 in Cordoba gestorbenen muselmanischen Arztes und Philosophen Ibn Roschd (oder Averroes, wie sein Name in latinisierter Form geschrieben wurde).
Averroes war ein ausgezeichneter Kenner und Kommentator des Aristoteles. Darüber hinaus hatte er auch eigene Gedanken

vorzubringen, darunter die Behauptung, daß die Intelligenz eine allen Menschen gemeinsame Sache sei. Die Konsequenz dieser Lehre, die Leugnung der Unsterblichkeit der individuellen Seelen, wurde prompt von einem Pariser Magister, dem berühmten Siger von Brabant, übernommen und geriet so in die Kolleghefte der Studenten der heiligen Theologie, was als Vorbereitung für eine fromme kirchliche Laufbahn nicht eben tunlich war.
Am Fastnachtsdienstag des Jahres 1229 prügelten sich in Paris einige Studenten mit einem Gastwirt. Dieser schlichte Vorfall wurde zum Auslöser von Krawallen, an denen sich die Studentenschaft mit Begeisterung beteiligte. (Die Lebensbedingungen der Scholaren waren, bei knappen und schlechten Quartieren, damals nicht eben ideal.) Die Behörden schlugen brutal zurück, die Professoren solidarisierten sich mit den Studenten und verfügten schließlich für die Dauer von sechs Jahren die Einstellung des gesamten Unterrichts an der Universität.
Wiederum mußte der Papst tätig werden. Diesmal machte er einen Rückzieher und deutete an, daß die Schriften des Aristoteles vielleicht doch geeignet seien, die heiligen Studien zu fördern, und setzte eine Kommission zur Prüfung und »Reinigung« der umstrittenen Texte ein.
Die Arbeit der Kommission, die im Jahr 1231 berufen worden war, versickerte ohne irgendeine Wirkung, und bis 1270, dem Jahr einer feierlichen Verurteilung von dreizehn Thesen der »heidnischen« Philosophie, konnte man in Paris einigermaßen ungestört forschen und lernen.
Tatsächlich waren die Jahre von 1230 bis 1270 eine Art Gotik des Geistes, mit viel griechischem Licht aus dem alten Athen für das hinterwäldlerische Europa, unter eifriger Beteiligung der Franziskaner. Deren damaliger General Bonaventura (oben Nr. 15, 16) schrieb sich an die Spitze der Gelehrten-Elite, ein anderer Minderbruder, John Peckham, hintereinander in Paris und Oxford als Rektor und Professor tätig, verfaßte eine Reihe damals berühmter philosophischer und theologischer Schriften und war von 1279 bis zu seinem Tod (1292) Erzbischof von Canterbury und Primas von England.
Peckham hat auch eine Abhandlung über Optik veröffentlicht.

Zur selben Zeit stellte man in der Toskana die ersten Brillen her, und nicht lange darnach saßen sie vor den Augen der gelehrten Franziskaner, die vom vielen Lesen kurzsichtig geworden waren.

275 Im Franz-Jahrhundert, so sagten wir (oben Nr. 27), wurden die Voraussetzungen für die Welt geschaffen, in der wir heute leben. Der Stellenwert der neuen Universitäten in diesem Prozeß, so viel sollte inzwischen klar geworden sein, kann gar nicht hoch genug eingeschätzt werden.

Der springende Punkt dabei: die Aneignung des aristotelischen Denk-Instrumentariums, wie sie im Franz-Jahrhundert, unter der jungen Intelligenz der damals führenden europäischen Länder, an den Universitäten Frankreichs, Italiens und Englands in voller Breite geschah.

Mit Aristoteles bekam (man vergleiche das dritte Kapitel) das klösterlich-christlich und städtisch modellierte frühbürgerliche Ichbewußtsein des Okzidents die ihm angemessene Theorie geliefert, frisch wie am ersten Tag, als sich im alten Griechenland und Jahrhunderte vor Christus das Bürgertum erstmals auf seine Beine stellte.

Die Wucht dieses Vorgangs in den Köpfen der damaligen Avantgarde wurde nur noch von der intellektuellen Erregung übertroffen, die zwischen 1600 und 1650 die endgültige Formierung der neuzeitlichen Wissenschaft begleitete, zur Zeit Galileis.

Seither gibt es das technisch-wissenschaftliche Zeitalter. Über die Sinnhaftigkeit seiner Heraufkunft kann man verschiedener Meinung sein. Man kann im Rückblick auf die letzten achthundert Jahre zum Beispiel meinen, diese Entwicklung erscheine heute wie ein Plan, den doch niemand gehabt habe.

Oder man kann, schon weniger zuversichtlich, einfach feststellen: Irgend etwas geht seinen Gang.

Sicher ist nur, daß die Geburt unserer Ära ein einmaliger und beispielloser Vorgang ist. Sicher ist auch, daß Franz, wenn auch nicht in dem von ihm beabsichtigten Sinn, eine der Hebammen bei dieser nicht ganz leichten Entbindung gewesen ist.

Von der Schultheologie seiner Zeit, das darf man getrost annehmen, hatte Franz keine Ahnung. Und von Aristoteles kannte er, wenn überhaupt, bestenfalls den Namen. 276
Trotzdem hat er, wie bereits (oben Nr. 101) erwähnt, gegenüber den Theologieprofessoren eine anscheinend vorbehaltlose Ehrerbietung empfohlen, im Testament:
Alle Theologen sollen wir ehren.
Wie sich alsbald zeigen soll, hatte Franz von der heiligen Theologie allerdings eine Auffassung, die ihm an der Sorbonne allenfalls einen Posten als Schuldiener eingebracht hätte.

Die »göttlichen Wörter« (parole divine) lösten in Franz ähnliche Gefühle aus wie die Hostien. Celano erzählt, daß Franz jedes beschriebene Stück Papier aufhob, das er auf der Straße oder sonstwo im Schmutz fand, um es an geziemenderem Ort zu hinterlegen – aus Besorgnis, es könnte darauf der Name Christi stehen. Franz habe es auch nicht zugelassen, so Celano weiter, daß auf den von ihm diktierten Briefchen und Botschaften ein Buchstabe oder eine Silbe ausgestrichen wurde, »mochten sie auch oft überflüssig sein oder an unrechter Stelle stehen«. Auf diese Weise kamen, Celano deutet es diskret an, manche in eher schauerlichem Latein geschriebenen Grüße an ihre Adressaten, voller Fehler und ohne die leiseste Andeutung eines Willens zum sorgfältigen Stil. (An die Brüder der Universitätsstadt Bologna hat Franz ein Brieflein geschickt, »in dem viel falsches Latein stand«, wie der Chronist Thomas von Eccleston bemerkt.) 277
Die geschriebenen Buchstaben hatten, man kann es kaum anders ausdrücken, für Franz einen geradezu sakramentalen Charakter, weil sich aus ihnen die göttlichen Namen zusammenfügen ließen. Infolgedessen durften sie durch eine so rücksichtslose Handlung wie Durchstreichen mitnichten gekränkt werden.
Die Kränkung eines in der Liebe zum korrekten Latein erzogenen Menschen durch sein unbefangen vulgäres Küchenlatein blieb Franz hingegen vollkommen gleichgültig.

278 Im Testament nennt Franz die Theologen in einem Atemzug mit »jenen, welche die allerheiligsten göttlichen Wörter verlautbaren«. Wir verstehen jetzt den Grund für Franzens Ehrerbietung gegenüber den Theologen. Sie sind Menschen, die den vertrauten Umgang mit eben den heiligen Schriften pflegen, in denen nach Franzens Überzeugung »der Geist und das Leben« atmen – ganz ähnlich den Priestern, die den Hostienleib des Gottessöhnleins bedienen.

Daß uns heute, bei starkem Konsum eines täglichen Quantums meist belangloser Wörter, die geradezu andächtige Haltung Franzens gegenüber den Buchstaben und Silben nicht leicht fällt, ist klar.

Ebenso klar sollte sein, daß diese Einstellung unseres Franz, mit ihrer pflegerischen Zärtlichkeit, sehr viel mit Kultur (im ursprünglichen Sinn des Wortes) zu tun hat.

279 Die nun folgende Geschichte ist ohne Datum. Weil in ihr der uns bereits bekannte Peter von Catania vorkommt (oben Nr. 251), können wir sie jedoch mit einiger Sicherheit in die Zeit vor der Reise Franzens ins Heilige Land plazieren, in die Jahre 1217 bis 1219. In der Geschichte geht es um jenes Buch, das Franz mit liebevollster Verehrung kultivierte – um die Worte der heiligen Evangelien Christi, das Neue Testament.

So wurde es erzählt:

Einmal, als Franz in der Portiuncula weilte, erschien bei ihm eine arme alte Frau, die Mutter zweier Genossen, und bat um eine Unterstützung, weil sie völlig mittellos dastand. Da sprach Franz zu Peter von Catania, der damals sein Vikar war:

Haben wir irgend etwas, das wir unserer Mutter geben können?

(Auf diese Weise pflegte nämlich Franz die Mütter von Genossen zu bezeichnen.)

Peter antwortete: Gar nichts haben wir, das irgendeinen Wert hätte, außer dem Neuen Testament in der Kapelle, aus dem wir in der Frühe die Lesungen halten.

(Zu dieser Zeit hatten die Genossen keine Breviere, und nur ganz wenige Psalter.)

Franz sprach: Gib doch unserer Mutter das Neue Testament,

damit sie es verkaufen kann! Steht nicht in eben diesem Buch geschrieben, daß wir den Armen zu Hilfe kommen sollen? Ich glaube, daß Gott mehr Freude haben wird, wenn wir das Buch herschenken, als wenn wir daraus lesen.
So geschah es dann auch, und das erste und einzige Neue Testament, das die Genossenschaft damals hatte, wurde auf diese Weise verschenkt.

Man wird annehmen dürfen, daß die verschenkte Bibel kein Prachtexemplar aus Pergament war, sondern eine einfache Handschrift auf Papier. Ihr Wert war dennoch nicht unbeträchtlich, bei den damaligen Preisen für Bücher. (Man hat ausgerechnet, daß vor der Einführung des Buchdrucks ein Universitätsprofessor mit dem Gehalt eines Jahres etwa zehn Bücher kaufen konnte.) 280
Die nächstenliebende Weggabe der Evangelienhandschrift durch Franz ist jedoch in ihrer Bedeutung nicht angemessen erfaßt, wenn man den Wert des Geschenks lediglich in Bargeld ausdrückt. Eben dieser Wert (lateinisch *pretium*) war für die alte Frau das Entscheidende, als unsichtbares Preisschild für eine Ware, zu welcher die Bibel in dem Augenblick wurde, als sie in die Hände der Empfängerin gelangte. Für Franz dagegen lag im Schenkungsvorgang der Verzicht auf einen anderen Wert jener Bibel, welcher allein aus ihrem andächtigen und täglichen Gebrauch seinen Glanz und seine Geltung (lateinisch *valor*) hatte.
Allgemeiner ausgedrückt: Franzens Wertschätzung der göttlichen Wörter bezog sich auf deren Gebrauchswert für ein glückseliges Leben, und deshalb wollte er die Theologen, als Bedienstete dieser Wörter, geehrt wissen.
Drei Jahre nach Franzens Tod, im Jahr 1229, gründete Hugolin von Ostia unmittelbar nach der Beendigung des langen und bösen Kreuzzuges gegen die südfranzösischen Ketzer in Toulouse eine Universität, zum Zweck der ideologischen Betreuung der Besiegten. Graf Raymund VI. von Toulouse mußte, als der Unterlegene, dafür die Mittel bereitstellen.
So förderte Hugolin, allbereits als Gregor IX., kräftig das aka-

demische Leben und die heilige Theologie, und die Franziskaner waren ein wichtiger Faktor in diesem Kalkül.
Wie Franz sich gegen die bildungspolitische Benutzung seiner Genossenschaft, bei aller Hochschätzung der Gottesgelehrtheit dennoch – und ziemlich vergeblich – gewehrt hat, soll alsbald erzählt werden.

Mea culpa, mea culpa!

281 In den Leo-Geschichten (oben Nr. 14, 15) gibt es eine Serie von Kapiteln, in denen Franzens Einstellung zu Büchern im allgemeinen, Gebetbüchern im besonderen, den gelehrten Studien und deren Nützlichkeit für seine Genossenschaft mit aller wünschenswerten Deutlichkeit referiert werden. Den radikalen Franziskanern waren diese Kapitel so wichtig, daß sie von ihnen – trotz des Verbotes aus dem Jahr 1266, die Leo-Geschichten weiterhin zu lesen und zu verbreiten (oben Nr. 15) – separate Abschriften herstellten und zirkulieren ließen, unter der Überschrift: Intentio Regulae. Wörtlich übersetzt bedeutet dieses Motto: Die Absicht der Regel. Die Tendenz dahinter ist klar. Gegen Bonaventura und seinesgleichen, diese Elite aus Managern, Professoren und Würdenträgern der zweiten Hälfte des dreizehnten Jahrhunderts sollte der ursprüngliche Franz nochmal zu Wort kommen, mit seinen unverfälschten Absichten hinsichtlich Armut, Unscheinbarkeit und schlichter Denkungsart.
In diesen Leo-Kapiteln redet der wirkliche Franz, ganz ohne Zweifel.
Der Schlüsselbegriff darin, im lateinischen Original: *simplicitas.*
Die wörtliche Übersetzung dieses Wortes (Einfalt, Einfachheit, Schlichtheit) würde zu kurz greifen. Denn es meint, wie aus vielen Franz-Geschichten ersichtlich, ganz fundamental den Mut zur klaren und unverschleierten Rede, die Unterscheidungskraft zwischen Kern und Beiwerk, die Leidenschaft für das Festhalten des springenden Punkts, die Verachtung für theoretische Abstraktionen und Gedankenspiele, die Liebe zu einer

genauen und knappen Sprache – all das mithin, was man auf den Universitäten sicher nicht lernt.
Im Verein mit der ebenso grundlegenden Haltung der Unscheinbarkeit (*humilitas*, was meist mit dem abgeschmackten Wort »Demut« wiedergegeben wird, siehe oben Nr. 188) und der Bedürfnislosigkeit, wie sie in der Ethik ohne Eigentum des Prinzips Armut gefordert ist, marschiert das besondere Kennzeichen der Minderbrüder recht entschieden daher, als Mutterwitz und Schlagfertigkeit von Menschen, die sich kein Blatt vor den Mund nehmen.
Tatsächlich hat, auf längere Sicht, unter den Franziskanern die unakademisch saftige Predigtkultur wahre Feste gefeiert, sehr zum Vergnügen des Volkes (wenn auch nicht immer in dessen wirklichem Interesse).
Franzens Mißtrauen gegen die Doktoren ist, so betrachtet, nicht ganz unwirksam geblieben.

So wurde es erzählt: 282
In der Zeit nach der Rückkehr des seligen Franz aus dem Heiligen Land gab es in der Genossenschaft einen Novizen, der die Psalmen zu lesen verstand, wenn auch nicht eben vortrefflich. Sein Vergnügen bei solcher Beschäftigung war so groß, daß er von seinem Vorgesetzten die Erlaubnis erwirkte, einen Psalter zu haben. Allerdings wollte er, ehe er ihn in Gebrauch nahm, noch die persönliche Einwilligung Franzens einholen. Hatte er doch gehört, daß Franz es nicht wünschte, wenn die Brüder zum Studium drängten und nach Büchern verlangten.
Als sich dieser Novize eben in einer Einsiedelei aufhielt, kam Franz eines Tages dort zu Besuch. Nachdem der Novize ihm sein Anliegen vorgelegt hatte, antwortete Franz:
Einstmals hat Kaiser Karl mit Roland und Oliver, allen den treuen Paladinen und wackeren Rittern gegen die Ungläubigen unter viel Schweiß und Mühe gekämpft. Glänzende Siege und ruhmreicher Tod in der Schlacht waren ihr Los. Später hat es dann allerdings welche gegeben, die von den Menschen einzig und allein deshalb geehrt werden wollten, weil sie die Heldentaten jener Männer auf artige Weise in Bücher schrieben! Soll

es am Ende so sein, daß wir uns in ähnlicher Weise beim Herunterbeten der Taten der Heiligen berühmen?
Der Novize, nicht ganz zufrieden mit dieser Antwort, fand bald eine weitere Gelegenheit, um mit Franz über den Psalter zu sprechen. Franz saß gerade beim Feuer und wärmte sich.
Er sprach: Wenn du endlich deinen Psalter hast, wirst du keine Ruhe geben, bis man dir ein Brevier bewilligt. Sobald du das hast, wirst du dich in einen Armstuhl setzen wie ein großmächtiger Prälat und deinem Genossen befehlen, er solle dir dein Brevier bringen!
Und in starker Erregung nahm Franz eine Handvoll Asche, rieb sie sich um den Schädel wie beim Waschen, indem er zu sich selber sagte:
Ich Brevier!
Lange Zeit hindurch tat er so, viele Male sprechend:
Ich Brevier! Ich Brevier!
Der Novizenbruder war völlig ratlos.
Später sprach Franz zu ihm: Auch ich, Bruder, hatte mit der Versuchung zu kämpfen, Bücher zu haben. Da habe ich die Evangelien genommen und aufgeschlagen. Die erste Stelle, auf die ich stieß, war diese: Euch ist es gegeben, die Geheimnisse des Himmelreiches zu verstehen!
Franz fuhr fort: Als ich dies las, da dachte ich bei mir, ob es nicht besser sei, von vornherein die Höhen der Wissenschaft zu vermeiden.
Jener Novizenbruder aber versuchte sein Glück noch ein drittes Mal. Nach etlichen Monaten war es, auf dem Weg hinter dem Haus der Portiuncula, als der Novize den seligen Franz nochmals wegen des Psalters befragte.
Franz sprach: So geh und mache, was dein Vorgesetzter dir sagt!
Kaum hatte sich der Bruder entfernt, überdachte Franz die Antwort, die er ihm gegeben hatte, und rief ihm nach, er solle stehenbleiben. Dann lief er zu ihm und sagte:
Geh jetzt zurück mit mir, Bruder, und zeig mir genau die Stelle, wo ich dir meine Antwort gegeben habe!
Als sie dort angekommen waren, beugte Franz sein Knie vor dem Novizen und sprach:

Mea culpa! Mea culpa! Durch meine Schuld habe ich es unterlassen dir zu sagen, was ein Minderbruder haben darf, nämlich eine Kutte mit Strick und Unterhosen!
Und bei dieser Antwort blieb Franz, so viele Brüder auch kommen mochten, um ihn wegen des Besitzes von Büchern zu befragen.

Wie sich zeigt, kommen Franzens Bedenken gegen die Bü- 283
cherweisheit nicht aus jener Mischung von Hinterwäldlerei und Vorurteil, die seit jeher die Bildungsfeindlichkeit nährt, unter den Zukurzgekommenen aller Zeiten. Keinerlei Waldursprüchlichkeit also bei Franz; er wußte, worauf er verzichtet hatte, als er den Büchern Lebewohl sagte.
Also sprach Franz:
Tugendstark und nicht wißbegierig möchte ich die Brüder haben, damit sie zur Zeit der Bewährung die nötige Festigkeit haben! Denn die Stunde der Bewährung kommt sicher, und dann werden die Bücher unnütz sein. Man wird sie zum Fenster hinauswerfen.
Viele Genossen gibt es, die Tag und Nacht all ihre Mühe aufs Lernen setzen und darüber ihren ursprünglichen Vorsatz vergessen. Wenn sie dann predigen und merken, daß ihre Zuhörer erbaut sind, dann werden sie aufgeblasen und gratulieren sich selbst zu ihrem Erfolg. Aber in Wirklichkeit sind sie bereits innerlich leer und wie gefroren.
Werden sich die gewöhnlichen Brüder nicht freuen, wenn die Minister und Prediger unserer Genossenschaft ihren Teil der Handarbeit leisten?

Zwischen dieser Prosa und der Mao Tse-tungs besteht eine ge- 284
wisse Ähnlichkeit. Franzens Sorge darum, daß die Intellektuellen in seiner Genossenschaft die manuelle Arbeit wegen des Studiums vernachlässigen würden, findet ihre Entsprechung in einer Rede Maos aus dem Jahr 1942:
»Ich nahm in der Schule die Gewohnheiten der Studenten an. Ich hielt es für entwürdigend, manuelle Arbeit zu leisten. Die

einzigen Personen, mit denen ich verkehren wollte, waren Intellektuelle; Arbeiter, Bauern und Soldaten erschienen mir ziemlich widerlich.«
So soll es nicht sein, meinte Mao damals.
Dreißig Jahre später:
»Gegen den blendend hellen Himmel zeichnen sich einige schattenhafte Gestalten ab. Ein Mann, der seinen Karren schiebt, wendet uns sein fröhliches Gesicht zu.
Was transportiert er?
Das ist menschlicher Dünger, antwortet mir Kuo Mo-jo in der Dunkelheit, während er sich über meine Schulter beugt; ich errate, daß er wie gewöhnlich lächelt.
Was ist das für ein Mensch?
Er ist Universitätsprofessor. Er wird umerzogen.«
So der französische Politiker und Anthropologe Alain Peyrefitte in seinem China-Bericht aus dem Jahr 1973.
Im Jahr 1976 ist Mao dann gestorben, und seither befindet sich China auf dem neuen langen Marsch der »vier Modernisierungen« (Industrie, Landwirtschaft, Verteidigung, Wissenschaft).
Die Universitätsprofessoren sind an ihre Schreibtische und in ihre Laboratorien zurückgekehrt, ohne Kopfarbeit gibt es keinen Fortschritt.
Im Himmel der unausgeführten Ideen läßt sich Mao von Franz erzählen, wie es im europäischen Mittelalter zugegangen ist, und vielleicht fragen die beiden Herren den lieben Gott, warum denn der Fortschritt eine so zweideutige Angelegenheit sein müsse.
Wenn es eine Antwort auf diese Frage geben sollte, dann hat sie sich bis jetzt noch nicht so richtig herumgesprochen.

285 Franz, in der Papstregel des Jahres 1223:
»Alle Brüder, denen der Herr die Gnade der manuellen Arbeit gegeben hat, sollen getreulich und mit Hingabe arbeiten, auf daß der Feind der Seele, der Müßiggang, hintangehalten wird.«
Celano, erklärend:
»Faulpelze, die sich mit keiner Arbeit vertraut machen wollten, müßten schnell aus dem Mund Gottes ausgespuckt werden.

Dies pflegte Franz zu sagen, und kein Müßiggänger konnte vor ihm erscheinen, den er nicht mit scharfen Worten zurückgewiesen hätte. Er selbst arbeitete gern mit seinen Händen, als lebendiges Beispiel der Vollkommenheit. Auch sagte er:
Ich will, daß die Brüder arbeiten und sich tüchtig plagen. Die kein Handwerk verstehen, sollen eines erlernen!«
Franz, im Testament:
»Ich habe mit meinen Händen gearbeitet. Ich will arbeiten und verlange, daß alle anderen Brüder in den verschiedenen Arbeiten sich rühren, wie es sich gehört. Und die das nicht können, sollen es lernen. Nicht aus Verlangen, aus der Mühe den Lohn zu ziehen, sondern um des guten Beispiels willen und um den Müßiggang zu vertreiben. Und wenn das Entgelt für die Arbeit einmal ausbleiben sollte, dann laufen wir eben zum Tisch des Herrn, von Tür zu Tür um Almosen bittend.«

Das Eintreten Franzens für die Handarbeit in seiner Genossen- 286
schaft, mit kritischer Distanz zur Kopfarbeit, ist der springende Punkt in seiner Auseinandersetzung mit dem päpstlich kontrollierten Universitätswesen der Epoche. Um hier klar zu sehen, wird ein Blick auf »die soziale Funktion der Wissenschaft« (so der Titel eines einschlägigen Buches) nützlich sein. Gesellschaftsgeschichtlich betrachtet war die Wissenschaft, seit ihrem frühesten Auftreten als Schriftkunde in den sogenannten Hochkulturen des vorderen Orients vor fünftausend Jahren, immer ein Privileg der Oberschichten und diente in erster Linie deren Interessen. Die Kopfarbeiter saßen (und sitzen) allemal auf einer höheren Sprosse der sozialen Leiter als die Handarbeiter.
Dieser Klassenlage entsprach, in Antike und Mittelalter, auch die unterschiedliche Optik, durch die Gelehrte und manuell Werkende einander betrachteten: tiefsitzendes Mißtrauen gegen alles Bücherwissen auf der einen, Verachtung der körperlichen (»knechtlichen«) Arbeit auf der anderen Seite.
Dieser Gegensatz, um eine lange Geschichte kurz zu machen, hat sich im Franz-Jahrhundert mit dem Aufkommen der Universitäten bedeutend verschärft.

Franz hat, wie die Geschichte mit dem Novizen (oben Nr. 282) illustriert, diesen Sachverhalt durchschaut. Indem er dem jungen Mann klarmacht, daß sein Wunsch nach einem Buch eine verhüllte Anwartschaft auf Befehlswissen ist, beraubt er den Willen zum sozialen Aufstieg seines Schleiers aus Bildungsbeflissenheit.
Gleichzeitig beharrt Franz auf seiner Andacht zu den alltagsnützlichen »göttlichen Wörtern« und seiner Hochschätzung für deren Bedienstete.
Dieser Widerspruch zwischen Ideal und Wirklichkeit braucht uns nicht weiter zu verwundern. Franz hat ebenso mit ihm leben müssen wie wir, und seine Versöhnungsversuche zwischen den Kopfarbeitern und den »gewöhnlichen Brüdern« in seiner Genossenschaft mußten deshalb fragmentarisch bleiben, weil ihm die Mittel zu ihrer Durchsetzung fehlten.

Die vollkommene Freude

287 Seit dem Zwischenfall von Bologna (oben Nr. 17, 240) im Herbst 1220 wußte Franz über den Trend zum Bücherwissen in seiner Genossenschaft Bescheid. Gleichzeitig mußte er zur Kenntnis nehmen, daß immer mehr geweihte Priester zu den Minderbrüdern stießen, unter denen nicht wenige akademisch gebildete Kleriker waren. Der Bruder, der sich wegen seiner kostbaren Bücher Skrupel machte (oben Nr. 262), wird in diesen Kreisen zu suchen sein, und er war sicher kein Einzelfall. Die Geweihten und Gebildeten begannen im Franz-Verein, der als Bund von ungebildeten Laien begonnen hatte, mehr und mehr den Ton anzugeben. Franz selber scheint sich während der letzten Jahre seines Lebens in seiner eigenen Genossenschaft ein wenig fremd gefühlt zu haben.

288 Die »Fioretti«:
Einst wanderte Franz im Winter mit Bruder Leo von Perugia zur Portiuncula. Die beiden froren bitterlich. Da rief Franz den Leo, der vor ihm ging, und sagte zu ihm:

Bruder Leo, auch wenn die Minderbrüder allenthalben ein leuchtendes Beispiel des heiligen Lebens geben und viele Menschen erbauen, so merke wohl und schreibe es sorgfältig auf, daß darin nicht die vollkommene Freude liegt!
Nach einer kleinen Weile rief Franz abermals und sprach:
Auch wenn die Minderbrüder die Blinden sehend machen und die Krüppel gerade, wenn sie Teufel austreiben und Tote aufwecken, so merke wohl und schreibe es sorgfältig auf, daß darin nicht die vollkommene Freude liegt!
Nach einem Stück Weges redete Franz wieder den Leo an, mit diesen Worten:
Ach Leo, wenn die Minderbrüder alle Sprachen verstehen und alle Wissenschaften und Schriften, wenn sie die Zukunft vorhersagen und in die Geheimnisse des Herzens einzudringen vermögen, so merke wohl und schreibe es sorgfältig auf, daß darin nicht die vollkommene Freude liegt!
Nochmal rief Franz, während sie weitergingen:
Auch wenn die Minderbrüder mit Engelszungen predigen und alle Ungläubigen bekehren, wenn sie den Lauf der Sterne und die Heilkraft der Kräuter verstehen, die Schätze der Erde und die Eigenschaften der Vögel, Fische und sämtlicher anderen Tiere kennen und sogar das Wesen der Bäume und Steine, der Wurzeln und der Gewässer erfassen können, so merke wohl und schreibe es sorgfältig auf, daß darin nicht die vollkommene Freude besteht!
Als die beiden unter solchen Worten etwa zwei Meilen gegangen waren, ergriff Bruder Leo in großer Verwunderung das Wort und sprach:
So sag mir endlich in Gottes Namen, worin dann die vollkommene Freude liegt!
Franz antwortete:
Wenn wir, durchnäßt vom Regen und steif vor Kälte, in der Portiuncula ankommen, schmutzig und von Hunger gepeinigt, und an die Tür klopfen, und der Pförtner schaut mißmutig heraus, erkennt uns nicht, hält uns für Landstreicher, macht die Tür zu und läßt uns draußen stehen in Schnee und Regen, und wir ertragen dies freundlich und ohne Murren, dann Bruder Leo schreibe es auf, liegt darin die vollkommene Freude!

Wenn wir dann nochmal klopfen und der Pförtner wütend herauskommt, erbost über die abermalige Störung, und uns Ohrfeigen gibt, und wir still und geduldig bleiben, dann Bruder Leo schreibe es auf, liegt hierin die vollkommene Freude!
Wenn wir schließlich, weil es schon Nacht geworden, unter Tränen ein letztes Mal klopfen, und der Pförtner mit einem Stock erscheint und uns jämmerlich verprügelt, und wir auch diese Unbill gelassen ertragen, dann Bruder Leo schreibe es auf, liegt darin und hierin die wahrhaft vollkommene Freude!

289 Der rhetorische Aufbau dieser Geschichte und ihr moralisierender Ton lassen an einen literarisch gebildeten Epigonen denken, der die Erzählung so niederschrieb, wie wir sie heute kennen. Dennoch ahnt man die ursprünglichen Farben hinter den späteren Übermalungen.
Franz sieht sich als unerkannten Fremden vor seiner geliebten Portiuncula stehen, abgewiesen von Genossen, die ihn für einen Landstreicher halten.
Dieser Gedanke, voll heiterer Ironie, wirkt echt.
Tatsächlich hat Franz einmal versucht, sich selbst bei den Genossen als unbekannter Bettelmann in Szene zu setzen, als sich dazu eine günstige Gelegenheit bot.

290 So wurde es erzählt:
An einem hohen Feiertag weilte in der Einsiedelei bei Greccio ein Minister zu Besuch. Auch Franz war anwesend. Die Brüder hatten, zur Ehre des Ministers, weiße Tischtücher und sogar Trinkgläser besorgt und einen gar prächtigen Mittagstisch gedeckt. Als nun Franz zur Essenszeit von seiner Zelle herunterkam und die so köstlich vorbereitete Tafel erblickte, verschwand er stillschweigend aus dem Haus, fand einen bettelnden Pilger, der gerade in der Nähe war und lieh sich von ihm Hut und Pilgerstab aus. Inzwischen hatten die Brüder, ohne auf Franz zu warten, mit der Mahlzeit begonnen. (Dies taten sie auch sonst, auf ausdrücklichen Wunsch Franzens, der es ungern sah, daß man auf ihn wartete.) Nun klopfte Franz, als armer Pil-

gersmann verkleidet, an die Tür. Ein Genosse, den Franz in seinen Plan eingeweiht hatte, öffnete alsbald und Franz rief: Um der Liebe Gottes willen! Gebt Almosen einem armen und kranken Pilgersmann!
Der Minister und die übrigen Brüder erkannten Franz sofort. Der Minister sprach: Bruder, wir sind so arm wie du. Und da unser viele sind, reichen die Almosen auf unserem Tisch gerade hin, unseren Hunger zu stillen. Weil du aber die Liebe Gottes angerufen hast, wollen wir dir gerne von unseren Almosen mitteilen!
Als Franz beim Tisch angelangt war, gab ihm der Minister etwas von dem Gericht, das er selber gerade aß, und ein Stück Brot.
Franz nahm die Gabe in Empfang, setzte sich neben der Tafel auf den Boden, seufzte und sprach:
Hätte ich nicht gewußt, daß hier arme Minderbrüder wohnen, die täglich von Tür zu Tür ihre Notdurft zusammenbetteln müssen, ich würde beim Anblick dieser prächtigen Tafel nicht gewagt haben, eure Mahlzeit zu stören!
Da waren die Brüder gar tief beschämt.

Franz hat die Verlegenheit der biederen Brüder, die er mit liebenswürdiger Bosheit inszeniert hatte, sicher genossen.
Wie die solcherart unterbrochene Mahlzeit zu Ende gegangen ist, wird uns nicht erzählt.
Vielleicht hat sich Franz von den betretenen Genossen doch noch bewegen lassen, nach seiner kleinen Komödie an der Tafel Platz zu nehmen.
Tischtuch und Gläser sind in seiner Gegenwart jedenfalls sicher nie wieder benutzt worden.

13. Kapitel

Die Flamme aber war Gott

292 In diesem Kapitel werden Vorkommnisse zur Sprache kommen, die für uns bürgerliche Normalverbraucher in den Industrieländern eine ziemliche Zumutung sind: Ekstasen und Trancen, Verzückungen und Entrückungen, Visionen und Wunder aller Art.

Weil derlei Erscheinungen auf uns Mittelständler eher befremdlich, ja peinlich wirken, wie die Verrenkungen von Irren, weil wir mit ihnen wenig anzufangen wissen und sie insgesamt eher für Humbug halten, fühlen wir uns versucht, diese Dimension des Franz-Lebens als bloß exotische Sensation ohne wirkliche Bedeutung für uns einzuschätzen.

Aber Vorsicht. Ist die wachsende Zahl der deprimierten Menschen in unseren Gesellschaften nicht ein Indiz für das Vorhandensein von Bedürfnissen, die innerhalb des Massenkonsums unbefriedigt bleiben müssen? Sind die Zivilisationsverweigerer, die Umweltfreunde, die Apostel von Gegenkulturen nicht bereits so zahlreich, daß ihr vielstimmiger (und mitunter auch dissonanter) Chor unseren öffentlichen Alltag begleitet? Hat nicht bald jeder von uns Bekannte und Freunde, die auf die eine oder andere Art ihre Erlebnisfähigkeit zu steigern versuchen, konträr zur Eindimensionalität und Öde der industriell verordneten Sinnesreize, durch Meditation, Drogengebrauch oder Körnerdiät? Sind wir nicht selber, auch wenn wir mehrheitlich alledem immer noch skeptisch gegenüberstehen, vom Zweifel an der Gutartigkeit dessen angenagt, was uns als wissenschaftlich-technischer Fortschritt gepredigt wird?

Wir beginnen zu ahnen, daß unsere Hirnkapazität nicht nur zum Zählen und Rechnen tauglich ist. Daß man mehr lernen könnte, als idiotische und belanglose Quizfragen zu beantworten, im Schulwesen und in der Unterhaltungsindustrie. Daß die Pflege der Logik, als dem Geld des Geistes, mit einer Verwahrlosung jener Hirnpartien Hand in Hand geht, deren Nutzung wir an Popmusikern oder Filmmenschen bewundern.
Kurzum: Unsere Borniertheit gegenüber alledem, was von der instrumentellen Vernunft der Naturwissenschaften bislang beiseite geschoben wurde, beginnt abzubröckeln.
Deshalb stehen Franzens Chancen, auch als Visionär und Ekstatiker von uns beachtet zu werden, gar nicht so schlecht.

Seelische Ausnahmezustände (altered states of consciousness, 293
wie man diese Phänomene in der neuesten angelsächsischen Forschung nennt) werden von den Betroffenen, ob es sich nun um afrikanische Medizinmänner oder um Arbeiterfrauen aus dem amerikanischen Mittelwesten handelt, zunächst einmal als Zurücktreten des normalen Wahrnehmungsfeldes erlebt. Gleichzeitig verschiebt sich das im Alltagsverhalten übliche psychosomatische Erregungsniveau nach oben oder unten, in Richtung heftiger Motorik oder gelassener Apathie. (Der tanzende Derwisch und der meditierende Yogi sind, jeder auf seine Weise, die klassischen Beispiele für diese Art Verlagerung der nervösen Erregung.)
Der brauchbarste Name für derartige Zustände: Trance.
Ihre Intensität reicht von leichten Absenzen bis zur völligen Empfindungslosigkeit gegenüber der Außenwelt.
Ihre Dauer variiert von wenigen Minuten bis zu Stunden und Tagen.
Die Berichte von seelischen Ausnahmezuständen aus Vergangenheit und Gegenwart, quer durch die verschiedensten Gesellschaften und Kulturen sind so zahlreich, daß sie auf einen gemeinsamen Nenner hinweisen. Die Befähigung zum Eintritt in diese Art von Benehmen ist weiter verbreitet als man denkt. In manchen Kulturen wird sie gefördert und gesellschaftlich anerkannt (zum Beispiel in Südamerika, keineswegs nur im

Urwald, sondern auch in den Städten), in anderen ist sie verpönt und wird eher unterdrückt (was die Regel in unseren Industriegesellschaften ist).
Wer selbstsicher genug ist, seine Existenz als Angehöriger des weißen Mittelstandes in einer europäischen oder nordamerikanischen Großstadt als derzeit vollkommenstes Ergebnis der Evolution anzusehen, darf dieses Kapitel überschlagen.

294 Es folgen nun, zur Einstimmung in unseren Stoff, ein paar ausgewählte Stellen aus einem Brief, den der Verfasser von einer Leserin seiner Bücher im Jahr 1977 erhielt:
»Ich bin 1939 geboren.«
»Ich ging anschließend (an die Pflichtschule) sofort in eine Fabrik arbeiten.«
»Wir wuchsen fern von Kirchentradition auf.«
»Muß ich sagen, daß ich von zwölf Jahren an Gedichte schrieb über alles was mich bewegte.«
»Mit neunzehn Jahren lernte ich meinen Gatten kennen, wir zogen zusammen und heirateten, als das erste Kind unterwegs war.«
»Ich bekam alle Jahre ein Kind, war sehr sehr glücklich und vollkommen ausgefüllt mit meinem Leben.«
»Da die erste Frau meines Gatten gestorben war und noch ein Kind, ein Bub, da war, zog ich auch diesen mit auf, hatte also sechs Kinder zu betreuen.«
»Inzwischen gab es kein Thema, das ich nicht dichterisch in all den Jahren verarbeitet hätte: Tod, Geburt, Leben, Krieg, Liebe, Frühling usw., auch Politik. Nur Gott war tabu geblieben.«
»Zuerst hatte ich ein eigenartiges Streitgespräch mit einer Jehovazeugin, die den Leuten im Haus und auch mir einredete, daß nur 144 Menschen gerettet werden, Gott ein Gott des Zornes sei usw. Früher hätte ich lachend die Tür zugeschlagen, aber plötzlich fing ich von Gott zu dieser Frau zu sprechen an, daß er die Liebe sei. Es zwang mich etwas in mir, mir völlig fremde Worte zu sprechen. Ich brannte innerlich, und diese Frau sah mich entgeistert an und ging wortlos, mir nur ihre Schriften dalassend. Ich war über mich entsetzt.«

»Und nun passierte mir etwas, was mich an meinem gesunden Menschenverstand zweifeln ließ. Eine Stimme rief mich, zuerst noch bittend, dann, als ich es als Blödsinn abtat, geradezu fordernd. Auch meine Kinder hörten sie, so daß ich mich dieser Stimme stellen mußte. Ich hatte vor, zum Psychiater zu gehen. Diese Stimme, die förmlich körperhaft wurde, etwa wie ein leuchtender Schein, der aus mir zu kommen schien und wieder in mich eindrang und doch gänzlich verschieden war von mir, sprach, in einer mir damals eigentümlichen Sprache. Ich frug diese Stimme, was sie wolle, wer sie sei? Sie sagte wortwörtlich: ›Tochter der Liebe sollst du heißen, denn die Liebe hast du mir geboren!‹ Und sie verstummte, mich völlig ratlos zurücklassend.«

»Dieses leuchtende Etwas kam wieder, als ich überhaupt nicht mehr an es dachte und gerade ein Gedicht über meinen einjährigen Sohn schrieb, der seine ersten Gehversuche machte. Es war der 25. Dezember 1968. Zuerst wieder der schon einmal erlebte Ruf, dann die Stimme. Diesmal zeigte sie mir eine Blume, etwa eine Lilie, sie gab sie mir, es war nichts Materielles, sondern symbolisch, die Blume verschwand in mir und die Stimme sagte: ›Bewahre die Treueblume deines Hauptes!‹ Mir genauso unverständlich wie der erste Satz.«

»Ich war entsetzt über mich, über meine Gedanken, was war aus der emanzipierten, selbstbewußten Frau geworden?«

»Was sollte ich tun? Die stecken mich in die Anstalt, wenn ich zu einem Arzt gehe, sagte ich mir.«

»Es war die schrecklichste Zeit und zugleich schönste meines Lebens.«

»Ich vertraute mich meinem Gatten an. Er ist sehr in mich verliebt und um vierzehn Jahre älter. Er sagte ich sei überarbeitet, ich soll ausspannen. Er machte mir wieder Mut.«

»Dann kam diese Stimme das dritte Mal.«

»Ein unbeschreibliches Glücksgefühl überkam mich, als die Stimme sagte: ›Vertraue mir und deinem Mut, du wirst morgen etwas Schreckliches erleben, zugleich aber alles über dich wissen!‹ Nun und wirklich! Ich hatte plötzlich ein Abszeß im Mund über Nacht bekommen. Der Zahnarzt schickte mich am 14. Januar ins Spital. Dort erlitt ich einen sogenannten Kreislauf- und

Herzkollaps, war sogar klinisch hinüber, wie danach die Schwester zu mir sagte.«
»Die Stimme hatte Wort gehalten. Ich erfuhr meinen Sinn, meinen Namen, wer ich bei Gott war.«
»Inzwischen sind viele Jahre vergangen. Meine Angst ist vergangen, nur Freude und Hoffnung ist geblieben.«
»Verzeihen Sie die Schrift, Zeitmangel!«

295 Was hat dieser Brief (dessen Kommentierung für die meisten von uns in die Zuständigkeit des Nervenarztes fallen würde) mit Franz zu tun?
Er soll dokumentieren, daß im Jahr 1968 bei einer mitteleuropäischen Hausfrau (untere Mittelschicht) spontan Erlebnisse von eben jener Art auftreten können, die wir in diesem Kapitel aufgrund von Erzählungen, die siebenhundert Jahre alt sind, diskutieren werden.
Die Erlebnisse der Hausfrau hätten im Mittelalter wahrscheinlich dazu geführt, daß die Frau als Heilige verehrt oder als Hexe verschrien worden wäre, je nach Umstand von Zeit, Ort und Konvention. Im heutigen Rio de Janeiro würde sich mit ziemlicher Sicherheit eine kleinere oder größere Gemeinde von Gläubigen um sie sammeln; sie würde ihre Stimme regelmäßig hören und Krankenheilungen vollbringen. In Hamburg oder Zürich wäre sie möglicherweise in einer Nervenklinik gelandet und würde dort medikamentös abgedämpft worden sein.
Übererregtheiten (*hyperarousals,* wie der englische Fachausdruck lautet) fallen nämlich bei uns dem Psychiater zu. Es ist wichtig, diese Gepflogenheit als bloße Konvention zu durchschauen, als sozusagen gesellschaftspraktische Regelung ohne weiteren Wahrheitsgehalt. Tatsache ist, daß die gegenwärtige wissenschaftliche Erforschung seelischer Ausnahmezustände sich auf einem recht bescheidenen Niveau abspielt, und daß man erst in jüngster Zeit begonnen hat, diese Erscheinungen vorurteilslos zu beobachten, ohne sie von vornherein und in ihrer Gesamtheit dem krankhaften Formenkreis des Seelischen zuzuordnen.
Man ist, mit anderen Worten gesagt, allmählich dabei, die seeli-

schen Ausnahmezustände wissenschaftlich neu zu entdecken, als selbständige Dimension psychosomatischen Verhaltens in der menschlichen Vergangenheit und Gegenwart.
Diese Einstellung empfiehlt sich auch gegenüber dem visionären und ekstatischen Franz, entsprechend unserem eingangs (oben Nr. 24) gewählten Motto: Zu zeigen, was ein Mensch ist.

Einsame Orte

Vom Jahr seiner Heimkehr aus dem Morgenland (1220) bis zu 296
seinem Tod (1226) hat Franz ein recht stilles Leben geführt. Einige der Einsiedeleien, in denen er während dieser Jahre lebte, sind bis heute erhalten geblieben: Poggio Bustone und Fonte Colombo im Rieti-Tal, Greccio (ebenfalls in der Nähe von Rieti), La Verna in der Toscana.
Zu Franzens Zeit nannten die Minderbrüder diese Niederlassungen einfach »Orte« (*loci*). Einige Hütten aus Lehm und Holz und eine kleine Kapelle aus Steinen mitten im Wald, eine Gehstunde vom nächsten Dorf entfernt – so hat man sich die Einsiedeleien vorzustellen, in denen Franz wohnte.
Heute gelangt man mit dem Automobil bis zu diesen Erinnerungsstätten. Sie unterscheiden sich in ihrer Abgelegenheit und Stille wohltuend vom frommen Betrieb in Assisi, und mitunter sucht man vergebens nach einem Behälter, in dem man eine Spende deponieren kann. So beispielsweise in dem Klösterlein »Le Celle« oberhalb von Cortona (Provinz Arezzo), wo man einen winzigen Raum gezeigt bekommt, in dem Franz gewohnt haben soll.
Unwillkürlich fragt man sich, womit er dort seine Tage verbracht hat.

Zur Arbeit auf den Feldern der Bauern war Franz in diesen 297
letzten Jahren kaum mehr imstande. Außer dem Augenleiden, das er sich in Ägypten zugezogen hatte, machten ihm seine Leber und sein Magen ziemliche Beschwerden.
Franz stand, soweit sich sein Tagesprogramm in einer Einsiede-

lei rekonstruieren läßt, vor Tagesanbruch auf. (Auf dem Berg La Verna weckte ihn der Schrei eines Falken, wie man erzählte.) Dann betete er mit den anderen Genossen die Psalmen, und anschließend las ein Bruder, der die Priesterweihe hatte, die Messe. Bei dieser Gelegenheit hat Franz oft die Hostie genommen, wie Celano bemerkte.

Inzwischen war es Tag geworden, man aß eine Kleinigkeit, und anschließend verschwand Franz im Wald, bis zum Mittagessen. Celano: »Er erfüllte den Wald mit Seufzern, benetzte den Boden mit Tränen, schlug sich mit der Hand an die Brust. Oft sprach er in lautem Zwiegespräch mit seinem Herrn. Dort stand er Rede und Antwort seinem Richter, dort flehte er zum Vater, dort besprach er sich mit dem Freunde, dort spielte er mit dem Bräutigam, so stellte er sich den höchst Einfachen in vielfacher Gestalt vor Augen.«

Die Manieriertheit Celanos sollte uns nicht unbedingt verleiten, diese Passage als bloße Literatur zu bewerten. Daß Franz laut mit Gott geredet hat, wenn er sich allein wußte, dürfen wir ruhig glauben.

Auch am Nachmittag haben wir uns Franz an einsamen Plätzen vorzustellen – im Winter allenfalls in einer Höhle, zum Schutz gegen Nässe und Kälte. Franz-Biographen mit romantischen Neigungen (es gibt viele dieser Art) lassen den einsiedlerischen Franz gern in die Betrachtung der schönen Natur versinken, inklusive Sonnenuntergang und Blick in die Weite, über die sanften Hügel Umbriens. Daß Franz etliche hundert Jahre vor Rousseau gelebt hat, wird bei derlei Ergüssen vollkommen übersehen.

Am Abend finden wir Franz am Feuer bei den Genossen, für eine Weile. Dann ist er wiederum allein mit sich (und Gott), und vor Mitternacht wird er kaum schlafengegangen sein.

Franz war, so lautet der Fachausdruck, ein Kontemplativer. Sein diesbezügliches Innenleben hat sich recht früh zu entwikkeln begonnen, als Manifestation tiefliegender seelischer Energien.

298 Der erste und wahrhaft folgenreiche Trance-Zustand Franzens ereignete sich, wie im vierten Kapitel berichtet (oben Nr. 55), für Franz vollkommen überraschend, und auch seine nächste Absenz, wenig später, kam unerwartet über ihn (oben Nr. 57). Diese Erfahrungen – Franz war damals zweiundzwanzig Jahre alt – haben den Mann zweifellos stark geprägt, als Eröffnung einer neuen Dimension des Erlebens. Das tiefe Glücksgefühl während der kurzen Augenblicke des Schwindens der Sinne blieb als kostbare Erinnerung zurück. Die Einzelgängerei Franzens, während der Zeit der Formierung seines Willens, war sicherlich von der Sehnsucht nach der Wiederkehr solch tröstlicher Entrückung bestimmt.

Im Lauf der Zeit hat Franz dann gelernt, sich willentlich in seine Ausnahmezustände zu versetzen, sozusagen als Autodidakt. Es ist anzunehmen, daß er bis zum Zeitpunkt des Beginns seiner öffentlichen Wirksamkeit schon erhebliche Fortschritte gemacht hatte. Franz hat sich damals mit dem Gedanken getragen, ein Leben als Einsiedler zu führen (oben Nr. 163), was auf eine starke Neigung zu Versenkungsübungen deutet.

Franz entschied sich anders, wie wir wissen.

Das bedeutet aber keineswegs, daß er sein Meditationstraining vernachlässigt hätte. Sogar beim Dahinwandern auf den Straßen Italiens, von einer Predigt zur anderen, hat Franz die Gottversunkenheit gepflegt (oben Nr. 163), und zweimal im Jahr zog er sich zu Gebet und Betrachtung in eine Einsiedelei zurück, während der Fastenzeiten im Frühjahr und im Herbst.

Gelegentlich passierten, in der Frühzeit der Minderbrüder, richtiggehende Gruppen-Trancen, ausgelöst von Franz höchstpersönlich. Einen dieser Vorfälle haben wir bereits geschildert (oben Nr. 152), wobei uns Franz in der Rolle des Animators begegnet ist, der die kleine Gesellschaft in der Portiuncula, inklusive der zu Besuch erschienenen Klara, durch seine gottestrunkene Rede in die Ekstase-Haltung brachte (nach oben gedrehte Augäpfel, erhobene Arme).

Hier haben wir ein Phänomen vor uns, das mit dem Mittelalter keineswegs aus unserer Gesellschaft verschwunden ist. Es ist bemerkenswert, wie sich seit den Tagen Cromwells ausgerechnet unter den angeblich so nüchternen evangelischen Christen

der angelsächsischen Kultur immer wieder (und bis zum heutigen Tag) die kollektiven Ekstasen ereignen, in Kleingruppen und Massenveranstaltungen. Die derzeit letzte dieser Wellen, als Pfingstlertum *(pentecostalism)* seit einigen Jahren wieder virulent, hat auch auf Europa übergegriffen, mit beachtlichen Anhängerzahlen sogar im katholischen Italien.
Im übrigen sollte man in diesem Zusammenhang das Geschrei der begeisterten Massen zu Hitlers Zeiten nicht vergessen. Die Nutzung der Energie seelischer Ausnahmezustände muß nicht unbedingt und immer friedlichen Zielen dienen.

299 Hier ist der Bericht einer amerikanischen Universitätsprofessorin (Linguistik, Kulturanthropologie), die im Jahr 1969 eine kleine Pfingstgemeinde auf der Halbinsel Yukatán (Republik Mexiko) besuchte, in einem Dorf hundert Kilometer östlich der Hauptstadt Mérida:
»6. Juli 1969. Der Frühgottesdienst am Sonntag beginnt um sechs Uhr. Ich bin rechtzeitig aufgestanden und bereits angezogen. Bevor ich meinen Benzinkocher anzünden kann, klopft bereits Eusebia (meine Informantin) an die Tür. Ich schlucke hastig ein rohes Ei, nehme mein Tonbandgerät, und wir machen uns auf den Weg. In der Kirche geht Eusebia nach vorn zum Altar und kniet dort nieder, um zu beten. Die letzte bewußte Erinnerung an die nun folgende Episode ist ein Gedanke an meine Kindheit: Wir mußten ein kurzes Gebet verrichten, bevor wir uns in der Kirche niedersetzen durften. Dann, ich weiß nicht mehr wo, lehnte ich mich gegen etwas, wogegen weiß ich nicht. Ich sah Licht, oder war von Licht umgeben, oder vielleicht auch nicht, denn das Licht war in mir, und ich war das Licht. In diesem Licht sah ich Worte oder Buchstaben, die auf dem Kopf standen, wie auf einem Wasserfall aus Licht herabkommen. Gleichzeitig war ich erfüllt von Fröhlichkeit (gaiety), als ob mein ganzes Sein vom Klang silberner Glocken widerhallen würde. Niemals zuvor hatte ich einen solch lichtvollen vergeistigten, entzückten Glückszustand erlebt. Ich kam mit diesem Gedanken wiederum zu mir: Jetzt weiß ich endlich, was Freude ist.«

Wie man sieht, kann unter Umständen auch eine heutige Frau Professor, die zum Zweck der wissenschaftlichen Beobachtung von Trance-Zuständen unterwegs ist, unversehens in ein seelisches Hoch geraten. 300

Sie fügt, bereits wieder im kühl wissenschaftlichen Ton, ihrem Trance-Protokoll die Bemerkung hinzu, daß Menschen (erstens) spontan in Trance fallen können, daß (zweitens) das Verfallen in Trance erlernbar ist, und daß (drittens) Trance-Zustände bewußt und willkürlich eingeleitet werden können. Das profunde Glücksgefühl der Frau Professor fällt in die erste Kategorie, es gehört zu den unverhofften Geschenken, die in Ausnahmefällen gelegentlich eintreffen. Die Bedeutung des Wortes »Gnade« unter den frühen Christen könnte mit solchen Erlebnissen verknüpft sein; die frühen Christen waren mit Trance-Zuständen durchaus vertraut.

Die gedankliche (ideologische) Verknüpfung seelischer Ausnahmezustände mit bestimmten Vorstellungen, zum Beispiel christlichen, ist selbstverständlich ein Kulturprodukt. 301

Franz wäre, bei seiner Konstitution, auch unter den damaligen Muslim oder in Indien ein Mystiker geworden. Die Gedanken, Vorstellungen und Gefühle in seinem Kopf hätten dann anders ausgesehen, ohne jedoch seine Befähigung zur Trance zu mindern.

Dementsprechend lassen sich die Geschichten über Franzens Ausnahmezustände heute auch atheistisch lesen, also ohne Rekurs auf einen außerweltlichen Gott, der mit Franz Verbindung aufnimmt. Franzens Gott wäre dann, so gesehen, als die Totalität aller anderen Menschen aufzufassen, und seine Ekstasen gleichsam die vorübergehend geglückten Versöhnungen zwischen Ich und Nicht-Ich.

Zu bedenken bleibt gleichwohl, daß die (analytische) Trennung zwischen Ausnahmezuständen und kulturellem Kontext real nirgendwo vorkommt. Immer und überall ereignen sich die individuellen oder kollektiven Aufschwünge innerhalb spezifischer Ensembles von gesellschaftlich vermittelten Vorstellungen; Trance »an und für sich« gibt es nicht.

Im Gegensatz zu uns Industriebürgern, die zwischen christlichen, spiritistischen, sozialistischen, buddhistischen Erregungen scheinbar frei wählen können, wobei wir in Wirklichkeit dem Geld nachlaufen, hat Franz eine lebensverändernde Entscheidung getroffen. Ohne diesen eigentlichen Ernst seines Lebens sind Franzens Verzückungen in der Tat nicht viel mehr als belanglose Vorkommnisse von mäßigem Unterhaltungswert.

302 Wir kennen bereits die zentrale Bedeutung, die der geschundene Christus für Franz hatte (oben Nr. 105–109). Wir haben die Formierung dieses Grundgefühls beschrieben (oben Nr. 76), und dessen Kulminierung in der Ausbildung der Wundmale Christi an Franzens Leib wird uns demnächst beschäftigen. Es ist klar, daß Franzens Innenwelt um die Jesus-Imago kreist, mit wachsender Tendenz zur Identifikation mit dem Heiland. Franz hat, während der vielen Stunden seiner einsamen Betrachtungsübungen, das Leben und besonders die Passion Christi, wie in den Evangelien erzählt, immer wieder durchgenommen, mit sehr viel Zärtlichkeit und tränenreicher Ergriffenheit über das Los dessen, der schon in der Bibel ein Menschensohn ist, und somit kein himmlisch entfernter Gott, sondern ein durchaus anwesender, nämlich im Antlitz der »Geringsten der Brüder«, denen er die göttliche Aura für immer abgetreten hat, mit dem alle archaische Religion sprengenden Wort:
Was ihr dem geringsten meiner Brüder getan habt, das habt ihr mir getan.

Mit Ochs und Esel dabei

303 Am 29. November 1223 bestätigte Papst Honorius III. die endgültige Franz-Regel (siehe das elfte Kapitel). Damit war der dreijährige Papierkrieg mit der päpstlichen Kurie und den mit ihr konform gehenden Kräften unter den Minderbrüdern für Franz vorbei, und die Dämonen gaben für eine Weile Ruhe. Franz begann an Weihnachten zu denken.

Was ihm dabei eingefallen ist, als Manifestation seiner Innenwelt, hat durch die Jahrhunderte, alle Jahre wieder, nicht nur die Kinder beglückt.
Franz hielt sich damals in der Niederlassung bei dem Städtchen Greccio auf. Es gab dort eine abgelegene, kleine und dürftige Behausung, in der Franz öfter wohnte. Auch waren die Menschen von Greccio von Franz derart bezaubert, daß viele von ihnen wie Minderbrüder und Minderschwestern lebten, ohne deshalb die Welt (ihre Häuser und Familien) zu verlassen. »Sie gingen in die Religion hinein« (intrauerunt religionem), wie die Leo-Geschichten es ausdrücken, uns auf diese Weise einen seltenen und sicher authentischen Hinweis auf die ursprüngliche Gestalt der Franz-Genossenschaft gebend.
Deshalb ist die Weihnachtsfeier des Jahres 1223 nicht nur als Krippenandacht denkwürdig. Sie zeigt uns eine Versammlung von Menschen, die eine neue Art von Gemeinschaftlichkeit gefunden hatten, unter Verzicht auf die alten Hackordnungen und Standesunterschiede, nicht nur zu Weihnachten.
Auch der adelige Herr von Greccio, ein gewisser Johannes, scheint unter dem Eindruck von Franzens Persönlichkeit seine Waffen an den Nagel gehängt zu haben – was für einen damaligen Ritter keine leere Geste war.
Zu ihm sprach Franz:
Ich möchte mit euch allen die Erinnerung an jenes Kind feiern, das in Bethlehem geboren wurde. Ich möchte seine Not, die es leiden mußte, mit meinen Augen betrachten, wie es in eine Krippe gelegt und auf Heu gebettet wurde, mit Ochs und Esel dabei!
Und wo soll die Feier stattfinden?
Im Wald selbstverständlich!
Celano fährt fort:
Am Heiligen Abend kamen die Männer und Frauen aus der ganzen Gegend mit Fackeln und Lichtern zu der vorbereiteten Stelle, und auch die Brüder aus mehreren Einsiedeleien waren erschienen. Da stand eine Krippe, gefüllt mit Heu, auch ein Ochs und ein Esel wurden herbeigeführt. Franz sang das Evangelium von der Geburt Christi, und darnach fing er zu reden an. Der Inhalt seiner Predigt war das Kind von Bethlehem, und er

geriet dabei in solche Glut, daß er beim Aussprechen des Namens Jesus mit der Zunge über die Lippen fuhr, wie einer, der eben eine köstliche Speise genießt. Auch versagte ihm manchmal die gewöhnliche Sprache, so daß sich seine Stimme mitunter wie das Blöken eines Lammes anhörte. Während er so redete, erblickte ein Mann aus der andächtigen Gemeinde plötzlich in der Krippe ein Knäblein, das wie leblos dalag und von Franz aus seinem tiefen Schlaf aufgeweckt wurde.
Darnach nahmen die Menschen das Heu aus der Krippe in Büscheln nach Hause mit und gaben es den kranken Haustieren als Arznei, worauf die Tiere alle gesund wurden. Auch einige Frauen, die kurz vor der Entbindung standen, legten dieses Heu auf ihren Leib, und hatten dann eine glückliche Geburt. Später wurde an der Stelle der Krippe ein Altar errichtet und eine Kirche gebaut, zur Ehre des seligen Franz, damit dort die Menschen den Leib unseres Christus genießen können.

304 In der Weihnachtsgeschichte von Greccio ist alles vorhanden, in ursprünglicher Frische, was wir heute mit dem abgeschmackten Namen der Religion vergeblich einzufangen suchen.
Eine relativ kleine, relativ homogene Gruppe von Menschen mit klaren und unerfüllten Wünschen.
Jemand von ihnen, freigestellt fürs Außeralltägliche, setzt vorübergehend das Gruppen-Ich frei, als kollektive Schwingung freudvoller Art.
Dabei treten einzelne Menschen spontan aus dem Alltagsbewußtsein heraus, fahren ab, flippen aus und verstärken dadurch die allgemeine Erregung.
Es gibt Heilungswunder.
Der Gesamtvorgang bleibt bei alledem strukturiert, und nachher sind alle erleichtert.
Wo immer heute solche Veranstaltungen gelingen, in Mexiko-City oder Columbus (Ohio), kommen die Gläubigen aus den unteren Bevölkerungsklassen (blauer Kragen, wie man in den USA sagt). Selbstverständlich sind dabei vor allem die Neger seit den Tagen der Sklaverei die Experten, und ihre Musik spielt dabei eine wichtige Rolle. (Die Neger-Musik, als Blues

und Spiritual um 1900 in New Orleans geboren, ist die einzige Form von Musik, in der es noch Spontaneität gibt, trotz aller Vermarktung.)
So helfen, bis auf den heutigen Tag, belästigte und gekränkte Menschen einander beim Ertragen des Alltags, unter realen Ohnmachtsbedingungen politischer und wirtschaftlicher Art, wie zu Franzens Zeiten. Sie improvisieren dabei ihre eigene und höchst nützliche Transzendenz, saftig und ohne Dogmatik, und gelegentlich geraten sie außer sich, was ihr gutes Recht ist.
Sogar dem betulichen Celano, der mit dem Bericht von der Weihnachtsfeier von Greccio das erste Buch seiner Franz-Biographie enden läßt, geht bei der Niederschrift dieser Erinnerung das Temperament durch. Das letzte Wort dieses Manuskripts:
Halleluja.

305 Franzens Befähigung zum Außersichsein, das lehrt die Weihnachtsfeier von Greccio, war mitnichten bloß seine Privatsache. Es wäre ein Mißverständnis, seine einsamen Himmelfahrten jener Innerlichkeit zuzuschreiben, die das Land der eigenen Seele beschreitet, nachdem ihr draußen kräftig auf die Finger geklopft worden ist.
Vielmehr: Das Erregungspotential unseres Franz entlud sich nicht im Wald, sondern unter den Menschen. Im Wald haben sich seine nervösen Kräfte wieder aufgebaut, zur Verwendung vor versammeltem Publikum auf den Plätzen der Städte und Dörfer, vor dem Sultan Ägyptens oder dem römischen Papst.
Deshalb ist es irreführend, aus Franz einen Naturmystiker zu machen, unter Berufung auf seinen Sonnengesang und seinen freundlichen Umgang mit allerlei Tieren.
Im Sonnengesang (Cantico di Frate Sole) kommen die Menschen; das ist wahr, nur ein einziges Mal vor, als Wesen, die der Verzeihung fähig sind. Ansonsten besingt Franz die Sonne, den Mond und die Sterne, den Wind und die Wolken, die köstliche Quelle und das wärmende Feuer, die Blumen der Mutter Erde und den leiblichen Tod.
Aber: Alle diese Naturhaftigkeiten heißen bei Franz Bruder

und Schwester, was bekanntlich eine menschliche Bezeichnung ist. Dies brüderliche Humanum verändert die Anschauung der Natur in wirklich bedeutender Weise. Das Menschenwesen, wie es sein könnte, wird zur möglichen Antwort auf die ewige Frage der Welt, dieses Rätselauge aus dem eisigen Raum der Galaxien, mit Herstellung des Sinns als menschlicher Angelegenheit und nicht als mathematisches oder physikalisches Problem.
Auch die Tiere, ob es sich nun um Zikaden oder Wölfe handelt, spricht Franz mit Schwester und Bruder an, und bezieht sie damit in die von ihm beabsichtigte und gelebte Mitmenschlichkeit ein.

306 So wurde es erzählt:
Einmal geschah es, als Franz sich in der Portiuncula aufhielt, daß er auf dem Zweig eines Feigenbaumes eine Zikade sitzen sah. Der Feigenbaum war in der Nähe seiner Hütte, der letzten an der Gartenhecke hinter dem Haus, in dem nach Franzens Tod der Gärtner Rainerio wohnte.
Franz streckte seine Hand aus und sagte zu der Zikade:
Komm zu mir, Schwester Zikade!
Alsbald sprang das Tier auf seine Hand. Franz strich ihm mit dem Finger über den Rücken und bat die Zikade:
Sing, Schwester Zikade!
Da begann die Zikade zu zirpen, und Franz war glücklich. Eine gute Stunde verging auf diese Weise, bis Franz die Zikade wiederum auf ihren Platz auf dem Feigenbaum zurücktat.
Immer wenn Franz seine Hütte verließ, saß die Zikade auf demselben Platz, und Franz verfuhr mit ihr wie beim ersten Mal.
Nach acht Tagen sprach Franz zu den Genossen:
Jetzt wollen wir uns von der Schwester Zikade verabschieden, damit sie ihrer Wege gehen kann.
Kaum hatte er dies gesagt, verschwand die Zikade und wurde nicht mehr gesehen.
Franz hatte seine Freude an jeglicher Kreatur.
Diejenigen Brüder, die in den Wald gingen, um Feuerholz zu

machen, bat er oft, nie einen ganzen Baum umzuhacken. Dem Bruder, der den Garten besorgte, trug er auf, nicht nur Gemüse anzupflanzen, sondern auch ein Beet für duftende Kräuter und Blumen anzulegen.

Ungern löschte er Kerzen oder Lampen aus, aus Pietät gegenüber dem Bruder Feuer. Einmal, als er nahe beim Feuer saß, fing seine Kutte zu glosen an, ohne daß er es bemerkte. Als er dann allmählich die Hitze spürte und ein Genosse hinzutrat, um die Glut zu löschen, ließ er es nicht zu und sagte:

Man soll dem Bruder Feuer nichts zuleide tun!

Erst den vereinten Überredungskünsten der Genossen gelang es, Franz umzustimmen und die Glut auszutreten.

Wir, die wir mit ihm waren, haben ihn beobachtet, wie er mit dem Feuer und anderen Kreaturen redete, als ob sie ihn verstünden, und bei solchem Tun oft in Verzückung geriet.

Celano, in seiner ersten Biographie, widmet dem Zartgefühl 307
Franzens gegenüber den Tieren ein eigenes Kapitel:

In Greccio kam einmal ein Genosse zu Franz und brachte ihm einen Hasen, der sich in einer Schlinge gefangen hatte. Franz redete das Tier an und sprach:

Komm zu mir, Bruder Hase! Warum hast du dich so überlisten lassen?

Der Genosse ließ das Tier, das er bis dahin gehalten hatte, frei. Alsbald lief es zu Franz hin und sprang in seinen Schoß, als ob dies der sicherste Platz wäre. Nach einer Weile, nachdem Franz den Hasen gestreichelt hatte, wollte er ihn laufen lassen und setzte ihn auf den Boden. Aber der wollte nicht weg und sprang wieder in Franzens Schoß. Dies geschah mehrere Male, bis Franz die Brüder bat, das Tier in den nächsten Wald zu tragen und dort freizulassen.

Eines Tages saß Franz in dem Boot eines Fischers auf dem See von Rieti, in der Nähe des Ufers. Der Fischer hatte soeben einen großen Schlei gefangen und machte ihn Franz zum Geschenk. Franz nahm den Fisch, sprach ihn mit dem Brudernamen an und setzte ihn dann neben dem Boot ins Wasser. Eine ganze Weile spielte der Fisch an der Stelle, wo Franz ihn ausge-

setzt hatte, während Franz in Betrachtung versank. Erst als Franz sich von ihm verabschiedet hatte, schwamm er davon.
In dem Städtchen Alviano hielt Franz eben eine Predigt, als eine große Menge Schwalben, die dort nisteten, mit ihrem Zwitschern die Andacht störten. Da redete Franz die Schwalben an und sprach zu ihnen:
Meine Schwestern Schwalben! Ihr habt jetzt genug geredet. Ich möchte auch einmal zu Wort kommen. Seid jetzt still und hört das Wort Gottes!
Sofort waren die Schwalben still, so daß die Menschen sich sehr verwunderten.

308 Das Motto für die vielen Geschichten vom liebevollen Umgang Franzens mit Steinen, Pflanzen und Tieren, mit der Erde und dem Wind, mit Feuer und Wasser steht im Sonnengesang:
Laudato si, mi Signore, cum tucte le tue creature.
Gelobt seist du, mein Herr, mit allen deinen Geschöpfen.
Auch die Leo-Geschichten betonen:
Franz erfreute sich an den Geschöpfen wegen seiner Liebe zum Schöpfer.
Und Celano berichtet, wie Franz einen Fasan, der eigentlich für den Kochtopf der Brüder bestimmt war, mit diesen Worten befreite:
Gelobt sei unser Schöpfer, Bruder Fasan!
Franzens Weltfrömmigkeit, diese profunde Brüderlichkeit humaner Art gegenüber der belebten und der unbelebten Natur, war insofern mittelalterlich bestimmt, als sie zum »höchsten, allmächtigen, guten Herrn« (der Anfang des Sonnengesangs) aufblickte.
Philosophisch ausgedrückt war Franzens Gott das *summum bonum* – das höchste Gut als Grundinhalt allen Strebens.
Nicht die oberste moralische Instanz ist damit gemeint, auf dem Thron des Richters. Diese Art Über-Ich-Religion hatte Franz hinter sich gebracht, wie wir gesehen haben (oben Nr. 166–172). Franz hat vielmehr seinen Gott als totale Zuneigung erlebt, wie in einer (auf Bruder Leo zurückgehenden) Passage der »Fioretti« in aufschlußreicher Weise erzählt wird.

Die »Fioretti«: 309

Als Franz auf dem Berg La Verna weilte, kam Bruder Leo zur gewohnten Stunde, um mit Franz die Psalmen zu beten. Franz war nicht in seiner Hütte. Als sich Leo daraufhin im Wald umsah, entdeckte er Franz im Mondschein auf den Knien, das Gesicht nach oben gerichtet, mit ausgebreiteten Armen. Franz sagte:

Wer bist du, gütigster Gott, und wer bin ich, das Würmchen, dein winziger Knecht?

Diese Worte sprach Franz immer wieder.

Dann sah Leo, der regungslos stehengeblieben war, ein wunderschönes Licht, gleich einer schimmernden Flamme, die den Augen wohl tat, vom Himmel herabschweben und über Franz verweilen. Auch war ihm, als käme aus der Flamme eine Stimme, die mit Franz redete.

Als sich Leo nach einer Weile diskret zurückziehen wollte, hörte Franz das Rascheln und rief sofort:

Wer du auch bist, bewege dich nicht von der Stelle!

Leo blieb stehen und rief:

Ich bin es!

Später erzählte Bruder Leo, daß er so erschrocken gewesen sei, daß er sich am liebsten in die Erde verkrochen hätte.

Franz sprach:

Habe ich dir nicht oft gesagt, du sollst mich nicht belauschen? Sag mir jetzt, ob du etwas gesehen hast!

Leo berichtete, was er wahrgenommen hatte, und bat Franz um eine Auslegung der Worte, die er so oftmals gesprochen, und um die Bedeutung der Flamme.

Weil Franz den Leo überaus liebte, wegen der Schlichtheit und Sanftmut seines Charakters, sprach er zu ihm:

Eine zweifache Erleuchtung ist mir gegeben worden. Den Abgrund der göttlichen Güte habe ich gesehen, und auch den Abgrund des Nichts, das ich selber bin. Deshalb mußte ich die Worte aussprechen, die du gehört hast. Die Flamme aber, die du gesehen hast, war Gott. Nun hüte dich, mir noch einmal nachzugehen!

Da kehrte Leo in seine Hütte zurück und empfand eine tiefe Freude.

310 Ein Abgrund ruft den anderen, heißt es im 41. Psalm.
Es ist möglich, daß Franz, der die Psalmen gut kannte, an diese Stelle gedacht hat, als er von den beiden Abgründen sprach.
Sich selber erkennt Franz, wie viele andere nachdenkliche Menschen vor und nach ihm, als nichtig insofern, als ihm die Zufälligkeit und Flüchtigkeit seiner Existenz bewußt ist.
Sein glückliches Staunen, daß er dennoch beim Namen gerufen wird, aus der Ewigkeit Gottes, in wohlmeinender Weise, versetzt ihn in Verzückung. Ein Satz Franzens aus der soeben erzählten Passage der »Fioretti«, den wir vorhin nicht angeführt haben, darf nunmehr nachgereicht werden. Er lautet, an die Adresse Gottes gerichtet:
Wer bist du, daß du dich zu mir neigst?
Zwischen dem nächtlichen Gebet Franzens im Schlafzimmer des Bernhard von Quintavalle (oben Nr. 5) und der Andacht im Mondschein auf dem Berg La Verna liegen sechzehn Jahre. Franzens Abstieg in die Tiefen seiner bürgerlichen Konstitution, bis zum Grund seiner Einsamkeit, hat lange gedauert. Nun, da er ganz unten angelangt ist, wird er belohnt.

·

Die fünf Wunden des Christus

311 Der älteste Bericht von Franzens Stigmatisierung, mit dem päpstlichen Imprimatur vom 25. Februar 1229 (oben Nr. 15) stammt von Celano:
»Zwei Jahre bevor Franz seine Seele dem Himmel zurückgab, weilte er in der Einsiedelei, die nach dem Ort, wo sie gelegen ist, La Verna heißt. Dort sah er in einer Vision einen Mann über sich schweben, der gleich einem Engel sechs Flügel hatte und mit seinen ausgebreiteten Händen und den nebeneinander liegenden Füßen ans Kreuz geheftet war. Zwei Flügel erhoben sich über das Haupt hinaus, zwei waren zum Flug ausgespannt, zwei bedeckten den Körper. Als der selige Knecht des Höchsten dies schaute, wurde er von tiefem Staunen ergriffen und konnte sich den Sinn der Erscheinung nicht erklären. Er empfand eine überaus große Freude über den gütigen und liebrei-

chen Blick, mit dem ihn der unbeschreiblich schöne Engel ansah. Aber daß er ans Kreuz geheftet war und bitterlich litt, erschreckte ihn.

Als er sich schließlich erhob, war er sozusagen traurig und glücklich zugleich; Freude und Schmerz bewegten abwechselnd sein Gemüt. Angestrengt dachte er über die Bedeutung der Vision nach, und sein Geist wurde bei solcher Bemühung nicht wenig verwirrt. Sein Verstand vermochte in dieser Angelegenheit zu keiner Klarheit zu gelangen, und das Neuartige des Gesichts machte ihm innerlich sehr zu schaffen.

Auf einmal begannen an seinen Händen und Füßen die Spuren der Wunden sichtbar zu werden, wie er sie kurz zuvor über sich an dem gekreuzigten Mann gesehen hatte. Hände und Füße schienen in der Mitte von Nägeln durchbohrt. An der Innenfläche der Hände und an der oberen Seite der Füße erschienen die Spuren der Nagelköpfe und auf der anderen Seite die Spitzen. An den inneren Handflächen waren die Male rund, an der Außenseite länglich. Auch wurde eine warzenähnliche Erhöhung sichtbar, wie die gekrümmten, umgebogenen Enden von Nägeln.

Ebenso waren den Füßen die Male der Nägel eingeprägt und ragten über das umgebende Fleisch empor. Die rechte Seite seines Körpers war wie mit einem Lanzenstich durchbohrt und wies eine Wunde auf, und öfter floß Blut aus ihr, so daß Kutte und Unterhose mehr als einmal davon blutig wurden.«

Die »Fioretti«, in der lateinischen Urfassung, fassen sich in ihrer Berichterstattung sehr kurz: 312

»In jener selbigen Zeit der vierzig Tage erschien dem seligen Franz auf jenem Berge um das Fest Kreuzerhöhung der Christus in Gestalt eines gekreuzigten Seraphs mit Flügeln und prägte ihm die Male der Nägel in Hände und Füße und auch die Seitenwunde ein, wie es die Legende erzählt. Die Erscheinung war in der Nacht und von solcher Helle, daß ringsum die Berge und Täler erleuchtet wurden und so deutlich hervortraten, als ob es heller Tag gewesen wäre. Das bezeugen die Hirten jener Gegend, die bei ihren Herden waren. Weshalb dem seligen

Franz die Wundmale eingeprägt wurden, ist noch nicht völlig kund geworden.«
(Die vierzig Tage meinen die Herbst-Fasten vom Tag nach Maria Himmelfahrt bis zum 29. September, dem Fest des Erzengels Michael. Das Fest Kreuzerhöhung wird am 14. September gefeiert. Die Seraphim sind biblische Engel aus den Büchern der Propheten Jesaja und Ezechiel. Die »Legende« ist die des Celano, in der damaligen Bedeutung von »Lesestoff«.)

313 Die Leo-Geschichten bringen eine kleine Notiz, aus der hervorgeht, wem Franz seine Vision vom gekreuzigten Engel erzählt hat:
»Unter vielen anderen verborgenen und öffentlichen Tröstungen, die ihm Gott zuteil werden ließ, wurde dem seligen Franz die Vision der Seraphim von Gott gezeigt, welche ihn gewaltig tröstete. Als ihm sein Genosse an diesem Tag das Essen brachte, erzählte er ihm alles, was geschehen war.«
Der Genosse war Bruder Leo.
Auf dem Pergamentblatt, das Bruder Leo ständig bei sich trug, weil Franz einen Segen für ihn darauf geschrieben hatte (oben Nr. 14), brachte Leo eigenhändig eine Notiz an, bevor er es vor seinem Tod dem Konvent der Minderbrüder in Assisi vermachte. Sie lautet:
»Zwei Jahre vor seinem Tod hielt Franz die Fasten zu Ehren der gebenedeiten Jungfrau Maria Muttergottes und des Erzengels Michael an dem Ort La Verna, vom Fest Maria Himmelfahrt bis zum Fest des heiligen Michael im September. Und die Hand Gottes war auf ihm. Nach der Vision und Rede des Seraph und der Einprägung der Stigmen Christi auf seinem Leib verfaßte er diese Lobpreisungen, die auf der anderen Seite des Blattes geschrieben sind, und schrieb sie mit eigener Hand, voll Dankbarkeit gegen Gott für die gewährte Gnade. Franz schrieb diesen Segen mit eigener Hand für mich Bruder Leo.«
Die Echtheit dieses Dokuments steht außer Zweifel.
Die Lobpreisungen auf der Rückseite des Blattes, von Franz selber hingemalt, sind eine Mischung aus persönlicher Frömmigkeit und konventionellen Gebetsformeln. Sie sind an Gott

adressiert und lesen sich wie eine Kadenz ungetrübter Positivität. Das letzte Wort dieser langen Litanei der Werthaftigkeiten ruft Gott mit dem Heilandsnamen an:
Salvatore.

In Wirklichkeit war Franz, seit dem September 1224, selber 314
zum Heiland geworden, zum zweiten Christus, mit der sichtbaren Beglaubigung seiner Jesus-Förmigkeit an Händen und Füßen, in bislang unerhörter Weise. Das Wappen der Franziskaner hat diesen hohen Anspruch stolz durch die Jahrhunderte getragen. Es zeigt zwei gekreuzte Unterarme, den nackten des Christus und den mit dem Ärmel einer Kutte bekleideten Franzens; beider Hände sind mit dem Stigma des Gekreuzigten ausgezeichnet.
Diese Darstellung ist, vom Standpunkt kirchlicher Dogmatik aus gesehen, sehr gewagt. Sie suggeriert eine Ebenbürtigkeit der beiden Stigmatisierten, konträr zur sonst üblichen Hervorhebung der göttlichen Überlegenheit des Christus.
Tatsächlich ist Franz nach seinem Tod von manchen Zeitgenossen als Messias des dritten (und letzten) Weltalters aufgefaßt worden, in recht subversiver und für die offizielle Kirche gefährlicher Weise (siehe Kapitel 16).
Die ersten Spuren dieser heterodoxen Theologie des stigmatisierten Franz finden sich bereits bei Celano, fünf Jahre nach der Vision auf dem Berg La Verna.
Celano: »Ja, sein glorreiches Leben überstrahlt die Vollkommenheit früherer Heiliger mit einem helleren Licht. Das beweist das Leiden Christi, und insbesondere dessen Kreuz. Fürwahr, an fünf Stellen seines Leibes wurde der ehrwürdige Vater mit dem Zeichen des Leidens und Kreuzes gezeichnet, als ob er mit dem Gottessohn am Kreuz gehangen hätte. Dieses Geheimnis ist groß, es bezeugt die Erhabenheit einer bevorzugenden Liebe (praerogativa dilectio). Hier liegt ein geheimer Ratschluß verborgen, ein ehrfurchtgebietendes Mysterium, welches Gott allein bekannt ist, wie wir glauben.«
Celano ist vorsichtig, er verlegt die Beispiellosigkeit Franzens mitsamt ihren theologischen Konsequenzen sicherheitshalber

in die Tiefen der Gottheit. Immerhin springt Franz, wegen der Stigmen, ohne weiteres an die Spitze sämtlicher vorhandenen Heiligen, er steht für Celano im kanonischen Himmel ohne Konkurrenz da.
Das stimmt insofern, als Franzens Stigmatisierung in der Tat ein kulturgeschichtliches Novum ist. Franz führt eine lange Reihe von Menschen an, die seinem Beispiel gefolgt sind und die Wunden des Gekreuzigten an ihrem Körper hatten. (Die Angaben über die Gesamtzahl der europäischen Stigmatisierten schwanken zwischen einhundert und dreihundertdreißig. Der derzeit letzte Fall war der 1968 gestorbene Kapuzinerpater Pio von Pietrelcina.)
Aus moderner Sicht stellen sich, angesichts der Wirkungsgeschichte von Franzens Stigmen, zwei Fragen – die nach ihrer Tatsächlichkeit und die nach ihrer Erklärbarkeit.

315 Die älteste Darstellung des öffentlichen Bekanntwerdens von Franzens Stigmen stammt von Celano. Sie findet sich in dessen erster Franz-Biographie aus dem Jahr 1229, im Zusammenhang mit der Schilderung der Vorgänge nach Franzens Tod im Jahr 1226.
Nach diesem Bericht lag Franzens Leiche zunächst in der Portiuncula aufgebahrt, und die Bevölkerung aus Assisi und der Umgebung »strömte in Scharen herzu«. Was sie zu sehen bekamen, war sensationell. »Er sah aus, als sei er frisch vom Kreuz herabgekommen, als seien seine Hände und Füße von Nägeln durchbohrt und die rechte Seite wie von einer Lanze verwundet.«
Die Leiche sei, so fährt Celano fort, sehr schön anzusehen gewesen, ihre Gliedmaßen frei beweglich, die Hautfarbe weiß (im Gegensatz zur eher dunklen Hautfarbe Franzens zu dessen Lebzeiten). Dann nochmal, in offensichtlicher Bemühung um Genauigkeit: »Mitten in seinen Händen und Füßen waren nicht nur die Male der Nägel, sondern die Nägel selber zu sehen, aus seinem Fleisch gebildet, in der Schwärze des Eisens gefärbt. Die rechte Seite war vom Blut gerötet.«
Der Andrang des Publikums war gewaltig: »Jeder aus dem

Volk glaubte die größte Gnade zu erhalten, wenn er die heiligen Wundmale, die Franz an seinem Leibe trug, zumindest sehen, besser noch küssen durfte.«
Die Gründe für die Glaubwürdigkeit dieses Berichts liegen auf der Hand. Die Inspektion der Leiche Franzens, wie Celano sie schildert, war ein öffentlicher Vorgang, mit Hunderten von Zeugen. Nicht einmal im wundergläubigen Mittelalter konnte es sich ein (noch dazu offizieller) Chronist leisten, so kurze Zeit nach einem allgemein bekannten Ereignis eine eklatante Fälschung in Umlauf zu setzen. In bezug auf die Tatsächlichkeit der Stigmen des Franz befindet man sich durchaus auf geschichtlichem Boden.

Manche Details in den Berichten über die Stigmatisierung 316
Franzens sind leicht als spätere Ausschmückung zu erkennen, wie beispielsweise die taghell erleuchtete Nacht der »Fioretti« (oben Nr. 312). Insgesamt aber sind die (relativ wenigen) Texte der alten Franz-Quellen, die auf die Stigmen Bezug nehmen, bemerkenswert sachlich gehalten. Das gilt insbesondere für die Gruppe der Leo-Geschichten. Deren historischer Wert ist auch von der kritischen Franz-Forschung heute unbestritten. Auffällig ist, daß in ihnen die Stigmen nur ganz nebenbei erwähnt werden, als hätten Leo und seine Mitautoren Rufino und Angelo (oben Nr. 15) eine Scheu, Franzens Wunden zu publizieren. Das ist insofern verständlich, als alle Berichte betonen, Franz hätte die Stigmen sorgfältig vor den Augen der Menschen versteckt gehalten. Als treue Genossen wollten die drei Gefährten Franzens dessen Willen zur Diskretion respektieren, auch nach seinem Tod.
Charakteristisch für diese Einstellung ist eine Leo-Geschichte, in der ein Mann aus einem Dorf bei Rieti während einer Viehseuche den Einfall hat, sich bei den Minderbrüdern der Einsiedelei Fonte Colombo, wo Franz zu dieser Zeit wohnte, das Wasser zu besorgen, mit dem man dem bereits ziemlich kranken Franz Hände und Füße gewaschen hatte. Der Mann habe dieses Wasser über die kranken Rinder gesprengt, welche sich alsbald erholt hätten. Die Erklärung für dieses Wunder ist lapi-

dar: »Zu dieser Zeit hatte der selige Franz Narben (cicatrices) an Händen und Füßen und in der Seite.«

317 Wir dürfen, dies das Fazit aus dem Gesagten, unserem Franz die fünf Wundmale ohne schlechtes Gewissen glauben. Bleibt noch die Frage, ob es für ihre Herkunft eine einigermaßen befriedigende Erklärung gibt.

Hier ist ein Beispiel für die Art Prosa, der man bei der Suche nach einer Antwort auf diese Frage begegnet:

»Die medizinisch-religionspsychologische Erklärung (der Stigmatisation) geht von analogen klinischen Fällen aus. Stigmatisationen wären demnach psychogene Hautunterblutungen aus anscheinend intakten Gefäßen auf Grund allgemeiner neurovegetativer Dispositionen. Menschen mit neuropathischer Konstitution, hysterieähnlichem Symptomkomplex, erhöhter Suggestibilität und Hautdurchlässigkeit, von körperlich beinahe entäußerndem Glauben und an das Wunderbare grenzender Passionsfrömmigkeit vermögen die Kreuzigungsvorstellung in körperliche Vorgänge umzusetzen. Über den Ablauf der psychischen Mechanismen bei der ideoplastischen Übertragung gehen die Ansichten sehr auseinander.«

Lassen wir sie weiterhin auseinandergehen.

In Wirklichkeit verstecken die einschlägigen Wissenschaften ihren niedrigen Wissensstand im Bereich der psychosomatischen Erscheinungen hinter gelehrtem Jargon (was auch sonst gar nicht so selten vorkommt). Auffällig ist, in dem zitierten Text, die ideologiehafte Einweisung der heute selten gewordenen Stigmatisierung ins Irrenhaus (»analoge klinische Fälle«, »neuropathische Konstitution«, »hysterieähnlicher Systemkomplex«), aparterweise in einem katholischen Lexikon.

Das Unangenehme an dieser heute noch weitverbreiteten wissenschaftlichen Borniertheit ist nicht so sehr ihre Fassungslosigkeit gegenüber einer historisch herausragenden Gestalt, wie Franz eine ist. Das wäre leicht zu verschmerzen. Ärgerlich wird sie vielmehr deshalb, weil sie dem heute in unseren Gesellschaften manifest werdenden Komplex der psychosomatischen Leiden inkompetent gegenüberstehen muß.

Wir werden daher die Wundmale unseres Franz aus dem Wachsfigurenkabinett der Verständnislosigkeit herausholen müssen und sie als das ansehen, was sie sicherlich gewesen sind: die ungewöhnliche, aber einfühlbare Reaktion eines real und aus verständlichen Gründen leidenden Menschen auf die krankmachenden Kräfte, denen er in unverschuldeter Hilflosigkeit unterworfen war.

Franz litt seit seiner Heimkehr aus Palästina zunehmend an Depressionen. 318
(So drückt man die Sache heute aus. Damals sprach man von »Versuchungen«, »Trockenheit« der Seele, geistlicher »Trägheit«. Die Tätigkeit der Dämonen wurde als wichtige Ursache dieser traurigen Verstimmungen in Rechnung gestellt.)
Die bereits erzählte Geschichte von den Dämonenprügeln in Rom (oben Nr. 249) ist nur eine unter vielen, in denen die teuflischen Belästigungen Franzens während der letzten Jahre seines Lebens mehr oder weniger breit ausgemalt werden. Auch auf dem Berg La Verna, also unmittelbar vor der Stigmatisierung, mußte Franz (so die »Fioretti«) viele Kämpfe mit den Dämonen bestehen, was ihn »sehr schwächte«.
Daß der Teufel ein Feind der Freude ist, geht aus einem Ausspruch Franzens hervor, den die Leo-Geschichten überliefern: »Der Teufel jubelt, wenn er die Freude im Herzen des Dieners Gottes auslöschen kann.«
Mit starker Betonung fügen die Leo-Geschichten hinzu:
»Das Hauptanliegen des seligen Franz war es allezeit, auch wenn er seinen Leib in strenger Zucht hielt, die geistliche Freude (laetitiam spiritalem) zu bewahren.«
Das Gegenteil dieser Freude wurde im Mittelalter und auch in den Franz-Quellen ganz allgemein mit dem Wort *acedia* bezeichnet, was dem ursprünglichen Wortsinn nach »Trägheit« bedeutet. Tatsächlich war damit ein ganzer Komplex aus Bitterkeit, Melancholie, Müdigkeit, Selbstquälerei, Existenzangst, Mutlosigkeit gemeint, bis hin zur blanken Verzweiflung.
Franz hat diesen Zustand sehr wohl gekannt – sonst hätte er ihn nicht bekämpfen müssen.

319 Ein weiterer Hinweis auf Franzens Depressionen findet sich bei Celano. Dort ist von einer »besonders schweren Versuchung des Geistes« die Rede, die »mehrere Jahre lang« über Franz verhängt worden sei und die er schließlich durch einen Akt des Vertrauens überwunden habe.

Diese eher dunklen Andeutungen werden verständlicher, wenn wir uns an die traumatischen Erfahrungen erinnern, die Franz im Heiligen Land und in der ewigen Stadt machen mußte (Kapitel 10 und 11), in den Jahren 1219 und 1220.

Franz hatte, um es einmal pathetisch auszudrücken, der kalten Macht ins tote Auge geblickt – einmal in ihrer militärischen und einmal in ihrer bürokratischen Schreckensgestalt.

Die Ursachen für Franzens Depressionszustände sind also nicht in einer Störung seines Stoffwechselhaushaltes zu suchen, sie sind mitnichten »endogen«, wie man heute sagt.

Was Franz seelisch krank gemacht hat, was ihn leiden ließ, fällt nicht ins Ressort der Biochemie oder Neurophysiologie, sondern in den Bereich der Politik.

Wir haben gesehen, welchen Schaden die sogenannte Realpolitik im Seelenhaushalt unseres Franz angerichtet hat (oben Nr. 232–236, 269).

Franzens nachhaltige Bekanntschaft mit dem, was man später »Institution« nennen sollte, hat ihn stigmatisiert, noch ehe die Wundmale Christi an seinem Körper aufbrachen.

320 Was ist eine Institution?

Eine Einrichtung zur Separierung der Menschen in »tragbare« und »untragbare« Elemente. Die letzteren werden gekennzeichnet.

Die Geschichte der Kennzeichnungen ist lang. Sie reicht von der Brandmarkung der Sklaven in der Antike über das Judenhütlein des Mittelalters bis zu den schlechten Noten in unseren heutigen Schulen.

Das Thema dieser Art von Stigmatisierung ist, wenn es einmal ins Auge gefaßt worden ist, bedeutend. (Man kann, wie bereits geschehen, ganze Bücher darüber schreiben.)

Wir haben es deshalb angeschnitten, weil Franzens Hinneigung

zu den real Stigmatisierten seiner Zeit auffällig ist. Die Überwindung seines Ekels vor den Aussätzigen (oben Nr. 64–71) markiert den für ihn selbst entscheidenden Wendepunkt seines Lebens, und von da an bewegt er sich am liebsten im Milieu der sozial Deklassierten und Verfemten. Er wählt das Stigma der Armut.
Man nimmt es ihm weg, indem man seinen Bettlerverein in einen obrigkeitlich anerkannten Orden verwandelt. Franz ahnt, daß die Doktorhüte und Kardinalsmäntel für die Minderbrüder bereitliegen werden, sobald er unter der Erde ist.
Was kann er jetzt noch tun?

Die fünf Wunden am Leib unseres Franz drücken, als Körper- 321
predigt, seinen beharrlichen Willen aus, auf der Seite derer zu bleiben, die ihr Leben lang ohnehin mit ihren diversen Stigmen herumlaufen – als Bettler, Kriminelle oder Aussätzige.
Franzens Körper verlautbart aber auch, wie sehr Franz selber und gegen seinen Willen verletzt und gedemütigt worden ist, zum Verlierer gestempelt im Spiel der Mächtigen, im klaren Bewußtsein seiner Hilflosigkeit.
Selbstverständlich kommt Franzens letzter Gegenzug nicht vorsätzlich aus seinem Nervensystem. Wir haben gesehen, wie sehr ihn die Erscheinung des Engels und die aufbrechenden Wunden verwirrt haben, und wie er sie sorgfältig vor seiner Umgebung zu verstecken bestrebt war.
Trotzdem gehört die Produktion der Stigmen ganz ihm, wie das fertige Werk dem Künstler, der es geschaffen hat.

Am Ende unserer (betont sachlichen) Erörterung von Franzens 322
Stigmatisierung zeigt sich etwas, dessen Qualität dem feststellenden Denken entzogen bleibt: die wirkliche Güte eines Menschen.
Die Gebärde, mit der Franz sich dem glühenden Engel ausliefert, mit ausgebreiteten Armen, ist die der Preisgabe seiner Subjektivität. Seine Ichpanzerung wird aufgeschweißt, und nachher braucht Franz nichts mehr von sich zurückzuhalten.

Damit ist Franz endlich jener Christusgestalt gleich geworden, deren Abendmahlsgeste ihn mit Zärtlichkeit erfüllt hat, als Hostienandacht beglückender Art. Die Verteilungsgebärde des Heilands, der sich der Brüdergemeinde zur Speise anbietet, bedeutet eben jene uneingeschränkte Offenheit für den anderen, die uns so schwerfällt und nach der wir uns gleichzeitig sehnen. Die bürgerliche Einsamkeit, als schatzbildendes Ich, hat »in jener Zeit« ein Wunschbild gefunden und trägt es seither mit sich herum, der Erlösung bedürftig wie der ewige Jude.

Ob es einmal eine Menschenwelt geben wird, in der keiner vor dem andern etwas zurückzuhalten braucht, kann man nicht wissen. Daß sie harmonischer wäre als unsere gewohnten Verhältnisse, ist freilich klar, und deshalb geht von Franz immer noch jene Wärme aus, ohne die wir schon längst völlig erkaltet wären.

14. Kapitel

Il Santo

Bruder Jordan von Giano erzählt: 323
Vor meiner Rückkehr nach Deutschland besuchte ich noch Bruder Thomas von Celano. Er war erfreut, mich zu sehen und gab mir einige Reliquien des seligen Franz. In Würzburg sandte ich Nachricht an die Brüder meines Sprengels, daß wir uns in Eisenach treffen könnten. Tatsächlich kamen sie alle in das dortige Haus und sagten dem Pförtner, er solle mich nicht gleich einlassen, wenn ich käme, sondern sie zuerst verständigen. Als ich dann eintraf und an das Tor klopfte, mußte ich warten, während der Pförtner ins Haus lief und die Brüder benachrichtigte. Sie trugen ihm auf, mich vor der Türe der Kirche ein wenig warten zu lassen. In der Zwischenzeit hatten sie sich innen in Prozessionsordnung aufgestellt, mit Tragkreuz, Weihrauch, Palmzweigen und brennenden Kerzen. Dann öffneten sie die Kirchentür und stimmten den liturgischen Gruß an. Verwundert wollte ich gegen diesen Empfang protestieren und wedelte abwehrend mit der Hand. Sie aber vollendeten ihren Gesang mit größter Begeisterung. Da fiel mir ein, daß ich ja die Reliquien des seligen Franz bei mir trug, die ich in der Aufregung ganz vergessen hatte. Daher sagte ich, als das Lied zu Ende war: Freut euch Brüder, denn ich habe euch einige Reliquien unseres gebenedeiten Vater Franz mitgebracht. Sie müssen es gewesen sein, die euch in diese festliche Stimmung versetzt haben, ohne daß ihr von ihnen gewußt habt!
Dann nahm ich die Reliquien aus der Brusttasche meiner Kutte und legte sie auf den Altar.

Ich hatte Franz zu seinen Lebzeiten gekannt und den Eindruck empfangen, daß er durchaus ein menschliches Wesen sei. Nun aber, nach diesem Vorfall, begann meine Verehrung ihm gegenüber gewaltig zu steigen.

324 Was dem biederen Bruder Jordan widerfuhr, nach Franzens Tod, hat die Menschen in der Toscana, in Umbrien und Latium bereits zu Franzens Lebzeiten erfaßt. Es läßt sich darüber streiten, ab wann Franz zum Gegenstand öffentlicher Huldigungen wurde. Populär und geliebt ist er sicher schon vor seiner Fahrt ins Heilige Land gewesen. Aber erst in den letzten beiden Jahren seines Lebens, als er vom Berg La Verna Abschied genommen hatte und wie Jesus auf einem Esel reitend durch Mittelitalien zog, begann seine eigentliche Aura zu strahlen. Franz war, wir sollten es nicht vergessen, damals zweiundvierzig Jahre alt und durchaus noch imstande, »Söhne und Töchter zu bekommen«, wie er gelegentlich bemerkt hat, wenn ihm die Verehrungsbereitschaft der Menschen auf die Nerven ging.
Aber all die geheilten Epileptiker, Besessenen, Blinden und Gelähmten, die Franz in seinem Kielwasser zurückließ, sprachen eine deutliche Sprache. Franzens abgeschnittene Fingernägel, sein Waschwasser, die Verbände um seine Hände und Füße wurden zu begehrten Arzneimitteln, und mitunter schnitt jemand im Gedränge von Franzens Kutte ein Stückchen ab, zur künftigen Verwendung in der Hausapotheke.
Franz wurde, sozusagen in freier und allgemeiner Wahl, zur Reliquie gemacht. Der Schrei, mit dem ihn das Volk begrüßte, hat ihm bereits zu Lebzeiten jenen Titel verliehen, den ihm der Papst zwei Jahre nach seinem Tod offiziell nachgereicht hat: Il Santo – der Heilige.

Weil ich für alle da bin

325 Über die letzten beiden Lebensjahre Franzens (Oktober 1224 bis Oktober 1226) sind wir vorzüglich unterrichtet. Keine andere Periode wird in den Franz-Quellen so ausführlich und de-

tailreich geschildert, und auch ihre Chronologie ist verhältnismäßig genau rekonstruierbar:

Am 30. September 1224 verläßt Franz, auf einem Esel reitend, den Berg La Verna, begleitet von Bruder Leo. Der Weg führt über Borgo San Sepolcro nach Monte Casale, dann weiter nach Città di Castello, wo Franz den Monat Oktober verbringt.

Im November 1224 trifft Franz in der Portiuncula ein.

Im Winter 1224/1225 zieht Franz predigend durch die Dörfer Umbriens; wegen starker Schmerzen in den Augen muß er das Unternehmen abbrechen und kehrt nach Assisi zurück. Er ist nahezu blind und leidet unter beständigen Kopfschmerzen.

Kardinal Hugolin lädt Franz ein, nach Rieti zu kommen und sich dort in ärztliche Behandlung zu begeben. Franz zögert die Abreise hinaus und verbringt im Sommer 1225 zwei Monate im Garten von San Damiano, wo er von Klara gepflegt wird. Er dichtet den Sonnengesang.

Im Frühherbst 1225 zieht Franz nach Rieti, wo er zunächst im Palast des Bischofs untergebracht wird. (Der Papst residiert zu dieser Zeit ebenfalls in Rieti.) Beginn der ärztlichen Bemühungen, ohne Erfolg. Franz übersiedelt in die Einsiedelei Fonte Colombo, wo eine (vergebliche) Augenoperation vorgenommen wird.

Das Weihnachtsfest 1225 feiert Franz in der Einsiedelei bei Poggio Bustone (ebenfalls im Rieti-Tal).

Im Frühjahr 1226 wird Franz auf Betreiben Kardinal Hugolins nach Siena gebracht, wegen der dortigen Ärzte. Weitere Verschlechterung der Gesundheit Franzens: Magen, Leber und Zwerchfell sind angegriffen, Franz erleidet einen schweren Blutsturz.

Bruder Elias, als General-Minister, ordnet den Transport Franzens nach Assisi an. Die Route wird so gewählt, daß Perugia nicht berührt wird. (Man fürchtet, daß sich diese Stadt in den Besitz Franzens setzen könnte, wegen des hohen Reliquienwertes seiner Person.)

Im April 1226 wird Franz über Cortona, Gubbio, Nocera und Satrino nach Assisi gebracht, die letzten Stationen unter militärischem Schutz. Franz leidet jetzt zusätzlich an Wassersucht. Er wird aus Sicherheitsgründen im Palast des Bischofs einquar-

tiert, wo er vom Mai bis September 1226 bleibt. Abfassung des Testaments.
Ende September 1226 wird Franz auf eigenen Wunsch hin in die Portiuncula gebracht, wo er am Abend des 3. Oktober stirbt.

326 Vier Genossen waren während der letzten Lebensjahre Franzens fast ständig um ihn: Leo, Masseo, Angelo, Rufino. Drei Fünftel der Leo-Geschichten (oben Nr. 15) beziehen sich daher auf die Ereignisse der Jahre 1223 bis 1226, nicht ohne eine gewisse Tendenz. Sie dokumentieren die Worte und Taten Franzens nach der Verabschiedung der Papstregel (oben Nr. 259), zu Nutz und Frommen jener Kräfte unter den Minderbrüdern, die mit der offiziellen Parteilinie nach Franzens Tod nicht einverstanden waren.
Im Gegensatz zu Celano, der wahre Hymnen auf Hugolin geschrieben hat, wird der Kardinal von Ostia und nachmalige Papst in den Leo-Geschichten recht kühl behandelt, und der einflußreiche Bruder Elias taucht in ihnen (mit einer einzigen Ausnahme) immer nur als »der General-Minister« auf. Franz selber wird nicht als »der Heilige« vorgestellt, sondern als todkranker Mann, dessen Wille gleichwohl bis ganz zuletzt fühlbar ist.
Dieses Bild kommt dem wirklichen Franz ganz sicher am nächsten.

327 So wurde es erzählt:
Als Franz wegen seiner Augen in Rieti behandelt wurde, kam eines Tages der Arzt und erzählte ihm von einer armen Frau aus der Umgebung, die ihn wegen eines Augenleidens aufgesucht hatte. Er werde sie wohl kostenlos behandeln müssen, fügte der Arzt hinzu.
Sofort empfand Franz Mitleid mit der Frau, rief einen Genossen herbei und sprach zu ihm:
Bruder, wir müssen zurückgeben, was nicht uns gehört!
Was ist das?

Ach, dieser Mantel hier, den wir als Leihgabe von der armen Frau mit den kranken Augen bekommen haben. Wir müssen ihn ihr zurückgeben.

Der Genosse, der zu dieser Zeit für Franz verantwortlich war, verstand überhaupt nichts und sagte nur, Franz möge doch tun, was ihn richtig dünke.

Daraufhin ließ Franz einen frommen Mann rufen, mit dem er befreundet war, und sprach zu ihm:

Nimm diesen Mantel hier, tu zwölf Laibe Brot dazu und bringe beides der Frau, zu der dich der Arzt führen wird. Sage zu ihr, daß ein armer Mann, dem sie diesen Mantel geliehen hat, ihr diesen nunmehr mit Dank zurückstellt!

Der Mann tat, worum Franz ihn gebeten hatte.

Die Frau, in der Meinung, man triebe einen bösen Scherz mit ihr, bat in Ruhe gelassen zu werden. Erst als ihr der Bote den Mantel und die Brote in die Hand drückte und davonging, begann sie an ihr Glück zu glauben. Aus Furcht, daß sich alles als Mißverständnis herausstellen würde, brach sie noch in der Nacht auf und kehrte in ihr Dorf zurück.

Die Weggabe des verhältnismäßig wertvollen Mantels war nur 328
eine von vielen Eigenheiten, an denen der verehrte Patient seine Freude hatte, nicht immer zum Vergnügen seiner Umgebung. Bruder Elias mußte ihm aus gegebenem Anlaß feierlich verbieten, ohne ausdrückliche Erlaubnis mit irgendwelchen Genossen die Kutte zu tauschen. Franz pflegte dies gerne zu tun, wenn er den Eindruck hatte, ein Bruder wäre schlechter gekleidet als er. Das sprach sich herum, und so manche Genossen gelangten auf diese Weise zu einem kostbaren Andenken. Zum Beispiel zwei französische Minderbrüder, die das Glück hatten, mit Franz ein paar Worte wechseln zu dürfen und ihn darnach »per amore di dio« um seine Kutte baten.

Franz zog sofort die Kutte aus und gab sie ihnen, wonach er, wie ausdrücklich hinzugefügt wird, eine Stunde lang in der Unterhose dastand, bis man ihm ein neues Kleidungsstück beschafft hatte.

Franz hatte nämlich die Gewohnheit, Kutte oder Strick immer

dann wegzuschenken, wenn jemand sich auf die Liebe Gottes berief. Wenn er diese Redewendung hörte, »wurde er alsbald erregt, entflammt und ergriffen, gleich als würde eine innere Saite des Herzens durch den Anschlag eines von außen kommenden Klanges in Schwingung versetzt« – wie Celano es ausdrückt.

Der Umsatz an Kutten und Stricken war dementsprechend hoch, und die Gefährten wurden durch die Betreuung von Franzens Garderobe ziemlich in Atem gehalten.

Dies um so mehr, als Franz nur mit größtem Widerstreben eine neue Kutte anzog. Am liebsten zog er Kutten an, die von anderen Genossen schon lange getragen und dementsprechend geflickt und abgeschabt waren. Das ging so weit, daß er sich mitunter aus mehreren unbrauchbar gewordenen Kutten eine neue schneiderte, indem er die noch einigermaßen intakten Stücke zusammennähte.

Im Flicken scheint Franz überhaupt groß gewesen zu sein, trotz seiner schlechten Augen. Es ist ihm sogar gelungen, diese Manie in die Papstregel schreiben zu lassen, als Empfehlung an die Minderbrüder, ihre Kleidung mit Sackleinwand auszubessern. Jeder Versuch, Franz einen Mantel aufzudrängen, wurde zu einer umständlichen Affäre. Zunächst mußten die Gefährten genau achtgeben, die richtigen Worte zu wählen. Am besten scheint sich die Formel bewährt zu haben, Franz möge doch (wegen der großen Kälte zum Beispiel) gestatten, daß man ihm vorübergehend einen Mantel borge. Daraufhin pflegte Franz die Frage zu stellen, ob er den Mantel jederzeit herschenken könne, wenn er das Gefühl habe, jemand benötige ihn dringender als er. Erst wenn er diese Zusage hatte, nahm er schließlich den Mantel an.

329 Theoretisch wollte Franz, in seinem Bemühen, wirklich der letzte Minderbruder zu sein, stets einen bestimmten Genossen bei sich haben, dem er in allem und jedem gehorsam zu sein versprach – seinem sogenannten »Guardian«. (Man kann sich nach dem Gesagten durchaus vorstellen, daß diese Rolle nicht sonderlich begehrt war.)

In Wirklichkeit fand Franz natürlich Mittel und Wege, die Verbote zu umgehen, die ihm ein solcher Guardian auferlegte, wenn Franz durch das Wegschenken seiner Habseligkeiten die Gefährten wieder einmal zur Verzweiflung getrieben hatte.
So wurde es erzählt:
Einmal kam ein gar armer Mensch, nur mit Lumpen bekleidet, zu einer Einsiedelei und bat die Brüder um der Liebe Gottes willen um ein altes Stück Stoff, damit er seine Blöße bedecken könne. Der Genosse, der mit ihm verhandelte, durchsuchte daraufhin das ganze Haus, konnte aber nichts finden.
Daraufhin begann Franz heimlich, damit sein Guardian nichts bemerke, mit dem Messer einen großen Flicken auf der Innenseite seiner Kutte abzutrennen. Aber der Guardian bemerkte das Vorhaben sogleich und untersagte es ihm, weil er krank war und eine gewaltige Kälte herrschte.
Da wurde Franz traurig. Er bat die Brüder, wenigstens von ihren Kutten den einen oder anderen Flicken abzutrennen und ihn dem armen Teufel zu geben, was dann auch geschah.

Erst vor dem Hintergrund solcher Lebenspraxis wird klar, was 330
Franz unter dem »Minnedienst an unserer heiligen Dame Armut« (ut semper diligant et abseruent dominam nostram sanctam paupertatem) verstanden hat.
In den Leo-Geschichten findet sich eine Sammlung von Franz-Sprüchen zu diesem Thema. Sie stammen aus dem Frühjahr 1226, als Franz in Siena wohnte (oben Nr. 327) und haben testamentarischen Charakter. Anlaß dieser Reden war ein Herr Bonaventura (nicht zu verwechseln mit dem späteren Ordensgeneral), der den Brüdern in Siena ein Grundstück zur Verfügung stellte, auf dem sie eine Unterkunft errichteten. Dort war auch Franz untergebracht, in einer »Zelle«.
Herr Bonaventura stattete Franz einen Besuch ab und fragte ihn, ob er zufrieden sei.
Franz erwiderte: Darf ich dir sagen, wie meiner Meinung nach die Unterkünfte der Brüder gebaut werden sollen?
Selbstverständlich bejahte der Wohltäter die Frage, und Franz fing zu reden an.

331 So sprach Franz:
Nehmen wir an, die Brüder kommen in eine Stadt, in der sie keine Unterkunft (locum) haben. Wenn sie jemand finden, der ihnen ein Grundstück zur Verfügung stellt, dann sollen sie sich zuerst die Frage stellen, mit wieviel Bauland sie das Auslangen finden, ohne die heilige Armut zu verletzen. Auch das gute Beispiel und Vorbild, zu dem wir verpflichtet sind, sollen sie beständig vor Augen haben, damit sie niemals anders denn als Pilgersleute und Fremde unter den Menschen leben, ohne Recht auf Eigentum.
Dann sollen die Brüder zum Bischof der Stadt gehen und um die Erlaubnis bitten, eine Unterkunft bauen zu dürfen.
Wenn sie den Segen des Bischofs erlangt haben, sollen sie zuerst eine Hecke um das Grundstück pflanzen, anstelle einer Mauer. Hernach mögen sie einfache Hütten aus Holz und Lehm errichten, ferner Werkstätten und eine kleine Kirche. Niemals sollen die Brüder große Kirchen bauen, wie man sie zum Predigen hat. Es ist besser, die Brüder gehen zum Predigen in andere Kirchen, damit sie immer die heilige Armut beachten. Die Bescheidenheit der Unterkünfte wird im übrigen für die Prälaten und Kleriker der Stadt eine beständige und wirksame Predigt sein.
Ich weiß, daß die Brüder bereits große Gebäude errichtet haben, wodurch sie die Armut verletzt und ein schlechtes Beispiel gegeben haben.
Klein und ärmlich sollen die Unterkünfte der Brüder sein, und es sollen nicht allzu viele Genossen an einem Ort wohnen, weil es dann schwieriger für sie ist, die heilige Armut zu bewahren.

332 So wurde es erzählt:
Einige Tage nachdem Franz diese Worte an den Herrn Bonaventura gerichtet hatte, befiel ihn am Abend eine heftige Übelkeit, so daß er erbrechen mußte. Er würgte und spie Blut während der ganzen Nacht und war darnach so geschwächt, daß die Gefährten meinten, er liege im Sterben. Da sprachen sie zu Franz:
Vater, was sollen wir tun? Willst du uns nicht deinen letzten

Willen (memoriale tue uoluntatis) kundtun, damit deine Genossen allzeit sich an ihn erinnern mögen?
Franz flüsterte, man möge den Bruder Benedikt von Piratro rufen, einen weisen und heiligen Mann, der schon lange in der Genossenschaft lebte und Priester war. Als er gekommen war, sprach Franz zu ihm:
Schreib auf, daß ich alle Brüder segne, diejenigen, die jetzt in der Genossenschaft sind und alle die darnach kommen werden, bis zum Ende der Welt. Sie mögen sich an meine letzten Worte erinnern, einander allzeit liebhaben, unsere heilige Dame Armut in Ehren halten und den Prälaten der Kirche die Treue bewahren.
Dann schärfte er den Brüdern noch einmal ein, sich davor zu hüten, ein schlechtes Beispiel zu geben und verfluchte alle jene Genossen, die durch ihren Lebenswandel die Genossenschaft bei den Menschen ins Gerede brachten, zur Beschämung der eifrigen Brüder.

Durch den Blutsturz erhielten die Reden Franzens über die Be- 333
scheidenheit der Unterkünfte die Weihe einer letztwilligen Verfügung, in den Augen der treuen Gefährten. Obwohl deren Geschichten erst zwanzig Jahre nach Franzens Tod aufgeschrieben wurden, spricht Franz in ihnen mit einer unverwechselbaren Stimme. Auffällig ist, daß die Leo-Geschichten die Bruderschaft beharrlich eine »Genossenschaft« (religio) und nicht einen »Orden« (ordo) nennen, obwohl sie damit der Sprachregelung der Papstregel widersprechen, in der die Minderbrüder als Orden gelten.
Ob Franz tatsächlich seine Segensworte mit einem kräftigen Fluch relativiert hat, gegen die Zertrümmerer der heiligen Armut, mag man glauben oder nicht. Sicher ist, daß er trotz starken Blutverlustes zur Resignation keineswegs bereit war.

Weniger authentisch wie in den Leo-Geschichten, aber mit ei- 334
nem ähnlichen starken Selbstbewußtsein spricht Franz aus den Briefen zu uns, die während der letzten Jahre seines Lebens

entstanden und in seinem Namen verschickt worden sind. Deren Echtheit ist nicht in jedem Fall über alle Zweifel erhaben, und es ist gut denkbar, daß manche dieser Schreiben erst nach Franzens Tod konzipiert wurden, wie im Mittelalter ohne weiteres möglich.
Vier dieser Briefe verdienen gleichwohl unser Interesse.

335 Bruder Franz an den General-Minister:
Gott segne dich. Ob du Gott lieb hast und auch mich, seinen und deinen Knecht, werde ich daraus entnehmen können, wie du die Brüder behandelst. Es darf überhaupt keinen Genossen geben, und hätte er sich auch noch so schwer verfehlt, daß er vor deine Augen tritt und ohne dein Erbarmen von dir scheiden muß. Du mußt ihm Liebe zeigen, mehr als du mir erweisen würdest, und so wirst du ihn wieder auf den richtigen Weg bringen.

336 Bruder Franz an die Funktionäre der Minderbrüder:
Mit all der Liebe, deren ich fähig bin, bitte ich euch, dem Leib und dem Blut des Herrn Jesus Christus alle Achtung und Ehrerbietung zu erweisen. Wie würdig muß doch der Priester sein, der den Gottessohn mit seinen Händen berühren darf! Welche Erbärmlichkeit, wenn andere Angelegenheiten ihn beschäftigen, während unter seinen Händen der Christus auf den Altar kommt!

337 Bruder Franz an alle Stadtoberhäupter, Konsuln, Richter und Regenten in aller Welt:
Denkt daran, daß eure Todesstunde täglich näher herankommt! Alle, die Gottes Gebote mißachten, sind verflucht, sie werden der Vergessenheit anheimfallen und all das, was sie zu besitzen glaubten, wird ihnen am Tag ihres Todes weggenommen werden. Je weiser und mächtiger sie waren, desto schärfer werden ihre Qualen in der Hölle sein.

Bruder Franz an alle Christenmenschen: 338
Weil ich für alle da bin, habe ich allen dienlich zu sein und ihnen die Worte meines Herrn darzubieten. Niemand soll wünschen, über den anderen zu stehen! Wer als ein Großer gilt, soll sich wie ein Minderer benehmen und den anderen dienen. Denkt daran, wie das ist, wenn ein reicher Mensch stirbt in seiner Verstockung. Sein Geld, seine Titel, sein Wissen werden ihm weggenommen. Seine Verwandten teilen sein Vermögen unter sich auf und ärgern sich darüber, daß er ihnen nicht mehr hinterlassen hat. An seinem Leib werden die Würmer sich sättigen, und an seiner Seele werden die Dämonen nagen.
Nehmt also diese Worte und alle anderen unseres Herrn Jesus Christus liebevoll an und haltet euch an sie! Gesegnet sind die, welche bis an ihr Ende im Guten aushalten!

Die Bestimmtheit des Tons, mit der Franz in seinen letzten 339
Briefen spricht, ist unüberhörbar. Franz weiß, daß sein Wille maßgebend geblieben ist und respektiert wird, von der Öffentlichkeit der damaligen Welt. Er wird, um damit anzufangen, von der päpstlichen Kurie als der wirkliche Chef der Minderbrüder angesehen, bis zu seinem Tod. Innerhalb seiner Bruderschaft bleibt Franz, obwohl er alle Führungsfunktionen zurückgelegt und den Bruder Elias zum General-Minister ernannt hat (oben Nr. 251, 253), die eigentliche Autorität. Darüber hinaus richtet Franz, als sei das die selbstverständlichste Sache, sein Wort an die Mächtigen seiner Zeit, und schließlich sogar an die gesamte Christenheit.
Ihr verkündet er, radikal genug, jenes Prinzip der Privilegienlosigkeit, das in unseren Tagen als Anarchie verteufelt zu werden pflegt, beiderseits des eisernen Vorhangs.
Franz beharrt auf seiner Vision einer Gesellschaft, in der es keine Unterordnung mehr gibt. Sein Imperativ zur Herbeiführung dieses Zustands besteht paradoxerweise im Postulat allgemeiner Dienstwilligkeit: Wenn es niemand mehr gibt, der andere herumkommandieren will, dann ist es mit aller Herrschaft von Menschen über Menschen zu Ende.
Hier haben wir, in aller Grundsätzlichkeit, Franzens Idee vom

»Gehorsam« (oboedientia). Deren Ziel ist nicht eine allgemeine Sklavenmoral, sondern eine Weise der Verständigung unter den Menschen, die nicht auf Befehlen beruht. Man könnte sie, wenn der Ausdruck weniger gedankenlos wäre, die Verkehrsform der Höflichkeit nennen.
Sich selber postiert Franz konsequent an die unterste Stelle, er will der Diener aller sein, am liebsten möchte er allen Menschen die Füße küssen.
Weil dies nicht möglich ist, schickt er einen Brief an sie ab, als heimlicher Papst seiner Zeit.
Gleichzeitig hat er gewußt, daß er als todkranker und machtloser Anachronismus für Herrn Hugolin und seinesgleichen keine Gefahr mehr darstellte; daß die Freiheit, kraft deren er sich äußern durfte, die eines Narren war.

IHR HALTET MICH FÜR EINEN HEILIGEN MANN

340 Wenn man, nur zum Beispiel, an das Benehmen der trauernden Massen denkt, die ihrem Idol Elvis Presley anno 1977 in Memphis (USA) die letzte Ehre erwiesen, dann verringert sich die geschichtliche Distanz, die uns von der Entstehung des Franz-Kultes trennt, gar nicht unbeträchtlich. Damals wie heute scheint die Verehrungsbereitschaft der Menschen, wenn sie einen geeigneten Gegenstand einmal gefunden hat, nahezu grenzenlos, und die bei solchen Gelegenheiten frei werdenden Energien sind gewaltig.
Wir wissen, daß Mussolini, Stalin, Hitler und Franco zu ihrer Zeit ein hohes Maß von Verehrung genossen, und der Schrei begeisterter Menschen ist uns als Stimme Gottes fragwürdig geworden. Der Zweifel, ob die Zustimmung des Volkes eine letzte Instanz für die Werthaftigkeit des Umjubelten ist, darf in unserem Jahrhundert durchaus gehegt werden, und er bestimmt in heilsamer Weise unsere Haltung gegenüber den sogenannten »Großen« in der Geschichte.
Es spricht für Franz, daß er sich gegen die Verehrung des Volkes gewehrt hat.

So wurde es erzählt: 341
Einmal, als Peter von Catania General-Minister war, hatte sich Franz gerade von einer Erkrankung ein wenig erholt. Zwar hatte er immer noch unter einem Viertagefieber zu leiden, aber er wollte unbedingt aufstehen und zu den Bürgern von Assisi sprechen, auf der Piazza. Nach der Predigt bat er die Menschen, noch ein wenig zu warten. Dann ging er mit Peter von Catania und einigen anderen Genossen in die Kirche San Rufino hinein, beichtete dem Peter seine Sünden und bat sich aus, die Art seiner Buße selber wählen zu dürfen. Peter antwortete:
Selbstverständlich werde ich mich nach deinen Wünschen richten!
Da zog Franz seine Kutte aus, hängte sich den Strick um den Hals und ließ sich daran von Peter vor das versammelte Volk führen. Den Genossen und dem Bruder Peter kamen die Tränen. Franz aber sprach zu der Menge:
Ihr haltet mich für einen heiligen Mann, und nicht wenige sind meinem Beispiel gefolgt und in die Religion hineingegangen. Jetzt aber muß ich vor Gott und euch gestehen, daß ich während meiner Krankheit Fleisch gegessen habe. Auch Fleischbrühe habe ich zu mir genommen!
Dies geschah zur Winterzeit, und es war bitter kalt.

So wurde es erzählt: 342
Ein anderes Mal weilte Franz während der Martini-Fasten in der Einsiedelei von Poggio Bustone. Weil Franz wegen seiner Krankheiten die mit Öl zubereiteten Speisen nicht vertrug, kochten die Brüder die für ihn bestimmten Gerichte mit Schweineschmalz. Als die Fasten vorbei waren, predigte Franz zu einer großen Menschenmenge, die zum Weihnachtsfest herbeigekommen war. Seine Ansprache begann Franz mit diesen Worten:
Ihr seid mit großer Frömmigkeit gekommen, um mich predigen zu hören, und haltet mich für einen heiligen Mann. Aber ich muß euch bekennen, daß ich während der Fastenzeit Speisen gegessen habe, die mit Schweineschmalz gekocht waren!

343 Die bezeichnendste Geschichte aus dieser Serie ist die vom Fuchspelz. Der Genosse, der damals für Franz verantwortlich war, hatte ein Fuchsfell aufgetrieben und bat Franz, es ihm innen an die Kutte nähen zu dürfen, um seine kranke Milz und seinen angegriffenen Magen gegen die Kälte zu schützen. Franz erwiderte:
Wenn du das tun willst, dann mußt du ein ebenso großes Fell außen an meine Kutte annähen, damit die Menschen sehen, was ich innen trage!
So geschah es dann auch, und Franz zog die Kutte an, trug sie aber nur selten.

344 Franz lebte in einer Zeit tiefer und allgemeiner Erbitterung über den Lebenswandel der Prälaten, Priester und Mönche. Wenn sich eine Gelegenheit ergab, zum Beispiel während der Kreuzzüge, als das Lumpenproletariat haufenweise hinter den Ritterheeren herzog und in manche christliche Stadt einfiel, zündete man die Häuser der Priester als erste an. Habsucht und Wollüstigkeit galten als kennzeichnende Eigenschaften der Pfaffen, wovon zahlreiche Spottlieder und Satiren aus der damaligen Zeit zeugen.
Daß das Gewand nicht den Mönch macht, wußten die Menschen recht genau, weshalb sie den gottgeweihten Personen zunächst einmal mit Mißtrauen begegneten.
Angesichts dieser Abwertung der Gottesdienstlichkeit gab es für einen ernsthaften Menschen wie Franz nur eine Alternative: sich konsequent um die Übereinstimmung zwischen Wort und Wandel zu mühen. Franzens Pedanterie bei der Veröffentlichung seiner Regel-Verstöße wird von da her verständlich, er wollte auch den leisesten Verdacht der Heuchelei nach Kräften verhindern.
Außerdem gab es die Konkurrenz der Ketzer.
Die katharischen Heiligen (oben Nr. 44, 45) waren zur Zeit Franzens in Italien noch durchaus vorhanden, sie zogen paarweise durchs Land um zu predigen, unter mancherlei Tarnung, und fanden ihr Publikum im geheimen. Sie lebten, als konsequente Vegetarier, in gewisser Weise noch strenger als Franz

und seine Genossen, und ihre Bedürfnislosigkeit wirkte zweifellos beispielhaft.

Einer von ihnen taucht sogar in den Franz-Geschichten auf, in recht aufschlußreicher Weise.

Celano erzählt:

Einmal, als Franz in die Lombardei kam und in Alessandria predigte, wurde er von einem frommen und angesehenen Mann gastlich aufgenommen. Dieser wollte ihm ein besonders festliches Essen vorsetzen und ließ einen siebenjährigen Kapaun braten. Während Franz mit der Familie bei Tische saß, erschien ein Mensch an der Tür und bat um der Liebe Gottes willen um Speise. Sofort nahm Franz einen Schenkel des fetten Vogels von der Schüssel, tat ihn auf ein Stück Brot und bediente damit den Bittsteller. Der aber bewahrte den Leckerbissen auf, nahm ihn des anderen Tages zur Predigt mit, die Franz vor dem Volk hielt, hielt ihn in die Höhe und schrie:

Da schaut her, was dieser Franz für einer ist. Seht euch das Fleisch an, das er mir gestern Abend aufgewartet hat!

Die Menschen aber hielten ihn für einen Verrückten und glaubten ihm nicht. Andere meinten, er halte in Wirklichkeit einen Fisch in der Hand.

Celano macht aus diesem Zwischenfall ein kleines Wunder, kraft dessen sich der Hühnerschenkel in einen Fisch verwandelt habe. Wichtiger als derlei Arabesken ist die offenkundige Absicht des Störenfrieds, Franz zu blamieren. Die Namen, die Celano ihm gibt (»Sohn Belials«, »Unseliger«, »Elender«), legen die Deutung nahe, daß ein heimlicher Abweichler den als kirchentreu bekannten Franz ins Unrecht setzen wollte. Auch der Ort der Handlung paßt gut zu dieser Interpretation – die Lombardei war damals eine Heimat der Ketzer.

Zuletzt ist es dann das Wort eines Bauern, in dem die wirkliche 345
Geltung Franzens als Wahrheit erscheint, ohne mystifizierenden Nimbus.

Die »Fioretti«:

Eines Morgens, als Franz mit den Gefährten unterwegs zum Berg La Verna war, stellte es sich heraus, daß Franz zu schwach

zum Gehen war. Deshalb gingen die Brüder zu einem Bauern in der Nähe und baten ihn, er möge ihnen einen Esel borgen. Der Mann fragte:
Gehört ihr zu jenem Franz aus Assisi, von dem man so viel Gutes hört?
Die Gefährten bejahten die Frage und erzählten dem Menschen, daß Franz selber das Reittier nötig habe.
Da schirrte der Mann den Esel an, half Franz beim Aufsitzen und machte sich mit der kleinen Gesellschaft an den Aufstieg zum Berg.
Nach einer Weile fragte der Bauer:
Bist du auch wirklich der Franz aus Assisi?
Franz sagte Ja.
Der Mann fuhr fort: Dann sollst du bestrebt sein, auch wirklich so gut zu sein, wie alle Welt von dir glaubt. Denn viele haben großes Vertrauen zu dir, und deshalb möchte ich dir sagen, an dir möge nichts anderes sein, als was das Volk sich von dir erhofft!
Das stieg Franz vom Esel, umarmte den Mann und dankte ihm für das, was er gesagt hatte.

15. Kapitel

Das Lied vom Tod

Unter den Genossen der frühen Jahre gab es auch einen gelern- 346
ten Spielmann und Poeten, der es vor seinem Beitritt zu den Minderbrüdern bis zum Titel eines »Königs der Verse« gebracht hatte. Celano, der dessen Bekehrung mit einem besonderen Aufwand an Salbung beschreibt, deutet verschämt an, daß im Repertoire dieses Dichters auch allerlei zotige Liedlein vorkamen. Franz gab ihm den Namen Pacifico, und ab 1215 gehörte er zum inneren Kern der Minderbrüder. Im Jahr 1219 finden wir Pacifico in Paris, als Führer einer Truppe von Brüdern. Nach Italien kehrte Pacifico im Jahr 1223 zurück. Er leistete Franz im Herbst 1225 in Rieti Gesellschaft und begab sich nach Franzens Tod wiederum nach Frankreich zurück, wo er um 1230 gestorben ist.

Es kann gut sein, daß Pacifico ein gebürtiger Franzose war; auf jeden Fall wird er die Sprache der Troubadoure und »jongleurs« beherrscht haben, für die auch Franz eine Schwäche hatte – die sogenannte *langue d'oc,* das literarische Idiom Südfrankreichs und Norditaliens in der damaligen Zeit. In seiner Jugend hatte Franz solche Lieder singen gelernt, sie waren ein beliebter Ausdruck der Gefühle der Oberschicht, mit viel Liebesschmachten und Damenverehrung. Der im Vergleich zu diesen Ergüssen eher prosaische und jedenfalls anstrengende Dienst an der Dame Armut, dem sich Franz dann verschrieb, gab seiner Empfindsamkeit sicherlich neue Inhalte gottesdienstlicher Art, wobei aber sein Geschmack an lieblicher Musik und dichterischer Gestaltung keineswegs abgetötet wurde.

Im Gegenteil. In seinen letzten beiden Lebensjahren, als Franz so gut wie blind war, entkräftet und schwer krank, unter Schlaflosigkeit und mancherlei Schmerzen leidend, versehen mit den Wunden seiner Christus-Ekstase, hat Franz selber zu dichten begonnen.
Dies geschah im Sommer des Jahres 1225 im Gärtlein seiner Klara, und es ist bezeichnend, daß er bei dieser Gelegenheit nach der Gesellschaft des sangeskundigen Pacifico verlangte.

347 So wurde es erzählt:
Damals lebte Franz fünfzig Tage lang in einer kleinen Hütte aus Binsen bei San Damiano. Weder das Licht des Tages noch den Schein des Feuers bei Nacht konnte er wahrnehmen, und so blieb er die ganze Zeit in seiner Behausung. Die starken Schmerzen in seinen Augen ließen ihn selten Schlaf finden. Zu alledem gab es eine arge Plage von Mäusen, die in großer Zahl seine Hütte bevölkerten, immer wieder über ihn hinwegkletterten und sogar seine Mahlzeiten störten.
Eines Nachts, als er sich wegen seiner Leiden schon selber zu bedauern begann und mit Sehnsucht an das Himmelreich dachte, hatte er eine überaus tröstliche Eingebung. Er begriff, daß er das Paradies schon bei Lebzeiten betreten könne, wenn er sich nicht länger gegen die Belästigungen sträubte, unter denen er so arg litt.
Am nächsten Morgen sprach er zu den Gefährten:
Ich möchte ein Lied zum Lob dieser Erde machen, ohne deren vielfältige Zuwendungen wir keinen Tag leben könnten!
Dann begann er zu dichten und sprach:
Altissimo omnipotente bon Segnore!
Und er machte ein Lied von den irdischen Dingen und lehrte es dann die Gefährten. Dermaßen beglückt war sein Geist, daß er nach Bruder Pacifico verlangte, welcher ein gar artiger Meister aller Lieder gewesen war. Ihn wollte er mit einigen feinsinnigen Genossen in die Welt schicken, als Prediger und Spielleute zugleich. Nach der Predigt würden sie ihre Instrumente stimmen und Hymnen singen, als gottesdienstliche Troubadoure, zur Freude der Menschen.

Und Franz sprach:
Sind wir Minderbrüder nicht Spielmänner Gottes, die den Menschen die Heiterkeit der Herzen bringen sollen?

Es ist klar, daß Franzens Gedicht mit seiner Erblindung zu- 348
sammenhängt. Es beginnt mit einer dankbaren Andacht zur Sonne, die den Tag heraufbringt und mit starkem Glanz ihre Strahlen verbreitet (radiante cum grande splendore), es lobt den Mond und die Sterne, und auch »Bruder Feuer« wird besungen, mit seiner Lustigkeit und Kraft (bello e jocondo e robustoso e forte), dienstbar gemacht zur Erleuchtung der Nacht. Man sollte die Menschen dazu bringen, so Franz in den Leo-Geschichten, jeden Morgen und jeden Abend einen Dank auszusprechen, für das Licht der Sonne bei Tag und den Schein des Feuers bei Nacht. Dieser Ausspruch fällt in unmittelbarem Zusammenhang mit der Komposition des Sonnengesangs. Er dokumentiert die Gedanken des erblindeten Franz an die beiden wichtigsten Lichtquellen. Ohne sie, so fügt Franz hinzu, wären wir alle blind, weil Gott durch diese beiden Kreaturen unsere Augen hell macht.
Franz hat sich dichtend, wie andere vor ihm und nach ihm, gegen die Niedergeschlagenheit zur Wehr gesetzt. (Menschen ohne Probleme pflegen keine Gedichte zu machen.) Die Leo-Geschichten drücken das so aus:
»Als seine Leiden immer ärger wurden, rezitierte er selbst gerne sein Gedicht, und später ließ er es seine Gefährten singen, damit er die Schmerzen seiner Krankheit vergessen möge. Und so geschah es bis zu seinem Tod.«

Franzens Sonnengesang ist das erste Gedicht in italienischer 349
Sprache, von dem der Verfasser bekannt ist, und insofern der Ausdruck eines neuen Selbstbewußtseins. (Man erinnere sich an das in Kapitel 3 über den ersten griechischen Lyriker Gesagte.) Das Thema der Brüderlichkeit darin ist, wie mehrmals betont (oben Nr. 174, 183, 305), bedeutend genug. Der gütige Herr Gott, an den sich Franzens Lied richtet, dieser freundliche

Himmelskönig feudaler Art, der all seine Kreatur zum Guten gemacht hat, er ist inzwischen mitsamt den irdischen Königen entthront worden, im Zeitalter der bürgerlichen Revolutionen. Das Bürgertum hat, nach dem klassischen Befund im »Manifest der kommunistischen Partei« von 1848, die heiligen Schauer der frommen Schwärmerei in dem eiskalten Wasser egoistischer Berechnung ertränkt, es hat die vordem ehrwürdigen und mit frommer Scheu betrachteten Tätigkeiten ihres Heiligenscheins entkleidet, es hat ganz andere Wunderwerke vollbracht als gotische Kathedralen, ganz andere Züge ausgeführt als die Kreuzzüge.

Zu Franzens Herrn Gott führt kein Weg zurück.

Hingegen ist Franzens Prinzip der Bruderliebe, die als Ideal ebenso bürgerlich ist wie die Realität des Kapitals, noch immer nicht auf die Beine gekommen, ebensowenig wie die von Franz verlautbarte Ethik ohne Eigentum.

So gesehen wirkt der Sonnengesang auf uns wie ein Jugendtraum, und wir haben uns beharrlich und nicht ohne Trauer zu fragen, warum er nicht in Erfüllung gegangen ist.

350 Den Bruder Pacifico, nach dem Franz verlangt hatte, finden wir dann tatsächlich in Rieti, wohin man Franz gebracht hatte (oben Nr. 325).

So wurde es erzählt:

Einmal, als Franz wegen seiner Augenkrankheit in Rieti weilte, im Haus des Arztes Teobald des Sarazenen, sprach er zu jenem Gefährten, der die Gitarre spielen konnte:

Früher einmal, in den längst vergangenen Zeiten, haben heilige Männer auf Gitarren und zehnseitigen Harfen zur Ehre Gottes und zum Nutzen der Menschen gespielt. Heutzutage dienen die Instrumente nur zur Zerstreuung und Eitelkeit. Deshalb wünsche ich mir, du mögest dir in diskreter Weise von anständigen Leuten eine Gitarre besorgen, damit wir miteinander gottesdienstliche Loblieder singen können und ich meine Schmerzen vergessen kann.

Der Bruder erwiderte:

Ach Franz, die ganze Stadt weiß doch, was für einer ich früher

war, als ich noch meine Laute hatte. Die Leute würden sicherlich denken, ich wollte wiederum leichtsinnig werden!
Da verzichtete Franz auf seinen Wunsch.
Aber in der folgenden Nacht, als Franz wach auf seinem Bett lag, hörte er um Mitternacht eine wundersame Gitarrenmusik, wie er sie schöner noch nie vernommen hatte. Zuerst erklang sie wie aus einem benachbarten Zimmer kommend, entfernte sich dann und wurde leiser, kehrte wiederum zurück und erfreute auf diese Weise das Ohr des Kranken eine gute Stunde hindurch.
Am nächsten Morgen sagte Franz zu dem Gefährten:
Jetzt siehst du wohl, wie ich doch zu dem Trost gelangt bin, den du mir nicht hast gewähren wollen!
Die Brüder aber betrachteten dies als ein großes Wunder, weil doch in Rieti zu dieser Zeit ein allgemeines Ausgehverbot während der Nacht bestand.

Die Vermutung, daß der gute Pacifico der heimliche Urheber 351
der himmlischen Musik gewesen ist, liegt recht nahe. Ein halbes Jahr später jedenfalls, als Franz während der letzten fünf Monate seines Lebens im bischöflichen Palast von Assisi lag, wurde Tag und Nacht gesungen, zum Trost des Kranken. Ob Pacifico dabei war, wird nicht gesagt, und wir erfahren auch nicht, ob er sich in der Zwischenzeit doch eine Laute besorgt hatte. Immerhin scheint die Fröhlichkeit in Franzens Krankenzimmer so laut gewesen zu sein, daß es Beschwerden gab.
So wurde es erzählt:
Bruder Elias, der bemerkt hatte, wie Franz sich in seiner Krankheit tröstete, sprach eines Tages:
Liebster Bruder, deine und deiner Gefährten Heiterkeit inmitten all der Trübsal des Leidens erbaut mich über die Maßen. Aber die Leute dieser Stadt, obwohl sie dich als Heiligen verehren, könnten doch ein wenig erstaunt sein und sich fragen, warum du als ein Todkranker so fröhlich sein kannst. Solltest du nicht häufiger an deinen Tod denken?
Franz antwortete:
An mein Ende habe ich immer gedacht, und besonders wäh-

rend der letzten zwei Jahre! Laß mich also in Ruhe, Bruder, mit deinen Ermahnungen, damit meine Freude ungetrübt bleibt!
Während dieser Zeit erhielt Franz auch den Besuch eines Arztes aus der Stadt Arezzo. Ihn fragte Franz, wie lang er noch zu leben habe. Zunächst wollte der Arzt nicht mit der Wahrheit heraus, aber Franz sprach zu ihm:
Du wirst doch nicht glauben, daß ich mich vor dem Sterben fürchte!
Da sagte ihm der Arzt, daß es Ende September oder Anfang Oktober mit ihm zu Ende gehen werde.
Als Franz dies hörte, breitete er seine Arme aus und rief:
Willkommen, Bruder Tod!
Dann sagte er:
Ruft mir den Angelo und den Leo. Sie sollen mir das Lied vom Tod singen!
Als nun die beiden unter Tränen das Lied sangen, das Franz während seiner Krankheit gedichtet hatte, setzte Franz selber, als sie geendigt hatten, das Lied mit einer neuen Strophe fort:
Laudato sie, mio Segnore, per sora nostra morte corporale!
Gelobt seist du, mein Herr, durch unseren Bruder den leiblichen Tod!

352 Im Text der Lobpreisungen, die Franz auf das für Bruder Leo bestimmte Pergamentblatt gemalt hatte (oben Nr. 313), findet sich ein schwer übersetzbares Wort, als göttliche Eigenschaft: Allegrezza.
Zu der Fröhlichkeit, die es bedeutet, muß man noch ein Gefühl der Leichtigkeit (Erleichterung) dazudenken, als Ursache und Ausdruck dieser Art Unverdrossenheit – dann hat man einen Zugang zur dominierenden Gemütsverfassung Franzens während der letzten Wochen vor seinem Tod.
In dieser Zeit hat Franz auch sein Testament diktiert.
Wir haben gesehen (oben Nr. 232–238), welch triste Spuren die konstitutionelle Wirklichkeit seines inzwischen zum »Orden« gemachten Vereins darin hinterlassen hat – weswegen es falsch wäre, uns den seelischen Himmel unseres Franz im September 1226 absolut wolkenlos vorzustellen.

Dennoch ist das Testament (den größten Teil seines Inhalts haben wir in den früheren Kapiteln unseres Buches nach und nach bereits kennengelernt), kein Kompromiß. Schon im ersten Satz nennt Franz seinen Namen, er spricht in der ersten Person Einzahl, er weiß, daß er kein Anonymus ist. In klaren und knappen Sätzen erzählt er seinen Werdegang, formuliert er seinen eigentlichen Willen.

Was er aus der Anfangszeit der Minderbrüder für erinnernswert hält, hat Tendenz, es richtet sich gegen die neuen Macher in seinem Verein:

»Und wir waren zufrieden mit einer Kutte, die innen und außen geflickt war, mit einem Strick und Unterhosen. Mehr wollten wir nicht haben.«

Ferner:

»Die Brüder sollen darauf achten, daß sie ihre Kirchen und Unterkünfte und was man ihnen sonst noch zur Verfügung stellt nicht in ihr Eigentum übergehen lassen.«

Und:

»Allen Brüdern befehle ich nachdrücklich und unter Berufung auf die nötige Disziplin (comando fermamente per obbedienza), sie sollen sich, wo immer sie gerade weilen mögen, ja nicht unterstehen, irgendeinen Brief oder ein Privileg von der römischen Kurie zu erbitten, auch nicht durch Mittelspersonen, weder für eine Kirche noch für andere Gebäude, auch nicht zur Erleichterung der Predigttätigkeit oder um sich vor Verfolgung zu schützen.«

Schließlich:

»Die Brüder sollen nicht sagen: Das ist eine neue Regel! Sondern dies ist eine Erinnerung (ricordo), eine Ermahnung und ein Zuspruch, ist mein Testament, das ich euer kleiner Bruder Franz für euch meine gesegneten Brüder mache.«

Endlich:

»Und der General-Minister und alle übrigen Minister und Kustoden sollen verpflichtet sein, diesen meinen Worten nichts hinzuzufügen oder abzuziehen. Sie sollen dieses Dokument beständig neben der Regel aufbewahren, und auf allen Versammlungen, die sie abhalten, sollen sie es zusammen mit der Regel verlesen. Und allen Brüdern, den Klerikern und den Laien, be-

fehle ich nachdrücklich, sie sollen weder zur Regel noch zu diesen Worten irgendwelche Anmerkungen machen, indem sie sagen: Das ist so und so zu verstehen. Sondern so wie der Herr mir verliehen hat, die Regel und diese Worte klar und einfach zu formulieren, so sollen sie sie auch mit reinem Herzen und ohne Glosse befolgen.«
Von den zweiundvierzig Sätzen des Testaments beginnen vierunddreißig mit »Und«, was ein sicheres Indiz für seine Echtheit ist. (Auch die handschriftliche Überlieferung des Testaments verrät keine späteren Überarbeitungen.) Tatsächlich hat Franz mit dem Diktat seines Letzten Willens eine Form gefunden, für die es zu seiner Zeit kein Vorbild gab. Hierin, und nicht in der Eleganz der Satzanfänge, liegt Franzens Originalität.

353 Einige Tage vor seinem Tod ließ sich Franz aus dem Bischofspalast in die Portiuncula hinunterbringen. Dieser Entschluß hat in Assisi sicher große Aufregung verursacht, denn die biederen Bürger der Stadt hatten alles getan, um sich des Besitzes der kostbaren Leiche zu versichern.
Celano sagt es ziemlich brutal:
»Als Franz in Assisi eintraf, freute sich die ganze Stadt, und aller Mund pries Gott. Die Leute hofften nämlich, daß der Heilige bald sterben werde, und das war der Grund des großen Jubels.«
Um den bischöflichen Palast, in dem Franz dann einquartiert war, patrouillierte nach Einbruch der Dunkelheit die Bürgermiliz, aus Besorgnis, Franz könnte plötzlich sterben und in der Stille der Nacht woanders hingebracht werden.
Man kann also sicher sein, daß die kleine Prozession mit der Tragbahre, auf der Franz lag, unter militärischer Bedeckung den kurzen Weg in die Ebene zurücklegte. Franz ließ zwischendurch einmal anhalten und bat, sein Gesicht in die Richtung der Stadt zu drehen, um Abschied nehmen zu können. Was er bei dieser Gelegenheit sagte, ist bemerkenswert unsentimental:
Weil diese Stadt einen denkbar schlechten Ruf in der ganzen Gegend hat, als Heimstätte aller möglichen Gauner und Bösewichte, deshalb bitte ich dich lieber Herr Jesus Christ, daß sie

zur Heimat all derer werden möge, die deinen Namen aufrichtig ehren. Amen.
Franz hat sich über die herrschende Mentalität in seiner Vaterstadt offenbar keine Illusionen gemacht.

Als Franz schließlich in seiner Hütte lag, in der Nähe der klei- 354
nen Kapelle, die er als junger Mann restauriert hatte, überraschte er die Gefährten mit einer unerwarteten Kraftanstrengung.
So wurde es erzählt:
Als die Gefährten um sein Bett standen, erhob sich Franz mühselig von seinem Lager und setzte sich auf die Erde. Dann entkleidete er sich und blieb nackt auf dem Boden sitzen. Seine linke Hand legte er auf die Narbe an seiner rechten Seite, damit sie niemand sehen könne. Dann sagte er:
Verzeiht mir, aber das mußte sein. Hoffentlich gibt euch Gott ein, jetzt das Richtige zu tun!
Die Gefährten begannen zu weinen. Einer von ihnen, der damals für Franz verantwortlich war, begriff, daß Franz sich auch jener Kleidungsstücke entledigen wollte, deren Besitz ihm von der Regel erlaubt wurde. Daher nahm er die Kutte und die Unterhosen an sich und sagte:
Franz, hiermit borge ich dir diese Kutte und die Unterhosen. Daß du dich aber ja nicht unterstehst, sie herzuschenken! Denn sie gehören nicht dir!
Franz faltete die Hände und war zufrieden. Dann sagte er:
Ihr wißt jetzt, wie ich sterben will. Sobald der Tod eingetreten ist, müßt ihr mich ebenso entkleiden wie ich es vorhin gemacht habe, mich nackt auf den Boden legen und so lange liegen lassen, wie man braucht, um eine Meile zu gehen.
Selbstverständlich verfuhren die Gefährten mit Franz, als es soweit war, in eben der Weise, die er sich vor seinem Tod gewünscht hatte.

355 Später hat Franz noch ein paar Abschiedszeilen an Klara diktiert. Auch ließ er Bruder Bernhard rufen, der sein erster Genosse gewesen war, und segnete ihn.
Die letzte Nacht vor seinem Tod verbrachte Franz schlaflos und unter argen Schmerzen. Am Morgen ließ er alle Brüder zusammenrufen, die in der Portiuncula weilten. Er legte ihnen einzeln seine rechte Hand aufs Haupt und segnete sie, wobei er den Anfang bei seinem Stellvertreter, dem Bruder Elias machte. Dann bat er um Brote, segnete sie und ließ sie, da er selber zu schwach dazu war, brechen und an die Genossen verteilen. Zweifellos hat Franz dabei an das letzte Abendmahl des Jesus mit seinen Jüngern gedacht. (Er ließ auch die dazu passende Passage aus dem Johannesevangelium vorlesen.)
Der Rest des Tages (es war ein Samstag, der dritte Oktober) wird mit der Rezitation der Psalmen vergangen sein, und man wird dem Sterbenden auch seinen Sonnengesang vorgesungen haben. Der letzte Psalm, den Franz noch selber anstimmen konnte, beginnt mit den Worten: Mit meiner Stimme rufe ich zum Herrn.
Am Abend setzte die Agonie ein.
Während Franz starb, soll ein Schwarm singender Lerchen über seine Hütte geflogen sein.

16. KAPITEL

Nachher

Der »triste Dom«, wie Goethe die Franz-Basilika in Assisi ge- 356
nannt hat, ist eine Grabeskirche. Ihre Mauern und Altäre, ihre Fresken und Kapellen, der Marmor und die bunten Glasfenster, dieses beispiellose Ensemble aus zwei übereinander gebauten Gotteshäusern und der Krypta tief drunten konstituiert sich in seiner Bedeutung durch die Verehrung für die kleine Leiche, über der es sich wölbt.

Der Plan für das prächtige Mausoleum stammt von Bruder Elias, »einem Sünder«, wie er sich selber genannt hat, diesfalls die Wahrheit sprechend.

Elias ließ Franzens Leiche zunächst provisorisch in der kleinen Kirche San Giorgio in Assisi beisetzen.

Am 29. März 1228 schenkte ein gewisser Simon Puzarelli dem Papst ein Stück Land außerhalb Assisi, zum Zweck der Errichtung einer Kirche als Schrein für Franzens Gebeine.

Einen Monat später ließ der Papst eine Bulle an die Gläubigen los, in der er den Bau einer gewaltigen Kirche ankündigte und um milde Gaben für das große Unternehmen bat.

Der Papst hieß Gregor IX. und saß seit März 1227 auf dem Stuhl Petri. (Wir haben ihn bereits kennengelernt, als Kardinalbischof von Ostia und Graf Hugolin von Segni, geboren um das Jahr 1170, Neffe Innozenz III. und Onkel Alexander IV.)

Elias trieb die umfänglichen Erdarbeiten zügig voran, und bereits im Juli 1228 konnte der Papst in Assisi erscheinen, um erstens Franz heilig zu sprechen und zweitens den Grundstein für die geplante Basilika zu legen.

Das Bauprojekt war, wie man heute sagen würde, großtechnologischer Art. Elias plante die Errichtung dreier Komplexe, die miteinander ein Ganzes bilden sollten: ein Kloster für die Brüder, eine Kirche für deren Gottesdienste, und eine weitere Kirche zum Gebrauch der gewöhnlichen Gläubigen, also der Laien. Der Bauplatz erwies sich jedoch als zu klein für dieses Vorhaben, weswegen Elias beschloß, die beiden Kirchen nicht nebeneinander, sondern übereinander zu bauen. Tatsächlich hat dieser erstaunliche Mann sich nicht nur um die finanzielle und organisatorische Seite seines Unternehmens gekümmert; er ist auch als Architekt aufgetreten, hat Pläne gezeichnet und Künstler eingeladen.

Im Sommer 1230, nach einer Bauzeit von nur zwei Jahren, war die untere Basilika soweit fertig, daß die feierliche Übertragung der Franz-Gebeine an ihre endgültige Ruhestätte stattfinden konnte. Zweitausend Minderbrüder aus ganz Europa waren zu diesem großen Fest erschienen, und auch viele Bischöfe und Prälaten gingen in der langen Prozession, die sich von der Kirche San Giorgio zur neuen Basilika in Bewegung setzte.

Zur großen Enttäuschung aller gestattete Elias der Menge nicht, den Inhalt des Sarges in Augenschein zu nehmen. Nach der einen Version ließ er Franzens Überreste ein paar Tage vor dem Fest in aller Stille an ihre neue und streng geheim gehaltene Stelle unter der neuen Kirche bringen und dort beisetzen. Nach einer anderen Überlieferung wurde Franzens Sarg zwar in der Prozession mitgeführt; dann aber, als man bei der neuen Kirche angelangt war, wäre der Sarg schnell in deren Inneres verbracht und die Tore verschlossen worden, wonach man die kostbaren Reliquien unter Ausschluß der Öffentlichkeit begraben hätte.

Sicher ist, daß Franzens Grab so gut versteckt wurde, daß man es erst im Jahr 1818 gefunden hat.

357 Die weitere Baugeschichte der Franz-Basilika können wir uns hier ersparen. Wichtiger ist eine Pointe, die dem alten Fuchs Hugolin eingefallen ist. Kaum waren die Überreste Franzens in prunkvollster Weise versteckt worden, beglückte die päpstliche

Kanzlei die vielgeliebten Minderbrüder mit einer Bulle, die Franzens Testament gründlich entwertete.
Unter dem Datum vom 28. September 1230 dekretierte Papst Hugolin, daß das Testament Franzens keinerlei bindende Kraft für die Brüder des Ordens habe, weil Franz es ohne die Zustimmung der Ordensminister aufgesetzt hätte.
Ein später Kollege Hugolins, der gelehrte Jesuit und Kardinal Franz Ehrle (1845–1934), hatte nach siebenhundert Jahren Kirchengeschichte an dem Schachzug gegen den toten Franz noch immer nichts auszusetzen. In einer Abhandlung vertrat er die Ansicht, der Papst habe damals gar nicht anders vorgehen können. Wie man sieht, gleichen sie einander gar sehr, die Kardinäle, Bonzen und Mandarine aller Zeiten, und man fragt sich, warum wir ihrem eintönigen Reden noch immer lauschen müssen.
Ein weiterer Trick Hugolins bestand darin, daß er an die in der Regel von 1223 bereits flüchtig erwähnte »Ordensfreunde« (oben Nr. 268) nachdrücklich erinnerte und den geschäftlichen Umgang mit ihnen beträchtlich erleichterte. Fortan durfte es Personen geben, die selber nicht dem Orden angehörten (und daher nicht der »heiligen Regel« unterstanden), aber den Brüdern durch vertrauensvolle Geschäftsverbindungen nahe standen. Zu ihnen schickten die Franziskaner alle jene frommen Seelen, die unbedingt ihr Geld an den Orden loswerden wollten, und konnten dann, sozusagen per Scheck, über ein laufendes Konto verfügen, ohne jemals mit dem schmutzigen Mammon physisch in Berührung kommen zu müssen.
Damit war, vier Jahre nach Franzens Tod und zwei Jahre nach seiner Heiligsprechung, der Wille des kleinen Armen aus Assisi entscheidend und definitiv sabotiert worden. Die Geste des Versteckens der Franz-Gebeine unter der neuen Prachtkirche erhält durch das spröde Beamtenlatein der Bulle einen klaren und unmißverständlichen Sinn. Franz wird verdrängt, und der Orden der Minderen Brüder kann seinen glorreichen Marsch in die Zukunft antreten.

358 Die hundert Jahre nach Franzens Tod, denen wir uns nunmehr zuwenden, gehören deshalb zur Franz-Biographie, weil sie den Konflikt verdeutlichen, in dem sich Franz während der letzten sechs Jahre seines Lebens befand. Wir werden sehen, wie dieser Konflikt die Öffentlichkeit Europas beschäftigt hat, und wie ihn der Papst gewaltsam beendigte, im Jahr 1323, mit einem folgenschweren Erlaß.
Nach diesem päpstlichen Verdikt steht Franz, mit seiner radikalen Erwählung des armen Jesus zum Vorbild fürs Leben, wie ein verurteilter Ketzer da, und seine Sache muß in den Untergrund gehen.
Die Franziskaner, mit dem Stachel des schlechten Gewissens im Fleisch, schwankten darnach noch zweihundert Jahre zwischen Anpassung und Reform, bis die wirkliche Reformation losging und dem Papst halb Europa entriß.
Heute, nach weiteren vierhundert Jahren des Fortschritts, leben wir mit der Erfahrung des Absturzes in die Barbarei und unter der Drohung der Kernwaffen. Es könnte sein, daß uns Franz bei der gegenwärtigen Lage der Dinge näher steht als alle die sogenannten Architekten der Neuzeit, die Cromwell und Napoleon, Lincoln und Lenin.
Der tiefere Grund für eine solche Affinität liegt freilich darin, daß Franz in uns allen ist, als eine der unterdrückten Sehnsüchte unserer bürgerlichen Konstitution, und als Erinnerung an eine Schuld, die nie getilgt worden ist.

Das ewige Evangelium

359 Im Jahr 1241 schlüpfte ein fremder Mönch durch die Pforte des Franziskanerklosters in Pisa. (Der schiefe Turm befand sich damals gerade im Bau.) Der Mönch hatte eine Bitte. Er wolle einige Bücher in Sicherheit bringen, vor dem Zugriff Kaiser Friedrichs II. Der fromme Bruder hatte das Gefühl, daß sein eigenes Kloster, zwischen Lucca und Pisa gelegen, nicht mehr sicher genug war. Er war der Abt dieses Klosters und stand auf der Seite der Gegner des Kaisers. Der Orden, dem er angehörte, war von einem gewissen Joachim von Fiori gegründet wor-

den, und die Bücher, die er den Franziskanern anvertraute, waren die Schriften des Joachim.
Einige Franziskaner begannen in den Folianten zu lesen. Wir kennen die Namen dieser Männer, weil einer von ihnen, ein gewisser Salimbene von Parma, eine Chronik der laufenden Ereignisse verfaßt hat. Es handelte sich um vier Akademiker, die mit zunehmender Erregung die Traktate des Joachim studierten. Was sie so aufregte und alsbald in Marsch setzte, als Propagandisten der neuen Erkenntnisse, war eine bislang unerhörte Geschichtsbetrachtung und Zukunftsschau mit folgender Pointe: Ein neues Zeitalter bricht demnächst an, und sein Herold heißt Franz von Assisi.

Der Urheber solch umstürzlerischer Ideen war im Jahr 1202 360
gestorben, in dem von ihm gegründeten Kloster San Giovanni in Fiori (Kalabrien). Als Joachim starb, saß Franz im Gefängnis von Perugia, im Alter von zwanzig Jahren, und Joachim hätte ein Hellseher sein müssen, wenn er Franzens Bedeutung erkannt hätte. Tatsächlich taucht Franz in den Büchern des seligen Abtes mit seinem Namen nirgends auf. Aber von einem »neuen Führer« (novus dux), der in Bälde erscheinen sollte, sprach Joachim durchaus. Daß damit kein anderer als ihr Franz gemeint sein konnte, war den vier Genossen in Pisa von allem Anfang an klar. Sie wurden zur ersten Zelle einer intellektuellen Bewegung, die bald von sich reden machen sollte. Bereits im Jahr 1257 bekam Bruder Gerhard von Borgo San Donnino, der Kühnste aus der Gruppe von Pisa, lebenslang Kerker, weil er die Schriften Joachims, versehen mit einer Einleitung, in Paris veröffentlicht hatte. Der Titel des Vorworts lautet: Liber introductorius in Evangelium Aeternum. Das Buch der Einführung ins ewige Evangelium.
Damit waren die Schriften des Joachim gemeint, die als hinkünftig allein maßgebende Lehre dem neuen Äon voranleuchten sollten.
Weil die gesammelten Werke Joachims viel zu umfänglich sind, um hier dargestellt zu werden, wollen wir uns mit einem Extrakt begnügen, in Form einer (freien) Montage.

361 Das ewige Evangelium des seligen Abtes Joachim:

Ich, Joachim, war in meiner Zelle, zur Stunde des Frühgebetes, noch vor dem Morgengrauen, vor mir das Buch der Apokalypse Johannis. Und plötzlich durchfuhr eine Helligkeit der Erkenntnis die Augen meines Geistes. Mir enthüllte sich die Erfüllung dieses Buches, die Konkordanz der beiden Testamente, des alten und des neuen Bundes. Dies geschah mir am Sonntag der heiligen Pfingsten.

Auf drei Zustände weisen uns die Geheimnisse der biblischen Schriften.

Auf den ersten, da standen wir unterm Gesetz. Auf den zweiten, da stehen wir in der Gnade. Auf den dritten, so nahe schon, wo die Liebe regieren wird, für und für.

Die drei Zustände gliedern sich in sieben Zeitalter.

Der erste Zustand umfaßt fünf Zeitalter, er währt von Adam bis Christus. Der zweite Zustand ist das sechste Zeitalter, er dauert zweiundvierzig Generationen lang und nähert sich in unseren Tagen seinem Ende. Der dritte Zustand ist das siebente Zeitalter, das letzte vor dem Ende der Welt.

Der erste Zustand heißt Altes Testament, da waren wir Knechte. Der zweite Zustand heißt Neues Testament, da waren wir wie abhängige Söhne. Im dritten Zustand werden wir frei sein.

Der erste Zustand stand unter dem Regiment des Vaters.

Der zweite Zustand stand unter dem Zeichen des Sohnes.

Im dritten Zustand wird der Heilige Geist wehen, wo immer er will.

Zuerst leuchteten die nächtlichen Gestirne. Dann kam die Morgenröte. Bald wird es Tag.

Der erste Zustand entspricht der Schlichtheit von Kindern, der zweite dem Wissen des Mannes, der dritte der Weisheit des Alters.

Zuerst haben die Primeln geblüht, dann kamen die Rosen, bald bricht die Zeit der Lilien an.

Jetzt liegt die heilige Kirche, wie das Weib in der Apokalypse, schreiend in ihren Wehen. Was aus ihr hervorgehen soll, wird geistiges Volk genannt werden.

Wenn es dann soweit ist, daß das Reich der Liebe errichtet werden kann, werden die Rätsel und Zeichen, in denen bisher zu uns gesprochen wurde, in die volle Einsicht der Dinge sich kehren. Taufe und Abendmahl werden dann überflüssig sein, und auch die Verwalter der Sakramente, die Priesterschaft in ihrer wohlgeordneten Hierarchie, wird ihrer Verpflichtungen ledig, weil dann der Geist ohne Dazwischenkunft von Instanzen zu den Herzen der Menschen sprechen wird, sie beflügelnd zu einträchtigem Leben. Ob wohl die geheiligte Ordnung der Priester sich darüber grämen wird, daß sie aufhören muß, wenn die Geistkirche anbricht?

Nein, nie und nimmer sollen die Nachfolger des Petrus vor Neid darüber erblassen, daß sie der neuen Ordnung des Geistes zu weichen haben.

Denn alle Verwandlung bringt ein Absterben des Früheren mit sich, gemäß dem Wort des Apostels: Wenn die Vollendung anbricht, wird jegliches Stückwerk vernichtet werden.

Gleicht nicht die heutige Kirche dem toten Lazarus, bevor Christus den stinkenden Leichnam zu neuem Leben erweckte?

In den letzten Zeiten, da die Hochmütigen zu Fall gebracht werden, wird der Herr die Minderen bevorzugen, und die Unscheinbaren werden den aufgeblasenen Professoren überlegen sein.

Und aufsteigen wird einer, wer immer es sein wird, ein neuer Führer und Wahrheitsprediger, von zwölf Mann umgeben, wie ein Engel vom Himmel, und die Gottesdienstlichkeit zur Vollendung bringen.

Dies alles schreibe ich, Joachim, am Beginn der letzten zwei Generationen vor dem Anbruch des Reiches der Freiheit.

Das Helldunkel dieser enthusiastischen Prosa, mitsamt den 362
subversiven Andeutungen darin, war ganz nach dem Geschmack der Unzufriedenen im Orden der Minderbrüder. Noch bildeten sie keine regelrechte Fraktion. Aber ihre Erbitterung über die Entwicklung des Ordens nach Franzens Tod war tief. Der Bau der Prunkkirche in Assisi und das damit verbundene pausenlose Eintreiben von Geldspenden in ganz Europa stellte für diese Männer einen himmelschreienden Skandal dar, einen Verrat an der Dame Armut.

In der Mark Ancona bildeten diese Eifrigen (zelanti), wie man sie zunächst nannte, um 1240 schon ein recht dichtes Geflecht, trotzten gegen die offiziellen Oberen des Ordens und trugen eine Art Uniform, nämlich sehr kurze Kutten, die kaum bis zu den Knien reichten.

Dieser radikale Zweig im Orden erhielt durch die Schriften des Joachim etwas, das ihm bislang gefehlt hatte – eine Ideologie. Sie transportierte ein Credo frühbürgerlicher Art, eine Absage an die feudalen Mächte der Zeit, die Barone und Pfaffen, indem sie die Papstkirche und das von ihr legitimierte Gottesgnadentum der Fürsten als geschichtlich gewordene und zu Ende gehende Gestalt begriff.

Sie setzte, und das war ein Novum, für das Ende der alten und den Anbruch der neuen Gesellschaftsverfassung einen Termin – keineswegs einen jenseitigen, wie bislang üblich, sondern einen realen:

Das Jahr 1260.

Die Minderen (minores), in den Schriften Joachims ausdrücklich als die Bevorzugten des neuen Äons apostrophiert, brachten die Ethik ohne Eigentum ins Spiel, in der damals möglichen konsumtionskommunistischen Weise der klösterlichen Lebensform. Daß die radikalen Franziskaner, gegen privates und kollektives Eigentum ohnehin eingestellt, unter diesen »Minderen« sich selber bedeutet sahen, versteht sich von selbst.

Und weil sie für sich, unter Berufung auf die von Joachim ausgerechnete Konkordanz zwischen Altem und Neuem Testament, will sagen auf eine göttlich inspirierte Geschichtslogik die dritte Person der Dreifaltigkeit als Schirmherrn für sich reklamierten, nämlich den Heiligen Geist (spiritus sanctus) als dem Prinzip des neuen Weltalters, nannte man sie bald: Spiritualen.

363 Die Spiritualen:

Einer von ihnen, Johannes von Parma, hatte von 1247 bis 1257 die Minderbrüder geleitet. (Dieser bemerkenswerte Mann begann sein Amt mit einer dreijährigen Besuchstour, die ihn zu den Genossen in England, Frankreich und Spanien führte und die er zu Fuß absolvierte.) Ein anderer, Hugo von Digne, ein angesehener Theologe, las dem Papst und den Kardinälen unerschrocken die Leviten – »als ob er zu spielenden Kindern spräche«. Hugo starb um 1257 und hinterließ einen starken Anhang, besonders in der Provence. Auch in der Toskana bildeten sich Nester des Widerstands gegen die offizielle Linie des Ordens, und in der Mark Ancona agitierten die wilden Mystiker mit den kurzen Kutten munter fort, obwohl manche von ihnen empfindlich bestraft wurden, durch Sakramentenentzug und Verbannung ins Ausland oder in abgelegene Einsiedeleien.

Der eigentliche Theologe der Spiritualen wurde dann der um 1248 in Südfrankreich geborene Peter Johannes Olivi, der im Alter von 12 Jahren dem Orden beitrat, in Paris studierte und darnach in Südfrankreich zu unterrichten begann.

Bei Olivi wird Franz zum Christus der neuen Zeit, und die römische Feudalkirche, korrupt wie sie ist, heißt in den Schriften dieses leidenschaftlichen Denkers Hure Babylon, Tier aus dem Abgrund, Antichrist und Satansgemeinde.

Papier ist geduldig, und man könnte die Polemik der Spiritualen-Fraktion unter den Minderbrüdern ohne weiteres als mittelalterliches Theologengezänk abtun, wenn nicht die kleinen Leute, die Handwerker und Lohnarbeiter die Ohren zu spitzen begonnen hätten, zuerst in Südfrankreich und in Oberitalien, aber auch in anderen wirtschaftlich belebten Gegenden Europas, insbesondere in den Niederlanden, in Flandern und Brabant.

Ab 1300 wurde dann manifest, daß die Agitation der Spiritualen eine wirkliche Massenbasis gefunden hatte, in jener umfassenden Untergrundbewegung des europäischen Niedervolks, die unter verschiedenen Ketzernamen von der Inquisition zur Franz-Zeit verfolgt worden ist.

Der dritte Orden

Wir haben bis jetzt noch nicht von jenem »dritten Orden« ge- 364
sprochen, der als frommer Laien-Verein bis heute vorhanden
ist, betreut von den Franziskanerpatres in der katholischen

Welt. Noch im neunzehnten Jahrhundert waren diese »Tertiaren«, wie man sie auch nennt, keineswegs nur mit Rosenkranzbeten beschäftigt, sie haben der sozialen Frage mit politischen Alternativen zu antworten versucht, wie bereits (Nr. 22) erwähnt.
Die herrschaftstechnische Spaltung der Minderen aus Assisi in drei Orden, einen für ledige Männer, einen für ledige Frauen, einen für (meist verheiratete) »Büßer« beiderlei Geschlechts, die im Familienverband bleiben wollten, lag sicher nicht in der ursprünglichen Absicht Franzens. Auch die Einschließung der ersten beiden Orden in Klöster geht nicht aufs Konto von Franz, sondern auf den kontrollierenden Willen der Kirchen-Bürokratie. In den zehn Jahren von 1209 bis 1219 (wir haben sie die »glücklichen« genannt) hat sich die Bruderschaft ohne nennenswerte Reglementierung von oben recht frei bewegt. Es gab die herumziehenden Männer, meist ohne priesterliche Weihe und theologische Bildung, mit ihren abseits gelegenen Stützpunkten (*loci*) im Wald. Es gab die Frauenvereinigungen, die wie Klara und ihre Genossinnen in gemeinsamen Häusern lebten, besitzlos und uneigennützig. Und es gab, wie zum Beispiel in Greccio (oben Nr. 303), Ansätze zu einem genossenschaftlichen Leben in jenen Schichten der Bevölkerung, die im Familienverband erwerbstätig bleiben wollten, bei gleichzeitigem Willen, »in die Religion hineinzugehen« wie Franz.
Was das genau bedeutet, kann nur im breiten Zusammenhang der (nur sehr teilweise geglückten und von den feudalen Mächten scharf bekämpften) Ansätze zur Selbstorganisation im mittelalterlichen Niedervolk begriffen werden.

365 Was heute von den Historikern »Armutsbewegung« genannt wird, mit säuberlicher Trennung in »ketzerische« und »orthodoxe« Spielarten dieser kollektiven Strebungen (vgl. oben Nr. 11), in Katharer (oben Nr. 43 bis 45) und Waldenser (Nr. 120) einerseits, kirchlich anerkannte Genossenschaften wie die Minderbrüder andererseits, war in Wirklichkeit eine zwischen Stadt und Land oszillierende Rebellion der kleinen Leute gegen den Status quo. Das alles war keinesweg einheitlich, stritt

untereinander, buntscheckig und partikulär, mit örtlichen Revolten da und heimlichen Konventikeln dort, mit mobilen Agitatoren und seßhaften Sympathisanten verschiedenster Art. Das unruhigste Ferment in den erwachenden Unterschichten sind die Weber, Tuchmacher, Walker, all die im Textilgewerbe lohnabhängig arbeitenden Männer und Frauen gewesen. Im »Jahrhundert der Wolle« (oben Nr. 53) waren diese Menschen den Schwankungen einer beginnenden Marktwirtschaft (mit umfänglichem Fernhandel) unterworfen, wurden nicht selten durch scharfe Konkurrenz aus ihren häuslichen Werkstätten geworfen und fanden sich dann auf den Straßen Europas. Dort, wo die Wollweber sich örtlich gegen die Verleger und Frühkapitalisten zu organisieren vermochten, in Breslau, Köln oder Gent, finden wir sie mit Waffen versehen und geschlossen aufmarschierend, wenn sie ihre Forderungen durchsetzen wollten. Vom Zettel des Webstuhls stammt folgerichtig die sprachliche Wendung vom »Anzetteln« einer Verschwörung.
Unser kleiner Exkurs in die Geschichte der sozialen Kämpfe der Franz-Zeit soll deutlich machen, daß hinter den mannigfachen Vereinigungen dieser Ära ein recht einfacher Gedanke stand, quer durch Klassenlagen und Überzeugtheiten:
So wie bisher kann es nicht weitergehen.

Es ist durchaus denkbar, daß sich unter den frühen Anhängern 366
Franzens auch solche befanden, die den Gedanken eines Zusammenschlusses mehrerer Familien zu einem »evangelischen Leben« ohne Privateigentum nicht nur aus Gründen der Frömmigkeit anziehend fanden. Die damit einhergehende Möglichkeit wirtschaftlicher Vorteile, durch eine genossenschaftliche Organisierung der Produktion unter kleinen Handwerkern oder Bauern ist ein recht handfestes Motiv, und es gibt Anzeichen dafür, daß diese Art Leben auch tatsächlich versucht worden ist, etwa in den Gemeinschaftshäusern der italienischen »Humiliaten«, in denen Männer und Frauen einträchtig zusammen wohnten und arbeiteten, zur Franz-Zeit.
Bemerkenswert ist, daß die Behörden gegen derlei Assoziationen mit einer klar erkennbaren Strategie vorgingen. Sie forder-

ten Unterwerfung unter kirchliches Dogma und kirchliche Disziplin, und sie arbeiteten darauf hin, daß jegliche Verbrüderung (und Schwesternschaft) auf gottesdienstliche Absichten beschränkt wurde.
Wo immer eine Vereinigung gegen diese beiden Regeln verstieß, fiel sie unter die fatale Rubrik der Ketzerei und wurde unnachsichtig verfolgt.
Die Geschichte des »dritten Ordens« in der Franz-Genossenschaft ist in den hundert Jahren nach Franzens Tod dementsprechend unruhig verlaufen.

367 Im Jahr 1289 erließ der Papst eine Bulle, die den Tertiaren eine einheitliche Regel verordnete. Alle früheren Reglementierungsversuche (deren Datierung ist unter den Franz-Gelehrten strittig) hatten offenbar nicht ausgereicht, die zahlreichen Laienvereine zu disziplinieren, die weit über Italien hinaus der Idee Franzens nachlebten, ohne deshalb ihre familiären und ökonomischen Bindungen aufzugeben.
Nicht immer begnügten sich solche Vereine mit frommen Übungen und mildtätigen Werken. In den Niederlanden hatten sich ledige Wollarbeiter und Weber dazu entschlossen, in Gemeinschaftshäusern zusammenzuleben, sicherlich nicht nur aus dem Bedürfnis heraus, gemeinsam die Psalmen singen zu können. Sie werden gewußt haben, daß Einigkeit stark macht, in diesem Fall gegen die wirtschaftliche Macht der Kaufmannszünfte in den aufblühenden Städten des Nordens. Auch viele Frauen suchten und fanden neue Formen gemeinsamen Lebens. (Allein in Köln gab es zu dieser Zeit über hundert Frauenhäuser.) Als nun die neue päpstliche Tertiarenregel da war, wurde sie von derartigen Assoziationen gern übernommen, zum Schutz gegen neugierige Behörden.
Letztere waren nämlich schon längst gegen die unruhigen Laienvereine mißtrauisch geworden, als möglichen Brutstätten ketzerischer Aktivitäten und unzüchtigen Tuns. Im Volk nannte man sie mit allerlei Namen: Beginen, Begarden, Bizoken und Papelarden. (Die Herleitung dieser Bezeichnungen ist unklar.) Sicher ist, daß es sich ab dem dreizehnten Jahrhundert

um ein gesamteuropäisches Phänomen mit beträchtlicher Stärke und Wirkung handelte. Nicht alle dieser Männer und Frauen blieben seßhaft; viele wanderten in kleinen Gruppen durchs Land, verbreiteten neue Ideen, lasen Bibelübersetzungen und kritisierten den Klerus.
Im Jahr 1274 warnte ein (offenbar linientreuer) Franziskaner aus Tournai die Kirchenversammlung in Lyon vor den Umtrieben der Beginen und erzählte, daß in Paris französische Bibeln frei von ihnen verkauft würden. Zwanzig Jahre später nannten sich die südfranzösischen und nordspanischen Anhänger des ketzerischen Olivi (oben Nr. 363) ebenfalls Beginen, und das ist der Zeitpunkt, von dem ab das ewige Evangelium der Spiritualen als volkstümliche Lehre anzusehen ist, mit beachtlicher Resonanz im Heimatland des abendländischen Ketzertums.

Olivi selbst war im Jahr 1298 eines friedlichen Todes gestor- 368
ben, nachdem seine Thesen mehrere Male untersucht worden waren. Er hatte sich recht geschickt verhalten, war verurteilt und wiederum rehabilitiert worden. Sein Freund und Gesinnungsgenosse, Ubertino von Casale, hatte die Spiritualen-Doktrin in der Toskana verbreitet, wo er als akademischer Lehrer tätig war und einen beträchtlichen Anhang gewann.
Im Jahr 1299 schlug der nervös gewordene Orden der Minderbrüder erstmals scharf gegen Spiritualen und oppositionelle Tertiaren in Südfrankreich zu. Die Bücher des Olivi wurden auf einer Generalversammlung der Franziskaner in Lyon eingesammelt und verbrannt, über dreihundert Anhänger seiner Lehren wurden bestraft (Ausschluß aus dem Orden, Gefängnis, Verbannung in fremde Provinzen). Ferner erging ein Verbot, Olivi als Heiligen zu verehren. Bereits zu dieser Zeit war Olivi in den südfranzösischen und nordspanischen Städten sehr populär, insbesondere unter den oppositionellen Tertiaren, den sogenannten Beginen. Der Olivi-Kult nahm in diesen Kreisen trotz des Verbotes rasch zu, Abschriften der Traktate des verstorbenen Spiritualenmeisters gingen von Hand zu Hand, zusammen mit weiteren volkstümlichen Pamphleten, die eine noch gröbere Sprache redeten.

369 Auch in Italien war allerhand los.

Die dortigen Spiritualen, radikaler noch als die südfranzösischen, hatten bereits unangenehme Erfahrungen mit den Ordensbehörden hinter sich. Einige von ihnen hatten lebenslang Kerker bekommen, was in der damaligen Zeit einem Todesurteil gleichkam. Andere waren, nach der Abdankung des von ihnen als »Engelspapst« begrüßten Coelestin V., nach Griechenland geflohen. Dem Nachfolger Coelestins schienen sie derart gefährlich zu sein, daß er Briefe an den Patriarchen von Konstantinopel und die Erzbischöfe von Patras und Athen losließ, in denen er (erfolglos) die Festnahme und Auslieferung der Gruppe verlangte.

Im Jahr 1304 kehrte ein Großteil der Gruppe nach Italien zurück. Einige (vierzehn Mann hoch) wurden in Unteritalien sofort erkannt und verhaftet. Der Inquisitor, ein gewisser Thomas von Aversa, ein Dominikaner, vor den sie gebracht wurden, nahm kein Blatt vor den Mund.

Noch nie, sprach der Inquisitor zu den Spiritualen, hat Fleisch beim Metzger einen so hohen Preis erzielt, wie das eurige wert ist.

Der Inquisitor fahndete dann nach den übrigen Heimkehrern und befragte sie nach der vorgeschriebenen Weise, inklusive Anwendung der Folter.

Auch Ubertino von Casale wurde bei der päpstlichen Kurie denunziert, auf Grund einer unvorsichtigen Äußerung während einer Predigt in Perugia. (Er hatte von der »fleischlichen« im Gegensatz zur »spirituellen« Kirche gesprochen.) Ubertino wurde, glimpflich genug, in die Einsiedelei auf dem Berg La Verna versetzt. Dort schrieb er ein Buch mit dem Titel: Der Lebensbaum des gekreuzigten Jesus. Nach außen hin eine Erbauungsschrift, ist der Text in Wirklichkeit ein Spiritualen-Kompendium, mit wörtlichen Auszügen aus den Schriften des Olivi. Ubertino war in seiner Beurteilung der Päpste nicht eben zimperlich; den damals regierenden Heiligen Vater, Benedikt XI., nannte er ein Tier aus dem Abgrund, und dessen Vorgänger, Bonifaz VIII., galt ihm schlichtweg als apokalyptischer Antichrist.

Im Volk, insbesondere bei den kleinen Handwerkern in den

neuen Quartieren zwischen den ersten und zweiten Mauern der Städte, fand solche Botschaft durchaus Gehör. Bereits ab 1260 (dem Termin Joachims für den Anbruch des neuen Zeitalters) hatte von Parma aus eine radikale Variante des armen Lebens viele Anhänger gefunden, geleitet von einem gewissen Gerhard Segarelli, der sein Vermögen verschenkt hatte und bei den Franziskanern eintreten wollte, aber von ihnen abgewiesen worden war. Die Genossen des Segarelli nannten sich gerne Apostel, weil sie so bedürfnislos wie sie leben wollten. Diese »Apostoliker« agitierten in ganz Italien, unter Berufung auf Joachim und in klarer Nachbarschaft zu den Überzeugungen der Spiritualen, mit sehr viel Erfolg.

Ab 1290 begann sich die Inquisition für die Apostoliker zu interessieren. Im Jahr 1294 brannten vier Apostoliker in Parma auf dem Scheiterhaufen, und sechs Jahre später erlitt Segarelli das gleiche Schicksal. Sein Nachfolger wurde Fra Dolcino, der Sohn eines Priesters aus Novara, der dem Orden der Franziskaner beigetreten war, ihn aber vor Ablegung der Gelübde wiederum verlassen hatte. (Der Austritt aus dem ihrer Ansicht nach korrupt gewordenen Orden wurde von den italienischen Spiritualen durchaus propagiert.) Darnach hat Dolcino eine junge Nonne kennengelernt, sie aus dem Kloster entführt und mit ihr den Weg der offenen Revolte beschritten. An der Spitze einer bewaffneten Schar (fünftausend Mann) tauchte er im Piemont auf. Im Jahr 1307, nachdem man einen Kreuzzug gegen diese Rebellen organisiert hatte, fand wieder einmal ein Schlachtfest für Christus statt. Dolcino wurde lebend gefangen. Bevor er, nach widerwärtigen Martern, auf dem Scheiterhaufen starb, mußte er noch zusehen, wie man seine Gefährtin folterte. Auch sie wurde hingerichtet, zusammen mit rund einhundertfünfzig überlebenden Apostolikern.

Dolcino war, auf seine Weise, ein glühender Verehrer Franzens.

Dasselbe gilt für einen anderen Apostoliker, Bentivenga von Gubbio, der, in den Franziskaner-Orden aufgenommen, in Umbrien die Freiheit des Geistes predigte und 1307 zu lebenslangem Kerker verurteilt wurde, zusammen mit einem Anhang, dessen Größe den Behörden Sorge bereitete.

370 Wir fassen zusammen. Zwischen 1290 und 1310 hat die Spiritualen-Ideologie der oppositionellen Franziskaner den Weg in die Köpfe des unzufriedenen Niedervolks in den südfranzösischen und italienischen Städten gefunden, mit Verbindungen zu deutschen und niederländischen Freigeistern. Der in ganz Europa mächtig gewachsene Orden der Minderbrüder (rund 20000 Mitglieder) war von Spiritualen und Joachiten durchwirkt, sie bildeten eine regelrechte Fraktion. Das ewige Evangelium des Abtes Joachim war zur Befreiungsfanfare in einem Konflikt geworden, in dem nicht nur die Legitimität der alten Kirche auf dem Spiel stand. Es ging auch, und das macht diese alten Geschichten einigermaßen aufregend, um die Grundlagen unserer gegenwärtigen Zivilisation – Geldgebrauch und Privateigentum.
Der Heilige Stuhl, die damals zentrale Instanz für gesellschaftspolitische Grundwerte, mußte handeln.

Franzens Verketzerung

371 Wie stark die Position der Spiritualen-Fraktion unter den Franziskanern um die Wende zum vierzehnten Jahrhundert gewesen sein muß – nicht numerisch, aber ihrem Einfluß nach – geht aus der Tatsache hervor, daß der Papst (er hieß damals Clemens V. und regierte von 1305 bis 1314) in der immer kritischer werdenden Lage zunächst nicht viel mehr tat, als eine Kardinalskommission einzuberufen, im Jahr 1309, zum Zweck einer gründlichen Untersuchung des Streites zwischen den Spiritualen und der gemäßigten Richtung im Franziskanerorden, den sogenannten Konventualen. Beide Fraktionen waren durch sorgsam ausgewählte Delegationen vertreten, an deren Spitzen Ubertino von Casale für die Spiritualen und der damalige Generalminister des Ordens, ein gewisser Gonsalvo von Valboa für die Konventualen standen.
Zunächst einmal erhielten die Delegationen je einen Fragebogen, der vier Punkte enthielt.
Der erste Punkt betraf die Agitation der Freigeister in Umbrien (vgl. oben Nr. 369), von denen viele Minderbrüder waren.

Der zweite Punkt bezog sich auf die Auslegung der Ordensregel und die zentrale Armutsfrage.
Der dritte Punkt sollte die Verfolgung der Spiritualen dokumentieren.
Der vierte Punkt hatte die Rechtgläubigkeit der Schriften des Olivi zum Gegenstand.
Dieser Fragebogen markiert den Beginn einer schriftlichen Debatte, die drei Jahre dauerte und den Spiritualen die einzigartige Chance gab, ihre Auffassungen zu koordinieren und bei der höchsten europäischen Instanz für Weltanschauungsfragen zu deponieren, ohne sich deshalb gleich der Ketzerei verdächtig zu machen.
Beide Fraktionen legten Denkschriften vor, in denen die vier gestellten Fragen der Reihe nach beantwortet wurden, und schickten weitere Pamphlete hinterher. Ubertino, als Wortführer der Spiritualen, argumentierte so geschickt, daß der Papst bereits im April 1310 eine Bulle abfertigte, in welcher er kundtat, daß die Beschwerden der Spiritualen berechtigt seien. Ferner erklärte der Papst, daß der Zustand des Ordens in der Tat beklagenswert sei, und verlangte Reformen. Auch unterstellte er die Anführer der Spiritualenfraktion direkt dem Heiligen Stuhl, womit sie dem Zugriff der Ordensleitung entzogen waren. Außerdem warnte er die Franziskaneroberen in den verschiedenen europäischen Provinzen, gegen die Spiritualen vorzugehen.
Ubertino stieß sofort nach, mit einer weiteren Schrift, in der er den Abfall des Ordens vom Willen Franzens detailreich schilderte und den Papst bat, den Franziskanern die Rückkehr zur wortwörtlichen Befolgung der alten Regel anzubefehlen.
Ubertinos Kritik war schwer zu widerlegen. Die reich gewordenen Franziskaner waren längst ein Gegenstand öffentlichen Spottes geworden, auf dem Marktplatz und in der Literatur. Ein gutes Dutzend päpstlicher Bullen hatte Franzens Ethik ohne Eigentum in ein komplexes System legalistischer Normen verwandelt. Der Orden selbst hatte sich unter Bonaventura zusätzliche Statuten (»Konstitutionen«) gegeben, die das Verhalten der Minderbrüder bis ins kleinste Detail regeln sollten, inklusive den Schnitt ihrer Kutten.

All dieser Aufwand hatte nicht zu verhindern vermocht, daß die Franziskaner allenthalben die größten Kirchen und modernsten Studienhäuser bauten. Aus dem Laienverein war ein Priesterorden geworden, der Bischöfe, Kardinäle und Inquisitoren stellte und in der Politik kräftig mitmischte.
Vor dem Hintergrund dieser realen Entwicklung mutet Ubertinos Petition an den Papst ziemlich naiv an. Tatsächlich haben die Spiritualen lediglich eine Art Waffenstillstand erreicht. Der Papst ließ zwei weitere Bullen vom Stapel, beide im Jahr 1312. In der ersten wurden einige Thesen Olivis verurteilt, ohne jedoch seinen Namen zu nennen. In der anderen tadelte der Papst manche Mißbräuche im Orden der Minderbrüder, beschwor mit frommem Augenaufschlag das Andenken Franzens und arbeitete im übrigen auf einen Kompromiß zwischen Spiritualen und Konventualen hin.
Für eine kurze Weile, bis zum Tod Clemens V. im April 1314, blieben die südfranzösischen Spiritualen unbehelligt; sie bekamen drei Konvente (Narbonne, Béziers, Carcassone) zugewiesen, wo sie nach ihren Vorstellungen leben konnten. In Italien besetzten die Spiritualen gewaltsam drei Klöster (Carmignano bei Florenz, Ascania bei Siena, Arezzo) und vertrieben die dort wohnenden Konventualen. Als die Inquisition einschritt, flohen sie zu Friedrich II. nach Sizilien.
Im April 1314 starb der Papst. Die Kardinäle benötigten mehr als zwei Jahre für die Wahl eines Nachfolgers. Als dieser schließlich gefunden war, in Gestalt eines alten, aber energischen und auch rücksichtslosen Mannes, war die Schonzeit für die Spiritualen endgültig vorbei.
In dem nun folgenden letzten Akt des Streits um den Begriff und die Geltung des privaten und kollektiven Eigentums und dessen gesellschaftliche Funktion ging es nicht mehr bloß um einige hundert widerspenstige Franziskaner und ihren Anhang im Volk. Vielmehr sind, innerhalb von sieben Jahren, von päpstlicher Seite eine Reihe von Entscheidungen getroffen worden, die so prinzipieller Natur sind, daß man sie als förmliche Lossage der abendländischen Kirchendirektion vom armen Jesus der Evangelien auffassen muß.

Der Papst – er nannte sich Johannes XXII. – handelte schnell 372
und rücksichtslos.

Er attackierte zunächst die Spiritualen innerhalb des Ordens, mit der tatkräftigen Hilfe der heiligen Inquisition, wie bereits erzählt (oben Nr. 110), wobei zum ersten Mal in der Geschichte der Franz-Genossenschaft vier Brüder öffentlich verbrannt wurden.

Dann kamen die unruhigen franziskanischen Laien-Gruppierungen an die Reihe, Beginen und Bizoken (oben Nr. 367), nebst weiteren derartigen Abweichlern, die den wahren Geist Franzens für sich reklamierten (»Brüder vom armen Leben«, »Fraticellen«). Sie alle wurden exkommuniziert und für die strafrechtliche Verfolgung freigegeben.

Ein weiterer Erlaß richtete sich speziell gegen die italienischen Dissidenten, die nach Sizilien geflüchtet waren (oben Nr. 371) und befahl den sizilianischen Bischöfen, energisch gegen sie vorzugehen. (Die Bulle, in der diese Maßnahmen angeordnet wurden, beginnt mit den Worten *Gloriosa Ecclesia* – »Die glorreiche Kirche«.)

Damit war, bereits im Jahr 1318, das Verdikt über die gesamte Bewegung der Spiritualen gesprochen. Die Gefängnisse füllten sich, und die Scheiterhaufen begannen zu brennen. (Die prominenten Spiritualen wie Ubertino von Casale wurden verhältnismäßig schonend behandelt; auf diese Weise vermied man einen Märtyrerkult.)

Alsbald gruben linientreue Franziskaner in Narbonne die Knochen Olivis aus, warfen sie weg und zerstörten das Grab.

Die Gedanken Olivis allerdings waren nicht so schnell zu beseitigen. Gegen die subversive Olivi-Theologie mußte sozusagen auf breiter Front vorgegangen werden, mit allen verfügbaren geistigen Waffen aus dem Arsenal der orthodoxen Theologie.

Dies geschah in den Jahren 1317 bis 1323, und der päpstliche Paukenschlag am Ende der theologischen Katzenmusik signalisiert, hundert Jahre nach Franzens Tod, den Schluß einer beispiellosen Debatte über die Grundlagen des bürgerlichen Zeitalters der Zukunft.

Heute wissen wir, daß damals jene beiden fundamentalen

Überzeugungen ihre Geburtsstunde erlebten, die bis heute unser Handeln bestimmen. Sie lauten:
Religion ist Privatsache.
Die Kasse muß stimmen.

373 Im Jahr 1321 predigte ein Mitglied des dritten Ordens der Franziskaner, ein überzeugter Spirituale und Begine, in Narbonne. Er wurde der Inquisition angezeigt, wegen häresieverdächtiger Äußerungen, und einem Verhör unterzogen, vom Inquisitor Johannes von Belna (einem Dominikaner), in Gegenwart des Erzbischofs von Narbonne höchstpersönlich. Dabei vertrat der Mann unter anderem die Auffassung, Jesus Christus und seine Apostel hätten keinerlei Eigentum besessen, weder privates noch gemeinsames.
Der Inquisitor berief, wie es die Prozeßordnung vorschrieb, ein Consilium örtlicher Notabeln ein, das aus Juristen und Theologen bestand, und las ihnen eine Liste aller inkriminierten Äußerungen des Predigers vor, inklusive der These von der absoluten Armut Christi. Im Consilium saß auch ein Franziskaner, ein gewisser Berengar Talon, Lektor für Theologie an der Schule des Ordens in Narbonne. Er erhob sofort Einspruch gegen die Verketzerung der bewußten These, unter Berufung auf eine päpstliche Bulle aus dem Jahr 1279. Daraufhin klagte der Inquisitor den Talon alsbald der Irrlehre an und beide appellierten an den Papst in Avignon.
Dort war man bereits mit eben dieser Frage befaßt. Schon im Jahr 1317 hatte der Papst einen Dominikaner-Kardinal mit der gründlichen Prüfung des gefährlichsten Buches von Olivi, seinem »Kommentar zur Apokalypse« beauftragt. Der Kardinal hatte seinerseits acht Theologieprofessoren herangezogen, die in der Folge ein umfängliches Gutachten erstellten, in dem sie die joachitische Doktrin Olivis von den sieben Weltaltern und der kommenden Geistkirche gründlich widerlegten.
In bezug auf die Armutstheologie des Olivi war die Theologenkommission jedoch weniger entschieden. Der springende Punkt, nämlich die Frage nach der wirklichen Armut des Heilands und seiner Genossen, als der bindenden Norm des heili-

gen Evangeliums für Franz und seine Genossen, brachte die Gelehrten in ziemliche Verlegenheit.
Olivi hat recht, meinten die Theologen, wenn er behauptet, daß Franzens Armutsregel genau der Lebensweise Christi und seiner Apostel entspräche. Olivi irrt, fuhren sie fort, wenn er behauptet, der Papst habe darum keine Gewalt über die Franz-Regel, weil diese mit dem Evangelium identisch sei, welches über dem Papst steht.
Mit dieser Tüftelei war das ganze Gutachten entwertet, stand und fiel doch die gesamte Theologie des Olivi mit seiner Doktrin über die radikale Armut Christi.
Der Papst, ein kleinwüchsiger und cholerischer Mann, war zu diesem Zeitpunkt siebenundsiebzig Jahre alt. Er hatte wenig Lust, ewig auf die Klärung der Armutsfrage zu warten. Als noch dazu die Appellation aus Narbonne eintraf, in eben der Angelegenheit, die von der Kommission im unklaren gelassen worden war, ließ er die Kernfrage möglichst knapp und klar formulieren und verteilte sie unter den Theologen, mit der Bitte um Stellungnahme.

Die Frage lautete: 374
Utrum asserere quod Christus et apostoli non habuerunt aliquid sive in proprio sive in communi sit haereticum.
Ob die Behauptung, Christus und die Apostel hätten weder als Einzelpersonen noch als Gemeinschaft etwas besessen, eine Häresie sei.
Es gab zwei Möglichkeiten, diese Frage zu beantworten.
Affirmative. (Ja.)
Negative. (Nein.)
Die Tragweite der Entscheidung, vor die der Papst die gebildete Öffentlichkeit Europas stellte, kann man nur verstehen, wenn man die einzigartige Bedeutung der Bibel in allen Legitimitätsfragen damaliger Herrschaft in Rechnung stellt (oben Nr. 103).
Eine Verneinung der päpstlichen Preisfrage mußte bedeuten, daß die heilige Mutter Kirche als überführte Verräterin der Sache Christi zu gelten hatte. All ihr Besitz, in der damaligen Zeit

sozusagen unermeßlich, wäre im strengen Sinn des Wortes illegitim gewesen.
Am 26. März 1322 unterstrich der Papst noch einmal die Dringlichkeit seiner Frage, indem er in einer Bulle erklärte, das Verbot jeglicher Diskussion über das Armutsfundament des Ordens, ausgesprochen von seinem Vorgänger seligen Angedenkens Nikolaus III. im Jahr des Herrn 1279 in einem Lehrschreiben über eben die heilige Armut, sei ab sofort aufgehoben, so daß jedermann frei sei, seine Meinung zum Thema zu äußern, ohne Furcht vor der Exkommunikation.
Außerdem legten kuriale Kreise der Franziskanerführung nahe, schleunigst ihren Standpunkt zur Armutsfrage zu präzisieren.
Zu Pfingsten versammelten sich die Funktionäre der Franziskaner aus ganz Europa in Perugia, zu einem sogenannten Generalkapitel.

375 Die Versammlung wußte, daß es nunmehr wirklich um die Essenz des Franziskanertums ging und raffte sich, unter Hintansetzung aller früheren Querelen, zu einem außergewöhnlichen Schritt auf. Sie beschloß die Veröffentlichung eines Briefes an die Christenheit über die Eigentumsfrage. Man fertigte eine kürzere und eine längere Fassung dieses Rundschreibens an, und bis zum Ende des Jahres 1322 waren mehr als hundert Kopien der Antwort des Ordens im Umlauf, von Sizilien bis England.
Im Rundschreiben stand zu lesen, im gelehrten Latein der längeren Fassung, daß Christus und die Apostel die für sie lebensnotwendigen Dinge lediglich als Gebrauchswerte (simplex usus facti) benützt hätten, bei völligem Verzicht auf jegliches Eigentumsrecht, und selbstverständlich in einer Weise, die jegliche Vorsorge (sollicitudo) ausschloß, wie sie bei der Verwaltung nicht nur des privaten, sondern auch des kollektiven Vermögens unweigerlich nötig ist.
Damit hatte der Papst seine Antwort.
Sie lautete: Die radikale Armut Christi und seiner Apostel ist eine Wahrheit des Glaubens.

Der Papst war in theologischen Dingen nicht gerade ein Kirchenlicht. Seine akademischen Grade hatte er als Jurist erworben, und deshalb antwortete er zunächst mit einer Bulle, in der er nochmals sein Recht bekräftigte, Bestimmungen seiner Vorgänger aufzuheben. Den Franziskanern, die sich bei ihrer Argumentation stark auf jenes Schreiben Nikolaus III. aus dem Jahr 1279 stützten (oben Nr. 373), das die Armutsfrage in ihrem Sinn entschieden hatte, war damit die kirchenrechtliche Grundlage für ihr Vorgehen entzogen. Außerdem verbreitete sich Johannes XXII. ausführlich über die rechtlichen Fragen von Eigentum und Gebrauch, wobei er betonte, daß auch der einfachste Gebrauch einer Sache bereits eine Form des Eigentums beinhalte. Sollte sein so kluger Vorgänger, der selige Nikolaus III., so fuhr Johannes fort, so dumm gewesen sein, den Franziskanern das Eigentumsrecht an jedem Stück Käse abzusprechen, das sie zum Nachtmahl verzehrten? 376
Die brutale Wahrheit, die der Papst damit aussprach, war diese: Ihr seid, meine lieben Herren Minderbrüder, in aller Wirklichkeit die Eigentümer all dessen, worüber ihr ohnehin verfügt, und gar nicht so knapp. Ich denke nicht daran, die Heuchelei weiterhin aufrechtzuerhalten, die ihr euch ausgedacht habt und die darin bestand, alles Besitztum der Franziskaner als päpstliches Eigentum zu betrachten. Zwar haben die früheren Päpste bei diesem Spiel mitgetan, aber damit ist es nunmehr zu Ende.
Der schroffe Ton des päpstlichen Textes offenbart die ganze Banalität einer Entwicklung, die von Hugolin eingeleitet worden war, vor ziemlich genau hundert Jahren. Jetzt bekamen die verblüfften Franziskaner einen Saldo zu sehen, der ihre Berufung auf den armen Jesus als bloße Rhetorik entlarvte.

Der Papst konnte sich nun, nach der Erledigung der geschäftlichen Seite der Angelegenheit, der Antwort auf die von ihm selbst ganz präzis gestellte Glaubensfrage zuwenden. 377
Am 12. November 1323 wurde eine päpstliche Bulle, wie damals üblich, an die Tür der Kathedrale von Avignon genagelt. Sie war kurz und prägnant, wie es sich für eine dogmatische Entscheidung gehört.

Häretisch ist es, so erklärte der Papst für ewige Zeiten, die private und kollektive Besitzlosigkeit Christi und der Apostel (Redemptorem nostrum ac Dominum Iesum Christum eiusque Apostolos in speciali non habuisse aliqua nec in communi) zu behaupten. Häretisch sei außerdem die Behauptung, der Erlöser und seine Apostel hätten kein Recht gehabt, ihre von der Heiligen Schrift ausdrücklich erwähnte Habe zu verkaufen oder zu verschenken (iis quae ipsos habuisse Scriptura sacra testatur, nequaquam ius ipsis utendi competerit, nec illa vendendi sue donandi ius habuerint aut ex ipsis alia acquirendi). Damit war – in klarem Gegensatz zum Rundschreiben der Franziskaner – der Erlöser und Heiland der Christenheit unwiderruflich in den Kreislauf Ware-Geld-Ware eingespannt, und das Lebensmodell eines Christus, der mit seinen Aposteln eigentumslos durchs Land zog, nicht wissend, wo er am nächsten Abend sein Bett finden würde, war vom Statthalter Christi auf Erden endgültig verboten.

378 Erinnern wir uns an jene Frühmesse (oben Nr. 99 bis 103) am 24. Februar 1208 in der Portiuncula, während der Franz beim Anhören des Evangeliums die unumstößliche Gewißheit gefunden hatte, daß er hinkünftig dem armen Jesus nachzutrachten habe, in Befolgung klarer Maximen:
Kein Gold, kein Silber, kein Geld!
Keinen Proviantbeutel!
Nur eine Kutte!
Keine Schuhe, keinen Stab!
Erinnern wir uns an die Auseinandersetzung Franzens mit den Funktionären (oben Nr. 262), in der es um den Satz des Evangeliums ging:
Nehmet nichts mit auf den Weg.
Erinnern wir uns an Franzens Testament (oben Nr. 352), in dem Franz resümiert hatte, was er für die Essenz der Christus-Imitation hielt:
Und wir waren zufrieden mit einer Kutte, die innen und außen geflickt war, mit einem Strick und Unterhosen. Mehr wollten wir nicht haben.

Der römische Kirchenkonzern hatte sich, beraten von weitsichtigen Mitgliedern seines Aufsichtsrats, den Franz-Verein angegliedert, weil er einer Elite eifriger Manager dringend bedurfte. Franzens hartnäckiger Wille, wie der bloßfüßige Jesus leben zu wollen, war dabei vorläufig in Kauf genommen worden.

Nach hundert Jahren war der Zeitpunkt gekommen, diese lästig gewordene Erinnerung aus der Geschäftsordnung zu tilgen. Franzens nachträgliche Verketzerung, als unausgesprochene Konsequenz des päpstlichen Verdikts vom November 1323, fast auf den Tag genau hundert Jahre nach der Veröffentlichung der Papstregel für die Minderbrüder, offenbart Franzens Abweichlertum. Posthum wird manifest, was aus Franzens Lebensgeschichte allein nicht mit dieser Deutlichkeit spricht und wogegen sich Franz, mit seiner Zärtlichkeit für den Hostienleib des Gottessöhnleins und für die gesalbten Hände, denen er anvertraut war, zeitlebens gewehrt hat:

Daß Franz kein Mann der Kirche sein konnte. Allgemeiner gefaßt, daß er nicht veranstaltbar war.

Franzens Biographie endigt am 12. November des Jahres 1323.

Beherzigenswert ist in diesem Zusammenhang, was Ernst 379
Bloch im Jahr 1970 gesagt hat:

»Aus der Bergpredigt wurde die konstantinische Schenkung, aus dem Marxismus-Leninismus wurde der Stalinismus, aus dem Citoyen wurde der Bourgeois. Überall steckt ein Wurm drin; man weiß noch nicht recht, was es außer den Machenschaften der herrschenden Klasse ist, das gerade die Korruption der Besten so oft bewirkt. Was ist doch aus dem Luther von 1517 geworden, was aus den Utopien der amerikanischen Revolution? Und wenn es da ist, das Erträumte, ist es doch nicht dasjenige, was wir erträumt haben, und vielleicht sogar ins Gegenteil verkehrt durch die Erfüllung. Was ist hier los?«

Diese Frage muß stehenbleiben, auch in bezug auf die Entwicklung der Minderbrüder. Wir werden uns zu hüten haben, deren Korruption mit jener eigenartigen Lust zu konsumieren, für die der alte Flaubert eine unübertreffliche Formulierung gefunden hat:

»Wenn man mir eine Gemeinheit berichtet, so macht mir das ebensoviel Spaß, als wenn man mir Geld gibt.«
Nützlicher als solch fragwürdige Gefühle ist die Frage, die wir uns zum Schluß noch stellen wollen. Es ist dies die Frage nach dem Grund der zarten Melancholie, die Franz in uns weckt.

Zweifellos war er der Glücklichere

380 Mit unserem historischen Erbe, diesem unendlichen Friedhof, verhält es sich so:
Von manchen Gestalten aus dem imaginären Museum der Menschheitsgeschichte haben wir das Gefühl, sie stünden uns nahe, obwohl sie vor tausend Jahren gestorben sind. Andere wiederum scheinen uns fern, obwohl sie vor fünfzig Jahren noch recht frisch und munter waren – wie zum Beispiel Hitler.
Aus diesem eigenartigen Sachverhalt lassen sich zwei Lehren ziehen.
Erstens. Die Zahl der verstrichenen Jahre spielt bei der Auseinandersetzung mit unserer kollektiven Vergangenheit nicht immer und unbedingt eine wichtige Rolle.
Zweitens. Der Grund für unser Interesse an längst verstorbenen Gestalten unseres kulturellen Erbes liegt darin, daß deren Probleme, als unerledigte, noch immer in exemplarischer Weise die unseren sind.
Dies gilt, wie für Sokrates und Jesus, auch für Franz von Assisi.

381 Franz gehört in jene lange Galerie bürgerlicher Menschen, denen in ihrer Haut nicht wohl war und die deshalb ihre eigene Klasse verraten haben.
Karl Marx (gestorben 1883) paßt ebenso in diese Reihe wie Aurelius Augustinus (gestorben 430), wenngleich zwischen diesen beiden Kirchenvätern sonst nicht viel an Gemeinsamkeit erkennbar ist.
Aber: Was die beiden in Bewegung setzte, in eine Richtung, die ihnen nicht an der Wiege gesungen wurde, war die Empörung gegen ihre bürgerliche Konstitution.

383 Dieser katzenjämmerliche Text von Aurelius Augustinus, verfaßt vor mehr als fünfzehnhundert Jahren, artikuliert einen Gefühlskomplex, der gleichzeitig klassisch und modern ist. Die Revolte, die sich darin vorbereitet, ist allemal von bürgerlichen Eltern, und das Echo des Skandals, den sie auslöst, findet sich in der heutigen Literatur ebenso wie in gewissen alten Geschichten.

Erinnern wir uns. Der Mann Valdes (oben Nr. 120), dieser legendäre Vorläufer Franzens, hört während eines Spazierganges das Lied von Alexios, verläßt daraufhin Weib und Kinder, verschenkt seinen Reichtum und lebt fortan als mittelloser Bettler. Die Ballade, die auf den Mann eine so starke Wirkung ausübte, ist erhalten geblieben, als eines der frühesten Dokumente der altfranzösischen Dichtung. Ihr Stoff stammt, wie man heute weiß, aus noch älterer Zeit, er weist zurück ins Syrien des fünften Jahrhunderts, als das Römische Imperium von der christlichen Taufe seine letzte Rettung erhoffte. Die Geschichte, die man schon damals für erzählenswert hielt, handelt von einem reichen jungen Bürgersohn, der seine Braut in der Hochzeitsnacht verläßt, um in der Fremde als Bettler zu leben.

Ein wahrhaft altes Lied, wenn der Ausdruck gestattet ist.

Der unbekannte französische Poet, der es im elften Jahrhundert in hundertfünfundzwanzig volkssprachlichen Versen neu faßte, hatte eine gute Nase für jene Kennmelodie aus dem verdrängten Teil bürgerlichen Sinnens und Trachtens, die aus den Akkorden von Schuldgefühlen und Fluchtgedanken sich zusammensetzt.

Das Alexioslied wurde, wie man heute sagen würde, ein Hit von beträchtlicher Brenndauer, und zur Zeit des Valdes hatte es jeder Gassensänger im Repertoire.

Über die wahren Empfindungen des Valdes, seine psychische Disposition vor der Revolte gegen seine Konstitution wissen ir nichts. Trotzdem ist uns die Geste seines Verzichts eigenarg vertraut, man kann sich den Mann im heutigen Düsseldorf rstellen.

an kann sich auch den frustrierten Augustinus im Anzug eis leitenden Angestellten oder Universitätsassistenten vergenwärtigen. In diesem Fall könnte man die oben (Nr. 382) zi-

Wie sich alsbald zeigen soll, gehört diese Empörung ebenso zum (männlichen) bürgerlichen Ich wie die Schatzbildnerei, seit zweitausend Jahren Abendland, unter dem Motto: Lasset die Toten ihre Toten begraben.
Es ist erstaunlich, wie frisch die Wut hinter diesem Schrei des Zimmermannssohns aus Nazareth bis heute geblieben ist.

Hier ist, modellhaft, die Stunde der wahren Empfindung eines 38
bürgerlichen Mannes im Alter von einunddreißig Jahren, auf der Höhe einer beachtlichen Karriere:
Daß ich mir meines Elends gerade an jenem Tag bewußt wurde, an dem ich die Festrede zum zehnjährigen Regierungsjubiläum des Kaisers vorbereitete! Eine Rede, die aus lauter Lügen bestand, auf daß mir, dem Lügner, beim Vortrag von den Wissen- den Beifall geklatscht würde!
Ich ging damals mit klopfendem Herzen und belastet von v
dersprüchlichen Gedanken wie im Fieber durch eine Straß
Mailand, als ich auf einen armen Bettler aufmerksam wu
der im Rausch voll Fröhlichkeit allerlei Späße trieb.
Da mußte ich tief seufzen und sagte zu den Freunden, die
begleiteten, wie wir mit all unseren ehrgeizigen Plänen in
lichkeit gar nichts anderes wollten, als zu eben jener har
Freude zu finden, in der uns jener Bettler längst übe
hatte, während wir sie wahrscheinlich niemals erleben
Was der Bettler mit ein paar jämmerlichen Groscher
hatte, diese kurze Freude des irdischen Glücks,
suchte ich auch, mit all meinen ehrgeizigen Winke
auf vielerlei Umwegen. Er allerdings war guter Di
in Angst. Er war zufrieden, ich unruhig. Er kc
Rausch noch in derselben Nacht ausschlafen, wä
dem meinigen aufwachen würde, Tag für Tag, tru
nach gesellschaftlicher Anerkennung, wie ic
Zweifellos also war er der Glücklichere von u
In diesem Sinn redete ich damals zu meine
mußte nachdenken, wie es mit mir stand, un
mir schlecht ging.

tierte Passage aus den »Bekenntnissen« Augustins ohne viel Striche zur Grundlage eines Filmdrehbuchs machen, über die erste Krise im Leben eines begabten jungen Mannes.

Oder wir kopieren die drei Herren übereinander. Den seligen Alexios mit seinem dunklen Groll gegen den Vater, an dem er sich subtil zu rächen versteht, indem er als fremder Bettler in dessen Haus zurückkehrt und dort stirbt, ohne sich zu erkennen zu geben. Den Rhetorikprofessor und Liebling der Mailänder Gesellschaft Augustinus, der einen betrunkenen Bettler beneidet. Den Mann Valdes, der zum Bettelstab greift und Laienprediger wird.

Was wir von dem einen nicht wissen, sagt uns der andere, und was dann noch fehlt, erfahren wir aus dem Handeln des dritten. Erkennbar wird, dies der Zweck der Übung, eine erstaunlich ähnliche Struktur im Verhalten der drei Gestalten. Wir wollen sie ein wenig genauer betrachten, denn sie führt uns geradewegs zu Franz, besser gesagt zum Franz in uns.

Das Auffälligste an unseren unzufriedenen Bürgersöhnen ist: 384
Sie trachten nicht (mehr) nach oben, zur Spitze der Gesellschaftspyramide, wo man von goldenen Tellern speist. Nein, die Lockung kommt von ganz unten, vom Bettelmann als dem sozial Ausgestoßenen schlechthin.

(Heute tritt, an die Stelle des in unseren Gesellschaften so gut wie verschwundenen Bettlers, der – idealisierte – Proletarier als Identifikationsziel frustrierter Bürgersöhne, auch der Slumneger oder Indianer, in Ausnahmefällen sogar der edle Gesetzesbrecher.)

Warum dieser Zug nach unten?

Eine erste Antwort lautet:

Weil dort unten eine Lebensweise vermutet werden kann, die noch nicht vom harten Triebverzicht geprägt scheint, all diesen Sublimationen und Charakterpanzerungen, die den Bürger konstituieren. (Nicht zufällig ist Augustins Bettler betrunken.) Dort unten lebt man, jedenfalls in der sehnsüchtigen Phantasie der auf Leistung und Erfolg dressierten Aufstiegskandidaten, von der Hand in den Mund, mit unzimperlichen Frauen, die nicht aufs Heiraten aus sind. Zukunftsplanung und Vorsorge (sollicitudo – siehe oben Nr. 375) werden überflüssig, man lebt eher mobil und bedürfnislos, in Jeans und Sandalen. Lasset den morgigen Tag für sich selber sorgen.

385 Teile der heutigen Jugend aus den Industrieländern, das weiß man seit mindestens zehn Jahren, ergreifen die Flucht aus ihren bürgerlichen Elternhäusern, unter Verzicht auf die Annehmlichkeiten einer angepaßten Existenz. Dies Phänomen ist, nach den verfügbaren Informationen, ein bürgerliches und nicht ein proletarisches. Die Kinder von Marx und Coca-Cola sind wirklich da, auf ihre Weise revoltieren sie gegen ihre Konstitution. Wir haben ihre Ahnherren kennengelernt.
Was die jugendlichen Zivilisationsflüchtlinge von ihren antiken und mittelalterlichen Vorläufern unterscheidet, ist die fehlende Tiefe und Beständigkeit der Abkehr vom väterlichen Mammon. Aber warten wir ab. Es ist nicht auszuschließen, daß die Preisgabe der herkömmlichen bürgerlichen Existenz auch unter Vierzigjährigen attraktiv wird – wofür manche Anzeichen heute schon sprechen.
Wir kommen, was ein Zwischenergebnis ist, beim Nachdenken über diese Art von Franz-Erbe nicht weiter, wenn wir es als Ausdruck klassenkämpferischer Impulse auffassen. Mythologie und Praxis des Easy Rider sind Ausdruck eines genuin bürgerlichen Protests. Die Arbeiter, auch die jungen, haben andere Sorgen.

386 Hier ist ein Gruß an Stafford Beer. Sein letzter Brief an mich (vom 8. Januar 1979) kam aus einem Häuschen in Wales, wo er seit 1975 lebt, wie ein Einsiedler.
Hallo, Stafford!
Hast Du Dir endlich das Rauchen abgewöhnt?
Auf der Klappe des Buches, das mir Stafford Beer geschenkt hat, als er in Wien zu tun hatte, ist eine Art Steckbrief, damit der Leser weiß, wer Stafford ist (beziehungsweise war): Internationaler Konsulent für Management-Wissenschaftler.

Gastprofessor für Kybernetik, Manchester University. Professor für Statistik und Operations Research, Pennsylvania University. Präsident der Gesellschaften für Operations Research in den USA und England. Träger des McCulloch Preises der amerikanischen Gesellschaft für Kybernetik und der Silber-Medaille der Königlich Schwedischen Akademie für Ingenieurwissenschaften. Leitete dreizehn Jahre lang die größte Forschungsgruppe Englands auf dem Gebiet der Operations Research. Baute darnach eine Management-Beratung auf und leitete diese Firma als deren Direktor. War vier Jahre lang Leiter der Entwicklungsabteilung im größten Verlagskonzern der Welt.

Stafford beriet zwischendurch die Regierung Allende in Chile auf dem Gebiet der Wirtschaftspolitik. Seine letzte Unterredung mit Allende fand am 26. Juli 1973 statt. Am 11. September dieses Jahres mußte Allende bekanntlich sterben. Stafford schreibt in seinem Buch: Seit damals habe ich viel über den Meuchelmord (assassination) an einem armen Land durch die reiche Welt gesprochen und darüber Artikel veröffentlicht.

Als Stafford Beer in Wien war, Anfang 1975, erzählte er mir von seiner Absicht, seine Lebensweise zu ändern.

Im Dezember 1976 schrieb er mir in einem Brief:

I did the whole thing. This is a little stone cottage (no water supply!) miles from anywhere. My only possession now is a spinning wheel. My Rolls Royce is in California. There are no books or records here with which to masturbate.

Stafford Beer gehört ebenso in mein Buch wie Pier Paolo Paso- 387
lini (gestorben 1975), Schriftsteller und Filmregisseur. Einer der letzten Texte, die Pasolini vor seiner Ermordung schrieb, geht so:

Laßt uns umkehren, mit geballter Faust und von vorn anfangen. Ihr werdet dann nicht mehr vor bürgerlichen Mächten stehen, wie jetzt, vor Mächten, die scheinbar für alle Ewigkeit im Sattel sind. Es wird dann nicht mehr darum gehen, zu retten, was noch zu retten ist. Kein Kompromiß. Laßt uns umkehren. Es lebe die Armut.

 Die beiden zuletzt genannten Außenseiter sind, wie wir alle, als bürgerliche Menschen zu verstehen. Nicht als Beobachtungsgegenstände sollen sie gelten, sondern als unseresgleichen. (Es wäre falsch, über einen Prozeß, in den man selber verwickelt ist, so zu berichten, als ob man nichts mit ihm zu tun hätte, in der abgeschmackten Haltung des distanzierten Wissenschaftlers.) Ihre Revolte ist unromantisch und beständig, ihr Zug nach unten ohne Herablassung. Und sie sind nicht die einzigen derartigen Herren, die keine Kompromisse schließen wollen.

Laßt uns von vorn anfangen.

Es lebe die Armut.

Pasolini redet mit der Stimme Franzens zu unserem bürgerlichen Ich, kaum vernehmbar in all dem Lärm von Reklame, Unterhaltungsindustrie und politischem Schabernack, der uns umgibt.

Aber das Lied des Alexios läßt sich nicht völlig verdrängen, es gehört zu uns wie das Ehebett, als dessen genauer Kontrapunkt. Die alte Melodie erinnert uns schmerzlich an die Zwänge, die wir im Namen der Vernunft uns haben auferlegen müssen, als Preis für unsere Befreiung aus einem dürftigen Leben unter der Gewalt der Natur.

In diesem Sachverhalt liegt der Grund, warum wir Franz nicht vergessen können.

So verfolgen wir, wie die Bürger von Gubbio, Franzens kleine Gestalt mit den Augen, hoffend daß der Wolf, der uns alle zu verschlingen droht, doch noch gezähmt werden möge.

Zur Bequemlichkeit des Lesers sind die von mir benutzten Aufsätze und Bücher in einem gesonderten Literaturverzeichnis (Seite 388f) zusammengestellt und werden daher hier abgekürzt zitiert. Die Zahlen am Rand verweisen auf die jeweilige Seite im Text, auf die sich die Anmerkungen beziehen.

9 *Erhielten die Bürger von Tournai:* Cipolla 87.
Die erste mechanische Uhr: Ebd.

11 *Das Wesen des Christentums:* Anspielung auf das gleichnamige Buch von Ludwig Feuerbach (Reclam, Stuttgart 1974).

12 *Ich euer kleiner Bruder Franz:* Testament (Karrer 572).
So wurde es erzählt: Fioretti 2 (Karrer 344f; Binding 12f). Vgl. Celano I, 24 (Grau 85f). – Hier und bei allen weiteren Passagen aus den Original-Quellen handelt es sich um von mir hergestellte freie Übersetzungen bzw. Montagen.

13 *Ein Gemurmel von oben:* Jean-Paul Sartre, Der Idiot der Familie, Rowohlt, Reinbek bei Hamburg 1977, Band, 1 Seite 522.

14 *Daß wir zu schlaff sind:* Ebd. 552.
Morgen hängen wir uns auf: Samuel Beckett, Warten auf Godot, Suhrkamp, Frankfurt am Main 1971, Seite 231f.

17 *Ein ganz neues Licht:* Celano I,36 (Grau 100).
Knapp hundert Jahre später: Divina Commedia, Paradiso XI,50.
Auf dem Scheiterhaufen: Siehe Anmerkung zu Seite 349

18 *Die lautere Armut:* Grundmann 15–20; Moore 23–136.
Als der wahre Gespons: Divina Commedia a.a.O.
So wurde es erzählt: Brooke, Scripta 286.

20 *Ein zerknittertes Stück Pergament:* Brooke, Scripta 7f.
Ein kurzer Brief: Ebd. 9.

21 *Einen vergilbten Folianten:* Brooke, Scripta 5f.
Eine Reihe weiterer Abschriften: Brooke, Scripta 26–40. – Zum

Stand der gegenwärtigen Diskussion über die alten Franz-Quellen vgl. Mockler 17–25; s. a. Grau 38–44.
Der glückselige Herr Papst: Grau 217. – Zu Thomas von Celano vgl. Grau 28–56.

22 *Zur verbotenen Lektüre:* Mockler 15; Grau 53f.
Ziemlich pathetisch: Zit. bei Karrer 295f.

23 *Etwa 17500 Minderbrüder:* Brooke, EFG 223; Mockler 15; Moorman 307, 350f.
Als Franz von Verona kommend: Karrer 197–199; vgl. Celano II,28 (Grau 282).

24 *Unsere wichtigsten Quellen:* Eine ausführliche Bibliographie aller vorhandenen alten Quellen für das Leben des Franz von Assisi findet sich in Moorman 595–598. Eine kürzere Übersicht bietet derselbe Autor in der Neuauflage seines »Saint Francis of Assisi« 117f. – Vgl. auch Brooke, Coming 23–28; Mockler 24–27.

25 *In der Einleitung zu ihrer Geschichtensammlung:* Brooke, Scripta 86.

26 *Es war Franzens Wille:* Brooke, Scripta 94.
Einmal tat der Herr Jesus Christus: Brooke, Scripta 290.

27 *Dort, wo die Luft rein weht:* Binding 7.

28 *Den literarischen Kitsch:* Vgl. Walther Killy, Deutscher Kitsch. Vandenhoek & Ruprecht, Göttingen 1962, Seite 27–29.
Ein italienisches Franz-Buch: F. Prudenzano, Francesco d'Assisi.
Dutzende solcher Bücher: Vgl. Roggen 29.
Nicht geradewegs marxistisch: Vgl. Kautsky 180f.

29 *Franz von Assisi entstammte dem Volke:* Sabatier 5.
Viele Bücher über Franz von Assisi: Moorman, Saint Francis 118, hat 60 moderne Biographien gezählt.

32 *Während des Essens auf den Tisch spuckten:* Siehe Elias I,139–145.
Kosmos des Mittelalters: Anspielung auf das gleichnamige Buch von Wolfram von den Steinen.
Praktiken der Kindererziehung: Siehe deMause 112–262.

33 *In den Tiefen der Wälder:* Le Goff 19–36.
Erfindung der mechanischen Uhr: Vgl. Zilsel 33–37.
Der Wunsch nach einem einheitlichen Kalender wurde zuerst von Roger Bacon (1219–1294) angemeldet.
Die Kunst des Zählens und Rechnens: Vgl. Mumford 316–320.

35 *Die Geburtsstunde des bürgerlichen Ich:* R. W. Müller 258–273; 326–335.
Daß er von sich selbst redet: Müller 273.

36 *Herz, mein Herz:* zit. bei Müller 274.

39 *Nur hundertachtzig Tage im Jahr:* Mumford 309.
40 *Wahlverwandtschaft:* Weber 83.
Religion muß notwendig: zit. bei Weber 196f.
Der Puritaner wollte Berufsmensch sein: Weber 203.
41 *Die tägliche Arbeit:* Vgl. Mumford 301–308.
42 *Die Wassermühle:* Cipolla 155.
Der Fluß ergießt sich: zit. bei Mumford 308. Vgl. Le Goff 189.
43 *Der rationale Charakter:* »Die welthistorische Bedeutung der mönchischen Lebensführung im Okzident in ihrem Gegensatz zum orientalischen Mönchtum...beruht darauf. Sie war im Prinzip schon in der Regel des heiligen Benedikt, noch mehr bei den Clunyazensern, wiederum mehr bei den Zisterziensern, am entschiedensten endlich bei den Jesuiten, emanzipiert von planloser Weltflucht und virtuosenhafter Selbstquälerei. Sie war zu einer systematisch durchgebildeten Methode rationaler Lebensführung geworden.« In: Max Weber, Gesammelte Aufsätze zur Religionssoziologie, J. C. B. Mohr, Tübingen 1963, Band 1, Seite 116.
44 *Ein Haus in Assisi:* Mockler 58.
45 *Beispielsweise in Florenz:* Vgl. dazu Ernst Piper, Der Aufstand der Ciompi. Wagenbach, Berlin 1978.
46 *Schwurbund der Bürger:* Max Weber, Wirtschaft und Gesellschaft, J. C. B. Mohr, Tübingen 1976, S. 775–779. Vgl. Le Goff 75–83.
Den ökonomischen Menschen: Weber, Wirtschaft und Gesellschaft, Seite 805.
So erzählt eine alte Quelle: Werner 23f.
48 *Ein gewisser Roger:* Werner 25f.
Die Katharer: Grundmann 22–28; Moore 139–262; Emmanuel le Roy Ladurie, Montaillou, Cathars and Catholics in a French Village, Solar Press London, 1978.
49 *Zuerst waren es Stadtbewohner:* Hérésies 185.
51 *So wurde es erzählt:* Karrer 46–49; Celano I,14.15 (Grau 75f).
53 *Das Jahr 1198:* Mockler 54–56.
54 *Ein wichtiger Streitpunkt:* Mockler 58.
In dieser Lage: Mockler 58f.
56 *Im Herbst des Jahres 1202:* Mockler 59f.
Jahrhundert der Wolle: Le Goff 191–193.
57 *So wurde es erzählt:* Karrer 34–36; Celano I,4–6; II,5f.
58 *Träume kommen von Gott:* Die Räuber, 5. Akt, 1. Szene.
59 *Eine weitere Absenz:* Karrer 36f. Vgl. Celano I,7; II,7.
60 *Dolcezza:* Horst Herrmann, Savonarola, Bertelsmann, München 1977, Seite 259.

61 *Höflichkeit:* Vgl. Elias II,88–122.
62 *Jene obsiegende Süße:* Celano II,9.
Einsame Orte: Ebd.
Strengte sich der Teufel an: Ebd.
64 *Schon trat Franz:* Celano II,8.
65 *So wurde es erzählt:* Brooke, Scripta 240.
66 *Der Anfang des Testaments:* Karrer 566f.
So entsetzlich: Celano I,17 (Grau 78). Vgl. Celano II,9 (Grau 233); Karrer 39.
67 *So wurde es erzählt:* Karrer 39; Celano II,9 (Grau 233).
68 *Ein besonders peinliches Beispiel:* Vgl. Walter C. Langer, Das Adolf-Hitler-Psychogramm, Molden, Wien 1973. – Erich Fromm, Anatomie der menschlichen Destruktivität, Deutsche Verlags-Anstalt, Stuttgart 1974, Seiten 335–393.
Die exakte Chronologie: Für die Jahre 1203 bis 1209 folgen wir der Rekonstruktion von Mockler.
Celano erzählt: Celano I,6 (Grau 67f).
69 *So wurde es erzählt:* Brooke, Scripta 124.
70 *Männer vom heiligen Lazarus:* Der Ausdruck »Lazarett« erinnert bis heute an die zahlreichen mittelalterlichen Vereinigungen, die sich der Pflege der Armen und Kranken sowie der Betreuung von Pilgern und Reisenden widmeten. Vgl. KG 231–236.
So wurde es erzählt: Karrer 40; Celano II,10 (Grau 233f).
72 *Von fachhistorischer Seite:* Mockler 43, 76, 84.
76 *Bisher nicht verkostete Freude:* Celano I,10 (Grau 72).
Sofort waren die Kinder: Celano I,11 (Grau 72).
77 *Da er den Namen seines Sohnes vernimmt:* Celano I,12 (Grau 72f).
78 *Die Mutter:* Celano I,13 (Grau 74).
79 *Ein Bote des Magistrats:* Mockler 81f.
So wurde es erzählt: Karrer 50f.
82 *Nicht den geringsten Hinweis:* Zur Tendenz Celanos, Franz als Ideal eines Heiligen zu stilisieren. Vgl. Benz 49f; 62–76.
83 *Als die Räuber:* Celano I,16 (Grau 76f).
84 *Die herrschende Meinung:* Duby 165–172.
So wurde es erzählt: Karrer 48–50.
86 *Und der Herr verlieh mir:* Karrer 567.
87 *Das Testament:* Karrer 567.
Der Herr verlieh mir: Karrer 567.
89 *So werden wir belehrt:* Karrer 41.
Der Traum des Papstes: Celano II,17 (Grau 242).
Der Priester Heimrad: Werner 8,20; Brooke, Coming 40 bis 44.

90 *In einer anderen Ecke Europas:* Grundmann 10; Wendelborn 14f.
Aus dem niederen Adel: Vgl. Werner 20.

91 *Pataria:* Grundmann 14; Wendelborn 16–19.
Innozenz III.: KG 172ff; Haller 220ff.

92 *Der glaubwürdigste Bericht:* Aus der Chronica maiora des Matthäus Parisiensis. Vgl. Mockler 132; Selge 144f.
Wie Franz es doch noch schaffte: Selge 139–151; Mockler 131–133; 141–144; 147f. – Vgl. Celano I,32f (Grau 94–96); Karrer 68–73.

93 *Die Bitte dieses Menschen:* Das Zitat steht in der Legenda Maior des Bonaventura (Analecta Franciscana X,570).

94 *Eine Tonsur:* Im Mittelalter war die Entfernung der Scheitelhaare üblich. Der übriggebliebene Haarkranz wurde »corona« (Krone) genannt.
Ein französischer Kleriker: Zit. nach Brooke, Coming 203f. Vgl. Mockler 207f.
Etwa dreihundert Menschen: Mockler 211.

95 *So wurde es erzählt:* Brooke, Scripta 118.

96 *Studien am Skelett:* »Time«, 20. 3. 1978.
Er war ein Mann mit fröhlichem Antlitz: Celano I,83 (Grau 149f).

97 *Ein unscheinbarer Mann:* Celano II,17 (Grau 242).
Die Henne bin ich: Celano II,24 (Grau 248).
Der Bischof von Terni: Brooke, Scripta 270.
Sein Gewand war schmutzig: Zit. nach Brooke, Coming 136.
Ein authentisches Porträt: Am bekanntesten ist das dem Cimabue (gestorben 1302) zugeschriebene Fresko in der Unterkirche der Basilika San Francesco in Assisi geworden. Vgl. Mockler 152. Es ist das für den Schutzumschlag dieses Buches verwendete Porträt. Siehe Impressum.

98 *Mindestens fünf Kehrtwendungen:* Mockler 55f; 62; 97–99; 161f.

99 *Allen untertänig:* Karrer 568.
Präpolitisch: Vgl. Eric J. Hobsbawm, Sozialrebellen, Luchterhand, Neuwied am Rhein 1962.

100 *Der 24. Februar 1208:* Vgl. Grau 83; Mockler 100; Englebert 53.

101 *Der Priester las:* Matthäusevangelium 10,5–10.

102 *Nach der Messe:* Celano I,22 (Grau 83f).

103 *Alle Theologen sollen wir ehren:* Karrer 569.

104 *Ich sage dir Bruder:* Brooke, Scripta 202.

107 *Im März 1208:* Vgl. Karrer 586; Englebert 55.

Eine kräftige Stimme: Celano I,83 (Grau 149).
Wie mitreißend: Zit. bei Brooke, Coming 136.
Wahrheit seiner Redekunst: Karrer 74.
Daß Franz die Buße gepredigt hätte: Vgl. Englebert 64, wo eine Standardpredigt wiedergegeben wird: »Fürchtet und ehret, lobet und preiset den allmächtigen Herrn! Dankt ihm und betet ihn an, den Schöpfer aller Dinge, Vater, Sohn und Heiligen Geist. Zögert nicht, eure Sünden zu bekennen, denn bald kommt der Tod! Gebet, und es wird euch gegeben werden! Selig, die bußfertig sterben, sie werden ins Himmelreich kommen! Weh denen, die sich nicht bekehren, denn sie werden ins ewige Feuer eingehen! Seid auf der Hut, meidet das Böse und beharret im Guten bis an euer Ende!«
Die Predigt an die Vögel: Fioretti 16 (Karrer 385–387; Binding 53–55). – Einen kürzeren Text bietet Celano I,58 (Grau 124f), dessen Darstellung der liebenswürdigen Begebenheit nicht unglaubwürdig wirkt.

108 *Ein anderer Text:* Fioretti 30 (Karrer 423–426; Binding 97–99).

109 *In den unbegreiflichen Extremen:* Canetti 539.

111 *Aus dem Bericht eines Augenzeugen:* Ich zitiere hier aus dem Manuskript eines Artikels, der 1936 in dem Buch von Arthur Schmid »Spanien, das Land zwischen Afrika und Europa« (Verlag der Druckereigenossenschaft Aarau) erschienen ist. Die von mir zitierte Passage wurde vor der Drucklegung gestrichen. Dem Verfasser des Beitrags, Herrn Hans Keller (Genf), der mir das Original seines Textes liebenswürdigerweise zur Verfügung stellte, sei hiermit bestens gedankt.
Ein Novum: Vgl. Le Goff, Civilisation 200–205.
Daß man es nicht mehr aushält: R. Traub – H. Wieser (Hrsg.), Gespräche mit Ernst Bloch, Suhrkamp, Frankfurt am Main 1975, Seite 216.

113 *Eine große Sache ist die Armut:* Zit. bei Lambert 214.
Im Jahr 1318: Lambert 212–215; Moorman 310f.
Ein paar weitere Ausgaben: Grigulevič I, 195.
Eine Studie über die Lebensform Franzens: Roggen 67, 92f, 88.

114 *Zwei Unterscheidungen:* Vorwort zu Grigulevič (I,295f).

115 *Ein anderer Interpret:* Dirks 175.

116 *Als Franz eines Tages:* Karrer 51; vgl. Celano II,14 (Grau 238f).
Fisch, Petersilie: Brooke, Scripta 140. – Celano II,51 (Grau 276f).
Mandelkuchen: Brooke, Scripta 268.
Speisezettel der armen Schlucker: Le Goff, Civilisation 439; Cipolla 114–116.

117 *Im Haus des Hugolin:* Brooke, Scripta 192.
Allen Genossen befehle ich: Brooke, Coming 120. Vgl. Mockler 252.
118 *Geld ist wie Staub:* Englebert 221; Hardick 195.
Ein Säckchen mit Münzen: Celano II,65 (Grau 288f).
Als einmal Franzens Vikar: Celano II,67 (Grau 290f).
119 *Einmal wanderte Franz:* Celano II,69 (Grau 291f).
Geld als Kot: Vgl. Ernest Bornemann (Hrsg.), Psychoanalyse des Geldes, Suhrkamp, Frankfurt am Main 1973, Seite 93–95.
120 *Sophokles, Aristoteles, Platon:* Müller 25, 121–134.
In diesen goldenen Zeiten: Duby 9–76.
121 *Corpus Juris Canonici:* Decretum Gratiani Pars I, dist. 88, cap. 11. – Vgl. dazu Coulton 140–150.
Das liebe Geld: »Das Rätsel des Geldfetischs ist daher nur das sichtbar gewordene, die Augen blendende Rätsel des Warenfetischs« – Karl Marx, Das Kapital, 1. Band, Dietz, Berlin (Ost) 1974, Seite 108.
122 *Einen Verein freier Menschen:* Ebd. 92.
123 *Ein reicher Kaufmann mit Namen Valdes:* Gonnet-Molnar 42–83, Grundmann 28–34.
124 *Selbstverständlich gab es ein Verhör:* Zit. nach Brooke, Coming 151f.
126 *Waldenser:* Sie gehören heute zur reformierten Konfession. Außer in Italien, wo sie eine theologische Fakultät in Rom haben, leben noch rund 20000 Waldenser in Uruguay, als Nachkommen von italienischen Auswandererfamilien.
Franziskaner: Mit diesem Sammelnamen bezeichnet man die drei heute bestehenden Haupt-Gruppen der auf Franz zurückgehenden katholischen Männerorden: »Minderbrüder«, »Konventualen«, »Kapuziner«, sowie eine Reihe weiterer katholischer Orden und Genossenschaften neueren Ursprungs, die sich an die Franz-Tradition anlehnen. Die umgangssprachlichen Namen für die verschiedenen Spielarten der männlichen Franziskanerorden weichen von den amtlichen Bezeichnungen erheblich ab. (In Österreich werden zum Beispiel die Konventualen »Minoriten« genannt, während die Minderbrüder »Franziskaner« heißen. Heute sind die Unterschiede zwischen den verschiedenen Zweigen der Franziskaner nur marginaler Art (große oder kleine Kapuze, brauner oder schwarzer Habit usw.). In England nennt man die Franziskaner »grey friars«, nach der ursprünglichen Farbe ihrer Kutten.
Wegen dieser einigermaßen verwirrenden Terminologie mache ich in meinem Buch zwischen den Ausdrücken »Franziskaner«

und »Minderbrüder« keinen Unterschied. Den Ausdruck »Franz-Genossenschaft« (bzw. »Franz-Verein«) verwende ich ebenfalls, in der Regel zur Bezeichnung der Anhängerschaft Franzens (ledige Männer, ledige Frauen, Familien) während der ersten Jahre, also zwischen 1208 und 1223.

Mit dem Sammelnamen der »Franziskanerinnen« werden heute alle jene katholischen Frauenorden und -kongregationen bezeichnet, die sich auf die Franz-Tradition berufen. Heute gibt es weit über 100 solcher Vereinigungen. Von ihnen unterscheiden sich die »Klarissen«, die sich von der Frauengemeinschaft Klaras in San Damiano herleiten und heute in mehreren Zweigen bestehen. (Im Jahr 1960 wurden 18000 Nonnen gezählt, die nach der Klarissenregel lebten.)

Eine geheimnisvolle Einladung: Fioretti 2 (Karrer 344–347; Binding 12–15; Celano I,24 (Grau 85f); II,15 (Grau 239f).

127 *Das gesamte Lebensprogramm Franzens:* Matthäusevangelium 19,21 und 16,24; Lukasevangelium 9,3.

128 *In der Biographie des Valdes:* Vgl. Brooke, Coming 71.

Als dann der Herr mir Brüder gab: Karrer 569.

130 *Wie mit einem Freund:* Fioretti 2 (Binding 16).

Eine primitive Hütte: Vgl. Brooke, Scripta 110, 112, 220.

Von Peter dürfen wir annehmen: Mockler 125.

131 *So wurde es erzählt:* Brooke, Scripta 318–320.

Die Aufnahmebedingungen: Vgl. Mockler 209f. Die Formalisierung des Eintritts setzt erst im Jahr 1220 ein.

So wurde es erzählt: Brooke, Scripta 122.

Ich möchte in deine Religion eintreten: Volo intrare religionem tuam. Die Bedeutung von *religio* ist hier »Bund« oder »Bruderschaft«, mit gottesdienstlicher Zielsetzung.

132 *Die Familie eines gewissen Johann:* Brooke, Scripta 118.

133 *Das klassische Dutzend:* Grau 93; Englebert 55f; Mockler 125. – Der Streit unter den Franz-Gelehrten über die Namen der ersten Genossen, ihre soziale Herkunft und den Anlaß ihres Beitritts ist wegen der widersprüchlichen Auskünfte in den alten Quellen noch nicht abgeschlossen. Sicher ist, daß die ersten drei Bernhard, Peter und Egidio hießen und daß Bernhard ein reicher Mann war, während Egidio aus armen Schichten kam.

Ein klägliches Stöhnen: Brooke, Scripta 88; Celano II,22 (Grau 246f).

Gegen hysterische Askese: Vgl. dazu Fioretti 18 (Binding 60f), wo Franz während einer Vollversammlung erfährt, daß viele Genossen »eiserne Ringe« und »Stacheln« unter ihrer Kutte trügen. Franz hätte daraufhin befohlen, die Bußwerkzeuge abzulegen und auf einen Haufen zu werfen. Mehr als 500 Stachelhemden seien auf diese Weise zusammengekommen. Der Zwischenfall ist in die Jahre zwischen 1218 und 1222 zu datieren (Brooke, EFG 287–289).

134 *So wurde es erzählt:* Brooke, Scripta 300; Celano II,111 (Grau 333f).

135 *Eine gesellschaftlich erlaubte Freude:* Elias I,266–283.
Ein junger Däne: Jacob Holdt, Bilder aus Amerika, S. Fischer, Frankfurt am Main 1978.
Begegnet Franz einem Bauern: Celano I,79 (Grau 145).

136 *Mir wurde geoffenbart:* Karrer 571.
Ein Friedenspakt: Mockler 163; Englebert 102.

137 *Hört mir jetzt einmal zu:* Celano II,37 (Grau 261–263; Brooke; Scripta 150.
Die andauernde Diskussion: Vgl. A. Holl – H. Knienieder, Der politische Jesus. Zur Sanftlebigkeit der kritisch abwägenden Wissenschaft, in: H. Rolfes (Hrsg.), Marxismus Christentum, Matthias Grünewald, Mainz 1974, Seite 232–244.

138 *So wurde es erzählt:* Karrer 61.

140 *Hätte ich doch einen ganzen Wald:* Fioretti, Das Leben des Bruder Ginepro 1 (Karrer 449; Binding 216).
So wurde es erzählt: Fioretti, Ginepro 1 (Karrer 444–449; Binding 213–216).

142 *Er starb im Jahr 1258:* Englebert 111.
So wurde es erzählt: Fioretti, Ginepro 5 (Binding 223–226).

143 *Die letzte Wacholder-Geschichte:* Fioretti, Ginepro 9 (Binding 229).

145 *Ein Liebespaar:* A. Holl, Mystik für Anfänger, Deutsche Verlags-Anstalt, Stuttgart 1977, Seite 120.
Einen guten Teil ihrer Kindheit: Mockler 169f; Englebert 128f.

146 *Der Plan einer Verlobung:* Karrer 132. Vgl. Grau 81 (Anmerkung) über die Klara-Legende Celanos.
Eine der wenigen Intimbeschreibungen: DeMause 153–158.

148 *Eine solche Einstellung:* Ebd. 162, 176, 181–183.

149 *Nach höfischer Etikette:* Mockler 171f.

150 *Versuche eines unehelichen Zusammenlebens:* Christliche Witwen und Jungfrauen nahmen ab dem ersten nachchristlichen Jahrhundert Mönche und Kleriker in ihre Wohnungen auf, was immer wieder verboten wurde (vgl. den Artikel »Syneisakten« im Lexikon für Theologie und Kirche, Herder, Freiburg 1964, Band 9, Spalte 1229–1231). Ferner gab es die Einrichtung der sog. Doppelklöster, in welchen Mönche und Nonnen gemeinsam lebten. Besonders interessant sind die Bräuche in Irland, wo ab

ca. 500 n. Chr. viele Klostersiedlungen bestanden, in denen auch verheiratete Paare zugelassen waren (vgl. Leslie Hardinge, The Celtic Church in Britain, S.P.C.K., London 1972, Seite 172–199).

151 *Einen gewissen Burchard:* Brooke, Coming 210f; Mockler 142.

152 *So wurde es erzählt:* Karrer 138f.

153 *Im Frühling des Jahres 1212:* Vgl. Celano I,18 (Grau 79f); II,13 (Grau 237f). – Karrer 134–136. – Mockler 172–175. – Englebert 130–132.

155 *Wie diese reißenden Wölfe:* Zit. nach Englebert 132f.

157 *Das große Theater:* Fioretti 15 (Karrer 379–381; Binding 49–51).

158 *Das ist jene selige Stätte:* Celano I,18f (Grau 79–81).

159 *Noch penetranter:* Celano II,112 (Grau 334f).

Auch in bezug auf die armen Frauen: Celano II,205 (Grau 418).

Wie die Vögel vor den gelegten Schlingen: Celano II,207 (Grau 419f).

Celanos persönliche Fluchthaltung: Celano II,112 (Grau 335).

160 *Allen Minderbrüdern befehle ich streng:* Brooke, Coming 125.

161 *Während dieser Mann:* Celano I,3 (Grau 64).

Folgt einem Schema: Benz 51.

Es schickte ihm also der Teufel: Celano II,116f (Grau 338f). Vgl. dazu Celano I,42 (Grau 106f): »Wenn ihn nämlich, wie es zuweilen vorkommt, eine fleischliche Versuchung bedrängte, warf er sich, wenn es Winter war, in eine eisbedeckte Grube und blieb so lange darin, bis jede fleischliche Anreizung verschwand. Auch die anderen folgten dem Beispiel einer solchen Abtötung mit brennendem Eifer.«

163 *So wurde es erzählt:* Karrer 139f. Die »großen Widrigkeiten« sind eine Anspielung auf die Bemühungen Kardinal Hugolins, dem Klara-Verein eine benediktinische Regel aufzunötigen – vgl. Moorman 38f.

164 *Über die himmlischen Dinge:* Fioretti 33 (Karrer 429–431; Binding 102f).

Als der Papst ihr den Rat gab: Karrer 137f (Anmerkung).

165 *Ein solches Privileg:* Das Recht, über keinerlei regelmäßige Einkünfte zu verfügen, also die kollektive Besitzlosigkeit, wurde *privilegium paupertatis* (»Privileg der Armut«) genannt – vgl. Moorman 35, 205f.

Der Text der Bulle: Zit. nach Englebert 142. Die Bulle galt nur für das Frauenhaus der Klara in San Damiano, nicht aber für die übrigen Klöster des Klara-Vereins – vgl. Moorman 205f.

Der nächste Papst: Zwischen Gregor IX. und Innozenz IV.

(1243–54) gab es noch Coelestin IV., der nach knapp einmonatigem Pontifikat starb.
Die neue Regel: Moorman 211f.
Eine eigene Regel: Zit. nach Englebert 143.

166 *Als sie ihn bat:* Englebert 144.
Am 9. August 1253: Englebert 144; Moorman 212f. Das Original der Bulle wurde im Jahr 1893 entdeckt, als man Klaras Grab öffnete. Das Pergament befand sich unter den Überresten ihrer Bekleidung.
Herr Gott, gelobt seist du: Englebert 145.

167 *Eine japanische Fernsehjournalistin:* »Der Spiegel« 21/1978.

168 *Hat Franz ausdrücklich gelobt:* Wendelborn 160.
So wurde es erzählt: Fioretti 10 (Karrer 368f; Binding 37f).

169 *Das allerwürdigste Werk:* Josef Quint (Hrsg.), Meister Eckehart. Deutsche Predigten und Traktate, Carl Hanser, München 1969, Seite 54.
Als wahre Liebhaber der Gerechtigkeit: Celano I,35 (Grau 98f).
Mit dem beschaulichen Leben geliebäugelt: Fioretti 16 (Karrer 382–384; Binding 51–53). – Zum mittelalterlichen Einsiedlerwesen vgl. Brooke, Coming 44–58.

170 *Die Chronologie der Jahre 1209–1219:* Nach Mockler.

172 *Vorbei an kleinen Seen:* Sabatier 286.
Eine alte Überlieferung: Grau 89 (Anmerkung); Karrer 589f.
Als Franz das Erbarmen Gottes: Celano 1,26 (Grau 88f).

173 *Unter allen ideologischen Systemen:* Erik H. Erikson, Der junge Mann Luther, Rowohlt, Reinbek bei Hamburg 1970, Seite 130.

174 *Das zitierte Gebet:* Numeri 6,24–26.
Il Signore ti benedica: Karrer 550.

176 *Auch wenn wir die Story des Geistes:* William James, The Varieties of Religious Experience, The New American Library Inc., New York 1958, Seite 186 (meine Übersetzung).

177 *Das Relaxieren des Subjekts:* Ebd. 172.
Daß der Gott Liebe ist: Erster Johannesbrief 4,8.
Einmal, als Franz mit Bruder Leo: Fioretti 9 (Karrer 364–367; Binding 35–37).

179 *Salut, ihr Armen:* Lukasevangelium 6,20 (meine Übersetzung).
So kam es: Celano I,37 (Grau 100f). – Vgl. Celano I,89 (Grau 156): »Der neue Sproß der alten Religion machte die längst verknöchert und alt gewordenen Menschen plötzlich neu.«

180 *Von größerer sozialrevolutionärer Relevanz:* Augustin Souchy, Vorsicht: Anarchist, Luchterhand, Darmstadt 1977, Seite 109f, 112.

181 *Wie Souchy berichtet:* Ebd. 120.

William Colby: »Playboy« (Deutschland), Juli 1978.

182 *Etwas gar Wunderbares:* Fioretti 21 (Karrer 395–399; Binding 67–70).

184 *Der Erleuchtete spricht:* Zit. nach F. Heiler, Erscheinungsformen und Wesen der Religion, Kohlhammer, Stuttgart 1961, Seite 90.

Die Verwandlung eines Ortstyrannen: Jörgensen 286. Vgl. Karrer 629.

185 *Liebet eure Feinde:* Matthäusevangelium 5,43.

186 *So wurde es erzählt:* Brooke, Scripta 242. Fioretti 26 (Karrer 410–413; Binding 80–83). Borgo San Sepolcro liegt 23 km nordöstlich von Arezzo.

188 *Zwei hartgesottene Geschäftsleute:* Brooke, Scripta 166.

189 *So wurde es erzählt:* Celano I,73 (Grau 138f); Karrer 190–192, 605f. – Vgl. Mockler 221, 226; Sabatier 198–201. – Papst Honorius III. (1216–1227) war vom 5. 12. 1217 bis 7. 4. 1218 in Rom (Karrer 605). – Der Psalm, den Franz zitiert: 44,16. – Daß Franz ein Gebetbuch (wohl ein Psalterium) bei sich hatte, erklärt sich aus der Verpflichtung der Kleriker zum sogenannten Stundengebet.

190 *Das Individuum:* G. W. F. Hegel, Phänomenologie des Geistes, Felix Meiner, Hamburg 1952, Seite 144.

Zunächst ist für die Knechtschaft: Ebd. 148.

191 *Daß sie gestürzt werden müssen:* Lukasevangelium 1,52.

So sprach Franz: Montage aus Celano II,152 (Grau 369f); II,148 (Grau 365f); Brooke, Scripta 202, 282, 166. – Vgl. Karrer 287: »Haubenlerche«.

192 *11. Juni 1219:* Selge 137, 152; Karrer 606; Englebert 189; Sabatier 207f.

Klassengesellschaft: Oberschicht *(maiores),* Mittelschicht *(mediocres),* Unterschicht *(minores)* – vgl. Roggen 19.

194 *So wurde es erzählt:* Brooke, Scripta 140; vgl. Celano II,31 (Grau 256).

Bald ohne sein Wissen: Mockler 209f; Englebert 198.

195 *Paarweise dahinwandernd:* Roggen 66, 87.

Nach Apulien oder ins Piemont: Vgl. Celano II,68 (Grau 291); II,78 (Grau 301).

Ein vorwiegend beschauliches Leben: Vgl. dazu Roggen 87.

Einmal kam Franz in die Stadt Imola: Celano II,147 (Grau 364f).

196 *Eine große Kirchenversammlung:* KG 206ff; Brooke, Coming 160f; Mockler 205.

Die Anwesenheit Franzens: Mockler 224; vgl. Brooke, Coming 95.

197 *Dominik:* Brooke, Coming 98f, 189.
In den ersten Monaten des Jahres 1217: Brooke, Coming 96.
Als nun die ganze Schar: Fioretti 18 (Karrer 388–391; Binding 57–61). Mockler 222f, datiert diese Geschichte in das Jahr 1218, Karrer 628 verlegt sie ins Jahr 1219.
198 *Im Jahre des Herrn 1221:* Zit. nach Brooke, Coming 208 bis 210.
200 *Franzens Kampf um seine Prinzipien:* Ausführliche Darstellung bei Roggen 64–76.
Ach, mein hochwohlgeborener Herr: Zit. nach Brooke, Coming 207. Vgl. Karrer 194f.
201 *Beim Beten ein Lachen:* »Im übrigen waren sie alle in ihrer Armut so glücklich, daß sie gelegentlich das Offizium unterbrechen mußten, um das ansteckende Lachen, das sie befiel, vorübergehen zu lassen« – nach der Chronik des Engländers Thomas von Eccleston zitiert nach Englebert 196.
Wie eine Geige: Celano II,127 (Grau 348f); vgl. Karrer 176.
202 *Der Bericht von den Leiden:* Nach Englebert 208–210; vgl. Mockler 237.
203 *Der Titel »Miramolin«:* Vgl. Mockler 186, 237.
Voll flammender Sehnsucht: Celano I,55 (Grau 119).
204 *Von der allgemeinen Hysterie ergriffen:* Meine Franz-Deutung weicht in diesem Punkt von der Interpretation Mocklers ab, der seine Biographie um das zentrale Kreuzfahrer-Ideal organisiert, das er bei Franz vorzufinden meint.
Der Bericht eines christlichen Anonymus: Mayer, Idee und Wirklichkeit der Kreuzzüge, Stahlmann, Gemmering bei München 1965, Seite 52.
205 *Ein Beispiel jener Hetzreden:* Ebd. 32.
206 *Eia, vielgeliebte Söhne:* Ebd.
Jerusalem, nun weine: Ebd. 41.
207 *Fürwahr ein Narr:* Ebd. 44f.
Neben die Illusionen der Kreuzfahrer: Le Goff 142. – Einen Überblick über die gelehrte Literatur zu den Kreuzzügen findet man bei Mayer, Idee und Wirklichkeit 73f.
208 *Als Franz sah:* Celano I,55 (Grau 119f).
Zwei Jahre später: die Chronologie der Jahre 1212–1215 ist nicht leicht zu rekonstruieren – vgl. Englebert 146. Ich richte mich hier nach Mockler (192).
Daß Franz nach Marokko wollte: Celano I,56 (Grau 120f).
Kein Wort über eine derartige Absicht: Fioretti 4 (Binding 19f).
209 *Man hat ausgerechnet:* Mockler 192f.
Über einen gewissen Ibn Tumart: Mockler 185f.

Bereits im Jahr 1288: Der erste Papst aus dem Franziskanerorden war Nikolaus IV. (1288–1292).

210 *Aber die Kreuzzugsmaschine:* Mockler 214f.

211 *Im April 1217:* Mockler 215.

So wurde es erzählt: Karrer 183. (Die Datierung – Karrer entscheidet sich für das Jahr 1216 – ist nicht endgültig festzulegen.) – Die Bemerkung in der Geschichte, daß Franz während der Messe das Evangelium gesungen habe, ist einer der seltenen Hinweise darauf, daß Franz die Diakonweihe gehabt hätte (vgl. Celano I,86 – Grau 152). Glaubhaft ist die Annahme, daß sich Franz das Recht einfach genommen hat, bei feierlichen Anlässen das Evangelium zu singen, oder daß man ihn bat, es zu tun.

212 *Allgemeine Aufregung unter den Minderbrüdern:* Karrer 185f. Vgl. Mockler 211f.

Die Chronik fährt fort: Karrer 187.

Nach Frankreich zu wandern: Ebd. 187f. Vgl. Mockler 212–218. – Die Geschichtensammlung, die über den Wunsch Franzens berichtet, nach Frankreich zu ziehen, ist die des Bruder Leo; vgl. Brooke, Scripta 226–228, 230–232.

214 *Die Belagerung von Damiette:* Mockler 232–234.

Eine zeitgenössische Chronik: Zit. nach Mockler 236.

Genauer informiert: Celano II,30 (Grau 254–256).

Am 29. August 1219: Mockler 234f.

215 *Herr Rainerio:* Brooke, Coming 204; Mockler 238.

217 *Nach dieser Überlieferung:* Zit. nach Englebert 205f.

Mehrere Schilderungen: Vgl. Mockler 252, 238. – Eine kurze Darstellung gibt Celano I,57 (Grau 122f).

Der Sultan hörte dem seligen Franz gerne zu: Fioretti 24 (Karrer 403–405; Binding 73–76).

218 *Wisse o Fürst:* Zit. nach Mockler 239.

219 *Eine Art Religionsgespräch:* Ich folge hier der Darstellung von Mockler 241–246.

Die Affäre des berühmten Mönches: Mockler 243.

221 *Der rechte Ring war nicht erweislich:* G. E. Lessing, Nathan der Weise. 3. Aufzug, siebenter Auftritt.

Die Rede ist von den drei Erzbetrügern: Vgl. Herbert Nette, Friedrich II. von Hohenstaufen, Rowohlt, Reinbek bei Hamburg 1975, Seite 47.

222 *Katholisch:* Griechisch KAT HOLON.

223 *Ein vollkommener Ablaß:* Southern 136–143.

Ein gewisser Angelo: Englebert 179.

225 *Ein deutlicher Hinweis:* Brooke, Scripta 102.

226 *So wurde es erzählt:* Nach Englebert 175f.

Plenam suorum peccaminum: Wir gewähren einen vollkommenen Ablaß ihrer Sünden. Vgl. Mayer, Idee und Wirklichkeit 32f, von wo ich die Formel genommen habe.

227 *Ferner wurde erzählt:* Englebert 177.

228 *Die Gnadeninflation:* Englebert, der mit Sabatier für den Ursprung des Portiuncula-Ablasses zu Franzens Lebzeiten ist, datiert die entsprechenden Ereignisse in das Jahr 1216. Tatsächlich weilte der in Frage kommende Papst (Honorius III.) vom 20. Mai bis 12. August 1216 in Perugia (vgl. Brooke, EFG 291), wohin die Überlieferung die Ablaßgewährung verlegt (vgl. Moorman 30). Es ist auch denkbar, daß die Portiuncula-Legende eine Reihe zeitlich auseinanderliegender Vorgänge zu einem einzigen Ereignis zusammenzieht, wie das öfter in den Franz-Quellen geschieht; Franz hätte dann seinen Ablaß in mehreren Anläufen erwirkt, was gar nicht so unplausibel ist.

229 *Es ist mein fester Wille:* Karrer hat diese Passage in seiner Textsammlung weggelassen. Ich zitiere nach Brooke, Coming 118; vgl. Selge 138.

230 *Um mit Heidegger zu sprechen:* »Was ist ein Gott ohne den Menschen? Die absolute Form der absoluten Langeweile. Was ist ein Mensch ohne den Gott? Der reine Wahnsinn in der Gestalt des Harmlosen.« Martin Heidegger, Schellings Abhandlung Über das Wesen der menschlichen Freiheit, Niemeyer, Tübingen 1971, Seite 143.

231 *Zum eigentlichen Sinnbild der Macht:* Elias Canetti, Masse und Macht, Claassen, Hamburg 1960, Seite 232f.

232 *Beide Ereignisse fallen in die Zeit vor 1220:* Vgl. die Anmerkung zu Seite 189. – Brooke EFG 286–291 verlegt den Zusammenstoß mit Hugolin ins Jahr 1222.
In einem kleinen Nest: St. Cièrge.
Fast alles, was seit 1221: Sabatier 256.

233 *Die Unerfüllbarkeit seines Ideals:* Zit. nach Selge 158.
Floskel von der tiefen Tragik: Goetz 161f.

234 *Der Zusammenhang zwischen Internierung und Institution:* Vgl. Michel Foucault, Wahnsinn und Gesellschaft, Suhrkamp, Frankfurt am Main 1973.
Während seiner Abwesenheit: Brooke, EFG 64; Mockler 247f.

235 *Was sollen wir jetzt machen:* Karrer 193–195.

236 *Ab dem Jahr 1217:* Moorman 46–48.
Keine wirklichen Sorgen: In der modernen Franz-Literatur wird Franz gerne als einer hingestellt, dem seine Genossenschaft über den Kopf gewachsen ist. Ein Beipiel für diese Tendenz ist Lambert (36): »Francis was a supreme spiritual master of small

groups; but he was unable to provide the impersonal organization required to maintain a world-wide order.« Die Ideologiehaftigkeit derartiger Befunde ist offenkundig; sie setzen (stillschweigend) voraus, daß Franz als totalitärer Chef hätte auftreten müssen, um seine wachsende Genossenschaft bändigen zu können. Tatsächlich besaß Franz recht gute Führungsqualitäten, und dazu kam bei ihm ein ausgeprägter Sinn für die Wirklichkeit.
Die Größe der Franz-Genossenschaft: Selge 151.
Schwere Krise: So Selge 152, für viele andere. Vgl. auch Sabatier 222.
Man wird mit Hugolin reden: Vgl. Karrer 196.

237 *Franz klopfte an die Tür des Palastes:* Zur Chronologie des Rom-Aufenthaltes vgl. Selge 155; Brooke, EFG 64–67.
Eine päpstliche Bulle: Selge 155f.
Der Gebrauch des Wortes Prior: Selge 156.

238 *So wurde es erzählt:* Karrer 196. – Vgl. Brooke, EFG 65f.

239 *Empfehlungsschreiben an die französischen Bischöfe:* Selge 152f.

240 *Eine kleine schwarze Henne:* Celano II,24 (Grau 248); Karrer 189; vgl. Brooke, EFG 66.
So wurde es erzählt: Brooke, Scripta 248–252.

242 *Am 10. März 1221:* Brooke, EFG 112. – Zur Rolle der ersten »Vikare« vgl. Brooke, EFG 79–81, 111–113.
Begann die Vollversammlung: Brooke, EFG 112.

243 *Ich sehe mich vor der ganzen Versammlung sprechen:* Karrer 200f.
So wurde es erzählt: Karrer 201; vgl. Celano II,143 (Grau 360f). – Über den Zeitpunkt der Abdankung Franzens sind die Meinungen der Gelehrten geteilt. Lambert (34) verlegt diesen Schritt in das Jahr 1222, während Brooke (EFG 106) einem früheren Zeitpunkt (1217 oder 1218) zuneigt. Grau (360) plädiert für das Jahr 1220, mit Karrer (201).
So sprach Franz: Brooke, Scripta 218–220.

244 *Jacques de Vitry:* Zit. nach Brooke, Coming 204; vgl. Selge 157.

245 *Aus der Geschichte der Waldenser:* Gonnet-Molnar 123–210.
Die Ketzergesetze Friedrichs II.: Ebd. 24; Grigulevič I,120–122.

246 *Eine kleine Leseprobe:* Zit. nach H. Nette, Friedrich II., Rowohlt, Reinbek bei Hamburg 1975, Seite 61–63.
Ein Stoßgebet: Zit. nach Brooke, Coming 209. (Im Original wird noch hinzugefügt: »Und vor der Wildheit der Deutschen!«).
Folgende Ähnlichkeiten: Gonnet-Molnar 83; vgl. Grundmann 32.

247 *Drei Regeln:* Moorman 51–58; Brooke, EFG 57, 75, 89. –

Mockler schlägt vor (127), einfach von Erster, Zweiter, Dritter Regel zu sprechen, was die Terminologie sicher vereinfachen, gleichzeitig aber den fundamentalen Unterschied zwischen dem Lebensprogramm von 1209 und der päpstlich genehmigten Ordensverfassung (Papstregel) von 1223 verwischen würde.

248 *Im Namen Gottes:* Vgl. Englebert 77–79; ferner Moorman, Sources for the Life of St. Francis. Gregg International, 1967. – Meine Montage benutzt den Anfang der »Papstregel« (Brooke, Coming 120), dann die Evangelienzitate aus der Bekehrungsgeschichte des Bernhard (vgl. Anmerkung zu Seite 127), ferner die sog. »Intentio Regulae« innerhalb der Leo-Geschichten (Brooke, Scripta 202–224), das Testament (für die Tagzeiten-Gebete) und die »Papstregel« von 1223, die sicher altes Material enthält (vgl. Brooke, Coming 120–124), bezüglich Predigt, Almosen, Handarbeit, Münzgeld, Gehorsam gegenüber dem Papst.

249 *So wurde es erzählt:* Brooke, Scripta 206–208. Vgl. Johannesevangelium 12,6 (Judas als Kassenverwalter).

250 *Der Regelentwurf:* Englebert 220–227; Sabatier 235–252; Lambert 38–42; Brooke, EFG 107; Selge 137.

251 *Leo stellt fest:* Brooke, Scripta 222. – Zu den Konferenzen auf höchster Ebene vgl. Brooke, EFG 86–89.

252 *Hatte Franz einen Traum:* Celano II,209 (Grau 421f). Vgl. Celano II,188 (Grau 400f): »Als er unter einer schweren Krankheit zu leiden hatte, richtete er sich in einer heftigen Gemütsbewegung auf seinem Lager auf und rief: Wer sind die, die meinen Orden und den meiner Brüder aus meinen Händen gerissen haben? Wenn ich zur Vollversammlung komme, dann werde ich ihnen weisen, was mein Wille ist!«
So wurde es erzählt: Brooke, Scripta 284–286.

253 *Bezüglich der Sorge um die Kranken:* Ich zitiere die Papstregel nach Brooke, Coming 120–125.
Diese Ordensfreunde: Lambert 41, 84.
Die Brüder sind allzeit gehalten: Brooke, Coming 123.

254 *Der Schluß der Papstregel:* Ebd. 125.

256 *Alexander von Hales:* Steenberghen 105; KG 319f.
Paris, Bologna: Moorman 64, 66, 137.

257 *Innerhalb von zehn Jahren:* KG 318ff.

258 *Eine Auswahl von Thesen:* Le Goff 282f.
Kirchlicherseits verurteilt: Steenberghen 353f, 452–457.

259 *Bereits im Jahr 1210:* Grundmann 42; Steenberghen 92; Cohn 141–146; Ley 104.
In der Stadt Paris: Cohn 142.

Aristoteles nach Paris: Die folgende Darstellung folgt den Untersuchungen von Steenberghen (75–183, 335–462, 481–512).

261 *Bonaventura schrieb sich an die Spitze:* Steenberghen 185–253.

John Peckham: Ebd. 394f.

262 *Die ersten Brillen:* Cipolla 161.

Die endgültige Formierung der neuzeitlichen Wissenschaft: Zilsel 14–29.

263 *Die göttlichen Wörter:* Testament (Karrer 568).

Jedes beschriebene Stück Papier: Celano I,82 (Grau 147f). Vgl. Karrer 569.

Briefchen und Botschaften: Zit. nach Grau 148, Anmerkung 322.

264 *Im Testament:* »Ehren und hochschätzen müssen wir alle Theologen und jene, welche die allerheiligsten göttlichen Wörter verlautbaren, weil sie uns den Geist und das Leben spenden« – Karrer 568.

So wurde es erzählt: Brooke, Scripta 186; vgl. Celano II,91 (Grau 312).

265 *Teure Bücher:* Cipolla 162.

266 *Intentio Regulae:* Brooke, Scripta 51–53. Text: Ebd. 202–222.

Den Mut zur klaren Rede: Vgl. Celano II,189 (Grau 401f): »Nicht die Rinde, sondern das Mark! Nicht die Schale, sondern den Kern! Nicht vielerlei, sondern viel!« Die »Winkelzüge mit viel Worten, Ausschmückungen und Bombastik, Prahlereien und Spitzfindigkeiten« werden in dieser Passage über die heilige Schlichtheit (simplicitas) denen überlassen, die »dem Untergang geweiht sind«.

267 *Saftige Predigtkultur:* Vgl. F. Schiller, Wallensteins Lager, 1. Akt.

So wurde es erzählt: Brooke, Scripta 208–216 (stark gekürzt).

269 *Tugendstark und nicht wißbegierig:* Karrer 209; Celano II,195 (Grau 407f); Brooke, Scripta 208–212 (Montage).

Ich nahm in der Schule: Zit. nach Alain Peyrefitte, Wenn sich China erhebt, Zsolnay, Wien 1974, Seite 272.

270 *Gegen den blendend hellen Himmel:* Ebd. 262.

Alle Brüder sollen arbeiten: Brooke, Coming 122.

Faulpelze müssen ausgespuckt werden: Celano II,161 (Grau 377).

271 *Ich habe mit meinen Händen gearbeitet:* Karrer 571.

Die soziale Funktion der Wissenschaft: Vgl. J. D. Bernal, The Social Function of Science, Routledge, London 1967.

272 *Einst wanderte Franz:* Fioretti 8 (Karrer 360–364; Binding 32–34).

274 *So wurde es erzählt:* Brooke, Scripta 144–146.
277 *Seelische Ausnahmezustände:* Eine gute Einführung in die neueste Forschung auf diesem Gebiet gibt Erika Bourguignon in: F. D. Goodman – J. H. Henney – E. Pressel, Trance, Healing and Hallucination, John Wiley, New York 1974, Seite v–xvi.
281 *Diese Niederlassungen:* Vgl. Grau 114, Anmerkung 197.
Ziemliche Beschwerden: Celano II,96 (Grau 318).
282 *Die Hostie genommen:* Celano II,201 (Grau 413).
Er erfüllte den Wald mit Seufzern: Celano II,95 (Grau 317).
283 *Fastenzeiten:* Vom Aschermittwoch bis zum Karsamstag und vom Fest Maria Himmelfahrt (15. 8.) bis zum Fest des heiligen Michael (12. 9.)
Gruppen-Trancen: Einen interessanten Bericht über die Vorgänge während einer ekstatischen Sitzung, mit Franz als charismatischem Führer, bringen die »Fioretti« (14 – Karrer 377f, Binding 48). Am Schluß der Sitzung gibt es eine Lichterscheinung, woraufhin alle »wie tot« sind. Wer das Material in dem oben angeführten Buch von Goodman-Henney-Pressel (Anmerkung zu Seite 277 studiert, wird diese Fioretti-Geschichte als durchaus glaubhaft einstufen.
284 *Der Bericht einer Universitätsprofessorin:* Felicitas D. Goodman, Speaking in Tongues, University of Chicago Press, Chicago 1974, Seite 72 (meine Übersetzung).
286 *Dem geringsten meiner Brüder:* Matthäusevangelium 25,40.
287 *Sie gingen in die Religion hinein:* Brooke, Scripta 148.
Ich möchte mit euch allen: Celano I,84–87 (Grau 150–153).
290 *So wurde es erzählt:* Brooke, Scripta 234 (Zikade); ebd. 176–178 (Beispiele für Franzens Weltfrömmigkeit).
291 *Ein eigenes Kapitel:* Celano I,58–61 (Grau 124–127). – Der »See von Rieti« heißt heute Lago die Piediluco (16 km nordwestlich von Rieti). – Alviano: 17 km südlich von Todi.
292 *Gelobt seist du:* Karrer 520.
Wegen seiner Liebe zum Schöpfer: Brooke, Scripta 234.
Bruder Fasan: Celano II,170 (Grau 385f).
293 *Als Franz auf dem Berg La Verna weilte:* Fioretti 57 (Karrer 503–506; Binding 174–176).
294 *Ein Abgrund ruft den anderen:* Abyssus abyssum invocat (Vulgata).
Zwei Jahre bevor Franz: Celano I,94f (Grau 162f). – Wendelborn 335–337 datiert gegen Celano die Stigmatisierung in das Todesjahr Franzens.
295 *In jener selbigen Zeit:* Fioretti 57 (Karrer 507).
296 *Eine kleine Notiz:* Brooke, Scripta 254.

Zwei Jahre vor seinem Tod: Zit. nach Brooke, Scripta 8. Italienischer Text: Karrer 550.

Auf der Rückseite des Blattes: Text bei Karrer 552.

297 *Das Wappen der Franziskaner:* In den älteren Klöstern und Kirchen des Ordens kann man es auch heute noch finden.

Ja, sein glorreiches Leben: Celano I,90 (Grau 157f). Vgl. Benz 97–104.

298 *Nach diesem Bericht:* Brooke, Scripta 186–188.

Während einer Viehseuche: Brooke, Scripta 186–188.

300 *Die medizinisch-religionspsychologische Erklärung:* Lexikon für Theologie und Kirche, Herder, 1964, Band 9, Spalte 1081.

301 *Die teuflischen Belästigungen:* Eine Durchsicht all jener Texte in den Franz-Quellen, die Franz als Gegenstand der Wut von Dämonen schildern, zeigt eine bemerkenswerte Häufung solcher Zwischenfälle während der letzten Lebensjahre Franzens.

Auf dem Berg La Verna: Fioretti 56 (Karrer 502; Binding 173).

Der Teufel jubelt: Brooke, Scripta 258.

Die geistliche Freude: Ebd. 260.

Mit dem Wort acedia: Dieser Ausdruck findet sich auch in den Leo-Geschichten (»temptatus et accidiosus« – Brooke, Scripta 260). – Vgl. Josef Pieper, Über die Hoffnung, Summa Verlag, Olten 1948, Seite 55–63; Benz 123–127; Grau 346, Anmerkung 293.

302 *Eine besonders schwere Versuchung des Geistes:* Celano II,115 (Grau 337f).

Diese Art von Stigmatisierung: Vgl. Erving Goffman, Stigma. Über Techniken der Bewältigung beschädigter Identität, Suhrkamp, Frankfurt am Main 1967.

305 *Bruder Jordan erzählt:* Brooke, Coming 212 (von mir in die Ichform gebracht).

306 *Söhne und Töchter:* Brooke, Scripta 272; Celano II,133 (Grau 353).

Epileptiker: Fioretti 58 (Binding 185f).

Besessene: Celano III,155 (Grau 505).

Blinde: Celano III,121 (Grau 498).

Gelähmte: Celano III,175 (Grau 510).

Die letzten beiden Lebensjahre: Moorman 75–80; Sabatier 275–308; Englebert 286–299; Wendelborn 338–340.

308 *Wahre Hymnen auf Hugolin:* Celano I,99–101 (Grau 168–172); II,25 (Grau 249f).

Mit einer einzigen Ausnahme: Brooke, Scripta 284–286. (Diese Geschichte ist für Elias wenig schmeichelhaft). – Vgl. auch Brooke, Scripta 64.

So wurde es erzählt: Brooke, Scripta 180–182.

309 *Die Kutte zu tauschen:* Ebd. 182.

Per amore di dio: Ebd. – Vgl. Grau 131, Anmerkung 256.

310 *Alsbald erregt:* Celano II,196 (Grau 409f).

Franz als Flickschneider: Brooke, Scripta 180–182.

Diese Manie: Brooke, Coming 121.

Eine umständliche Affäre: Brooke, Scripta 184.

311 *Seinem sogenannten Guardian:* Brooke, Scripta 274.

So wurde es erzählt: Brooke, Scripta 184. – Vgl. Celano II,90 (Grau 312).

Minnedienst an der Dame Armut: Brooke, Scripta 118.

Eine Sammlung von Franz-Sprüchen: Brooke, Scripta 112–116. Zum testamentarischen Charakter dieser Sprüche vgl. Brooke, Scripta 118, Anmerkung 1, sowie Wendelborn 329f.

312 *So sprach Franz:* Ein Auszug aus den Sprüchen in Brooke, Scripta 112–116.

So wurde es erzählt: Ebd. 116–118.

314 *Echtheit der Briefe:* Vgl. Wendelborn 327f.

Vier dieser Briefe: Ich habe jene ausgewählt, deren Kern authentisch ist.

An den General-Minister: Karrer 554 (von mir gekürzt).

An die Funktionäre: Zit. nach Sabatier 297–300 (Auszug). – Wendelborn 328 datiert diesen Brief in das Jahr 1224. – Vgl. dazu Brooke, EFG 288, 106 (»towards the end of his life«).

An alle Stadtoberhäupter: Zit. nach Brooke, Coming 127 (von mir gekürzt).

315 *An alle Christenmenschen:* Zit. nach Wolfram von den Steinen (Hrsg.), Franz von Assisi, Die Werke, Rowohlt, Hamburg 1958.

Der wirkliche Chef: Brooke, EFG 108. – Zum Gebrauch der Ausdrücke »Vikar« bzw. »General-Minister« siehe ebd. 106–122.

316 *Die Freiheit eines Narren:* Die klassische Stelle, wo Franz sich selber als Narren bezeichnet, findet sich bei Brooke, Scripta 286–288. – Vgl. dazu auch Roggen 73.

Elvis Presley: Schlagersänger, lebte von 1935–1977.

317 *So wurde es erzählt:* Brooke, Scripta 156–158. Vgl. Celano I,52 (Grau 116f). Karrer (218) datiert den Vorfall in den Winter 1220/21.

So wurde es erzählt: Brooke, Scripta 158–160. Vgl. Celano II,131 (Grau 352. – Die Martini-Fasten dauerten von Allerheiligen bis Weihnachten. Die Geschichte dürfte in den Winter 1225 fallen.

318 *Die Geschichte vom Fuchspelz:* Brooke, Scripta 158–160.

Zahlreiche Spottlieder: Le Goff 243.

319 *Einmal, als Franz in die Lombardei kam:* Celano II,178f (Grau 301–303).

Eines Morgens, als Franz: Fioretti 55 (Karrer 491f; Binding 162f).

321 *Pacifico:* Celano II,106 (Grau 326–328); Grau 327, Anmerkung 243; Mockler 199f, 202, Anmerkung 9; Moorman 25,66.

Die Sprache der Troubadoure: Mockler 106f; vgl. Brooke, Scripta 166.

322 *So wurde es erzählt:* Brooke, Scripta 162–166. – Der Text des Sonnengesanges: Karrer 520–522.

323 *Man sollte die Menschen dazu bringen:* Brooke, Scripta 166.

Ohne sie wären wir alle blind: Ebd.

Als seine Leiden immer ärger wurden: Ebd.

324 *Das Bürgertum hat:* Marx–Engels, Manifest der Kommunistischen Partei, in: Gesammelte Werke, Band 4, Seite 459–493.

Prinzip der Bruderliebe: Zum Verhältnis zwischen bürgerlichen Idealen und gesellschaftlichen Realien vgl. Agnes Heller, Aufklärung und Radikalismus. Kritik der psychologischen Anthropologie Erich Fromms, In: Adelbert Reif (Hrsg.), Erich Fromm. Materialien zu seinem Werk, Europa-Verlag, Wien 1978, Seite 184, 200, 211.

So wurde es erzählt: Brooke, Scripta 130–132.

325 *So wurde es erzählt:* Brooke, Scripta 198–202, 264.

326 *Allegrezza:* Karrer 552.

327 *Wir waren zufrieden:* Karrer 568.

Die Brüder sollen darauf achten: Karrer 570.

Allen Brüdern befehle ich: Ebd.

Die Brüder sollen nicht sagen: Karrer 572.

Und der General-Minister: Ebd.

328 *Von den zweiundvierzig Sätzen:* Wendelborn 330.

In die Portiuncula: Brooke, Scripta 262.

Als Franz in Assisi eintraf: Celano I,105 (Grau 176).

Patrouillierte die Bürgermiliz: Brooke, Scripta 198.

Weil diese Stadt: Ebd. 262.

329 *So wurde es erzählt:* Brooke, Scripta 294–296. Vgl. Celano II,214f (Grau 426f).

330 *Ein paar Abschiedszeilen:* Brooke, Scripta 280.

Ließ er Bruder Bernhard rufen: Ebd. 274–276.

Am Morgen: Ebd. 290. Vgl. Celano I,108 (Grau 178f); II,217 (Grau 429f). – Fioretti 6 (Karrer 355–357; Binding 27f). – Vgl. dazu Brooke, EFG 17f, 97.

Mit meiner Stimme: Psalm 141.
Ein Schwarm Lerchen: Brooke, Scripta 282.

331 *Der triste Dom:* Zit. nach Karrer 11.
Von Bruder Elias: Sofort nach Franzens Tod richtete Elias ein Schreiben an alle höheren Funktionäre des Ordens. Er unterschrieb mit »Bruder Elias, ein Sünder« – Moorman 83. – Zu den Aktivitäten des Elias zwischen März 1228 und Sommer 1230 vgl. Moorman 85–88.
Das Bauprojekt: Zur mittelalterlichen Groß-Technologie vgl. Otto Ullrich, Technik und Herrschaft, Suhrkamp, Frankfurt am Main 1977, Seite 60,314f; ferner Martin Warnke, Bau und Überbau. Soziologie der mittelalterlichen Architektur nach den Schriftquellen, Syndikat, Frankfurt am Main 1976, Seite 154.

332 *Die weitere Baugeschichte:* Moorman 99f; Brooke, EFG 119, 122.

333 *Unter dem Datum vom 28. September 1230:* Moorman 90; Lambert 78–88.
Ein später Kollege Hugolins: Vgl. Franz Ehrle, Die Spiritualen, ihr Verhältnis zum Franziskanerorden und zu den Fraticellen. In: Archiv für Literatur und Kirchengeschichte III,572.

334 *Im Jahr 1241:* Benz 175.

335 *Wir kennen die Namen:* Salimbene von Parma, Rudolf von Sachsen, Bartholomäus Guisculus, Gerardus von Borgo San Donnino. Vgl. Benz 176.
Der Urheber solch umstürzlerischer Ideen: Vgl. Gert Wendelborn, Gott und Geschichte. Joachim von Fiore und die Hoffnung der Christenheit, Böhlau, Wien 1974. Weitere Literatur zu Joachim ebd. 293–298.

336 *Das ewige Evangelium des seligen Abtes Joachim:* Ich folge hier der Darstellung von Benz (4–58).

338 *Diese Eifrigen:* Moorman 108–111.
Konsumtionskommunistische Weise: Kautsky I,199.
Spiritualen: Der Ausdruck »spiritalis« bezeichnete damals allgemein den Gegensatz zu »mundanus« (= weltlich) – vgl. Brooke, Scripta 138.
Johannes von Parma: Moorman 112–114, 146; Lambert 103–115; Brooke, EFG 255–272.
Hugo von Digne: Moorman 118, 189.

339 *Peter Johannes Olivi:* Zur Darstellung seiner Lehre vgl. Benz 256–332.

340 *Die herrschaftstechnische Spaltung:* Vgl. Roggen 63, 71ff (Franz wollte keinen Orden im herkömmlichen Sinn stiften). Zur Frühgeschichte des »Dritten Ordens« vgl. Moorman 40–45.

Rebellion der kleinen Leute: Vgl. R. I. Moore, The Origins of European Dissent, Allen Lane, London 1977, Seite 231f.

341 *Das unruhigste Ferment:* Kautsky I,146–160; Cohn 147.

Italienische Humiliaten: Vgl. Hérésies 178f. – Über die Parallelen der Humiliaten zur Franz-Genossenschaft vgl. Grundmann 31.

Mit einer klar erkennbaren Strategie: Hérésies 97–100.

342 *Im Jahr 1289:* Moorman 217.

Die zahlreichen Laienvereine: Roggen (93) meint sogar, daß bis jetzt noch keine schlüssigen Beweise für den franziskanischen Ursprung des Dritten Ordens erbracht worden seien. – Goetz (159) vermutet, daß der Dritte Orden zunächst nur in einer losen Angliederung bereits bestehender Laienvereinigungen an die Franz-Genossenschaft bestanden hätte. – Vgl. auch Moorman 216f.

Allerlei Namen: Grundmann 48. – Über Beginen und Begarden siehe Grundmann 47–58 und die Bibliographie in Hérésies 445f (Nr. 473–509). – Zu den Olivi-Beginen vgl. Moorman 197.

343 *Ubertino von Casale:* Moorman 197f.

Im Jahr 1299: Lambert 171–174; 177f, 217f (Einfluß Olivis).

344 *In Italien war allerhand los:* Moorman 188f, 194–196; Lambert 167–176.

Der Engelpapst: Der Ausdruck geht auf die Schriften Joachims zurück und wurde von den Spiritualen auf Papst Coelestin V. bezogen, den die Kardinäle im Jahr 1294 aus einer Einsiedelei auf den päpstlichen Stuhl holten. Am 13. 12. dieses Jahres dankte dieser Papst freiwillig ab und wurde bis zum Ende seines Lebens unter Hausarrest gestellt.

Der Lebensbaum des gekreuzigten Jesus: Arbor Vitae Crucifixae Jesus – vgl. Lambert 174–176 und Benz 332.

345 *Eine radikale Variante:* KG 310f; Hérésies 188–194; Grundmann 49f.

346 *Der mächtig gewachsene Orden:* Moorman 307, 350f; Brooke, EFG 283.

Mußte handeln: Über die politischen Hintergründe vgl. Haller Band 5, 166ff.

Kardinalskommission: Moorman 199–304; Lambert 184 bis 201.

348 *Zwei weitere Bullen:* Moorman 203f; Lambert 198–201.

349 *Der Papst handelte schnell:* Moorman 307–319; Lambert 208–246.

350 *Im Jahr 1221:* Zur Rekonstruktion dieser Affäre und ihrer Auswirkungen vgl. J. Koch, Der Prozeß gegen die Postille Olivis zur

Apokalypse, in: Recherches de Théologie Ancienne et Médiévale V (1933), 302–315.

353 *Der Papst antwortete:* Von dieser Bulle existieren zwei Fassungen – Lambert 230–235.

354 *Häretisch ist es:* Der lateinische Text findet sich in Denzinger-Schönmetzer, Enchiridion Symbolorum, Definitionum et Declarationum de Rebus Fidei et Morum. Herder, Barcelona 1973 (35. Auflage), Nr. 930f.

355 *Was Ernst Bloch gesagt hat:* Oskar Schatz (Hrsg.), Hat die Religion Zukunft? Styria, Graz 1971, Seite 133.

356 *Wenn man mir eine Gemeinheit berichtet:* Jean-Paul Sartre, Der Idiot der Familie, Rowohlt, Reinbek bei Hamburg 1977, Band 1, Seite 450.

357 *Lasset die Toten ihre Toten begraben:* Matthäusevangelium 8,22.
Die Stunde der wahren Empfindung: Aurelius Augustinus, Confessiones VI, VI,9.10 (deutsche Übersetzung von C. J. Perl, Dreizehn Bücher Bekenntnisse, Schöningh, Paderborn 1964, Seite 129–131).

358 *Die Ballade von Alexios:* Gerhard Rohlfs (Hrsg.), Sankt Alexius, Niemeyer, Tübingen 1953.
Ins altchristliche Syrien: Ebd. 3f.

360 *Easy Rider:* Film aus dem Jahr 1969 (Regie: Dennis Hopper).
Auf der Klappe des Buches: Stafford Beer, Platform for Change, John Wiley, London 1975.

361 *Stafford schreibt:* Ebd. 453 (meine Übersetzung).
In einem Brief: Ich hab's tatsächlich gemacht. Das hier ist ein kleines Steinhaus (ohne Wasser), meilenweit von irgendwo. Mein einziger Besitz ist ein Spinnrad. Mein Rolls Royce ist in Kalifornien. Es gibt hier weder Bücher noch Schallplatten, um damit zu masturbieren. (Meine Übersetzung.)
Laßt uns umkehren: Pier Paolo Pasolini, Freibeuterschriften, Wagenbach, Berlin 1978, Seite 132. (Vorsichtshalber habe ich den letzten Satz des zitierten Textes weggelassen. Er lautet: »Es lebe der kommunistische Kampf um die lebensnotwendigen Dinge«. – Pasolini ist 1949 aus der Kommunistischen Partei Italiens ausgeschlossen worden.)

Die Niederschrift wurde im August 1977 begonnen und im Januar 1979 abgeschlossen.

Da sich mein Buch nicht in erster Linie an die sogenannte Fachwelt richtet, führe ich hier hauptsächlich jene von mir benutzten Titel an, die auch dem interessierten Laien dienlich sein können. Sie werden deshalb kurz kommentiert.

Die handlichste Auswahl aus den Original-Quellen zum Leben Franzens ist die von *Otto Karrer,* erstmals erschienen 1945 im Manesse-Verlag (Zürich). Die Neuauflage (1975) verzichtet auf den (ausführlichen und informativen) Anmerkungsteil, weshalb ich nach der Ausgabe von 1945 zitiere.

Bei den »Fioretti« habe ich auch die Übersetzung von *Rudolf G. Binding* (Die Blümlein des heiligen Franziskus von Assisi, Insel Taschenbuch, Frankfurt am Main 1973) herangezogen. Die Unterschiede zwischen Karrer und Binding erklären sich aus der Tatsache, daß Karrer aus der (kürzeren) lateinischen Urfassung der »Fioretti« übersetzt, während Binding die italienische Fassung benutzt hat.

Die beiden Biographien des *Thomas von Celano* und dessen sogenanntes »Mirakelbuch« zitiere ich nach der vollständigen deutschen Ausgabe von *Engelbert Grau* (Dietrich-Coelde-Verlag, Werl in Westfalen 1964).

Im Fall der Leo-Geschichten mußte ich auf eine englische Ausgabe zurückgreifen: *Rosalind B. Brooke,* Scripta Leonis, Rufini et Angeli Sociorum S. Francisci, Clarendon Press, Oxford 1970. Neben einer wissenschaftlichen Einleitung bietet diese kritische Ausgabe den lateinischen Text und eine Übersetzung ins Englische.

Im Dietrich-Coelde-Verlag (Werl in Westfalen) sind ferner erschienen: »Die Schriften des heiligen Franziskus von Assisi« (hrsg. von Kajetan Eßer und Lothar Hardick), »Leben und Schriften der heiligen Klara von Assisi« (Engelbert Grau), »Franziskus, Engel des sechsten Siegels. Sein Leben nach den Schriften des heiligen Bonaventura« (Sophronius Clasen) sowie »Die Dreigefährtenlegende des Hl. Franziskus« (Clasen-Grau).

Den Text der Regel aus dem Jahr 1223 und die Chronik des Jordan von Giano, sowie die Briefe des Jacques de Vitry zitiere ich nach der englischen Übersetzung dieser wichtigen Quellenschriften von *Rosalind B. Brooke,* The Coming of the Friars, George Allen & Unwin, London 1975 (meine Abkürzung in den Anmerkungen: Brooke, Coming).
Für den kirchengeschichtlichen Hintergrund kann empfohlen werden das Handbuch der Kirchengeschichte, Herder, Freiburg 1968, Band III/2 (meine Abkürzung in den Anmerkungen: KG).
Alle übrigen Titel führe ich in der alphabetischen Reihenfolge an.

Armstrong, Edward A.: Saint Francis: Nature Mystic, University of California Press, Berkeley 1976.
(Alle Texte über die Beziehung Franzens zu Tieren sind hier fleißig zusammengetragen und kommentiert, mit der Tendenz, Franz als »Naturmystiker« darzustellen.)
Benz, Ernst: Ecclesia Spiritualis. Kirchenidee und Geschichtstheologie der franziskanischen Reformation, Kohlhammer, Stuttgart 1964.
(Gelehrte Studie aus dem Jahr 1934 über die theologischen Tendenzen in den frühen Franz-Quellen und über die Schriften der Spiritualen.)
Brooke, Rosalind B.: Early Franciscan Government, University Press, Cambridge 1959 (meine Abkürzung in den Anmerkungen: Brooke, EFG).
(Abhandlung über die Entwicklung der rechtlichen Verfassung des Franziskanerordens bis 1274.)
Cipolla, Carlo M. (Hrsg.): The Fontana Economic History of Europe. The Middle Ages, Collins, London 1973.
(Sammlung von Aufsätzen über die ökonomischen Verhältnisse in Europa zwischen 500 und 1500.)
Cohn, Norman: Das Ringen um das Tausendjährige Reich, Francke, Bern 1961.
(Materialreiche Darstellung mittelalterlicher Ketzerbewegungen zwischen 1200 und 1550.)
Coulton, G. G.: The Medieval Scene. An informal introduction to the Middle Ages, University Press, Cambridge 1967.
(Gute und allgemeinverständliche Einführung in die mittelalterlichen Verhältnisse, von einem der prominentesten Gelehrten auf diesem Gebiet. Coulton hat auch einen Essay über Franz verfaßt: Two Saints, 1932; Neuauflage 1977, Norwood Editions.)

Dirks, Walter: Die Antwort der Mönche, Frankfurt am Main 1952. (In diesem allgemeinverständlichen Buch wird auch Franz und seine Genossenschaft behandelt.)
Duby, Georges: Krieger und Bauern. Die Entwicklung von Wirtschaft und Gesellschaft im frühen Mittelalter, Syndikat, Frankfurt 1977. (Eine ausgezeichnete Studie aus dem Umkreis der Zeitschrift »Annales«, die sich seit vierzig Jahren um die Erforschung der langfristigen ökonomischen, demographischen und sozialen Veränderungen in der Geschichte bemüht, im Gegensatz zur immer noch herrschenden Tendenz, dynastische Daten und Kriege in den Vordergrund der historischen Erörterung zu stellen.)
Elias, Norbert: Über den Prozeß der Zivilisation. Soziogenetische und psychogenetische Untersuchungen, 2 Bände, Suhrkamp, Frankfurt am Main 1977.
(Grundlegende Arbeit über die Entstehungsgeschichte der westlichen Zivilisation.)
Englebert, Omer: Das Leben des heiligen Franziskus, Pilger-Verlag, Speyer 1952.
(Materialreiche Franz-Biographie aus der Sicht eines frommen Franziskaners.)
Galli, Mario von: Gelebte Zukunft: Franz von Assisi, Bucher, Luzern 1974.
(Der katholische Publizist versucht eine Aktualisierung Franzens; Farbfotos von Dennis Stock.)
Gobry, Ivan: Franz von Assisi, Rowohlt, Hamburg 1958.
(Franz-Biographie mit viel frommer Rhetorik, unter Berücksichtigung der Geschichte des Franziskanerordens, nebst einer Auswahl aus den wichtigsten Franz-Quellen.)
Goetz, Walter: Italien im Mittelalter, Koehler & Amelang, Leipzig 1942.
(Eine Sammlung gelehrter Aufsätze, die sich unter anderem mit Franz beschäftigen.)
Le Goff, Jacques: Das Hochmittelalter, Fischer Taschenbuchverlag (Fischer Weltgeschichte Band 11), Frankfurt am Main 1965 (meine Abkürzung in den Anmerkungen: Le Goff).
(Vorzügliche Darstellung der mittelalterlichen Geschichte.)
Le Goff, Jacques: La Civilisation de l'Occident Médiéval, Arthaud, Paris 1964 (meine Abkürzung in den Anmerkungen: Le Goff, Civilisation).
(Illustrierte Kulturgeschichte des Mittelalters.)
Le Goff, Jacques (Hrsg.): Hérésies et Sociétés dans l'Europe préindustrielle, Mouton, Paris 1968 (Abkürzung in den Anmerkungen: Hérésies).

(Sammlung gelehrter Aufsätze zur mittelalterlichen und frühneuzeitlichen Ketzergeschichte.)
Gonnet, Jean – Molnar, Amedeo: Les Vaudois au Moyen Age, Claudiana, Turin 1974.
(Standardwerk über die mittelalterliche Geschichte der Waldenser.)
Grigulevič, J. R.: Ketzer, Hexen, Inquisitoren. Geschichte der Inquisition, Akademie-Verlag, Berlin (Ost) 1976.
(Diese zweibändige Darstellung des russischen Gelehrten bietet einen guten Überblick mit gelegentlichen Ungenauigkeiten.)
Grundmann, Herbert: Ketzergeschichte des Mittelalters, in: Die Kirche in ihrer Geschichte Band 2, Vandenhoek & Ruprecht, Göttingen 1967.
(Gelehrte Kurzdarstellung, für das Thema unentbehrlich.)
Haller, Johannes: Das Papsttum. Idee und Wirklichkeit, Rowohlt, Hamburg 1965.
(Diese fünfbändige Papstgeschichte reicht bis 1334. Sie wurde zwischen 1934 und 1945 veröffentlicht und repräsentiert die kritische Gelehrtentradition Deutschlands auf dem Gebiet der Geschichtsforschung.)
Hardick, Lothar: »Pecunia et denarii«. Untersuchungen zum Geldverbot in den Regeln der Minderbrüder, in: Franziskanische Studien 40/1958, 193–217; 313–328; 41/1959, 268–290.
(Die Abhandlung bringt interessante Informationen aus der damaligen Wirtschaftsgeschichte.)
Jörgensen, Johannes: Der heilige Franz von Assisi, München 1952.
(Gefühlvolle Franz-Biographie aus dem Jahr 1907.)
Kautsky, Karl: Vorläufer des neueren Sozialismus. 2 Bände. J. H. W. Dietz, Berlin (Ost) 1976.
(Marxistische Analyse der mittelalterlichen und frühneuzeitlichen Ketzergeschichte, die erstmals 1896 erschien.)
Lambert, M. D.: Franciscan Poverty. The Doctrine of the Absolute Poverty of Christ and the Apostels in the Franciscan Order 1210–1323, SPCK, London 1961.
(Wissenschaftliche Monographie über die franziskanische Armutsfrage.)
Ley, Hermann: Geschichte der Aufklärung und des Atheismus, Band 2/2, VEB Verlag der Wissenschaften, Berlin (Ost) 1971.
(Philosophiegeschichte aus marxistischer Sicht, mit einer guten Darstellung der Spiritualen-Theologie.)
deMause, Lloyd (Hrsg.): Hört ihr die Kinder weinen. Eine psychogenetische Geschichte der Kindheit, Suhrkamp, Frankfurt am Main 1977.
(Sammlung von Aufsätzen über die Geschichte der Kindererziehung

zwischen Antike und Neuzeit. Die beiden Aufsätze von Lyman und McLaughlin über die mittelalterlichen Verhältnisse bringen viel neues Material.)
Mayer, Hans Eberhard: Idee und Wirklichkeit der Kreuzzüge, Stahlmann Verlag, Germering bei München 1965.
(Auswahl mittelhochdeutscher, lateinischer und altfranzösischer Texte aus der Kreuzzugsära. Von Mayer gibt es auch eine »Geschichte der Kreuzzüge«, erschienen bei Kohlhammer in Stuttgart 1965.)
Mockler, Anthony: Francis of Assisi. The Wandering Years, Phaidon, Oxford 1976.
(Faktenreiche Franz-Biographie, wobei die Jahre 1220 bis 1226 nur kursorisch behandelt werden. Informativ auch die Exkurse über den zeitgeschichtlichen Hintergrund.)
Moorman, John R. H.: A History of the Franciscan Order, Clarendon, Oxford 1968.
(Unentbehrliches Standardwerk.)
Moorman, John R. H.: Saint Francis of Assisi, SPCK, London 1976 (meine Abkürzung in den Anmerkungen: Moorman, Saint Francis).
(Gute Kurzbiographie; der bekannte Franz-Forscher war bis 1975 anglikanischer Bischof in Ripon.)
Müller, Rudolf Wolfgang: Geld und Geist. Zur Entstehungsgeschichte von Identitätsbewußtsein und Rationalität seit der Antike, Campus, Frankfurt am Main 1977.
(Grundlegende Arbeit über den Zusammenhang von Geldgebrauch und bürgerlichem Ichbewußtsein im Okzident.)
Mumford, Lewis: Mythos der Maschine. Kultur, Technik und Macht, Fischer Taschenbuch Verlag, Frankfurt am Main 1977.
(Umfassende Kulturgeschichte der Technik aus kritischer Sicht; die einschlägige Literatur wird souverän verarbeitet.)
Roggen, Heribert: Die Lebensform des heiligen Franz von Assisi in ihrem Verhältnis zur feudalen und bürgerlichen Gesellschaft Italiens, St. Franciskus-Uitgeverij, Mechelen 1965.
(Soziologische Studie mit konservativer Tendenz.)
Sabatier, Paul: Leben des Heiligen Franz von Assisi, Rascher, Zürich 1919.
(Die bahnbrechende Franz-Biographie, aus dem Jahr 1894. Wenn man von ihrem heute etwas veralteten Stil absieht, ist ihre Lektüre immer noch lohnend.)
Selge, Kurt-Victor: Franz von Assisi und die römische Kurie, in: Zeitschrift für Theologie und Kirche 67/1970, Seite 139–161.
(Gelehrte Abhandlung mit sorgfältiger Verarbeitung der Originalquellen.)
Southern, R. W.: Western Society and the Church in the Middle Ages

(= The Pelican History of the Church, Band 2), Penguin Books, Harmondsworth 1976.
(Materialreiche Kirchengeschichte des Mittelalters mit informativer Darstellung der Bettelorden.)
Steenberghen, Fernand van: Die Philosophie im 13. Jahrhundert, Schöningh, Paderborn 1977.
(Wissenschaftliche Monographie mit ausgiebiger Benutzung der Originalquellen. Konservativ-katholische Tendenz.)
Werner, Ernst: Häresie und Gesellschaft im 11. Jahrhundert, Akademie-Verlag, Berlin (Ost) 1975.
(Gelehrter Aufsatz mit einer sonst seltenen Berücksichtigung der sozialpolitischen Variablen.)
Wendelborn, Gert: Franziskus von Assisi. Eine historische Darstellung, Böhlau, Wien 1977.
(Biographie auf wissenschaftlichem Niveau, bei guter Lesbarkeit. Die Darstellung der »religiös-sozialen Bewegungen vor und neben der frühen franziskanischen Bewegung« ist empfehlenswert. Ausführliches Literaturverzeichnis.)
Zilsel, Edgar: Die sozialen Ursprünge der neuzeitlichen Wissenschaft, Suhrkamp, Frankfurt am Main 1976.
(Sammlung von Aufsätzen zur Wissenschaftsgeschichte, mit einer informativen Einleitung von W. Krohn.)

Als Quellen für diese chronologische Zeittafel wurden hauptsächlich herangezogen (siehe Literatur): Mockler; Grau; Englebert; Gobry; Karrer; Moorman. Im Zweifelsfall wird in der Regel die Version von Mockler genommen. Die Zahlen am rechten Rand der Seite verweisen auf die Nummern im Text, wo die jeweiligen Ereignisse erörtert werden.

1140 In Assisi wird mit dem Neubau der Domkirche San Rufino begonnen, unter der Leitung des Meisters Giovanni aus Gubbio.

1145 Arnold von Brescia, Reformpriester, wird zum Führer der republikanischen Kräfte in Rom. Der Papst flieht nach Viterbo.

1165 Öffentlicher Disput zwischen Katharern und ka-
tholischen Bischöfen im Lombers bei Albi. In der 44
Folge veranstalten die Katharer in Südfrankreich 45
unbehindert eine Reihe von Ratsversammlungen 77
und wählen Bischöfe.

1182 Giovanni, Sohn des Bernardone, genannt Frances- 77
co, in Assisi geboren.

1184 Konferenz Lucius III. mit Friedrich I. Barbarossa
in Verona: Verurteilung der Katharer und der
»Armen aus Lyon« (Waldenser). 120

1187 Einnahme Jerusalems durch Sultan Saladin. 204

1198 Papst Innozenz III. gekrönt. Die Bürger von Assisi
zerstören die Stauferburg oberhalb der Stadt. 52

1200 Wolfram von Eschenbach dichtet den Parsival.

1202 Abt Joachim von Fiori stirbt. – Im Herbst kommt 360
es zu einem militärischen Gefecht zwischen Assisi 53
und Perugia; Niederlage für Assisi, Franz kommt

in Gefangenschaft. – Leonardo Pisano veröffent- 28
licht den »Liber Abaci«.
1203 Gegen Ende des Jahres kehrt Franz von Assisi zu- 54
rück. Rekonvaleszenz.
1204 Im Sommer bricht Franz nach Apulien auf, um sich
den Truppen des Walter von Brienne anzuschlie- 55,
ßen, kommt aber nur bis Spoleto. Dortselbst das 56
erste »tiefe Grübeln«. Franz bricht das Unterneh-
men ab und erlebt bald danach einen weiteren see-
lischen Ausnahmezustand. 57
1205 Franz macht im Frühjahr eine Wallfahrt nach Rom 61
und tauscht dort seine Kleider mit den Straßen- 69
bettlern. In Assisi sucht Franz die Einsamkeit.
1206 Franz begegnet einem Aussätzigen und küßt ihm 67
die Hand. Bald danach besucht er das Leprosen-
heim. Im Spätherbst redet das Crucifix in San Da-
miano zu ihm. Franz verkauft ohne das Wissen sei- 72
nes Vaters einen Posten Stoff und übersiedelt nach
San Damiano. Schwere Auseinandersetzungen mit 78
dem Vater.
1207 Nach vorübergehendem Hausarrest zieht sich 80, 81
Franz wieder nach San Damiano zurück. Sein Va-
ter erhebt Klage gegen ihn. Im Februar kommt es 49
zur öffentlichen Verhandlung vor dem Bischof von
Assisi. Franz sagt sich von seinem Vater los und
wandert nach Gubbio, wo er im Leprosenheim ar- 86
beitet. Nach seiner Rückkehr beginnt er mit der 87, 88
Renovierung von San Damiano. Anschließend
bessert er die Kapelle San Pietro della Spina aus
und restauriert die Portiuncula. 84
1208 Am 24. Februar liest ein Benediktinerpater vom 99
Monte Subasio in der Portiuncula-Kapelle eine
Messe; dabei erlangt Franz die endgültige Klarheit 100
über sein Lebensprogramm. Im März hält Franz 103
seine erste öffentliche Predigt in Assisi. Im April
entschließt sich Bernhard von Quintavalle, all sei- 122–
nem Besitz zu entsagen; er wird zum ersten Genos- 125
sen Franzens. Weitere Gefährten stoßen zu Franz: 126
Peter und Egidio. Erste Predigtwanderung im
Frühjahr. Weitere Genossen: Sabbatino, Morico, 128
Giovanni di Capella. Man lebt im Wald der Por-
tiuncula. Zweite Predigtwanderung im Herbst. Die
Genossenschaft vermehrt sich um Philipp den

Langen, Barbaro, Johann, Bernardo di Vigilante
und Angelo Tancredi.
1209 Es beginnt der Kreuzzug gegen die südfranzösi- 94
schen Ketzer (»Albigenser«). Das Konzil von Avi-
gnon verbietet Tänze und Spiele in den Kirchen. –
Franz wandert mit seinen Gefährten im Frühjahr 94
nach Rom, wo er von Papst Innozenz III. die
mündliche Zustimmung zu seinem Lebenspro-
gramm und die Erlaubnis zum Predigen erhält. Im 164
Sommer hat die Genossenschaft ihr Standquartier
in Rivo Torto. Der erste Priester, Bruder Silvestro,
stößt zum Franz-Verein. – Am 4. Oktober wird
Otto IV. in Rom vom Papst zum Kaiser gekrönt.
1210 Anfang Januar besucht Otto IV. Assisi und versi-
chert sich der Loyalität der Stadt. – In Paris werden
vierzehn Anhänger des Amalrich von Bena als Hä- 274
retiker verbrannt. – Am 4. November empfängt
Assisi nochmals Otto IV. Am 9. November wird in 132
Assisi der Friedenspakt zwischen »maiores« und
»minores« ratifiziert. – Rufino di Scipione di Of-
freduccio, ein Cousin Klaras, tritt dem Franz-Ver- 145
ein bei.
1211 Zusammenkünfte zwischen Franz und Klara. – 148
Rufino und Franz predigen, nur mit Unterhosen
bekleidet, in Assisi. 105
1212 Der Kinderkreuzzug. – Am Palmsonntag (18. 3.) 204
flüchtet Klara in der Nacht aus ihrem Elternhaus 150
und schließt sich Franz an. Beginn der Minder-
schwestern in San Damiano. Im Herbst bricht 151
Franz nach Palästina auf, kommt aber nur bis an
die dalmatinische Küste, von wo er wiederum nach 207
Hause fährt. Predigtwanderung durch die Mark
Ancona.
1213 Am 9. Mai unterzeichnet Graf Roland von Chiusi 164
(Toscana) eine Urkunde, die den Berg La Verna
der Franz-Genossenschaft überläßt. Beginn der
Vollversammlungen zu Pfingsten. Langsames
Wachstum der Genossenschaft.
1214 Franz bricht nach der Pfingstversammlung nach 208
Spanien auf und gelangt bis Santiago di Composte-
la. – Erste Privilegien für die Universität Oxford. 272
1215 Päpstliche Statuten für die Universität in Paris. –
Im November beginnt das 4. Laterankonzil in

Rom. – Franz als erfolgreicher Prediger in Mittel- 192
italien.

1216 Am 11. Juli stirbt Innozenz III. in Perugia. Man 95
zählt rund dreihundert Minderbrüder. Franz erbit-
tet vom neuen Papst (Honorius III.) einen Ablaß 228
für die Portiunculakapelle.

1217 Im Januar approbiert der Papst den Dominikaner- 192
orden. Begegnung zwischen Franz und Dominik.
Dominik auf der Vollversammlung der Minder- 193
brüder, auf der man beschließt, Minderbrüder
nach Frankreich, Deutschland, Ungarn und Palä-
stina zu schicken. Peter von Catania wird »Vikar« 190, 241,
Franzens. Einrichtung der Funktion von »Provin- 251
zial-Ministern«. Franz beschließt, nach Frankreich 212
zu wandern, gelangt aber nur bis Florenz. Die er- 209
sten Truppen des Kreuzzugs unter Andreas II. von
Ungarn schiffen sich nach Palästina ein.

1218 Franz predigt vor dem Papst. Rasches Wachstum 184
der Minderbrüder. Franz weigert sich, eine der be- 12, 236
reits bestehenden Ordensregeln zu akzeptieren.

1219 Am 11. Juni wird ein päpstliches Empfehlungs- 187
schreiben für die Minderbrüder an die theologi-
sche Fakultät in Paris abgefertigt. Franz bricht 214–
nach Palästina auf und reist über Akkon nach Da- 224
miette, wo er im August eintrifft. Am 5. November
wird Damiette von den Kreuzfahrern erobert.
Franz befindet sich im Lager des Sultans Melek-
al-Kamil.

1220 Franz in Palästina. Im Sommer reist er nach Italien 239–
zurück und begibt sich im Spätherbst nach Rom, 250
wo er mit dem Papst und Kardinal Hugolin ver-
handelt. – Am 22. November wird Friedrich II. in 257
Rom zum Kaiser gekrönt.

1221 Am 10. März stirbt Peter von Catania. Franz er- 251–
nennt den Elias zu seinem Vikar und legt während 255
der Vollversammlung zu Pfingsten alle Führungs-
funktionen nieder. Fertigstellung des »Regelent- 263, 264
wurfs«. – Die Mohammedaner erobern Damiette
zurück.

1222 Es gibt mehrere tausend Minderbrüder, mit Nie- 242
derlassungen in Italien, Frankreich, Spanien, Por-
tugal und Deutschland. Im Herbst zieht sich Franz 265–267
in die Eremitage von Fonte Colombo bei Rieti zu-

	rück und redigiert mit Bruder Leo die endgültige »Regel«.	
1223	Am 29. November bestätigt Papst Honorius III. die definitive Fassung der Regel (»Papstregel«). Die Krippenfeier von Greccio.	303, 304
1224	Die Stigmatisierung auf dem Berg La Verna (September). – Die ersten Franziskaner treffen in England ein. – Päpstliches Statut für die Universität Bologna.	311–316 272
1225	Letzte Predigtwanderung Franzens. Den Sommer verbringt Franz in San Damiano, wo er den »Sonnengesang« dichtet. Im Herbst bringt man Franz nach Rieti. Augenoperation (in der Eremitage Fonte Colombo).	347–349 327, 350
1226	Der Gesundheitszustand Franzens verschlechtert sich zusehends. Ärztliche Behandlung in Siena, von wo Franz im April nach Assisi gebracht wird. Aufenthalt im Haus des Bischofs, Abfassung des Testaments. Ende September läßt sich Franz in die Portiuncula bringen, wo er am 3. Oktober stirbt. Sein Leichnam wird provisorisch in der Kirche San Giorgio in Assisi beigesetzt. Elias beruft für das kommende Jahr eine Konferenz aller Funktionäre ein.	330–332 351, 352 353–355
1227	Am 19. März wird Kardinal Hugolin zum Papst gewählt und regiert als Gregor IX. bis zum Jahr 1241. – Im Mai tritt das »Kapitel« (die Konferenz der Funktionäre) in Assisi zusammen und wählt Johannes Parenti zum »General-Minister«.	356
1228	Am 16. Juli spricht Gregor IX. Franz heilig. Grundsteinlegung der neuen Basilika in Assisi durch den Papst.	13, 356
1229	Beendigung der Albigenserkriege durch den Vertrag von Paris: Die französische Krone annektiert das Languedoc. – In Paris beginnt ein sechsjähriger Streik der Universität. – Erste Franz-Biographie.	274 15
1230	Im Mai wird der Leichnam Franzens in der neuen Basilika beigesetzt. – Am 28. September erläßt der Papst die Bulle »Quo elongati«, die dem Testament Franzens jede Rechtsverbindlichkeit abspricht.	356 357
1232	Das General-Kapitel der Minderbrüder wählt Bruder Elias zum General-Minister.	

1233 Kodifizierung der päpstlichen Inquisition. 13
1234 Dominik wird heilig gesprochen.
1244 Strafrechtliche Maßnahmen gegen die »Eifrigen« 362
(zelanti) in der Mark Ancona.
1245 Am 14. November erläßt der Papst die Bulle »Ordinem Vestrum«, worin das Armutsprinzip gemildert wird.
1247 Thomas von Celano veröffentlicht seine zweite 15
Biographie Franzens. – Johannes von Parma, ein 363
Anhänger der Lehren des Abtes Joachim, wird General-Minister.
1250 Friedrich II. gestorben.
1253 Klara stirbt in San Damiano (11. August). 159
1255 Verurteilung der Lehren des Bruder Gerhard von Borgo San Donnino (»Einleitung in das ewige Evangelium«) wegen häretischer Behauptungen (23. Oktober).
1257 Am 2. Februar tritt das General-Kapitel der Minderbrüder in Rom zusammen, nimmt die Abdankung des Johannes von Parma zur Kenntnis und wählt Bonaventura zum General-Minister (1274).
Verurteilung des Bruder Gerhard zu lebenslangem 360
Kerker. Johannes von Parma wird der Häresie angeklagt und verurteilt.
1266 Die Lektüre der beiden Franz-Biographien des 15
Celano und die Lektüre der Leo-Geschichten wird verboten.
1279 Am 14. August wird die päpstliche Bulle »Exiit qui 373
seminat« veröffentlicht: Weitere Modifikationen bezüglich der Armutsfrage.
1282 Verurteilung von vierunddreißig Thesen des Peter Johannes Olivi durch eine Pariser Theologenkommission.
1289 Veröffentlichung der päpstlichen Regel für den 367
»Dritten Orden« der Minderbrüder.
1291 Akkon fällt in die Hand der Mohammedaner. 205
1294 Pontifikat Coelestin V. (5. Juli bis 13. Dezember). 369
– Verbrennung von vier »Apostolikern«.
1298 Tod des Peter Johannes Olivi. 368
1299 Dreihundert Anhänger der Lehren des Olivi (»Be- 368
ginen«) werden strafrechtlich verfolgt; die Schriften des Olivi werden eingesammelt und verbrannt.
1304 Strafrechtliche Verfolgung einer oppositionellen 369

	Gruppe von Minderbrüdern durch die Inquisition in Italien.	
1307	Fra Dolcino hingerichtet, zusammen mit hundertfünfzig »Apostolikern«.	369
1309	Einberufung einer päpstlichen Kommission zur Untersuchung des Streites zwischen der gemäßigten und der radikalen Fraktion im Franziskanerorden.	371
1310	Bulle »Dudum ad Apostolatus« (14. April), worin der Papst die Kritik der radikalen Richtung am Orden unterstützt.	371
1311	Konzil in Vienne. Aufhebung des Templerordens.	
1316	Am 7. August wird Jacques Duèze zum Papst gewählt und nennt sich Johannes XXII. Residenz in Avignon.	
1317	Der Papst zitiert fünfundsechzig Vertreter der radikalen Fraktion (»Spiritualen«) zum Verhör nach Avignon.	110, 372
1318	Am 7. Mai werden vier Spiritualen in Marseille öffentlich verbrannt.	10, 110
1322	Kapitel der Minderbrüder in Perugia (Ende Mai): Rundschreiben an die Christenheit. – Am 8. 12. veröffentlicht der Papst die Bulle »Ad conditorem canonum« und erklärt darin die Franziskaner als die eigentlichen Eigentümer ihrer Besitzungen.	375 376
1323	Am 12. November erklärt der Papst die These, Christus und die Apostel hätten weder über privates noch über gemeinsames Eigentum verfügt, als häretisch. In Europa werden die ersten Kanonen gegossen.	377